"十三五"国家重点出版物出版规划项目

知识产权经典译丛（第4辑）

国家知识产权局专利复审委员会◎组织编译

国家出版基金项目

伯克利科技与法律评论：
美国知识产权经典案例年度评论（2014）

万　勇◎主编

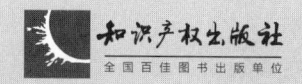

知识产权出版社
全国百佳图书出版单位

图书在版编目（CIP）数据

伯克利科技与法律评论：美国知识产权经典案例年度评论.2014/万勇主编. —北京：知识产权出版社，2017.10

ISBN 978-7-5130-5223-8

Ⅰ.①伯… Ⅱ.①万… Ⅲ.①知识产权法—案例—美国 Ⅳ.①D971.234

中国版本图书馆 CIP 数据核字（2017）第 259696 号

责任编辑：齐梓伊　雷春丽　　　　　责任校对：王　岩
装帧设计：张　冀　　　　　　　　　责任出版：刘译文

知识产权经典译丛

国家知识产权局专利复审委员会组织编译

伯克利科技与法律评论：美国知识产权经典案例年度评论（2014）

万　勇　主编

出版发行：知识产权出版社有限责任公司	网　　址：http://www.ipph.cn
社　　址：北京市海淀区气象路 50 号院	邮　　编：100081
责编电话：010-82000860 转 8176	责编邮箱：qiziyi2004@qq.com
发行电话：010-82000860 转 8101/8102	发行传真：010-82000893/82005070/82000270
印　　刷：三河市国英印务有限公司	经　　销：各大网上书店、新华书店及相关专业书店
开　　本：720mm×1000mm　1/16	印　　张：19.5
版　　次：2017 年 10 月第 1 版	印　　次：2017 年 10 月第 1 次印刷
字　　数：361 千字	定　　价：88.00 元
ISBN 978-7-5130-5223-8	

出版权专有　侵权必究
如有印装质量问题，本社负责调换。

序

当今世界，经济全球化不断深入，知识经济方兴未艾，创新已然成为引领经济发展和推动社会进步的重要力量，发挥着越来越关键的作用。知识产权作为激励创新的基本保障，发展的重要资源和竞争力的核心要素，受到各方越来越多的重视。

现代知识产权制度发端于西方，迄今已有几百年的历史。在这几百年的发展历程中，西方不仅构筑了坚实的理论基础，也积累了丰富的实践经验。与国外相比，知识产权制度在我国则起步较晚，直到改革开放以后才得以正式建立。尽管过去三十多年，我国知识产权事业取得了举世公认的巨大成就，已成为一个名副其实的知识产权大国。但必须清醒地看到，无论是在知识产权理论构建上，还是在实践探索上，我们与发达国家相比都存在不小的差距，需要我们为之继续付出不懈的努力和探索。

长期以来，党中央、国务院高度重视知识产权工作，特别是党的十八大以来，更是将知识产权工作提到了前所未有的高度，做出了一系列重大部署，确立了全新的发展目标。强调要让知识产权制度成为激励创新的基本保障，要深入实施知识产权战略，加强知识产权运用和保护，加快建设知识产权强国。结合近年来的实践和探索，我们也凝练提出了"中国特色、世界水平"的知识产权强国建设目标定位，明确了"点线面结合、局省市联动、国内外统筹"的知识产权强国建设总体思路，奋力开启了知识产权强国建设的新征程。当然，我们也深刻地认识到，建设知识产权强国对我们而言不是一件简单的事情，它既是一个理论创新，也是一个实践创新，需要秉持开放态度，积极借鉴国外成功经验和做法，实现自身更好更快的发展。

自2011年起，国家知识产权局专利复审委员会携手知识产权出版社，每年有计划地从国外遴选一批知识产权经典著作，组织翻译出版了《知识产权经典译丛》。这些译著中既有涉及知识产权工作者所关注和研究的法律和理论问题，也有各个国家知识产权方面的实践经验总结，包括知识产权案件的经典判例等，具有很高的参考价值。这项工作的开展，为我们学习借鉴各国知识产权的经验做法，了解知识产权的发展历程，提供了有力支撑，受到了业界的广泛好评。如今，我们进入了建设知识产权强国新的发展阶段，这一工作的现实意义更加凸显。衷心希望专利复审委员会和知识产权出版社强强合作，各展所长，继续把这项工作做下去，并争取做得越来越好，使知识产权经典著作的翻译更加全面、更加深入、更加系统，也更有针对性、时效性和可借鉴性，促进我国的知识产权理论研究与实践探索，为知识产权强国建设做出新的更大的贡献。

当然，在翻译介绍国外知识产权经典著作的同时，也希望能够将我们国家在知识产权领域的理论研究成果和实践探索经验及时翻译推介出去，促进双向交流，努力为世界知识产权制度的发展与进步做出我们的贡献，让世界知识产权领域有越来越多的中国声音，这也是我们建设知识产权强国一个题中应有之义。

申长雨

2015 年 11 月

《知识产权经典译丛》
编审委员会

主　任　申长雨

副主任　张茂于

编　审　葛　树　诸敏刚

编　委　(以姓氏笔画为序)

　　　　　马　昊　王润贵　石　竞　卢海鹰

　　　　　朱仁秀　任晓兰　刘　铭　汤腊冬

　　　　　李　琳　李　越　杨克非　高胜华

　　　　　温丽萍　樊晓东

目 录

挪用：Cariou 诉 Prince 案与合理使用中情境转化性的考量 ………………（1）
        乔纳森·弗朗西斯（Jonathan Francis） 著
       姜旻 张洁 译 万勇 校

首次销售的一摊浑水：伴随 KIRTSAENG 诉 JOHN WILEY & SONS 公司
 一案的价格歧视和下游控制 ……………………………………………（30）
        S. 祖宾·高塔姆（S. Zubin Gautam） 著
       曹湘芹 张永征 译 万勇 校

新十年的新规则
 ——版权局反规避规则制定之完善 ……………………………………（68）
        马克·格雷（Mark Gray） 著
      耿瑞宁 杨文杰 译 万勇 谭洋 校

美联社诉融文案：合理使用、变化中的新闻行业以及司法自由裁量权
 与习惯的影响 …………………………………………………………（106）
      罗瑟琳·简·申瓦尔德（Rosalind Jane Schonwald） 著
       何妍 朱晔 译 万勇 李蕾 校

知识产权所有人可否想做就做？对耐克公司不起诉契约效力的分析 …（137）
        米萨·K. 爱瑞兹（Misa K. Eiritz） 著
       刘蓁蓁 蔡梦琦 译 李蕾 校

无事生非：ICANN 的新通用顶级域名 ……………………………………（160）
      丹妮拉·米歇尔·斯宾塞（Daniela Michele Spencer） 著
     潘广宇 韩晓燕 戴忞 译 万勇 温琪丹 校

美国分子病理学协会诉 Myriad 基因公司案
 ——对自然产物理论的修正 ……………………………………………（188）
        塔普·英格拉姆（Tup Ingram） 著
     郭耀森 杨德森 王兴强 译 万勇 谭洋 校

违反 RAND 与达至合理：微软诉摩托罗拉与标准必要专利诉讼 ……… （215）

卡桑德拉·马尔多纳多（Kassandra Maldonado） 著

周晨黠 曾哲 李先腾 译 万勇 校

鲍曼诉孟山都公司案：鲍曼、生产者与最终用户 …………………… （254）

塔贝莎·玛丽·佩威（Tabetha Marie Peavey） 著

金洁 张娜 刘玉涛 译 万勇 校

许可费损害赔偿：合理许可费损害赔偿综述 ……………………… （278）

杨泽林（Zelin Yang） 著

车心怡 李天虹 张涵 孙玉贝 译 万勇 校

挪用：Cariou 诉 Prince 案与合理使用中情境转化性的考量

乔纳森·弗朗西斯（Jonathan Francis）[*] 著
姜旻 张洁 译
万勇 校

奥利弗·温德尔·霍姆斯（Oliver Wendell Holmes）曾写道："让仅受过法律训练的人对艺术作品的价值进行最终判定，是一件危险的事情。"[1] 虽然，法院经常引用霍姆斯法官所言，宣称其对艺术判定并没有兴趣，[2] 但实际上鲜有法院遵循他的意见，[3] 甚至更少有法院认识到霍姆斯法官在本文第一句所在判决书页面的下面几行提供了另外的指引。霍姆斯在提醒法官不要对艺术进行判定以免失去天才的新语言之后，就这些尚未被创作出的作品写道："如果这些作品使得任何公众感兴趣，即具有商业价值——可以大胆地说，

---

[*] 作者为美国加州大学伯克利分校法学院法律博士。

[1] Bleistein v. Donaldson Lithographing Co., 188 U.S. 239, 251 – 252 (1903).

[2] 参见如 Campbell v. Acuff – Rose Music, Inc., 510 U.S. 569 (1994); Cariou v. Prince, 714 F. 3d 694, 711 (2d Cir.), cert. denied, 134 S. Ct 618 (2013); Blanch v. Koons, 467 F. 3d 244 (2d Cir. 2006); Mattel, Inc. v. Walking Mountain Prods., 353 F. 3d 792 (9th Cir. 2003); Suntrust Bank v. Houghton Mifflin Co., 268 F. 3d 1257 (11th Cir. 2001); Dr. Seuss Enters., L. P. v. Penguin Book USA, Inc., 109 F. 3d 1394 (9th Cir. 1996); Rogers v. Koons, 960 F. 2d 301 (2d Cir. 1992).

[3] 虽然法院通常宣称司法节制观念禁止其在个案中涉及对艺术的批判，但现行合理使用法律体系使其不可能不涉及。在判断被诉侵权艺术作品的转化性程度时，法院经常在判决中涉及艺术批判。这也可以理解——法院以转化性标准检查某种使用是否表现得像"理性观察者"看到的那样，并且在判断该使用是否显示出不同的艺术表现时法院也不得不涉及艺术批判。参见如 Cariou, 714 F. 3d, 711 ("Lozenges 绘画时覆盖了主体的眼睛和嘴巴……这些主体看上去十分普通，不如在原作品中表现的具有强烈个人色彩"); Leibovitz v. Paramount Pictures Corp., 137 F. 3d 109, 114 (2d Cir. 1998) ("因为 Nielsen 嘲笑的脸庞与 Moore 严肃的表情形成强烈的对比，因此可以将该广告视为是对原作品的严肃甚至做作进行的评论"); Mattel, 353 F. 3d, 802 ("Forsythe 传达了 Barbie 的性别特征……").

它们并不具有艺术和教育价值——任何公众的品味都不应受到轻视。"❶ 法院坚持霍姆斯法官睿智言论所面临的问题在于辨别公众品味的真实可靠程度。合理使用原则是一项普通法原则，后来经由 1976 年版权法进行了成文化；❷ 该原则的现行解释方法，试图通过探究新作品具有何种程度的"转化性"来解决这一困惑。❸ 这一问题被归入成文法的第一个要素的考察——"使用的目的和性质"。❹ 问题在于，当艺术家援引合理使用抗辩时，并不存在单一的"转化性"的定义。❺ 此外，所使用的特定解释往往最为重要，因为许多特定解释的适用对总体裁决而言看似具有结论性的作用，即简单认为"某一使用'不具有转化性'就'不构成合理使用'，具有'转化性'就构成'合理使用'"。❻ 这并非单纯的猜想，最近的实证研究表明，Campbell 诉 Acuff-Rose 案所采用的转化性使用范式，在当下法院对合理使用的分析中具有压倒性的地位。❼

第二巡回上诉法院近期就 Cariou 诉 Prince 案的判决，继续延续了转换性使用在合理使用分析中所具有的重要地位，并且进一步扩大了这一概念在整个合理使用分析中的重要性。在进行分析时，法院将 Campbell 案的焦点集中在受

---

❶ *Bleistein*, 188 U. S., 第 251～252 页。

❷ 参见《美国法典》（2012 年）第 17 编，第 107 条。

❸ *Campbell*, 510 U. S., 第 579 页（"版权促进科学和艺术的目的往往通过转化性作品的创作而推动"）。

❹ 参见《美国法典》（2012 年）第 17 编，第 107 条第（1）项。

❺ Pierre Laval 法官在 *Toward a Fair Use Standard* 一文首次在合理使用的语境下使用"转化性"这一术语，参见 103 Harv. L. Rev. 1105 (1990)。

❻ 4 Melville B. Nimmer & David Nimmer, Nimmer on Copyright § 13.05 [A] [1] [b] (2013)。

❼ Neil Netanel, *Making Sense of Fair Use*, 15 Lewis & Clark L. Rev. 715 734 (2011)；另参见 Barton Beebe, *An Empirical Study of U. S. Copyright Fair Use Opinions*, 1978－2005, 156 U. Penn. L. Rev. 549 (2008). *Campbell*, 510 U. S., at 579（援引 Sony Corp. of America v. Universal City Studios, Inc., 464 U. S. 417, 455 n. 40 (1984)）。Barton Beebe 对合理使用判决意见进行研究后，所得出的结论也与此相似。他发现："在 Campbell 案之后，68 个案件中有 25 个（36.8%）在认定合理使用时未提及转化性；4 个案件中明确说明被告的使用不具有转化性。"参见 Barton Beebe, *An Empirical Study of U. S. Copyright Fair Use Opinions*, 1978-2005, 156 U. Penn. L. Rev. 605 (2008)。但是需要注意的是，Beebe 的数据包含了一些转化性使用范围之外的合理使用案件，在这些案件中，转换性并不重要。如果将 Beebe 的数据限制为那些法院认定被告的使用是戏仿/讽刺或为了批评/评论的案件，这一结果将发生改变。在总计 30 个案件中，仅有 6 个案件没有提及转化性（20%）。（这 6 个案件均来自地区法院，且其中有 3 个案件是在 Campbell 案后的 18 个月内宣判。）至于 24 个讨论了转化性的案件，有一个案件并未清楚阐述使用是否具有转化性，其余 23 个案件情形分别如下：17 个案件认定被告的使用具有转化性的案件中，15 个案件支持了合理使用的抗辩；而 6 个认为被告使用不具有转化性的案件中均未认定合理使用。（Beebe 的数据也因其案件分类方法而受到质疑。譬如，他拒绝将 Blancb 诉 Koons 案归入，这带来了一些争议和批评）。参见上注，第 623～624 页（解释了 Beebe 对判决的搜集和编码过程）。数据集和编码形式见于 www.bartonbeebe.com。

挪用：Cariou 诉 Prince 案与合理使用中情境转化性的考量

众理解上，将之作为作品具有转化性的"指示器"，而且法院还声称分析的重点在于作品本身，而非作者的意图。❶ 虽然第一眼看上去，上述观点似乎承认作者身份的后现代概念，但是隐藏着以下要求：通过物理形式上的变化显示出新的和不同的表达。这种对物理变化的依赖，导致创作者无法确定需要达到何种程度的改变，才能让法院认为其新作品显著改变了原先的表达，展现了新的不同的意义。在详细阐述物理改编是转化性的起源时，法院缺乏对（后）现代艺术概念基础的理解。

将受众理解作为判断转化性的指标，这在面对被大致归类为挪用艺术的作品时会遇到严重问题。在 20 世纪初，一些艺术家开始探索使用现有对象作为创作素材以及表达社会批判的一种方式的可能性。❷ 在这段初始时期，马塞尔·杜尚（Marcel Duchamp）在小便器上署上"R. Mutt"，创作了喷泉。杜尚将之送往画廊作为艺术品，这引发了人们提出这一基本问题：什么是艺术？❸ 现代艺术家安迪·沃霍尔（Andy Warhol）、罗伯特·劳森伯格（Robert Rauschenberg）、雪莉·勒文（Sherri Levine）等人继续挑战社会对此问题的理解，通过挪用由他人创作的素材和对象，对现有作品的内在价值进行评论。

就当代挪用艺术家而言，鲜有比理查德·普林斯（Richard Prince）更为声名狼藉或因此闻名的人。❹ 在其职业生涯之中，普林斯打破了所有权的边界，通过使用二次摄影和挪用来重新呈现作品，从而改变共有物的含义。❺ 他的挪用和重新呈现往往通过挖掘对原先作品的想像来起作用。❻ 普林斯的作品

---

❶ Cariou v. Prince, 714 F. 3d 694, 711 (2d Cir.), *cert. denied*, 134 S. Ct 618 (2013).

❷ E. Kenly Ames, *Beyond* Rogers v. Koons: *A Fair Use Standard for Appropriation*, 93 Colum. L. Rev. 1473, 1477 (1993).

❸ 现代摄影师 Alfred Stieglitz 所拍摄的照片只有保存一张原件。（Stieglitz 很可能在拍摄结束后销毁原件。）他的照片之后在一激进杂志（The Blind Man）上展出，伴随着匿名评论，部分内容如下："Mutt 先生是否亲手制作了这一喷泉并不重要。他选择如此。他将生活中的一个普通事物放置于此，使得在新的标题和视角之下，该事物的实用价值消失——创造了对这一对象的新认知。"The Blind Man, no. 2, 1917 年 5 月，http://www.toutfait.com/issues/issue_3/Collections/girst/Blindman2/5.html；讽刺的是，之后几十年各种复制版本在一些世界最重要的公共展览中得以展出（包括旧金山现代艺术博物馆、蓬皮杜中心和泰特现代艺术馆），这些手工复制品精确模仿了原作品。Martin Gayford, *Duchamp's Fountain: The practical joke that launched an artistic revolution*, The Telegraph, Feb. 16, 2009, http://www.telegraph.co.uk/culture/art/3671180/Duchamps-Fountain-The-practical-joke-that-launched-an-artistic-revolution.html.

❹ 杰夫·昆斯（Jeff Koons），因人们对其作品褒贬不一，可能是少数既享誉盛名又臭名昭著的艺术家之一。昆斯也多次因侵犯版权而被诉至法院。参见如 Rogers v. Koons, 960 F. 2d 301 (2d Cir. 1992); Blanch v. Koons, 467 F. 3d 244 (2d Cir. 2006).

❺ Nancy Spector, Glenn O'Brien, John Dogg & Jack Bankowsky, Richard Prince (2007).

❻ 同上注，第 31 页。

探索了对性别、种族和文化拼贴的现代流行艺术展示。❶ 在考察人们对普林斯的作品是欣赏还是认为其缺乏创造性和实质内容之前，我们缺乏这样一个批判性的审视：普林斯和其他许多挪用艺术家的作品因其形成了一个"散乱的"共同体而有了价值。❷ 无论这种批判性的接受是积极或是消极，都无关紧要。

虽然并非唯一方法，但这种散乱的共同体的存在能够展现单个的艺术作品的社会价值以及值得讨论一番的转换性性质。合理使用的分析就转变为了如何吸收这一要素以简化分析，并使作者能更清楚地确定进行合理使用分析时，对其有利和有弊两方面的情况。表象所处的背景可以改变受众对作品的理解；如果将受众接受作为判断二次作品是否具有转换性的决定性因素，则确定一种能充分查明受众接受的检验法就是必要的。不过，此种检验法并不是 Cariou 诉 Prince 案所采用的方法，在该案中，法院将两个作品并列放置，以判断物理上的不同是否具有表达性的意义。❸ 在某些情形，尤其是在那些涉及第一修正案权利和文化进步的作者利益的情形下，市场可以体现受众的反映，并且提供"量度"以帮助法院确定作品真正的转换性性质。如果法院寻求市场指标来帮助判断作品是否具有转换性，则法官将不需要考量作品的艺术价值。此外，不同于允许对作品"转换性"的主观判断，导致对潜在市场损害的事前分析，法院可以将其考察范围限制为使用其他更适当的法律原则对实际市场损害的事后判断。

本文第一部分将首先考察版权法以及合理使用原则的普通法基础，接着将讨论转换性这一概念在合理使用分析中所具有的越来越重要的影响，以及法院对这一概念的司法解释。第二部分将分析第二巡回上诉法院对 Cariou 诉 Prince 案❹所作的判决，并重点讨论法院对转换性概念的分析以及判决对市场可能的影响。第三部分将介绍合理使用的经济理论，并考察该理论如何被社会科学理论粉饰以提出更适当的转换性检验法。第四部分是结论。

一、转换性的勃兴

《美国法典》第 107 条规定的合理使用抗辩作为"第一修正案"的一种实

---

❶ Nancy Spector, Glenn O'Brien, John Dogg & Jack Bankowsky, Richard Prince (2007), 第 31 页。

❷ 参见 Laura Heymann, *Everything is Transformative*: *Fair Use and Reader Response*, 31 Colum. J. L. & Arts. 445, 449 (2008)。

❸ 参见 Cariou v. Prince, 714 F. 3d 694, 707 (2d Cir.), cert. denied, 134 S. Ct 618 (2013)。

❹ 同上注, 第 711 页。

挪用：Cariou 诉 Prince 案与合理使用中情境转化性的考量

施形式，用来缓和作为版权法基础的所有权理论与言论自由利益之间的紧张关系。❶ 版权法对受版权法保护的表达和不受版权法保护的事实和思想予以了区分。❷ 尽管受版权法保护的表达通常是不受侵犯的，不过，合理使用允许为了服务于科学发展的公共利益目的而使用此种表达。❸ "允许法院避免对版权法的僵化适用，因为在某些时候，版权法有可能阻碍法律设计时所希望鼓励的真正的创造性。"❹

第 107 条为法院考量被告主张构成合理使用的情形提供了四个因素。❺ 第一个法定因素是"使用的目的和特性"。❻ 在 Campbell 诉 Acuff – Rose Music 案中，❼ 法院认为该要素的"中心目的"是确定二次使用在何种程度上具有"转换性"。❽ 法院采纳了皮埃尔·勒瓦尔（Pierre Leval）法官在 1990 年发表的论文"论合理使用标准"❾ 中的概念，作出了一个轻微但是意义重大的语义转变，将重点从作者创作作品的目的转移到受众对作品的接受上。❿ 通过这种方式聚焦合理使用的考察点，法院建构了一个框架，将对表达差异的司法考量置于合理使用的最前沿。

法院采用"转换性"这一概念，带来了巨大的变化，改变了合理使用的法理，"转化性"的考量成了合理使用的整体判断中最为重要的内容。在 Campbell 案之后，巡回法院的判决提及被指称侵权的作品是否具有转化性的频率，大概是该案件审理之前的 5 倍。⓫ 这对于合理使用诉讼的整体结果具有深

---

❶ Golan v. Holder, 132 S. Ct. 873, 890 (2012); 参见 Nimmer & Nimmer, Nimmer on Copyright § 13.05, [A] [I] [B] 2013（认为最高法院已经承认合理使用原则具有宪法上的必要性）; 参见《美国宪法》第 1 条第 8 款第 8 项（确保利用智力劳动成果的专有财产权）。

❷ 参见《美国法典》（2012 年）第 17 编，第 102 条第（b）款。最高法院注意到了思想/表达二分法也可以调和版权保护与第一修正案之间的紧张关系。Golan, 132 S. Ct., 第 890 页。

❸ Campbell, 510 U. S., 第 579 页。"科学"是指创造性艺术。

❹ Campbell v. Acuff – Rose Music, Inc., 510 U. S. 569, 577 (1994)（援引 Stweart v. Abend, 495 U. S. 207, 236 (1990)）。

❺ 参见《美国法典》（2012 年）第 17 编，第 107 条。

❻ 同上注。

❼ 510 U. S. 569 (1994)。

❽ 同上注，第 579 页。

❾ Pierre Leval, Toward a Fair Use Standard, 103 Harv. L. Rev. 1105 (1990)。

❿ 参见 Laura Heymann, Everything is Transformative: Fair Use and Reader Response, 31 Colum. J. L. & Arts. 452, (2008)。

⓫ 在最高法院 Campbell 案判决之前，巡回上诉法院在 45 起案件中的 7 起中提及"转化性使用"（或者使用"生产性使用"），占 15.6%；而在 Campbell 案之后，巡回法院在 43 起案件中的 35 起中提到，占 81.4%。地区法院判决中反映的比例也与上述相似——在 Campbell 案之前，92 起案件中有 9 起中提及（9.8%），而在 Campbell 案之后，则在 119 起案件中有 70 起提到（58.9%）。参见 Barton Beebe, An Empirical Study of U. S. Copyright Fair Use Opinions, 1978 – 2005, 156 U. Penn. L. Rev. 604, 605 (2008)。

远的影响。最近的实证研究指出,虽然在第一个因素的考察中认定具有转换性,最终并不一定构成合理使用,❶ 但通常而言是这样的。❷

以转换性概念为核心的合理使用考察方法延续至今。虽然最高法院拒绝对另一个涉及转化性使用的合理使用案件授予调卷令,❸ 但对这一概念的法律适用的发展,可以见诸美国上诉法院。在 Campbell 案判决之后和 Cariou 案判决之前的这段时期内,Blanch 诉 Koons 案❹体现了在涉及挪用艺术的合理使用分析方面,Campbell 案所带来的变化。第二巡回上诉法院考察了昆斯相较于原始版权作品所作改变的物理表现,并且以这些实际上的差异是否包含足够的转换性为基础,作出了对第一个因素——"使用的目的与特性"——的判定结果,以及对整个合理使用的判定结果。❺ 这一合理使用检验法看起来似乎允许对版权材料进行广泛的挪用,对物理形式的关注忽略了这样一个基本事实:尽管物理改变对于转换性而言可能是充分的,但并非必要的。

---

❶ *Campbell*, 510 U. S., at 579(援引 Sony Corp. of America v. Universal City Studios, Inc., 464 U. S. 417, 455 n. 40 (1984))。Barton Beebe 对合理使用判决意见进行研究后,所得出的结论也与此相似。他发现:"在 Campbell 案之后, 68 个案件中有 25 个(36.8%)在认定合理使用时未提及转化性;4 个案件中明确说明被告的使用不具有转化性。"参见 Barton Beebe, *An Empirical Study of U. S. Copyright Fair Use Opinions*, 1978 - 2005, 156 U. Penn. L. Rev. 605 (2008)。但是需要注意的是, Beebe 的数据包含了一些转化性使用范围之外的合理使用案件,在这些案件中,转换性并不重要。如果将 Beebe 的数据限制为那些法院认定被告的使用是戏仿/讽刺或为了批评/评论的案件,这一结果将发生改变。在总计 30 个案件中,仅有 6 个案件没有提及转化性(20%)。(这 6 个案件均来自地区法院,且其中有 3 个案件是在 Campbell 案后的 18 个月内宣判。)至于 24 个讨论了转化性的案件,有一个案件并未清楚阐述使用是否具有转化性,其余 23 个案件情形分别如下:17 个认定被告的使用具有转化性的案件中, 15 个支持了合理使用的抗辩;而 6 个认为被告使用不具有转化性的案件中均未认定合理使用。(Beebe 的数据也因其案件分类方法而受到质疑。譬如,他拒绝将 Blanch 诉 Koons 案归入,这带来了一些争议和批评)。同上注,第 623 ~ 624 页(解释了 Beebe 对判决的搜集和编码过程)。数据集和编码形式见于 www.bartonbeebe.com。

❷ 参见 Barton Beebe, *An Empirical Study of U. S. Copyright Fair Use Opinions*, 1978 - 2005, 156 U. Penn. L. Rev. 605 (2008)。针对批评或评论性使用案件的数据修改结果,参见上注。

❸ 合理使用中的转化性使用可以被粗略划分为三类:戏仿(参见如 Campbell v. Acuff - Rose Music, Inc., 510 U. S. 569 (1994));其他转化性批评(参见如 Suntrust v. Houghton Mifflin Co., 252 F. 3d 1165 (11th Cir. 2001));以及转化性改编(参见如 Blanch v. Koons, 467 F. 3d 244 (2d Cir. 2006))。Pamela Samuelson, *Unbundling Fair Uses*, 77 Fordham L. Rev. 2537, 2548 - 2555 (2009)。

❹ 467 F. 3d 244 (2006)。

❺ Blanch v. Koons, 467 F. 3d 244, 253(注意到 Koons 的改编在"色彩、描绘背景、媒介、描绘对象的尺寸和细节"等方面与原作品有所区别);Cariou v. Prince, 714 F. 3d 694, 706 (2d Cir.), *cert. denied*, 134 S. Ct. 618 (2013)("普林斯的结构、表现、大小、色彩和媒介与原照片相比在根本上是不同和新颖的")。

（一）《1976 年版权法》第 107 条：成文法上的合理使用

合理使用"允许法院避免对版权法的僵化适用，因为在某些时候，版权法有可能阻碍法律设计时所希望鼓励的真正的创造性"。[1] 根据 1976 年版权法，版权所有者享有以复印件形式复制版权作品和准备改编作品的专有权。[2] 1976 年版权法第 107 条为侵犯第 106 条所规定的专有权[3]提供了合理使用豁免。[4]

"在任何特定案件中判断对作品的使用是否属于合理使用时，应予考虑的因素包括：

（1）该使用的目的与特性，包括该使用是具有商业性质，还是出于非营利的教育目的；

（2）该版权作品的性质；

（3）所使用部分的质和量与版权作品作为一个整体的关系；

（4）该使用对版权作品潜在市场或价值所造成的影响。"[5]

最基本的是，合理使用允许不经版权所有人的许可，对版权作品的部分甚至全部进行复制。[6] 与思想/表达二分法原则相结合，合理使用对于保护第一修正案权利至关重要，因为它"不仅允许公众使用版权作品中的事实和思想[7]，还允许公众在特定情形下使用表达本身"。[8]

在《1976 年版权法》第 107 条规定合理使用时，国会指出该条款所列举

---

[1] *Campbell*, 510 U. S., 第 577 页（援引 Stewart v. Abend, 495 U. S. 207, 236 (1990)）。

[2] 参见《美国法典》（2012 年）第 17 编，第 106 条第（2）项。在判断作品的"转化性"以决定是否符合合理使用时，"衍生作品"的法律定义造成了一定的困惑。第 101 条将衍生作品定义为"基于先前已存在的一件或多件作品……在其中，原作品可能被重铸、转化（transformed）或者改编"。《美国法典》第 17 编，第 101 条。注意区别两者的不同：衍生作品中的"转化"包含对作品仅形式上而不具有实际含义的改变；而在合理使用中，"转化"要求根本性地改变原作品的核心。关于两者更细微的考察，参见 R. Anthony Reese, *Transformativeness and the Derivative Work Right*, 31 Colum. J. L. & Arts 467 (2008); Mary Wong, "*Transformative*" *User-Generated Content in Copyright Law*: *Infringing Derivative Works or Fair Use*, 11 Vand. J. Ent & Tech. L. 1075 (2009)。

[3] 参见《美国法典》（2012 年）第 17 编，第 107 条。

[4] 同上注，第 106 条。

[5] 参见《美国法典》第 17 编，第 107 条。

[6] 同上注。

[7] 事实与思想通过第 102 条第（b）款加以保护。《美国法典》第 17 编，第 102 条第（b）款（"在任何情况下，对作品的版权保护不能延伸至思想……原则或者发现……"）。

[8] Elder v. Ashcroft, 537 U. S. 186, 219 (2003).

的四个因素只是对普通法的成文法化。❶ 斯托里（Story）大法官在1837年Folsom诉Marsh案❷中的判决为国会编纂成文法提供了许多最初的原则。❸ 斯托里法官判决的最大贡献大概在于：其主张每一个案件所呈现的因素都是独特的，因此必须依照原则的目的进行权衡考量。❹ 尽管法律规定的具体用语允许对四个因素进行非排他性的考量，❺ 而且建议法院保有适当调整考量的能力，但是，现代法院一般还是对合理使用抗辩采用形式化的考量方式。❻

第107条的序言部分列举了六种可以得到豁免的使用：批评、评论、新闻报道、教学、学术和研究。❼ 其中，批评和评论中的利益均涉及第一修正案之中的言论和表达自由原则，以及促进新作品和思想持续创作的作者利益。❽ 合理使用从两方面保护这些利益：一是为解决版权所有者的利用权与公众言论和表达自由的利益之间的冲突提供了基本保障；❾ 二是为作者提供了有效利用他人作品的自由。❿

（二）勒瓦尔法官与"转换性"概念

在其具有里程碑意义的论文——《论合理使用标准》中，勒瓦尔法官认为，判断某种使用是否符合合理使用豁免，最重要的考量因素应当是该使用在

---

❶ Nimmer & Nimmer, Nimmer on Copyright §13.05［A］［1］［b］(2013)，第1页；另参见 Harper & Row, Publishers, Inc. v. Nation Enters., 471 U.S. 539, 549 (1985)。

❷ Folsom v. Marsh, 9 F. Cas. 342 (1841).

❸ William F. Party, The Fair Use Privilege in Copyright Law 3 (2d ed. 1995).

❹ *Folsom*, 9 F. Cas. at 344。

❺ 法律文本表明，判断合理使用的四项法定因素并非穷尽性列举，法院仍可以采用其他分析方式，只要审查结果符合版权的整体目标。参见《美国法典》（2012年）第17编，第107条；另参见 Nimmer & Nimmer, Nimmer on Copyright, §13.05［A］［5］［b］(注意这些要素是"阐明性而非限制性"，并且许多"第五要素"已经被提出)；Leval, *Toward a Fair Use Standard* 103 Harv. L. Rev. 1105 (1990) ("虽然仍保留了其他要素构成合理使用的可能性，但成文法并未定义其中任何要素")。

❻ Beebe, *An Empirical Study of U.S. Copyright Faor Use Opinions*, 1978-2005, 150 U. Penn. L. Rev. 561-564 (2008) (对1978年至2005年有关合理使用的判决进行的数据分析表明，法院从更灵活的审查转变为后者与最高法院在1985年 Harper & Row 案 (471 U.S. 539) 的判决相一致的修辞性形式审查)。

❼ 同上注。

❽ Samuelson, Unbundling Fair Uses, 77 Fordham L. Rev. 2544 (2009) (指出：批评、评论和新闻报道在涉及第一修正案原则的合理使用案件中通常是显而易见的)。

❾ 同上注，第2546~2547页。Pamela Samuelson 也提及了三项主要政策：(1) 促进后续作者和公众的言论及表达自由；(2) 版权的持续发展；以及 (3) 学习——支持《美国法典》第17编，第107条序言部分阐述的六种特定目的的使用。同上注，第2546~2547页。

❿ 同上注，第2540页。

何种程度上具有转换性。❶ 勒瓦尔法官相信，此种考量方式将推进对第一个法定因素的分析。他进一步指出，与之前法院将对因素四（市场损害）的考量作为合理使用案件中最为重要的因素不同，因素一才是"合理使用的灵魂"。❷ 勒瓦尔法官认为有两个关键事实与创造性有关：首先，没有任何创作性活动是完全独创的；其次，许多创作性产品明显参考借鉴了其他作品。❸ 合理使用通过保护利用了现有作品的灵感或原始素材的转换性作品的创作，来保护此类"二次创作"。❹ 在建构其分析架构时，勒瓦尔法官仍然忠于"使用的目的"的成文法框架，以及使用是否"符合版权法激励创作，开启民智的目的"。❺ 在进行建构时，勒瓦尔法官利用了创作的财产权理论，并且认为作者意图极为重要。❻

不同于斯托里法官主张探究二次创作作品是否"替代"了原作品，勒瓦尔法官将问题从经济损失考察转变成了对原艺术家或作者的考察，并且将其转化为支持对使用"目的"进行考察。❼ 勒瓦尔法官进一步提出，应使市场损害问题从属于转换性的要求：

"二次使用未损害原作品市场的事实，并不能保证二次使用是正当的。因此，尽管市场因素很重要……但它不应掩盖第一因素中正当性的要件，不符合这一要件，就不会构成合理使用。"❽

上述架构与构成1976年成文法基础的普通法先例是相抵触的。将重点放在考察衍生作品是否具有足够的转换性，将导致法官需要自行判断相关使用是

---

❶ Pierre Leval, *Toward a Fair Use Standard*, 103 Harv. L. Rev. 1105 (1990).

❷ 同上注，第1116页。（因素一是合理使用的核心。这一因素的认定对于合理使用抗辩而言是必不可少的，且该因素的权重应当比其他因素更大……），与 Harper & Row, Publishers, Inc. v. Nation Enters., 471 U.S. 539, 567 (1985).（"因素四无疑是合理使用中最重要的因素。"）

❸ Pierre Leval, *Toward a Fair Use Standard*, 103 Harv. L. Rev. 1109 (1990).

❹ 同上注，第1109~1110页。

❺ 同上注，第1111页。

❻ 可以说因素一的表达是自相矛盾的，因为"目的"意味着作者的意图，而"特性"意味着受众的理解。不清楚国会为何如此选择法律用语；更不用说，最高法院和现行判例法实际上已经忽略了使用的目的，而仅仅关注于对特性的合理使用分析，随之产生的问题，参见第一部分第（三）节第1小节。

❼ Pierre Leval, *Toward a Fair Use Standard*, 103 Harv. L. Rev. 1111 (1990).（将引用作为考察对版权材料的使用，是否不同于原作品的方式或目的）与 Folsom v. Marsh, 9 F. Cas. 342, 348 (1841)（指出：法院应当考察"使用损害销售，减少盈利或取代原作品的程度"）。

❽ Pierre Leval, *Toward a Fair Use Standard*, 103 Harv. L. Rev. 1124 (1990).

否有效，以及是否"以不同于原作的方式或目的使用了被引用的材料"。❶ 但是何为方式，又何为目的呢？勒瓦尔法官除了对促使其就合理使用原则发表评论的两个案例❷事实进行阐述以外，对其他内容并未展开详细阐述。❸

（三）Campbell 案之前：Rogers 诉 Koons 案

第一个在挪用艺术的背景下讨论法定合理使用的重要案件是 Rogers 诉 Koons 案。作为一位著名的当代艺术家，❹ 杰夫·昆斯（Jeff Koons）使用了明信片上一对微笑着的夫妇抱着一群小狗的图像，作为雕塑的素材来源。❺ 昆斯的艺术作品与罗杰斯原先的照片相比，在色彩上有一些小幅变化，但昆斯却宣称他的工艺再创造了罗杰照片的情境。❻ 由于法院无法在昆斯的作品《木偶之线》❼ 中识别出任何戏仿内容，而该内容对于法院在考察合理使用的第一个因素时，对于认定构成合理使用是有利的；这样，就导致法院的判决受到了影响。❽ 昆斯所使用的作为雕塑基础的照片是"典型的美国场景的表达——一对微笑夫妇抱着一群可爱的小狗"，法院发现"难以在其中识别任何戏仿照片'小狗'的内容"。❾ 从另一角度来说，法院从罗杰斯拍摄的田园诗般的照片中看出了魅力，而这正是昆斯所看到的被"商品和媒体图像的大规模生产"所束缚的社会的体现。❿ 因此，在选择特定照片作为其主题之时，昆斯不仅仅对整个社会进行了评论，也批判并戏仿了罗杰斯不知道通过照片表达该思想。

市场可能认可了两件作品背后不同的目的，《木偶之线》的价值超过 100 000 美元，⓫ 而罗杰斯仅以 200 美元的价格将原照片出售给了那对委托其拍

---

❶ Pierre Leval, *Toward a Fair Use Standard*, 103 Harv. L. Rev. 1111 (1990).

❷ Salinger v. Random House, Inc., 650 F. Supp. 413 (S. D. N. Y. 1986), rev'd, 811 F. 2d 90 (2d Cir.); New Era Publ'ns Int'l v. Henry Holt & Co., 695 F. Supp. 1493 (S. D. N. Y. 1998), aff'd on other grounds, 873 F. 2d 576 (2d Cir. 1989).

❸ Pierre Leval, *Toward a Fair Use Standard*, 103 Harv. L. Rev. 1110 (1990).

❹ Rogers v. Koons, 960 F. 2d 301 (2d Cir. 1992).

❺ 同上注，第 305 页。

❻ 同上注。

❼ 同上注，第 310 页。

❽ 同上注（"在巡回上诉法院看来……复制品必须，或者说至少在部分上，是对原作品的戏仿，否则没有必要提及原作品"）。

❾ 同上注，第 303，310 页。

❿ 同上注，第 309 页。

⓫ 同上注，第 305 页（"4 件复制品中的 3 件以 367 000 美元的总价出售给收藏家；第 4 件则由昆斯自己保留"）。

摄的夫妇。❶ 不可否认，我们无法得知从照片到雕塑的物理变化在何种程度上导致了价格差异，但可以探讨一下导致两件作品价格差异的其他因素。尽管由于媒介的变化，不能准确地对情境因素进行定价，但毋庸置疑其抬高了昆斯雕塑作品的价格。首先，市场会从其先前作品的视角来观察昆斯的作品。换言之，昆斯对流行文化一贯的辛辣评论已融入了《木偶之线》中。其次，这一雕塑在纽约索纳班画廊一个名为"平凡秀"（Banality Show）的展览中展出，这一高端的纽约艺术画廊为该作品的有效性和重要性增添了情境化的认可。不考虑单独个体对《木偶之线》的感受，作为整体而言的受众可以毫无疑问地区分出昆斯雕塑与罗杰斯照片之间的不同。尽管法院认为昆斯还复制了罗杰斯的表达，而不只是思想，❷ 但法院在这个关键点上理解有误：昆斯并没有复制罗杰斯的表达或思想，而是直接对罗杰斯有关美国文化的表达进行评论。尽管法院忽略了这一区别，受众却没有忽略，这可以从两件作品价格上的差异得到部分地体现。

（四）Campbell 案

虽然最高法院在 Campbell 案的判决中对第 107 条的某些方面予以了澄清：最主要的方面是解释了商业性使用并不当然导致某一使用不构成合理使用，❸ 不过，该判决在其他某些方面却制造了更多的困惑，例如：将戏仿与讽刺相区分，着重要求二次使用对于原作的物理结构成功地进行评论。❹ 在主张戏仿可以构成合理使用豁免之后，最高法院并未对作品构成评论的具体要求作出更多解释。最高法院认为：Live Crew 对罗伊·奥比森《漂亮女人》的戏仿，受到合理使用原则的保护，歌曲所具有的商业性质并不妨碍其作为戏仿而受到保护。❺ 最高法院认为，戏仿属于受第 106 条保护的批评的一种合法形式，同时最高法院也赋予了勒瓦尔法官提出的"转换性"概念以制度合法性。不过，

---

❶ Rogers v. Koons, 960 F. 2d 304（2d Cir. 1992）. 罗杰斯也许可了在卡片和明信片上复制照片——通过该许可，昆斯接触到了其之后用作雕塑素材的作品。

❷ 同上注，第 308 页（"在这里，昆斯使用了与罗杰斯相同的表达"）。

❸ 参见 Campbell v. Acuff-Rose Music, Inc., 510 U.S. 569, 584（1994）（内部引文略）（"事实上，商业性与合理性的判定相抵触的假设，将会吞没几乎所有在第 107 条序言部分列举的使用，包括新闻报道、评论、批评、教学、学术和研究，因为在美国，这些活动通常都是用于盈利的"）。

❹ 同上注，第 580 页。此外，该观点中针对戏仿问题的关注限制了其扩展至其他领域。戏仿和讽刺的本质是评论，但在这些具体类型之外，最高法院没有怎么讨论哪些才能构成生产性使用，也没有阐述其他勒瓦尔进行转化性建构的因素。参见 H. Brian Holland, *Social Semiotics in the Fair Use Analysis*, 24 Harv. J. L. & Tech. 335, 350（2011）。

❺ *Campbell*, 510 U.S, at 593.

这样一来，最高法院就巧妙地将问题从基于意图的考量转变为基于受众的考量。❶ 虽然最高法院仍将重点保留在使用的目的上，但是却主张使用的目的应当通过受众的反映来查明。❷ 这是一个逻辑上的转变，因为如果版权法的宪法目的在于促进公众能够更多地与转化性作品接触、互动，❸ 并且散乱共同体的存在可以表明转换性存在，那么判断是否构成合理使用的基础性问题就变成了作品是否具有"转化性"，而这与公众对新作品的接受密切相关。

关于潜在市场损害，最高法院允许衍生作品具有商业性，这暗示只有在对原作完全复制的情况下，才存在实质性市场损害。❹ 相反，二次使用的转换性程度越高，"市场替代就越不可能"。❺ 但是，最高法院反对将市场损害作为一个通常概念加以阐述而撇开批评性作品不谈，因此选择只对已经被接受的原则进行重述。❻ 衍生作品的市场只包括原作创作者愿意开发（包括许可市场）的市场。由于艺术家既不愿意讽刺自己的作品，也不愿意授权别人这样做，最高法院得以将有关的考量简化为对说唱音乐衍生市场的理论化分析。❼ 这使得最高法院回避了衍生作品市场参数的概念化问题。❽

（五）Campbell 案之后的转换性概念与挪用艺术：Blanch 诉 Koons 案

在 Campbell 案之后，第二巡回上诉法院在涉及杰夫·昆斯的另一个案件中再次适用了合理使用原则，这一次有利于被告一方。❾ 在 2000 年，昆斯受托为德国柏林古根海姆博物馆的一场展览创作了七部作品。为了创作这些作品，昆斯扫描了挪用广告和其他一些图像到电脑中，然后将它们重叠在田园般的背景之上，再打印出来作为其助手在油画布上作画的样板。其中一幅作品"Niagara"包含了原告用于时尚杂志广告的一幅照片中的某些图像。在答辩时，昆斯向法院指出，他使用这一图像是作为"其评论大众传媒的社会和美学影

---

❶ 参见 Laura Heymann, *Everything is Transformative: Fair Use and Reader Response*, 31 Colum. J. L. & Arts. 449 (2008).

❷ *Campbell*, 510 U. S., at 583（注意 2 Live Crew 的歌曲可以合理地被认为是对 Orbison 原作品中白人中产阶级的天真幼稚和多愁善感的评论）。

❸ 同上注，第 579 页。

❹ 同上注，第 591 页。

❺ 同上注。

❻ 同上注，第 590~594 页。

❼ 同上注，第 592~593 页。

❽ 鉴于没有任何一方提交证据证明对 Oribison 的曲调非戏仿饶舌版本的潜在市场所产生的影响，法院认为这一问题需要发回原审；但是，在地区法院开始审理案件之前，双方达成了和解。同上注，第 594 页。

❾ *Blanch v. Koons*, 467 F. 3d 244 (2d Cir. 2006).

挪用：Cariou 诉 Prince 案与合理使用中情境转化性的考量

响的素材"。❶

法院认为昆斯的作品构成合理使用，而对于作者意图是否与转换性问题相关，法院似乎采取了"对冲"："昆斯在 Niagra 这一作品中对布兰奇（Blanch）照片的挪用，是意图——而且看上去——具有'转化性'……"❷ 不过，仔细分析上述观点就会发现，法院本可以不管昆斯的意图，就能认定其作品具有转换性。在提出"昆斯所使用的对象和布兰奇所创造的对象存在显著差异，Silk Sandals 确认了该使用的转换性性质"这一观点时，法院将昆斯创作作品的目的引入进来，不过这实际上只是对于已经认定构成转换性使用的一种事后正当性确认。❸ 尽管法院认可了昆斯对自己目的的解释，但如果昆斯并未提供正当性理由，法院似乎准备自行作出结论："虽然对我们而言，很明显，昆斯对华而不实照片的使用使得他讽刺了华而不实照片上所折射出的生活，但我们并不需要依赖于我们实在不怎么样的艺术鉴别力。"❹ 不过，法院在否定了自己的艺术鉴别力的同时，却在涉及昆斯所称目的的物理表现的考量上，明确地使用了转换性这一概念。❺

二、Cariou 诉 Prince 案与物理形式的重要意义

2013 年，第二巡回上诉法院判决：艺术家理查德·普林斯的运河区系列中的 25 幅作品并不构成版权侵权。❻ 在认定普林斯的作品属于合理使用时，法院对第 107 条的适用，重点既不是作者是否有意图对原作进行评论，也不是作者是否有意图用新的表达对原则进行转换，而是新作品是否在物理形式上有实质性的转换，从而向观看者传达出新的意义或表达。

（一）案件事实

2000 年，帕特里克·卡利欧（Patrick Cariou）出版了 *Yes Rasta* 一书，其中有他在 6 年间在牙买加拍摄的拉斯特法里派人艰苦生活的一系列照片。❼ 这一系列由展现拉斯特法里派人的尊严及其自然环境的典型风景和人物照片构

---

❶ *Blanch v. Koons*, 467 F. 3d 253（2d Cir. 2006）.
❷ 同上注，第 256 页。
❸ 同上注，第 252 页。
❹ 同上注，第 255 页。
❺ 同上注，第 235 页（将对布兰奇"Silk Sandals"图像的使用描述为"对色彩、描绘背景、媒介、描绘物体的尺寸和细节的改变"）。
❻ 参见 Campbell v. Acuff‐Rose Music, Inc., 510 U. S. 569, 579（1994）。
❼ *Carious v. Prince*, 714 F. 3d 694, 699（2d Cir.）, *cert. denied*, 134 S. Ct. 618（2013）.

成。卡利欧的出版商印刷了 7000 册。❶ 该书的销量很少。❷ 至于照片，除了少数通过私人销售方式卖给熟人以外，卡利欧并未展览或出售这些作品。❸

7 年后，理查德·普林斯在圣巴泰勒米岛的一家酒店展出其作品，其中包括运河区系列（2007）。这一系列拼贴作品由 35 幅从 Yes Rasta 上剪下的图片所构成。普林斯将改动后的有关风景和拉斯特法里派人的图片放在巨大的网格之中，并且将他们定在一张夹板上。❹ 普林斯随后又创作出这一系列中的其他 30 幅作品——除一幅之外，其余作品均包含了普林斯从 Yes Rasta 上剪贴出的图片。❺ 在 2008 年下半年，普林斯在纽约高古轩画廊展出了运河区系列中的 22 幅作品。❻

卡利欧声称，他是从纽约画廊拥有者克里斯蒂·策勒那里，第一次知道普林斯的展出。❼ 2008 年 12 月 30 日，卡利欧以版权侵权为由，起诉普林斯、高古轩画廊和劳伦斯·高估轩。❽ 普林斯和其他共同被告主张合理使用抗辩，宣称普林斯对照片的使用是转化性的。❾ 各方随后均提起了简易判决动议。❿

（二）地区法院认为不构成合理使用

在判决中，纽约南区法院认为普林斯对照片的使用并非"版权法中的合理使用"。⓫ 在认定卡利欧的照片具有足够的创作性而受版权保护之后，法院

---

❶ Carious v. Prince, 714 F. 3d 694, 699 (2d Cir.), cert. denied, 134 S. Ct. 618 (2013).
❷ 同上注，第 698 ~ 699 页。
❸ 同上注，第 699 页。
❹ 同上注。普林斯通过在拉斯特法里派人的脸上绘画菱形和简单面具改变了一些图像，并且以马克笔、蜡笔、铅笔和白色丙烯颜料掩盖了一些其他特征。他用各种其他技巧模糊了其他人的面部。Affidavit of Richard Prince, Defendant, in Support of Motion for Summary Judgment 48, 714 F. 3d 694 (2010.05.14) (No. 11 – 1197 – cv) (下文简称为 Prince Aff)。
❺ Carious, 714 F. 3d at 699。总而言之，为创造运河区系列，普林斯拼贴了卡利欧 Yes Rasta 中的 41 幅图片，以及 Taschen 出版的两本成人书籍、当代音乐杂志、普林斯购买的解剖书的图片和一本关于 Bob Marley 出版物中的图片。Prince Aff, 同上注，第 24 段。关于对普利斯创作每一单独作品过程的具体描述，同上注，第 32 – 61 段。
❻ Carious, 714 F. 3d at 703。
❼ 同上注，第 704 页。
❽ 同上注。
❾ 同上注。
❿ 同上注。
⓫ Cariou v. Prince, 784 F. Supp. 2d 337, 342 (S. D. N. Y. 2011), rev'd, 714 F. 3d. 694 (2d Cir.), cert denied, 134 S. Ct. 618 (2013).

采用了标准化的合理使用四因素检验法。❶ 法院从第一个因素——"使用的目的和特性"——开始分析，认为：核心问题在于普林斯在多大程度上对卡利欧原先照片赋予了新的表达、含义或者信息。❷ 换言之，即在多大程度上，普利斯的作品具有转化性。❸

首先，法院驳回了普林斯关于将版权材料作为"原材料"使用这一行为本身即应构成合理使用的观点，认为并没有先例支持在"新作品没有以任何方式对原作品进行评论、存在历史文本的关联或者批评性提及的情况下"，构成合理使用。❹ 相反，普林斯的作品只有对卡利欧的作品作出评论的情况下，才具有转化性。❺ 如果没有评论，普林斯的作品将构成侵权改编作品。❻

在判断普林斯的作品是否符合这一标准时，法院更多地关注其创作运河区的意图，认为普林斯所言：在其艺术中实际上并不内含任何信息，这说明"其使用卡利欧有关拉斯特法里派人肖像的目的，与卡利欧使用的初始目的是一样的：为了向观看者传达拉斯特法里派人及其文化的真实情况"。❼ 将 28 幅照片作为一个整体看待，法院认为：普林斯作品中的转化性内容"微乎其微"，因此难以认定构成合理使用。❽

然后，法院通过分析对受版权保护材料的使用是"具有商业性质，还是为了非营利的教育目的"，❾ 对第 107 条中因素一的商业性"一翼"进行了考察。法院认为：被诉侵权使用的商业性的重要性与该使用的转化性程度成反比。❿ 在确定普林斯的作品只具有较低的转化性价值之后，法院认为因素一的这"一翼"不利于构成合理使用。⓫ 总之，虽然法院"认可了艺术公开展览内含的公众利益和文化价值"，但法院还是认为，与普利斯对卡利欧照片"使用

---

❶ 地区法院进一步考虑了，在由四因素所构成的标准中，Prince 的行为是否应当作为因素一"使用目的"项下的一个子因素。地区法院发现有证据表明 Prince 存在违反诚实信用的行为，并且认为这将不利于 Prince 在因素一中的判定。同上注，第 351 页。在上诉中，这一行为被认为与法定的合理使用标准无关。*Cariou*, 714 F. 3d，第 694 页。
❷ *Cariou*, 784 F. Supp. 2d, at 347.
❸ 同上注。
❹ 同上注，第 348 页。
❺ 同上注，第 349 页。
❻ 同上注。
❼ 同上注。
❽ 同上注，第 350 页。
❾ 《美国法典》（2012 年）第 17 编，第 107 条。
❿ *Cariou*, 784 F. Supp. 2d, 第 350 页。
⓫ 同上注。

和利用"的实质商业性相比，此种利益相形见绌。❶

　　法院继续对因素二和因素三进行分析——受版权保护作品的性质和原作品在二次作品中被使用的量，❷ 最后均认为，这两个因素不利于认定普林斯的行为构成合理使用。❸ 在因素二中，卡利欧的照片是具有"高度的独创性和创造性的艺术作品"，因而被认定为是版权保护的核心对象。❹ 在对因素三的分析中，与因素一中的商业性"一翼"相似，法院认为这与普林斯作品的转化性价值有关。❺ 鉴于普林斯作品仅具有较低的转化性价值，法院认为：普林斯挪用卡利欧照片的"中心人物"，不太具有正当性。❻

　　随后，法院转向因素四——"使用对潜在市场或版权作品价值的影响"❼——的分析，法院认为该因素也不利于认定普林斯的行为构成合理使用。❽ 普林斯主张卡利欧并没有积极对其作品进行市场开放，法院认为这一主张是无关的，因为如果卡利欧以后决定利用其版权享有的商业性垄断进行开发，他有权获得潜在市场。❾ 之后，法院在对普林斯作品造成的市场损害分析中，重点关注了两个具体问题。首先，根据纽约画廊主策勒的证言，在得知普林斯在高古轩展出运河区之前，她曾打算展出卡利欧有关拉斯特法里派人的照片，因此法院认为：很明显，"卡利欧照片的市场被被告篡夺了"。❿ 这构成了对卡利欧原作品的实际市场的损害。其次，法院考虑了对卡利欧衍生作品的潜在许可市场的损害。法院认为，如允许普林斯在未经许可的情况下使用卡利欧的照片，这样将鼓励类似实践，最终损害艺术家许可他人使用自己作品的一般性权利。⓫ 因此，卡利欧除了受到普林斯对其作品实际市场的损害之外，还受到了因普林斯对其照片未经授权的使用而导致的潜在许可费的损失。⓬

---

❶ *Cariou*, 784 F. Supp. 2d, 第 351 页。法院在某些细节上讨论了普林斯在高古轩画廊举办的运河区展览的特定商业环境，包括展出作品的经济价值，并且指出没有证据证明普林斯的作品在被销售之前是用于公开展出的。同上注，第 350~351 页。

❷ 参见《美国法典》第 17 编，第 107 条第（2）~（3）项。

❸ *Cariou*, 784 F. Supp. 2d, 第 351~352 页。

❹ 同上注，第 352 页。关于这一争论的有意思的讨论，参见 Justin Hughes, *The Photographer's Copyright—Photograph as Art, Photograph as Database*, 25 Harv. J. Law and Tech. 339 (2012)。

❺ 参见 *Cariou*, 784 F. Supp. 2d at 352。

❻ 同上注，第 352 页。

❼ 《美国法典》第 17 编，第 107 条第（4）项。

❽ *Cariou*, 784 F. Supp. 2d at 353。

❾ 同上注，第 353 页。

❿ 同上注。

⓫ 同上注。

⓬ 同上注。

在考察了四个法定因素之后，法院得出结论，认为没有一个因素支持认定构成合理使用。因此，法院认为"版权的目的在于扩展对卡利欧照片的保护"，并且认定被告不适用合理使用抗辩。❶ 法院要求普林斯"交出照片的所有侵权复制品，包括绘画和运河区展览册未出售的复制品，由卡利欧决定没收、销毁或其他处置"。❷

（三）第二巡回上诉法院（部分）推翻了一审判决

2013 年 4 月，普林斯提出上诉；第二巡回上诉法院部分推翻了一审判决，认为涉案的 30 件作品中的 25 件构成合理使用，并将剩余的 5 件作品发回地区法院重审，以确定这 5 件作品是否应受到合理使用原则的保护。❸

在讨论第一个法定因素、合理使用的"核心"问题时，第二巡回上诉法院认为：地区法院的分析是基于一个错误的法律前提。❹ 不同于地区法院的观点，上诉法院认为，"法律并没有规定，某一作品只有对原作作品或作者进行评论，才能被认为具有转换性；而且如果二次作品是为了法条序言列举的目的（批评、评论、新闻报道、教学、学术及研究）之外的其他目的，也可以构成合理使用"。❺ 尽管许多具有重要意义的"合理使用作品"的确挪用了版权作品，目的是对原作品中的图像所表现的文化进行评论，❻ 但作品仍然可以在不具备此种表达目的的情况下具有转换性：它只需要"改变了原作，赋予其新的表达、意义或传达出新的讯息"。❼

法院将普林斯和卡利欧的作品一一对比，观察它们在物理上的差别，❽ 发现涉案作品中的 25 件作品具有"法律意义上的转换性"。❾ 法院指出，普林斯对作品的结合、用色和材质的混搭改变了卡利欧作品的本质。❿ 法院认为，普林斯的作品风格"天然""冲突""狂热"且"刺激"，对原作品赋予了新的

---

❶ *Cariou*, 784 F. Supp. 2d at 354 – 355.

❷ 同上注，第 355 页。

❸ Cariou v. Prince, 714 F. 3d 694, 712 (2d Cir. 2013), *cert denied*, 134 S. Ct. 618 (2013).

❹ 同上注，第 705 ~ 706 页。

❺ 同上注，第 706 页。

❻ 同上注（注意，沃霍尔的坎贝尔罐头系列和玛丽莲梦露画像是对消费者文化和名人的评论）。

❼ 同上注（引用 Campbell v. Acuff – Rose Music, Inc., 510 U. S. 569, 579 (1994)）。

❽ 同上注，第 708 页。除了关注图像之间的区别，法院还讨论了图像展现形式上的区别。Cariou 的黑白照片是印刷在书中的；Prince 的作品则表现在大画布上，通常以颜色和其他图像来完成自己的拼贴作品。同上注，第 706 页。

❾ 同上注，第 707 页。

❿ 同上注，第 706 页。

表达;"将普林斯的作品与原作品进行一一对比,可以发现,普林斯的作品有着新的美学创意,与卡利欧的作品有着本质区别"。❶ 第二巡回上诉法院可能意识到,其判决可能会被认为暗示:某些物理上的改变就足以认定构成合理使用;因此,它往回缩了,指出:只有当这种改变令图像具有"完全不同的审美"时才可以如此认定,❷ 而且,其判决不能被解释为对卡利欧作品的任何表面改动就足够了。

第二巡回上诉法院对因素二的分析比较简洁,认为:尽管卡利欧的照片显然具有创造性,并且已经发表;然而,在整个合理使用的认定上,这一因素"'作用有限',因为本案是'为转换性的目的使用创造性的艺术作品'"。❸

接下来,第二巡回上诉法院分析了普林斯在其作品中对卡利欧照片的使用与卡利欧作品整体相比的质与量,上诉法院对于地区法院所得出的"使用大大超出了必要的范围"的结论感到不解。❹ 此外,上诉法院还指出,法律并没有禁止二次创作的艺术家不能超过必要的限度使用原作。❺ 虽然,在30件作品中的25件中,普林斯挪用了卡利欧照片的核心部分,但是他"将这些照片转换成了新的不同的作品"。❻ 这种对材料的含义的根本性改变对于确定第三个因素是至关重要的,对于被法院认为具有转换性的25件作品,法院认为该因素对普林斯有利。❼

至于对版权作品潜在市场的影响,上诉法院推翻了地区法院认为普林斯损害了卡利欧作品的实际和潜在市场的观点。❽ 上诉法院认为,它在之前审理的Blanch 诉 Koons 案中已经讨论过这一问题:关键问题并不是潜在市场是否受到损害,而是二次作品是否篡夺了原作的市场。❾ 上诉法院认为普林斯作品的受众与卡利欧作品的潜在受众是截然不同的,而且"没有证据表明普林斯的作品会——更不用说篡夺——接触卡利欧作品的主要市场或周边市场"。❿

---

❶ Cariou v. Prince, 714 F. 3d 694, 712 (2d Cir. 2013), *cert denied*, 134 S. Ct. 706 ~ 708 (2013).
❷ 同上注,第708页。
❸ 同上注,第710页(引用 Bill Graham Archives v. Dorling Kindersley Ltd., 448 F. 3d 605, 612 (2d Cir. 2006))。
❹ 同上注。
❺ 同上注。
❻ 同上注。
❼ 同上注。
❽ 同上注,第708页。
❾ 同上注(引用 Blanch v. Koons, 467 F. 3d. 244, 258 (2d Cir. 2006))。
❿ 同上注,第709页。

至于剩下的 5 件作品，❶ 法院认为普林斯所做的改变并没有显著到足以令法院认为其作品具有转化性的程度："虽然，普林斯在这几件作品中至少改变了卡利欧作品的古典主义风格，但是我们仍无法确定这 5 件作品是否具有新的表达、意义或传达了新的讯息。"❷ 法院将这 5 件作品发回地区法院重审，让其在正确的法律标准下判断这 5 件作品是具有转化性，还是侵犯了卡利欧的版权。❸

华莱士（Wallace）法官在撰写反对意见时，认为只将 30 件涉案作品中的 5 件发回地区法院重审以确定是否符合合理使用原则，是前后矛盾的。❹ 虽然他同意多数意见：地区法院错误地认为普林斯的作品需要对卡利欧的照片作出评论才能被认定为合理使用，❺ 他还是倾向于将整个案件全部发回地区法院重审。其反对意见主要体现在他拒绝对普林斯的作品是否具有转换性的问题进行判断，并指出他的"艺术经验有限"。❻ 此外，与多数意见不同，华莱士法官还认为普林斯的证词与转换性的判断有关。❼

（四）"逐一"对比与转换性

Cariou 案的判决继续沿袭转向趋势：法院不再认为作者的意图是判断是否构成合理使用时需要考虑的因素。在考察转换性的性质时，法院明确指出了合理使用考量与作者意图的关系：

> 重要的是相关作品在理性观察者眼中是什么样的，而不是简单地看一个艺术家对于作品或作品的某一部分的看法。即使普林斯的作品没有对卡利欧的作品作出评论，甚至普林斯都没有意图这样……普林斯的作品仍可能具有转化性。因此，侵权分析的重点应当放在普林斯的艺术作品本身上……❽

---

❶ 其余作品被命名为：*Graduation*，*Meditation*，*Canal Zone*（2008），*Canal Zone*（2007）和 *Charlie Company*。同上注。

❷ 同上注，第 711 页（引用 Campbell v. Acuff-Rose Music, Inc., 510 U.S. 569, 579 (1994)）。

❸ 同上注，第 710~711 页。在发回地区法院重审时，双方达成了合解并撤销了诉讼。该合解规定 Prince 可以拥有争议作品，"无须承担任何 Cariou 的索赔……"。自愿撤诉条款，Cariou v. Prince, 784 F. Supp. 2d 337, (S.D.N.Y. 2011), rev'd, Cariou v. Prince, 714 F. 3d. 694 (2d Cir.), cert denied, 134 S. Ct. 618 (2013) (No. 1: 08-cv-11327), ECF No. 141。

❹ *Cariou*, 714 F. 3d, 第 713 页（Wallace 法官的反对意见）（"我看不出这 25 件被认定为合理使用的作品和另外 5 件不能确定是否是合理使用的作品之间的区别"）。

❺ 同上注，第 712 页。

❻ 同上注，第 714 页。

❼ 同上注，第 713 页。

❽ 同上注，第 711 页（多数意见）（内部引用略）。

在分析完转换性的问题之后，法院又分析了与前述问题有关的其他因素。在分析因素一"使用是否具有商业性"的时候，法院默认适用了 Campbell 案判决的分析框架。Campbell 案判决认为，商业性使用并不当然属于不合理（使用），一个作品越具有转换性，商业性在考量合理使用时就越不重要。❶ 因此，在 Cariou 案中，"尽管毫无疑问，普林斯的作品具有商业性，但考虑到作品所具有的转换性，[本法院]不能过于重视商业性这个因素"。❷ 第二个因素也是用类似的方法进行处理；虽然卡利欧的照片具有创造性，❸ 但这一因素"'作用有限'，因为在本案中，是'为转换性目的使用创造性的艺术作品'"。❹ 第三个因素是使用版权作品的量和质，"考量第三个因素时，必须考虑到允许复制的范围是随着使用的目的和特性而变化的"。❺ 换句话说，允许复制的程度，取决于艺术家对材料究竟做了什么。如果这种使用具有转换性，则允许复制的量和质的程度，都是很大的。

尽管转向对两部作品进行视觉比较，可能导致挪用艺术家得到更宽容的创作氛围，使其能在所有媒介上创作非正统的作品；但是，如果法院面对以本质上来源于对原作品的精确复制产生的新的表达而获得了转换性的作品，则法院可能会犹豫不决。在本文的背景下，最适当的例子可能就是普林斯的牛仔系列作品。❻ 如果大幅度改动作品，普林斯可能就无法表达美国男性阳刚感的内涵。这样，普林斯的作品可能就与 Cariou 确立的标准相悖，因为在 Cariou 案中，转换性与物理改动是密切相关的。第一眼看上去，似乎是讽刺确立了影响

---

❶ Campbell v. Acuff-Rose Music, Inc., 510 U.S. 569, 579 (1994).

❷ Cariou, 714 F. 3d, 第 708 页。

❸ 关于照片和版权有意思的讨论，参见 Justin Hughes, The Photographer's Copyright - Photograph as Database, 25 HARV. J. LAW AND TECH. 339 (2012)。

❹ Cariou, 714 F. 3d, 第 710 页（引用 Bill Graham Archives v. Dorling Kindersley Ltd., 448 F. 3d 605, 612 (2d Cir. 2006)）。

❺ 同上注。

❻ 如果杜尚没有将作品署名为"喷泉"，而只是简单地把作品按照基本外观命名，作品在画廊中的整体表现仍然会使人们对便池产生超出实用功能的理解，这也可以说正是杜尚的观点。现代摄影师 Alfred Stieglitz 所拍摄的照片只有保存一张原件。（Stieglitz 很可能在拍摄结束后销毁原件。）他的照片之后在一激进杂志（The Blind Man）上展出，伴随着匿名评论，部分内容如下，"Mutt 先生是否亲手制作了这一喷泉并不重要。他选择如此。他将生活中的一个普通事物放置于此，使得在新的标题和视角之下，该事物的实用价值消失——创造了对这一对象的新认知。"The Blind Man, no. 2, 1917 年 5 月，http://www.toutfait.com/issues/issue_3/Collections/girst/Blindman2/5.html；讽刺的是，之后几十年各种复制版本在一些世界最重要的公共展览中得以展出（包括旧金山现代艺术博物馆、蓬皮杜中心和泰特现代艺术馆），这些手工复制品精确模仿了原作品。Martin Gayford, Duchamp's Fountain: The practical joke that launched an artistic revolution, The Telegraph, Feb. 16, 2009, http://www.telegraph.co.uk/culture/art/3671180/Duchamps-Fountain-The-practical-joke-that-launched-an-artistic-revolution.html。

判断是否构成合理使用的标准：为了讽刺，允许对原作进行任何实质性物理改动；但事实上，法院采用了限制性原则，将某些对于观众而言在情感效果上可能具有相当大的转换性的作品排除在保护范围之外。

（五）对现有市场的误解

第二巡回上诉法院对于转换性与第四个因素之间关系的观点是相似的。尽管没有明确考虑市场损害，但是该法院认为：市场剥夺或抑制是确定转换性问题的重要内容。在援引先例说明考察二次使用的目标市场与原作的目标市场是否同等重要时，第二巡回上诉法院仍然"认为二次使用的转换性越高，二次使用代替原作品的可能性就越小，即使具有转换性的合理使用作品严重伤害甚至摧毁了原作品的潜在市场"。❶

在考察对卡利欧作品的市场的损害时，法院将卡利欧作品的市场分为两个截然不同的阵营：有财政手段获得其作品的人群和没有财政手段获得其作品的人群。法院列出了受邀参加由高古轩主办庆祝运河区系列作品开幕式的晚宴的名人名单。❷ 法院将之作为证据，来证明"普林斯的作品所吸引的收藏家与卡利欧的作品完全不同"，因此二者的市场截然不同。❸ 虽然从逻辑上看，上述看法是错误的❹，但巧合的是，法院的结论还是认为普林斯的作品没有取代卡利欧的作品。关键的问题是衍生作品是否部分地替代了原作。由于缺乏证据，法院从逻辑上推断，在消费者看来这两个作品是完全不同的，它们服务于不同的目的。虽然法院执着地认为，卡利欧作品低廉的销售价格表明其与普林斯的作品存在于不同的市场之中，但这并不重要。对此，法院指出："没有记录显示，在普林斯的作品占据市场之后，还会有人去购买卡利欧的作品或其他不具转换性的衍生作品（无论该作品是卡利欧自己的作品或获得其授权的作品）。"❺ 该分析存在的问题，不是因为有 25 件作品被认为具有转换性而暴露

---

❶ *Cariou*, 714 F. 3d, 第 709 页（内部引文略）。

❷ 同上注。出于好奇，嘉宾名单包括歌手 Jay – Z 和 Beyonce Knowles, 艺术家 Damien Hirst 和 Jeff Koons, 职业足球运动员 Tom Brady, 模特 Gisele Bundchen, 《名利场》杂志主编 Graydon Carter, 《Vogue》杂志主编 Anna Wintour, 作家 Jonathan Franzen 和 Candace Bushnell, 以及演员 Robert DeNiro、Angelina Jolie 和 Brad Pitt 等。同上注。

❸ 同上注。

❹ 分流，或者更准确地说，基于在艺术品购买市场中的购买能力来将消费者进行分层的做法，没有考虑到其实购买 Prince 作品的客户同样有能力购买 Cariou 的作品。粗略的收入分层模式虽然暗示着 Cariou 的顾客即使有这样的愿望也几乎不可能有能力购买 Prince 的作品，但并没有表示这两个市场是截然不同的。

❺ *Cariou*, 714 F. 3d, 第 709 页。

出来，而是因为另外 5 件作品被发回重审。如果我们假设这 5 件作品是不具有转换性的衍生作品，则根据法院的分析，这 5 件作品就应当替代了卡利欧作品的市场。❶ 但是，在对这两个艺术家各自作品的不同价值进行第四因素的市场分析时，法院仅仅是因为这些作品的价格存在差异，而认为其受众截然不同。这一观点站不住脚。如果普林斯的作品不具有转换性，而成为卡利欧照片的替代品，则根据定义，二者的主要市场是相同的。

三、综合经济学和社会学理论，修正合理使用考察因素，使之更符合版权法原则

重新建构对第四个因素中的市场考察，使之能用来决定，而不是依循转换性的判断；这样，法院就能更好地基于对使用目的和性质的分析而得出实质性的结论。法院不应当因为某一作品具有转换性，因而认为不存在严重的市场损害；而是应当因为不存在严重的实际市场损害，因而认为作品具有转换性。因素四关注补充性复制与替代性复制的不同❷——转换性和替代性复制品，不存在市场损害可以说明受众已经认为二次使用是补充的。❸ 剩下的问题就是如何确定在什么情况下存在市场损害。应用社会科学理论可以说明公众在什么情况下将一件作品视为补充性的——不严重的市场损害，以及在什么情况下将一件作品视为替代性的——严重的市场损害。虽然这一转变看似很小，但是却会对如何分析合理使用产生重要影响。

（一）因素四的重要性下降

在 Campbell 案之前，最高法院曾明确指出，因素四——对潜在市场的影响——"毫无疑问是合理使用中唯一最重要的因素"。❹ 尽管在 Campbell 案之后，因素四仍是与整个合理使用的认定联系最紧密的唯一要素，但却是因为截然不同的原因。知道了对其他三个因素的分析结论，并不能得出对整个合理使用认定的结论，因素四"实质上成为了法院综合分析其他三个因素的元因素（metafactor），这样一来，法院所得出的结论不仅仅是关于第四个因素的认定，

---

❶ 这与以下观点正好相反："二次使用的转换性越高，二次使用的作品替代原作品的可能性就越低。"同上注。

❷ 参见 Ty, Inc. v. Publ'ns Int'l Ltd., 292 F. 3d, 512, 518 (7th Cir. 2002)。

❸ 同上注，第 522 页（"第四项因素至少关注到了我们之前提到的两种复制类型：替代型和互补型复制，其中互补型复制不会损害原作品的潜在市场和价值……"）。

❹ Harper & Row, Publishers, Inc. v. Nation Enters., 471 U.S. 539, 566 (1985)。

而是关于整个合理使用的认定"。❶

在提出因素一是"合理使用的灵魂"这一论点时,❷ 勒瓦尔认为最高法院夸大了市场因素的重要性。❸ 他认为,即使二次使用对原作的市场造成了实质性的干扰,因素四对于判断合理使用也至关重要,但"反过来就不是这样"。❹ 勒瓦尔的论文极具说服力。在 Campbell 案中,最高法院收回了之前在 Harper & Row 案中的说法,认为:"全部(四个法定因素)都是需要分析的,应根据版权的目的综合分析以得出结论。"❺ 这对于合理使用的法律理论影响深远。在 Campbell 案判决之前,超过一半(59%)的关于合理使用的判决都明确引用了 Harper & Row 案,即因素四——使用对市场的影响——"毫无疑问是合理使用中唯一最重要的因素"。❻ 在最高法院对 Campbell 案作出判决——认为应对所有因素进行全面分析——之后,❼ 只有 1/4 的法院判决仍认为因素四是最重要的。❽

(二) 理解经济学理论在合理使用分析中的作用与局限

因素四中的市场需求是以供需关系基本理论为基础的。版权有效地赋予了个人对其作品享有一个垄断的市场。根据版权法第 106 条,版权人有权排除他人进入市场,确保他人的复制行为既不会侵犯其从自己的创作中获得收益的权利,也不会减少个人未来创作作品的动机。

经济学理论将版权法视为是对艺术表达所具有的"公共产品"特性而导致的市场失灵的一种补救措施。❾ 在与"公共产品"特性相关的问题中,最显著的情形就是:无法排除搭便车者,以及交由不存在规制的市场机制来解决将

---

❶ 参见 Barton Beebe, *An Empirical Study of U. S. Copyright Fair Use Opinions, 1978 – 2005*, 156 U. Penn. L. Rev. 617 (2008)。

❷ Pierre Leval, *Toward a Fair Use Standard*, 103 Harv. L. Rev. 1116 (1990)。

❸ 同上注,第 1124 页。

❹ 同上注。("二次使用作品没有对原作品的市场造成损害,并不能确保该二次使用具有正当性。")

❺ Campbell v. Acuff – Rose Music, Inc., 510 U. S. 569, 578 (1994)。

❻ Beebe, An Empirical Study of U. S. Copyright Fair Use Opinions, 第 616 ~ 617 页(引用 Harper & Row, Publishers, Inc. v. Nation Enters., 471 U. S. 539, 566 (1985))。

❼ 参见 *Campbell*, 510 U. S. at 578。

❽ 参见 Barton Beebe, *An Empirical Study of U. S. Copyright Fair Use Opinions, 1978 – 2005*, 156 U. Penn. L. Rev. 617 (2008)。

❾ 参见 Wendy Gordon, *Fair Use as Market Failure: A Structural and Economic Analysis of the Betamax Case and its Predecessors*, 82 Colum. L. Rev. 1600, 1610 (1982)。公共产品具有两个基本特点:第一,供给是取之不尽的;第二,个人不能轻易地被排除在产品使用之外。同上注,第 1610 ~ 1611 页。

会导致公共产品供给不足。❶ 当对双方有利的交易不存在时，这种情况就被称为市场失灵。总体来说，法律制度通常就是设立边界，以限制市场失灵的发生。

在经济学体系中，合理使用是对版权交易低效的一种改进。❷ 合理使用主要在以下三种情况下发挥作用。❸ 第一，在交易成本过高且市场力量规范化程度不足以有效令双方达成协议时，合理使用为交易双方提供了一个补救措施。❹ 第二，合理使用对于涉及默示同意的事项也十分重要，例如，书评对原材料的引用是一种行业惯例，这说明当作者认为当书评人能够保持客观中立又需要更多的信息时，可以无须经作者同意而复制相关段落。❺ 第三，合理使用还允许"生产性使用"的创作。❻ 这种"生产性使用"有许多不同的类型，如戏仿和讽刺，❼ 它对原作品进行转换且不会替代或严重损害原作品利润丰厚的许可市场。❽ 这三种类型可能存在很多重叠之处，但每种类型都有利于创造一个更加高效合理的市场。

在分析因素四中的市场损害时，应关注两类市场：系争作品的一级市场和二级市场。❾ 在判断一级市场的损害时，要考察侵权作品是否替代了原作品。❿ 与对破坏原作品市场造成的损害不同；原作者并不享有将自己在市场中的作品进行资本化的特权，只有将减少市场规模的替代作品排除出市场的权利。⓫

二级市场则更为复杂，因为它必然会涉及希望得到作品许可的可能性假

---

❶ 参见 Wendy Gordon, *Fair Use as Market Failure: A Structural and Economic Analysis of the Betamax Case and its Predecessors*, 82 Colum. L. Rev. 1600, 1610 (1982)。公共产品具有两个基本特点：第一，供给是取之不尽的；第二，个人不能轻易地被排除在产品使用之外。同上注，第1611页。

❷ 同上注；William M. Landes, *Copyright, Borrowed Images and Appropriation Art: An Economic Approach*, 9 Geo. Mason L. Rev. 1 (2000–2001); Richard Posner, *When Is Parody Fair Use?*, 21 J. Legal Stud. 67 (1997); William Landes & Richard Posner, *An Economic Analysis of Copyright Law*, 18 J. Legal Stud. 325 (1989)。

❸ 参见 Landes，同上注，第10页。

❹ 同上注。

❺ 同上注。

❻ 同上注。

❼ 最高法院在审理 Campbell 案时，对戏仿和讽刺进行了定义。Campbell v. Acuff–Rose Music, Inc., 510 U. S. 569, 579 (1994)。但是，参见 *Archer Vice: Southbound and Down* (FX 电视广播，2014年2月24日)（认为："没有人真的知道"什么是讽刺）。

❽ 参见 Landes, *Copyright, Borrowed Images and Appropriation Art: An Economic Approach*, 9 Geo. Mason L. Rev. 1 (2000–2001), at 10。

❾ 参见 *Campbell*, 510 U. S., at 590–593; Harper & Row, Publishers, Inc. v. Nation Enters., 471 U. S. 539, 568 (1985)（"因素四不仅需要考量对原作品的损害，还需要考量对衍生作品市场的损害"）。

❿ *Campbell*, 510 U. S. at 590–593。

⓫ 完全替代作品是指与原作相同的作品，构成侵权，而部分替代作品更可能具有转换性，二者是不同的。

设。二级市场可能存在循环性的论证：一件作品如果被用于二次作品，说明其具有许可使用的价值，但该价值取决于二次作品的转换性。此外，二次作品之所以使用原作，往往是因为使用不需要许可使用费。在不存在诸如美联社或华盖创意图片库（Getty Images）所采用的标准许可实践的情况下，要计算损失的许可使用费几乎是不可能的。最后，二次创作的艺术家的身份对于二次作品的潜在价值也会产生很大影响，并因此影响版权持有者和潜在的被许可人之间的谈判。❶ 尽管这可能只是基于供需关系产生的一个经济学的解决方法，但大多数情况下原作的版权所有者可能会因对自己作品估价过高而导致市场失灵。❷

在许多方面，版权的经济学解决方案可以使挪用艺术蓬勃发展，这与以社会科学背景的受众理论为基础的合理使用制度能起的作用大致相同。然而，这主要是一种对社会已经认可的偏好在经济学领域的事后分析。在一些案件中，经济分析无法解释表达的社会性偏好，在另一些案件中，也无法解释非理性市场。第一种情况将会在下文进行讨论；就第二种情况而言，Rogers 诉 Koons❸ 案就是一个典型例子。尽管纯粹的经济分析表明，昆斯只需要对其在雕塑作品中使用的图像支付少量的许可费就可以避免发生这一结果，但是在标准现实世界中却遇到了障碍。如果经济理论能够为调整合理使用的考量因素提供帮助，那也只能是一个补充性的理论支持。

（三）情境参与的社会科学理论

如果合理使用豁免的基础性目的是通过让公众接触到更多的具有转换性的作品，从而进一步促进艺术的发展，那么受众的反应对于判断作品是否具有转换性就具有一定的作用。如果说受众的评价是分散的，那么就一定存在

---

❶ 举一个许可费损失的实例，法国摄影师 Henri Dauman 起诉 Andy Warhol，主张后者的照片侵犯了其最早在 1963 年发布在生活杂志上 Jackie Kennedy 照片的版权。虽然 Warhol 在其丈夫于 1963 年 11 月被暗杀后的几个月内就使用了该照片，但一直到 20 世纪 90 年代，当 Warhol 的作品 *Jackie* 在索斯比以 418 000 美元的高价被买走之后，Dauman 才发现其照片被使用了。Dauman 主张版权责任和损害赔偿，不过，本案最终达成了庭外和解。Dauman v. Andy Warhol Found. for Visual Arts, Inc., No. 96 CIV.9219, 1997 WL 337488, at *1 (S.D.N.Y. June 19, 1997)。本案有两个问题值得关注。许可费的数额是以侵权行为发生时，还是作品之后出售时为标准来确定？如果是侵权行为发生时，那么 Dauman 的损失就是极其轻微的，因为尽管 Warhol 的作品现在能以数百万的价格出售，但在 1964 年它们的价值都很低；如果许可费是由作品的售价决定的，那我们实际上是在对创造了一件公众确信独立于原作的二次作品的艺术家进行惩罚。

❷ 参见 Landes, *Copyright, Borrowed Images and Appropriation Art: An Economic Approach*, 9 Geo. Mason L. Rev. 1 (2000 – 2001), at 11。

❸ Rogers v. Koons, 960 F.2d 301 (2d Cir. 1992)。

着对作品表达内容的不同看法。这也就意味着任何作品都具有不同的转换性；以此为逻辑，转换性的概念就不会是二元的。这样，与合理使用考量因素有关的问题也不再是判断被诉侵权作品是否具有转换性，而应当是作品所具有的转化性程度，以及该转换性程度对于认定构成合理使用是否充分。[1] 再以 Campbell 案为例，相关的问题就变成了："戏仿的特性是否能被合理地识别出来"。[2] 如果对该问题的相关回应者被适当地认为是公众，而不是用其自己的判断来代替公众的法官，则社会科学理论可以帮助我们识别公众对系争艺术品的反应。

将受众对于实际情形以及考量目的的理解，从对作品的转换性分析中分离出来，将会减少对于两个作品之间的物理表面差异考察的需求。尽管这种物理上的差异能够为转换性的分析提供一个窗口，但这既不是必要的，[3] 在法律上也不是充分的。

调整考察的重心，从试图通过作者的陈述窥测其意图，转向关注受众的理解，仍然会使作者意图影响分析结论。无须让法官承担查明作者意图的责任，受众可以接受艺术家所宣称的理念，也可以在作品中注入新的意义。认为在作品中能够注入与艺术家原始意图不同的意义，实际上也就承认了受众能够确定作品真正的转换性性质。[4] 意义是具有情境性质的，法官是在不同于其他个体的情境下感受作品的。这就意味着法官对作品的感受是特别的，可能不能够代表大多数受众。例如，昆斯的"平庸"系列展览。如果将他的雕塑作品"木偶之线"从"平庸"系列展览的情境下移出，就会损害该作品作为批评对象的意义。[5] 同样地，普林斯对卡利欧照片的使用也是如此——受众的判断是基于作品的情境而作出的。正是在情境中，作品的意义由作者传达给受众。情境可以放大、缩小或简单地扭曲作者的意图。尽管作者可以将其艺术作品置于一个特定的情境，如画廊里[6]或建筑物旁[7]，但多数情况下作品可以存在于多

---

[1] 参见 Laura Heymann, *Everything is Transformative: Fair Use and Reader Response*, 31 Colum. J. L. & Arts. 449 (2008)。

[2] Campbell v. Acuff – Rose Music, Inc., 510 U. S. 569, 582 (1994).

[3] Nancy Spector, Glenn O'Brien, John Dogg & Jack Bankowsky, Richard Prince (2007).

[4] 参见 William W. Fisher III, Frank Cost, Shepard Fairey, Meir Feder, Edwin Fountain, Geoffrey Stewart & Marita Sturken, *Reflections on the Hope Poster Case*, 25 Harv. J. L. & Tech. 243 (2012)。

[5] 难以想象，某人走进展览时会发现昆斯的作品与罗杰斯的照片表达了相似的意义。展览的名称就会让人明白昆斯是在对罗杰斯小狗照片的平庸作出评论。

[6] 例如，昆斯在 Sonnabend 画廊举行的名为"平庸"的展览。

[7] 例如，Bansky 的街头艺术。

挪用：*Cariou* 诉 *Prince* 案与合理使用中情境转化性的考量

种环境。❶ 将作品和艺术家相分离，将改变存在于作品周围的"话语"，并根据受众所感知到的新"真理"，重塑受众与作品之间的关联。❷ 不过，在卡利欧案中，法院不应考虑这一事实。❸

（四）考量参与的价值

只有当法院了解某些测量方法时，将情境参与理论延伸到合理使用的考量中，才是有帮助的。在卡利欧案中，两个艺术家各自作品的市场价值是天差地别的。但是，根据情境参与理论考察相关问题之后，法院认为普林斯艺术作品具有转换性，因此不存在市场篡夺。然而，如果法院根据新的方案：将市场损害因素重新恢复为合理使用判断中最重要的因素来对该案件进行分析，则只有当普林斯作品周围的"话语"与卡利欧照片周围的"话语"不同时，普林斯的作品才具有转换性因素。两人的作品的市场价值不同，可以证明普林斯的作品并没有替代卡利欧的作品。如果构成替代，根据经济学理论，这两幅作品的价格应当相同或基本相同。

法院认为，两个艺术家的相对市场是不同的，并不能证明两人的作品就是不同的。尽管作者几乎无法控制受众如何理解其作品，但受众会认为创作形成

---

❶ 同一件作品在不同环境下表达出不同意义的典型例子就是 Shepard Fairey 名为"希望"（*Hope*）的海报作品。该作品采用了一位美联社摄影师的图片，Fairey 对该图片进行剪裁，并进行了颜色和其他方面的调整，最终在 2008 年使这个标志性的形象在国内广为流传。作为一幅政治海报，该作品对文化产生了持久的影响，并在与政治的文化互动中产生了深深的共鸣。这幅作品借鉴了许多不同的素材为灵感，包括苏联的政治宣传海报，Warhol 的名人波普艺术画像，人们对摄影力量的传统观念，以及 1980 年代民粹主义者的街头艺术。通过协调这些完全不同的表达，作者创造出了这一非凡的作品。海报的整体环境可以使某个部分更加凸显，欣赏者可以用自己的看法去理解这幅作品的含义并相应地改变这幅作品。后来，这幅作品被用来作为许多其他作品的参考文本，正面的或负面的，严肃的或讽刺的，所有这些参考的都是 Fairey 的作品，而不是美联社摄影师的作品。作为一个综合各种作品而产生的作品及围绕它产生的各种诉讼，参见 William W. Fisher III, Frank Cost, Shepard Fairey, Meir Feder, Edwin Fountain, Geoffrey Stewart & Marita Sturken, *Reflections on the Hope Poster Case*, 25 Harv. J. L. & Tech. 243 (2012)。

❷ 例如，Heymann 所讨论的 *The Education of Little Tree* 案，参见 Laura Heymann, *Everything is Transformative: Fair Use and Reader Response*, 31 Colum. J. L. & Arts. 459 (2008)。

❸ 参见 Cariou v. Prince, 714 F. 3d 694, 707 (2d Cir.), cert. denied, 134 S. Ct 618 (2013)。（"为了判断作品是否具有转化性的，我们应当探究作品给人的感受，而不是 Prince 对其作品的解释。侵权分析的重点主要在于 Prince 的作品本身……"）

了艺术家的品牌。这一理解对于通过挪用进行概念化的表达改变是极其重要的。❶ 当理查德·普林斯挪用了一件已有作品，他就将其个人品牌注入到了该作品中，其个人品牌是他在艺术生涯中慢慢累积的，也是被市场和公众所认可的。他的作品的市场价值只是部分地对这种认可的简单体现。因为市场，即公众已经认可普林斯的作品是不同的，因此，其作品是不同的，从而也就具有了转换性。

本文并不认为金钱价值就是艺术作品真实价值的唯一体现。大多数时候，那些最具影响力的作品一开始都是不被公众认可的。但是，正如霍姆斯法官所言，法官不应担任审美的裁判者。❷ 在少数情况下，我们能够依靠司法人员的常识来进行判断，但在绝大多数涉及合理使用的诉讼中，最好还是聆听受众的观点。

四、结论

自第一个涉及挪用艺术领域的版权与合理使用问题的判决作出以来，法院就一直在探究艺术形式的概念基础。总之，司法机关已经做得很出色了，多次扩展对合理使用原则的理解，使其符合版权法的核心目的——促进艺术的发展。但是这样一来，法院可能已经掉入了"兔子洞"。问题不在于对转换性本身的关注；这一概念已被证明是一个有弹性的艺术术语，可以被法官用来在第一个法定因素中探讨使用目的和特性的不同概念。然而，近来法院在 Cariou 诉 Prince 案的判决中认为：转换性只能通过物理变化而产生。在 Cariou 案的转换性分析中，法官将艺术作品，尤其是挪用艺术作品，与个人对艺术作品的情境与经验参与相分离。这种分析方法，使法官扮演了评论者的角色。为了避免继

---

❶ 以 Damien Hirst 的作品 *The Physical Impossibility of Death in the Mind of Someone Living* 为例，表面上看这幅作品不过就是一条浸没在福尔马林中的鲨鱼，但它在 2004 年以 1200 万美元的价格售出。要理解这样的高价，必须弄清 Hirst 的作品与单纯浸泡在福尔马林中的鲨鱼的区别。Hirst 的作品并不是第一件有关鲨鱼的作品。在 1989 年，Eddie Saunders 就在其位于伦敦的电器商店的墙上展示了一只鲨鱼，这比 *The Physical Impossibility of Death in the Mind of Someone Living* 还要早两年。在 2003 年，Saunders 在 Stuckism 国际画廊上也以远低于 Hirst 作品的价格宣传销售他的鲨鱼作品，但最终没有卖出。Saunders 的作品名叫 *A Dead Shark Isn't Art*。而市场的反应也证明了他起的这个名字名副其实。然而，Hirst 的鲨鱼却得到了不同的评价。早在作品创作初期 1991 年，Hirst 作为英国青年艺术家中的领军人物已经是一个有名的艺术家，他曾策划过多次饱受赞誉的艺术展，且其作品 *A Thousand Years* 给 Charles Saatchi 留下了深刻印象。2005 年，Cohen 购买了他的鲨鱼作品，他所购买的不仅仅是鲨鱼或 Hirst 这幅作品所传达的理念，更是 Hirst 作为著名艺术家的品牌效应。有关 Hirst 作品创作和后续故事的更多信息，参见 Don Thompson, The ＄12 Million Stuffed Shark: The Curious Case of Contemporary art（2008）。

❷ 参见 Bleistein v. Donaldson Lithographing Co., 188 U.S. 239, 351（1903）。

续沿着这一道路前行，法院应当调整方向，允许公众阐明作品的转换性。法院可以考察情境参与的社会学理论，并结合基本的市场原则确定实际的市场损害。这样做的效果是将决定公众利益的权利还给公众。

首次销售的一摊浑水：伴随 KIRTSAENG 诉 JOHN WILEY & SONS 公司一案的价格歧视和下游控制

S. 祖宾·高塔姆（S. Zubin Gautam）* 著
曹湘芹 张永征 译
万勇 校

在美国知识产权法这副"锦缎"之中，交织着鼓励创新与便捷获取创新成果之间的紧张关系。一般认为，此种紧张关系可能是形成法律的政策考量冒着巨大的风险屈从于以下错觉：鼓励创新与获取创新之间长期的平衡被打破。事实上，对那些天真的观察者而言，宪法中保障知识产权的条款❶似乎为社会从创新中受益提供了一种"清洁"机制。然而，经过一段时间的思考会发现，制宪者之所以选择授予创新者有限的垄断，是为了补偿其预期的发展目的，至少当"发展"包括广泛地获取创新产品时如此。

鉴于这一内在的紧张关系在美国法律形成时即存在，它也一直贯穿于美国版权法诞生之后的所有争端之中。❷ 这导致了创新者希望从他们的劳动中获利的愿望与社会希望能够便利使用创新成果之间的永久博弈。从经济学角度来说，这一冲突是福利供给方与需求方基本冲突的一个实例。

---

* 作者为美国加州大学伯克利分校法学院法律博士。

❶ 《美国宪法》第1条第8款第8项（授予国会"为促进科学和实用技术的发展，对作家和发明家的著作和发明，在一定期限内给予专有权的保障"的权力）。

❷ 参见 Glynn S. Lunney, Jr., *Reexaming Copyright's Incentives – Acess Paradigm*, 49 Vand. L. Rev. 483 (1996)。

首次销售的一摊浑水：伴随 KIRTSAENG 诉 JOHN WILEY & SONS 公司一案的价格歧视和下游控制

版权法首次销售原则通过限制版权人对于其作品的公开发行专有权，[1] 来代表竞争中需求方的利益。简而言之，该原则的内容是：一旦消费者购买或以其他方式合法获得了版权作品的复制品，她就可以任意处置该复制品。[2] 首次销售原则除了体现法律对限制转让一般持不赞成的态度以外，还促进了版权作品的广泛传播。

2013 年 3 月 19 日，最高法院以 6 票对 3 票就 Kirtsaeng 诉 John Wiley & Sons 公司案作出了具有里程碑意义的判决，该判决对首次销售原则适用的地理范围作了澄清。[3] 最高法院在该案面临的重要问题是，美国版权法首次销售原则是构成"国内用尽"——在国内用尽时，该原则对发行权的限制仅适用于国内生产的产品，还是"国际用尽"——在国际用尽时，该原则对发行权的限制适用于所有受版权保护的产品，而无论其在何处生产。[4] 最高法院开创了"国际首次销售"制度，认为：首次销售原则的适用范围不应限于在美国制造的产品。[5] 具体而言，最高法院认为，依据首次销售原则，被告 Supap Kirtsaeng——一个将在国外合法生产和销售的教科书进口到美国并转售的大学生，并没有侵犯美国版权所有者 John Wiley & Sons 公司所享有的发行专有权。[6]

首次销售原则的地域问题之所以重要，原因在于诸如 John Wiley & Sons 公司之类的版权持有人希望达到地域价格歧视的效果——在销售过程中，基于地域差异，对相同产品进行不同定价——以获得持续增长的利润。根据 Kirtsaeng 案确立的国际首次销售的框架，版权法允许诸如 Kirtsaeng 这样有进取心的当事人参与国际套利：在国外生产的受到版权保护的产品，如今可以合法地在国外低价买入，并进口至美国，然后在美国以比美国版权持有者定价更低的价格出售。[7] 这样竞争的结果，表面上使供应商难以实施地域价格歧视。初看上去，由于美国通常在国际地域价格歧视机制中处于最高价位的地域，这样加

---

[1] 参见《美国法典》(2012 年) 第 17 编，第 109 条第 (a) 款。从更广义的知识产权法（包括专利法和商标法）来看，首次销售原则可以被视为更广泛的知识产权"权利用尽"原则的一部分。参见 Michael V. Sardina, Introduction, *Exhaustion and First Sale in Intellectual Property*, 51 Santa Clara L. Rev. 1055, 1055–57 (2011)。

[2] 《美国法典》第 17 编，第 109 条第 (a) 款。

[3] 133 S. Ct. 1351 (2013)。

[4] 同上注，第 1355 页。

[5] 同上注，第 1355~1356 页。

[6] 同上注，第 1356~1358 页。

[7] 同上注，第 1370~1371 页。

剧竞争的结果，对美国消费者来说，也许会令他们享受更低的价格。❶

然而，如果认为Kirtsaeng案的判决对于自由贸易以及消费者福利而言是显著的胜利，可能是短视的看法；因为这没有考虑供应商和权利人对法院采用"国际首次销售原则"的可能回应。事实上，从经济福利的角度，在价格歧视的利与弊之间建立平衡，是极其困难的。与任何经济分析一样，在这一领域作出政策决策是非常困难的，因为必须考虑经济主体会怎样对拟定的政策机制进行回应。

在判决作出之后，美国权利人可能会寻找价格歧视和版权产品的下游控制的替代方案。实施这些替代方案可能产生的附带效果是："传统"媒体将更迅速地向数字媒体过渡，而数字媒体可能将成为产品发行的首选载体。事实上，在数字市场，有三种潜在的方式便于实施价格歧视：数字版权管理技术，通过许可而非销售发行产品，以及通过下载而非物理媒介发行产品。版权持有者可以利用这些方法重新获得在Kirtsaeng案中失去的地域价格歧视能力，但是这些方法极大地便利了下游控制，而非单纯地防止进口商套利。

正是由于这种对于下游市场的加剧控制，这些价格歧视"数字便利"方式，损害了动产可转让性以及作为首次销售原则基础的广泛获取版权作品的基本政策。❷ 数字发行给首次销售原则带来的这些威胁表明，消费者权益支持者在Kirtsaeng案之后的意气风发可能为时过早。❸ 因为过渡到数字发行，可能使版权法与数字环境变得更不协调，Kirtsaeng案带来的实际影响可能会激化，而

---

❶ Kirtsaeng, 133 S. Ct., 第1370~1371页。（"宪法中没有一项规定体现了其有限的专有权应当包括一项细分市场或者对同一本书的不同消费者收取不同价格的权利，以增加收益或使利益最大化。同时，依据我们的认知，也没有任何一位宪法的订立者提出此类建议。"）（"版权人是否应当拥有超越普通商业能力、用以细分国际市场的权力，是国会应当解决的问题。本案中，我们不会试图对应对由国会作出的决定加以判决。"）参见 Kirtsaeng, 133 S. Ct., 第1364~1367页。

❷ 这一观点并不新颖；事实上，Asay教授已经在其专门讨论 Kirtsaeng 案的文章中作了相关阐述，尽管相当简短。参见 Clark D. Asay, Kirtsaeng and the First-Sale Doctrine's Digital Problem, 66 Stan. L. Rev. Online 17 (2013)。

❸ 下述引用中列举了一个对该判决反应十分精彩的例子，尽管其是对 Kirtsaeng 案的更平衡的评价："也许对于现在的世界来说，由于互联网、电子书和平价书籍扫描仪的发展，领土界限已经不复存在。然而最高法院却将其踢入一口井中，并且大喊'这才是首次销售！'" James Grimmelmann, Grimmelmann: Issues in Kirtsaeng 'Significant', Publishers Weekly (Mar. 20, 2013), http://www.publishersweekly.com/pw/by-topic/digital-copyright/article/56444-grimmelmann-issues-in-Kirtsaeng-too-signifcant-to-end-with-supreme-court.html; see also Gary Shapiro, Supreme Court Gives American Consumers Victory Over Copyright Owners in Kirtsaeng v. John Wiley & Sons, Forbes (Mar. 20, 2013), http://www.forbes.com/sites/garyshapiro/2013/03/20/supreme-court-gives-american-consumers-victory-over-copyright-owners-in-Kirtsaeng-vs-john-wiley-sons。

非解决首次销售原则周围的法律争论。

本文的第一部分将介绍首次销售原则的相关成文法和案例法背景，并分析进口权以及与价格歧视相关的基本概念和术语。第二部分将对最高法院就 Kirtsaeng 案作出的判决予以概述。第三部分通过讨论与价格歧视有关的政策考量，强调在对促进或阻碍价格歧视所产生的福利效果进行评估时，考量特定情景因素的必要性。第四部分分析了供应商可能采取哪些策略来回应 Kirtsaeng 案判决，以维持某种形式的地域价格歧视。这些策略既包括适于有形物发行的"传统"方案，也包括特别适于数字格式发行的策略。后一种策略避免了传统方式产生的巨额成本，而且为超越影响地域价格歧视能力的数字产品的再发行提供了高度控制。因此，它们可能激励供应商转变数字发行模式。第五部分是结论，提出：这些"顺应数字化"的策略以及数字发行模式的转变所牵涉的许多政策，与影响最高法院拒绝对首次销售原则施加地域限制所涉及的政策是一样的。因此，Kirtsaeng 案实际上并没有对价格歧视以及首次销售原则"一锤定音"。

一、背景：首次销售原则、进口权以及价格歧视的基本概念

（一）首次销售原则和进口权

美国版权法授予版权人对原创作品享有五项基本专有权，就本文而言，其中最应当注意的是：通过销售、其他所有权转移、出租、出借或借阅公开发行版权作品的复制品的专有权。❶

美国 1976 年版权法（以下简称《1976 年法案》）第 109 条第（a）款规定了首次销售原则，它对版权人依据第 106 条第（3）项享有的公开发行的专有权进行了限制，其规定："依本法合法制造的特定复制品或唱片的所有者……有权不经版权所有者的授权，销售或以其他方式处置该复制品或唱片的占有。"❷ 该原则来源于最高法院 1908 年对 Bobbs – Merrill 公司诉 Straus 案的判决；最高法院认为，在首次销售产品时，版权人已经完全"实施了出售（vend）的

---

❶《美国法典》（2012 年）第 17 编，第 106 条第（3）项（赋予版权持有人对如下行为享有专有权："通过销售或其他转移所有权的方式，或出租、租赁或出借的方式销售其版权作品的复制品或唱片"）。其他四种专有权为"使用版权作品制作复制品或录音制品"：《美国法典》第 17 编，第 106 条第（1）项；"根据版权作品创作演绎作品"：《美国法典》第 17 编，第 106 条第（2）项；"公开表演版权作品"：《美国法典》第 17 编，第 106 条第（4）项；"公开展示版权作品"：《美国法典》第 17 编，第 106 条第（5）项。对于唱片，版权持有人还享有"通过任何数字音频传输手段版权作品的公开表演"的专有权，《美国法典》第 17 编，第 106 条第 6 款。

❷《美国法典》第 17 编，第 109 条第（a）款。

权利"，因此当时的版权法并没有赋予版权人进一步限制未来销售其产品的权利。❶ 从政策角度看，首次销售原则体现了法律对限制转让一般持不赞成的态度。❷此外，该原则还有利于促进版权作品的广泛传播和保存，增强交易的确定性，便利未来的创新。❸

由 Bobbs-Merrill 案确立，并经由版权法第 109 条第（a）款进行成文法化的首次销售原则明确地限制了版权人公开发行的专有权，但是该原则与发行权密切相关、由版权法第 602 条第（a）款所规定的控制进口商品的专有权❹的关系，却直到最高院对 Kirtsaeng 案作出判决后才得以明确。第 602 条第（a）款第（1）项规定，任何受版权保护的产品的进口——无论其是否合法生产——如未经版权人许可，将构成对第 106 条第（3）项规定的"发行复制品或唱片的专有权的侵犯"。❺ 这一导致 Kirtsaeng 案发生的有争论的问题是：对第 106 条第（3）项施加限制的第 109 条第（a）款，是否或者在何种程度上，又反过来对第 602 条第（a）款中禁止未经授权进口的规定予以了限制。❻

在 Kirtsaeng 案之前，最高法院曾经在 Quality King Distributors 公司诉 L'anza Research 国际公司案中处理过这一问题。❼ Quality King 案的原告是一家美国护发产品制造商，其产品包装上带有版权标记。❽ 被告作为经销商，通过另一个位于马耳他的经销商合法取得原告的产品。❾ 随后，被告将此种护发产品进口到美国，并且以大大低于原告在美国零售价的价格在美国进行转售。❿ 原告以其产品上附着的标签所拥有的销售权和进口权的版权受到侵害为由起诉

---

❶ 210 U. S. 339, 351 (1908).

❷ 参见 Kirtsaeng v. John Wiley & Sons, Inc., 133 S. Ct. 1351, 1363 (2013)（将"普通法拒绝允许对动产转让作出限制"作为首次销售原则"无可挑剔的历史谱系"的一部分进行讨论）；Herbert Hovenkamp, *Post-Sale Restraints and Competitive Harm: The First Sale Doctrine in Perspective*, 66 N. Y. U. Ann. Surv. Am. L. 487, 493 (2011)（"产生于普通法强力政策的首次销售原则与动产转让限制相悖……"）。

❸ 参见 Aaron Perzanowski & Jason Schultz, *Digital Exhaustion*, 58 UCLA L. Rev. 889, 894-901 (2011)。

❹ 《美国法典》第 17 编，第 602 条第（a）款。

❺ 《美国法典》第 17 编，第 602 条第（a）款第（1）项。该条款第（3）项第（A）~（C）目免除了三种未经授权的进口行为依据第（1）项应当承担的侵权责任，包括：为政府用途进口，个人为个人使用而进口，以及为教育或宗教目的进口。尽管规定了上述免责情形，根据《美国法典》第 17 编，第 602 条第（a）款第（2）项，针对自身构成侵权的产品实施的进口行为——包括侵犯版权人依据第 106 条第（1）项所享有的复制权的"盗版"商品——同时侵犯了第 106 条第（3）项规定的发行权。

❻ *Kirtsaeng*, 133 S. Ct., at 1354~1355.

❼ 523 U. S. 135 (1998).

❽ 同上注，第 135 页。

❾ 同上注。

❿ 同上注。

被告，而被告则声称其进口受到首次销售原则的保护。❶ 最高法院认为版权法第109条第（a）款使版权人控制进口的权利不复存在，违反第602条第（a）款的进口权也就是显而易见地违反第106条第（3）项发行权的实例❷。因此，最高法院认为：第602条第（a）款也受到首次销售原则的限制。❸ 根据以上措辞，可以认为：Quality King案完全解决了首次销售原则对进口权的适用问题。

然而，Quality King案所存在的一些特殊事实，也令该原则的确切适用范围存在一些不确定的地方：该案的系争产品先在美国生产，经版权人的授权出口，在国外销售，最后又被进口到美国并进行转售。❹ 换句话说，原告受到版权保护的标签有一次"往返"，最开始是在美国生产，最后由被告进口到美国。相比较而言，对于Omega S. A. 诉Costco Wholesale公司一案，❺ 第九巡回上诉法院审理的也是一个类似的未经授权进口的案件，但该案有一个非常重要的不同特性：系争商品——刻有受美国版权保护的设计的手表——是在瑞士而非美国制造。❻ 第九巡回上诉法院对Quality King案与该院现有的判例进行了区分，认为：首次销售原则不保护进口已经在国外制造的产品。❼ 尽管最高法院维持了第九巡回上诉法院对Omega案所作的判决，但最高法院的判决是以4票对4票作出的，使得该判决对第九巡回上诉法院以外的其他法院不存在有约束力的先例效果。❽

（二）价格歧视的基本概念

首次销售原则和进口权之间的主要联系是其对版权产品的制造商有效实施价格歧视能力的影响。价格歧视是供应商对完全相同（或实质相同）的产品进行市场分割，并在每一细分市场对产品制订不同的价格以卖给消费者的经济策略。❾ 当然，寻找有效经济策略的供应商，只有在价格歧视比市场统一定价

---

❶ *Kirtsaeng*, 133 S. Ct., at 135.
❷ 同上注，第149~150页。
❸ 同上注。
❹ 同上注，第154页（Ginsburg法官的反对意见）。
❺ 541 F. 3d 982 (9th Cir. 2008), *aff'd by an equally divided court*, 131 S. Ct. 565 (2010).
❻ 同上注，第983~984页。
❼ 同上注，第987~990页。
❽ 参见Costco Wholesale Corp. v. Omega S. A., 131 S. Ct. 565 (2010)。
❾ 参见William W. Fisher III, *When Should We Permit Differential Pricing of Information?*, 55 UCLA L. Rev. 1, 3 (2007)。本文在提到价格歧视时也使用了"市场分割"和"市场分离"的术语。

能为它们带来更高的利润时，才会实施价格歧视。❶ 即使价格歧视策略令供应商满意，但除非供应商能有效地阻止套利行为——在低价的细分市场购买产品，然后在高价细分市场把他们转售出去——否则，价格歧视策略对它们并没有用。如果允许套利，那么套利者之间的竞争，将推动整个市场的价格下降到价格最低的细分市场的价格。❷ 换句话说，可能发生的价格歧视将导致细分市场被彻底分离这一后果是显而易见的。

价格歧视可以以多种方式实施，既要关注市场细分的标准，又要考虑维持这种细分的手段。❸ Kirtsaeng 案的一个重要问题就是地域价格歧视。原告 John Wiley & Sons 在世界上不同的地理区域对教科书标以不同的价格销售，并且通过禁止在不同的区域之间进出口来维持这种市场细分。❹ 未获得权利人授权，而进口受美国知识产权保护的国外生产产品，被称为"平行进口"；在美国，对此种产品进行转售的市场通常被称为"灰色市场"。❺ 当然，灰色市场经销商的目的是套利；实际上，最高法院对 Kirtsaeng 案的判决允许通过美国的灰色市场进行套利，至少在版权法领域内如此。

二、国际首次销售原则：Kirtsaeng 诉 John Wiley & Sons 案

在 Kirtsaeng 案中，最高法院首先讨论了第 109 条第（a）款所使用的"依本法合法制造"这一用语是否能构成对首次销售原则的地域限制。❻ 在 6 票对

---

❶ 参见 William W. Fisher III, *When Should We Permit Differential Pricing of Information?*, 55 UCLA L. Rev. 1, 3 (2007)。本文在提到价格歧视时也使用了"市场分割"和"市场分离"的术语。

❷ 同上注，第 3 ~ 4 页。

❸ 同上注，第 4 页。经济学家通常依据供应商细分市场的标准，把价格歧视划定为"一级""二级""三级"三类。一级价格歧视在实践中很少实施，供应商把市场细分到消费者个体，对每一位消费者收取他愿意为所提供的商品支付的最高价格。在二级价格歧视中，供应商通过消费者的购买行为为判断其隐藏消费倾向，并据此细分市场。"版本控制"就是二级价格歧视的一种典型例子——即向消费者提供类似但不同版本的商品，例如，售价不同的飞机商务舱和经济舱。最后，在三级价格歧视中，供应商依据消费者消费中的明显消费倾向来细分市场。例如，供应商可能依据消费者不同的年龄段和地理位置来规定不同的价格。同上注。

❹ 参见 Kirtsaeng v. John Wiley & Sons, Inc., 133 S. Ct. 1351, 1356 (2013)。地域价格歧视是如上注所述的"三级价格歧视"中的一种。同上注。

❺ 更确切地说，水货市场中销售的商品是在国外合法生产和获取、未经权利人授权进口的产品；因此，水货市场中的商品与进口前在国外生产或购买中就已构成侵权的产品不同。参见例如：Michael Stockalper, Note, *Is There a Foreign "Right" of Price Discrimination Under United States Copyright Law?: An Examination of the First – Sale Doctrine as Applied to Gray – Market Goods*, 20 DePaul J. Art Tech. & Intell Prop. L. 513, 520 (2010)（引用 Quality King Distribs., Inc. v. L'Anza Research Int'l, Inc., 523 U. S. 135, 153 (1998)）。

❻ *Kirtsaeng*, 133 S. Ct., 1357.

首次销售的一摊浑水：伴随 *KIRTSAENG* 诉 *JOHN WILEY & SONS* 公司一案的价格歧视和下游控制

3 票的判决中，最高法院认为版权法并没有建立这样的观点，即首次销售原则适用于进口的合法生产或合法获得的产品，包括那些在国外生产的产品。❶

（一）事实和诉讼历史

原告 John Wiley & Sons 公司（以下简称 Wiley）是一家教科书出版商❷；Wiley 将在美国以外的地方出版、印刷和销售其教科书的海外版本的权利，转让给了其子公司 John Wiley & Sons（Asia）Pte 有限公司（以下简称 Wiley 亚洲）。❸ Wiley 亚洲出版的教科书上都标注有声明：禁止将其出口到欧洲、亚洲、非洲和中东以外的国家。❹

被告 Supap Kirtsaeng（以下简称 Kirtsaeng）是一个到美国攻读本科和硕士学位的泰国学生，他设计了一套通过灰色市场进行教科书套利的机制。❺ 他让他的朋友和家人在泰国购买美国教科书的海外版，其中包括 Wiley 亚洲出版的教科书，然后将这些教科书邮寄到美国给他。❻ 随后，他以低于在美国制造的教科书的价格在美国进行转售，在补偿其朋友和家人之后，将剩下的利润留为己用。❼

Wiley 在纽约南区法院起诉 Kirtsaeng，认为其进口和转售 Wiley 亚洲版的书籍的行为，侵犯了 Wiley 依据版权法第 106 条第（3）项享有的公开发行权以及第 602 条第（a）款规定的控制进口版权作品的权利。❽ 地区法院作出了对 Wiley 的有利判决，认为 Kirtsaeng 所援引的首次销售原则抗辩无效，因为该原则并不适用于在国外生产的版权作品的复制品。❾ 在上诉中，第二巡回上诉法院维持了地区法院的判决，认为第 109 条第（a）款所规定的"依本法合法制造"的复制品仅指在美国制造的复制品。❿

第二巡回上诉法院的上述观点在各巡回法院之间产生了分歧，在 Omega S. A. 诉 Costco Wholesale 公司案中，第九巡回上诉法院认为：首次销售原则可以适用于在国外制造的复制品，但条件是获得授权的首次销售发生在美国境

---

❶ *Kirtsaeng*, 133 S. Ct., 1355~1356.
❷ 同上注，第 1356 页。
❸ 同上注。
❹ 同上注。
❺ 同上注。
❻ 同上注。
❼ 同上注。
❽ 同上注，第 1357 页。
❾ 同上注。
❿ 同上注。

内。❶ 与第二巡回上诉法院对首次销售原则施加地域限制不同，第九巡回上诉法院采用了一种"半地域/半非地域"的解释方法，❷ 根据该方法，首次销售原则的适用范围限于：（1）复制品是在美国合法制造，或（2）复制品是在美国以外的国家合法制造，但其在美国的首次销售得到了版权人的授权。❸ Sebastian 有限公司诉 Consumer Contacts（PTY）有限公司案进一步加剧了各巡回上诉法院之间的分歧，第三巡回上诉法院在该案中认为，将首次销售原则的适用范围限于在美国制作的复制品，"并不是十分符合版权法的精神"。❹ 为了解决首次销售原则对于在国外生产的复制品的适用性问题，最高法院向 Kirtsaeng 颁发了调卷令。❺

（二）最高法院的分析

最高法院 Breyer 大法官重点关注了版权法第 109 条第（a）款所使用的"依本法合法制造"这一用语是否对首次销售原则适用的复制品的范围施加了地域或非地域限制。❻ 最高法院认为，限制应当是非地域性的，因此，复制品制造的地点与判断首次销售原则的适用性问题无关。❼ 正如下文所述，为了支持这一看法，Breyer 大法官首先依据文本分析、立法目的以及普通法先例，来分析第 109 条第（a）款的文字含义。对一些重要的政策因素进行考量之后，他得出结论，法院应支持 Kirtsaeng 所主张的无地域限制的解释。

1. 依据字面含义进行的成文法分析

依据第 109 条第（a）款，最高法院驳回了 Wiley 所主张的将"依据本法"解释为"符合在美国版权法可适用的地方的版权法"的观点。❽ Breyer 法官首先指出：第 109 条第（a）款所使用的"依据"一语，在字典中的含义并不是指"在……地方"。❾ 更重要的是，他还指出：如果接受了 Wiley 关于该用语的解释，将地域限制注入到"在版权法可适用的地方"这一措辞中，会引发

---

❶ 541 F. 3d 982, 986 (9th Cir. 2008), aff'd by an equally divided court, 131 S. Ct. 565 (2010).
❷ 参见 Kirtsaeng, 133 S. Ct., 1360。
❸ 同上注（引用 Denbicare U. S. A. v. Toys "R" Us, Inc., 84 F. 3d 1143, 1149~1150 (9th Cir. 1996)）。
❹ 847 F. 2d 1093, 1098 n. 1 (3d Cir. 1988).
❺ 参见 Kirtsaeng v. John Wiley & Sons, Inc., 132 S. Ct. 1905 (2012)（颁发调卷令）。
❻ 参见 Kirtsaeng v. John Wiley & Sons, Inc., 133 S. Ct. 1351, 1357 (2013)。
❼ 同上注，第 1355~1356 页。
❽ 同上注，第 1358 页。
❾ 同上注，第 1359 页。

很多问题，因为这将暗示：美国版权不适用于在美国境外制造的复制品。❶ 最后，最高法院认为：第九巡回上诉法院对第 109 条第（a）款所使用的地理限制与非地理限制相混合的解释方法——复制品可以是（1）在美国制造，或（2）在国外制造，但在美国的首次销售得到了授权——不能与对于"依本法制造"的复制品一直以来的解释相协调。❷ 事实上，Breyer 法官指出："从英语表述来看，这几个字可以指在国外合法制造的复制品。"❸

2. 立法目的与普通法先例

在分析《1976 年版权法》第 109 条第（a）款规定的首次销售原则的立法目的时，最高法院首先将第 109 条第（a）款的措辞与其前身：《1909 年版权法》的措辞进行了对比。❹ 在《1909 年版权法》中，首次销售原则被规定在第 41 条中，其适用范围限于"持有的是合法获得的"复制品。❺ 最高法院拒绝将上诉措辞变为"依据本法合法制造"的原因，解释为是接受对该原则适用地域限制；相反，最高法院更愿意将措辞的变化解释为是对有权援引首次销售原则的主体的限缩。根据《1909 年版权法》，任何复制品的合法持有者（possessor）都有权援引首次销售原则，而根据《1976 年版权法》，只有复制品的合法所有者（owner）才有权援引。❻ 需要注意的是，最高法院指出：由于措辞发生了变化，因此，依据《1909 年版权法》可以受到首次销售原则保护的承租人，将不再受到《1976 年版权法》第 109 条第（a）款的保护。❼

接下来，最高法院援引了《1976 年版权法》删除的"制造条款"——目的是限制进口在国外制造的复制品——作为国会意图对在美国制造的复制品与在国外制造的复制品提供平等待遇的证据。❽ 最高法院认为，将"依据本法合法

---

❶ 参见 Kirtsaeng v. John Wiley & Sons, Inc., 133 S. Ct. 1359 (2013)。

❷ 同上注，第 1360 页。

❸ 同上注。然而，法院认为"第九巡回上诉法院之所以给这个定义附加第二部分的意义是可以理解的"。法院认为如果不对得到版权人授权且在美国首次销售的产品施加限制，那么"像 Wiley 这样的生产商将会无限制地将其书籍在国外印刷，然后令其进口至美国并销售，但却禁止学生们在校园书店出售其使用过的教科书"。

❹ 同上注，第 1360~1361 页。

❺ Copyright Act of 1909, ch. 320, § 41, 35 Stat. 1075（1976 年修订）。

❻ 参见 *Kirtsaeng*, 133 S. Ct. at 1361。

❼ 同上注。值得注意的是，法院没有直接处理首次销售原则是否像一般情况那样适用于经许可发行的复制品。参见下文第四部分第（二）节第 2 部分的讨论。然而，法院建议，首次销售原则适用于法定强制许可销售的复制品，因为依据 115 条的规定，此类许可可被归类为"本法适用"。*Kirtsaeng*, 133 S. Ct., 第 1361 页。

❽ 同上注（引用 H. R. Rep. No. 94-1476, 第 165~166 页（1976））。

— 39 —

制造"解释为是对首次销售原则的地域限制,与实施该政策的意图是相悖的。❶

最后,最高法院采纳了以下推定:如果某一用语在一部法律中的相关条款中多次出现,应对其作出一致的解释。❷ 尤其是,"依据本法合法制造"这一用语还出现在了第109条的其他条款以及第110条第(1)项中:对表演专有权和展示专有权规定例外,允许教师在面对面的教学活动中未经授权进行表演或展示。❸ 最高法院认为,将地域限制适用于这些条款,可能会产生与下文第二部分第(二)节第3小节所讨论的政策担忧类似的不好后果:后者禁止在未得到权利持有人授权的情况下,对版权作品进行许多利用。❹

此外,最高法院还适用了以下解释准则:法院应推定"国会在将现有的普通法先例进行法典化立法时,国会意图保留普通法的实质性内容"。❺ 最高法院指出,无论是引入首次销售原则的 Bobbs-Merrill 案,还是一般普通法原则,都没有任何"地域区分"的内容;因此,作为普通法的一部分,从血统来看,首次销售原则也不支持限制转让。❻

3. 政策考量

为了反驳 Wiley 对第109条第(a)款所作的地域限制性解释,最高法院认为,如果其采纳了 Wiley 的观点,因此而引起的"恐惧"❼ 可能违反有关"促进科学和实用技术进步"的宪法授权。❽ 显然,如果按照 Wiley 的解释,将给那些传统上依赖首次销售原则进行发行的机构,包括图书馆、二手书经销商和艺术馆等,获得许可带来巨大的负担,或者说至少是巨大的不确定的负担。❾ 此外,那些一直以来受到版权法保护的从事销售和发行含有许多在国外制造的部件的产品的科技公司和经销商,将会遭遇类似的从版权人手中获得发行许可的负担。❿ 在最高法院看来,这些危险"可用来解释为什么美国版权法

---

❶ 参见 Kirtsaeng, 133 S. Ct. at 1362。
❷ 同上注。
❸ 同上注。
❹ 同上注。例如,法院指出,如果地域限制被引入第109条的其他部分,美国的汽车拥有者将无法展示其在未经版权人许可的前提下于加拿大购买的保险杠贴纸,商场所有者也不能在没有类似许可的前提下出售日本出产的游戏。同上注。此外,价格地域限制被引入第110条第(1)项,美国教师也不能在未经版权人许可的前提下,在课堂上放映外国电影的复制品。
❺ 同上注,第1363页(引用 Samantar v. Yousuf, 560 U. S. 305, 320 n. 13 (2010))。
❻ 同上注,第1363~1364页。
❼ 参见上注,第1373页(Ginsburg 法官的反对意见)。
❽ 《美国宪法》第1条第8款第(8)项。
❾ 参见 Kirtsaeng, 133 S. Ct., 第1364~1365页。
❿ 同上注,第1365页。

首次销售的一摊浑水：伴随*KIRTSAENG* 诉*JOHN WILEY & SONS*公司一案的价格歧视和下游控制

一直以来都坚持首次销售原则"。❶

相比较而言，由 Ginsburg 法官撰写，得到了 Kennedy 法官支持以及 Scalia 法官部分支持的反对意见，并没有重点关注这些政策因素。❷ 相反，反对意见重点关注了给予版权人分割国内和国外市场的权利，从而使他们能进行价格歧视以避免套利的竞争性效果。❸ 对此，反对意见引用了最高法院在 Quality King❹ 案中将第 602 条第（a）款第（1）项中的权利视为控制进口的解释。特别是 Ginsburg 法官援引了 Quality King 案有关建议地域限制的内容，即"第 602 条第（a）款第（1）项授权版权人有权禁止进口在国外制造、在国外销售的复制品"。❺ Ginsburg 法官进一步重点考察了第 602 条第（a）款第（1）项，而非第 109 条（a）款规定的禁止进口的立法历史，以支持反对意见的以下结论：国会并没有打算使首次销售原则适用于在美国国外制造的复制品。❻ 事实上，反对意见认为，最高法院在 Kirtsaeng 案的判决"使得第 602 条第（a）款第（1）项的规定毫无意义"。❼

为了回应该反对意见，最高法院指出：其所援引的 Quality King 案的判决内容"只是说明"。❽ 尽管承认该判决，可能会降低第 602 条第（a）款第（1）项的重要性，但是最高法院列举了进口禁令仍然可以适用的例子，它们都涉及进口

---

❶ 参见 *Kirtsaeng*，133 S. Ct.，第 1365~1366 页。

❷ 同上注，第 1373~1374 页（Ginsburg 法官的反对意见）。

❸ 同上注。

❹ 同上注，第 1374~1376 页。（引用 Quality King Distribs.，Inc. v. L'anza Research Int'l, Inc.，523 U. S. 135（1998）.）

❺ 同上注，第 1376 页。具体来说，Ginsburg 法官引用了 Quality King 案判决中的下列内容：假如一件作品的作者将其在美国的发行权——依据法律具有可执行性——授予给美版作品的出版商，同时将其在英国的发行权授予给英版作品的出版商……大概只有美版作品出版商制作的产品才符合第 109 条第（a）款"依据本法规定合法生产"的要求。对于决定在美国市场销售复制品的英版作品出版商，首次销售原则并没有为其所实施的第 602 条第（a）款项下的行为提供抗辩（或者就此而言，如果该出版商销售该产品的复制品，则其行为属于第 106 条第（3）项项下的行为）。同上注，第 1375 页（引用 *Quality King*，523 U. S.，第 148 页）。

❻ 尤其是，Ginsburg 法官引用了众议院和参议院关于 1976 年版权法的委员会报告：第 602 条解决了两种不同情况：进口"盗版"物品（即未经版权人任何授权生产的复制品或唱片），和未经授权而进口合法生产的复制品或唱片的行为。第 602 条的一般做法是认定上述两种未经授权的进口行为皆为侵权，但是仅允许海关禁止进口"盗版"物品。同上注，第 1382 页（引用 S. Rep. No. 94-473，151（1975）；H. R. Rep. No. 94-1476，169（1976））。

❼ 同上注，第 1378 页。

❽ 同上注，第 1368 页（"[被援引的内容] 是一项说明，包含在对相反观点进行的反驳中。即使在说明这一层面上，它也并非是必需的。难道法官曾经在判决书中认定过西红柿是一种蔬菜，就可以此来永远否认西红柿是水果吗？"）。

方并非系争货物"所有者"。❶ 为回应反对意见提及的国会立法意图问题，最高法院指出，"与（1976 年版权法的立法史）有关的历史事件比法律的颁布要早发生至少十年，因此最好不要下结论"。❷ 至于那个更具一般性的授予实施市场分割权力（power）的政策问题，最高法院认为，宪法中的知识产权条款并没有授权实施该项权力。❸ 至于是否应当提升该权力的问题，最高法院认为应当由国会决定。❹

三、围绕地域价格歧视的政策考量

在讨论 Kirtsaeng 案可能带来的影响之前，先讨论关于价格歧视的政策考量是非常有必要的。Breyer 法官在 Kirtsaeng 案中对价格歧视的分析，非常特别。这种特别体现在：Breyer 法官并没有抽象地采用一个广泛的积极或消极的观点来评价价格歧视问题，而是围绕对首次销售原则进行地域限制可能便利实践的政策关切进行讨论。❺ 不过，这些潜在的关切，在最高法院的判决作出之后与作出之前，一样具有相关性，因此它们对于理解最高法院的判决对国际首次销售原则在变化后的"图景"中的影响非常重要。

20 世纪的法学研究通常采取一种"玫瑰视角"来处理版权法中的价格歧视问题，而且便利价格歧视有时候被视为政策考量中无须考虑的优势。❻ 然而，经济学家却普遍认为，事实上价格歧视的社会福利效果过于复杂，以至于

---

❶ 参见 Kirtsaeng, 133 S. Ct., 第 1368 页。

❷ 同上注，第 1369 页。考虑到该异议在分析国会意图时引用了参议院和众议院在 1975 至 1976 年的报告，得出这样的结果有点令人困惑和不那么满意。尤其是，Ginsburg 法官引用了众议院和参议院关于 1976 年版权法的委员会报告：第 602 条解决了两种不同情况：进口"盗版"物品（未经版权人任何授权生产的复制品或唱片），和未经授权而进口合法生产的复制品或唱片的行为。第 602 条的一般做法是认定上述两种未经授权的进口行为皆为侵权，但是仅允许海关禁止进口"盗版"物品。同上注，第 1382 页（引用 S. Rep. No. 94 - 473, 151 (1975); H. R. Rep. No. 94 - 1476, 169 (1976)）。

❸ 同上注，第 1370 ~ 1371 页（"宪法中没有一项规定体现了其有限的专有权应当包括一项细分市场或者对同一本书的不同消费者收取不同价格的权利，以增加收益或使利益最大化。同时，依据我们的认知，也没有任何一位宪法的订立者提出此类建议"）。

❹ 同上注，第 1371 页。（"版权人是否应当拥有超越普通商业能力、用以细分国际市场的权力，是国会应当解决的问题。本案中，我们不会试图对应对由国会作出的决定加以判决。"）

❺ 同上注，第 1364 ~ 1367 页。

❻ 参见 Michael J. Meurer, *Copyright Law and Price Discrimination*, 23 Cardozo L. Rev. 55, 64 (2001); 另参见上注，第 64 页，注释 30（讨论了在先版权研究在价格歧视中的缺点，并提到除了少数例外，大部分研究均未将"特定版权原则和价格歧视相关联"）; Wendy J. Gordon, *Intellectual Property as Price Discrimination: Implications for Contract*, 73 Chi. - Kent L. Rev. 1367, 1369 (1998)（指出"价格歧视的手段最近［在撰写文本时］，看起来似乎是可以自圆其说的"）。

首次销售的一摊浑水：伴随 *KIRTSAENG* 诉 *JOHN WILEY & SONS* 公司一案的价格歧视和下游控制

无法得出一个统一的结论。❶ 因此，价格歧视不能作为一个自足的正当性理由来支持实施任何版权政策；任何政策分析，都必须考虑系争的特殊价格歧视机制的特定环境和间接影响。

鉴于价格歧视问题的特定性，因此，本部分将关注对象限于 Kirtsaeng 案系争的价格歧视的背景，即地域价格歧视和平行进口问题。此外，本部分还将进一步详细说明在首次销售原则中使用地域限制以作为维持市场分割的手段，对于福利的影响。

（一）总体经济剩余的政策考量

虽然价格歧视可以增加供给者剩余，❷ 但地域价格歧视对消费者剩余的影响，以及是否存在净剩余，并不确定。反对地域价格歧视，因而允许灰色市场存在的主要理由，来自自由贸易和消费者优先理论。简单举个例子，美国消费者通常认为他们在地域价格歧视机制中往往处于最高价格的市场当中，❸ 如果没有价格歧视，在市场竞争中，他们可能享受到更低的价格。❹ 也就是说，由于灰色市场的那些可以降低供给者价格的套利者所创造的二级市场竞争，理论上可以迫使供给者降低其在美国市场上的价格。❺

---

❶ 参见 William W. Fisher III, *When Should We Permit Differential Pricing of Information?*, 55 UCLA L. Rev. 22, (2007)。("从理论上总结价格歧视是增加或减少了社会总体福利是不可能的。相反，其对于资源配置是否有促进作用，取决于实施价格差异的公司试图保持分离状态的这一市场的特质……") Ariel Katz, What Antitrust Law Can (and Cannot) Teach About the First Sale Doctrine 20 (Jan. 23, 2012) (unpublished manuscript) (on file with author), 见于 http://ssrn.com/abstract=1845842 ("地区需求间的差异可能源于众多原因，结果就是不可能统一或者独立地判断价格歧视是否应当被鼓励或抑制")。

❷ 参见 William W. Fisher III, *When Should We Permit Differential Pricing of Information?*, 55 UCLA L. Rev. 1, 3 (2007)。本文在提到价格歧视时也使用了"市场分割"和"市场分离"的术语。

❸ 参见 David A. Malueg & Marius Schwartz, *Parallel Imports, Demand Dispersion, and International Price Discrimination*, 37 J. Int'l Econ. 167, 191 (1994) (把美国描绘为一个"富裕的国家"，以至于其可以"支付较高的歧视性定价")。

❹ 参见 Frederick M. Abbott, Int'l Inst. for Sustainable Dev., Parallel Importation: Economic and Social Welfare Dimensions 6 (2007), http://www.iisd.org/pdf/2007/parallel_importation.pdf; Ariel Katz, What Antitrust Law Can (and Cannot) Teach About the First Sale Doctrine 20 (Jan. 23, 2012) (unpublished manuscript) (on file with author), at 17, http://ssrn.com/abstract=1845842。

❺ 参见 Frederick M. Abbott, Int'l Inst. for Sustainable Dev., Parallel Importation: Economic and Social Welfare Dimensions 6 (2007), at 6, http://www.iisd.org/pdf/2007/parallel_importation.pdf。从不太关注美国的角度来考虑，自由贸易倡导者们认为水货市场交易所带来的竞争效果会降低全球商品价格。参见 Matthias Ganslandt & Keith E. Maskus, *Vertical Distribution, Parallel Trade, and Price Divergence in Integrated Markets*, 51 European Econ. Rev. 943, 944 (2007) (主张：对平行进口的支持基本上依赖于"一种信念，即平行进口……可以在零售层面引发竞争，从而使得零售价格趋于相同且该价格一体化有利于形成竞争")。

— 43 —

对上述观点最显而易见的反驳就是供给者不会允许此种情形发生。反驳理由是，大型灰色市场根本不可能自我维持很长时间，因为供给者为了减少套利者的竞争，会在全世界范围涨价。❶ 在低收入外国市场的涨价——或者完全放弃这些市场——将损害供给者地域划分中的低收入细分市场的消费者，并导致无谓损失（deadweight loss）。❷

然而，这种对自由贸易理论的反驳却并没有定论。即使从全球经济福利最大化的角度来看——不同于仅仅关注高价格细分市场的消费者福利——这种观点并没有充分考虑到不同细分市场中收入差别的影响。❸ 类似地，尽管该反驳的主要关注重点是低收入市场将会服务不足，不过，支持该反驳理由的道德考量可能因以下事实变得复杂：因为需求曲线在细分市场间存在差异的原因，可

---

❶ 参见 Guy A. Rub, *The Economics of Kirtsaeng v. John Wiley & Sons, Inc.: The Efficiency of a Balanced Approach to the First Sale Doctrine*, 81 Fordham L. Rev. Res Gestae 41, 47 (2013)（预测"大规模的套利行为如果被允许，将会导致全世界范围内的高价"）；Malueg & Schwartz, *Parallel Imports, Demand Dispersion, and International Price Discrimination*, 37 J. Int'l Econ. 190 (1994)。

❷ 参见 Rub, *The Economics of Kirtsaeng v. John Wiley & Sons, Inc.: The Efficiency of a Balanced Approach to the First Sale Doctrine*, 81 Fordham L. Rev. Res Gestae 46 (2013)；参见 William W. Fisher III, *When Should We Permit Differential Pricing of Information?*, 55 UCLA L. Rev. 25, (2007)。（"价格歧视尽管并非总是但却经常会逐渐引发财富重新分配……因为低利润市场的占有者通常要比高利润市场占有者要更贫困。"）经济学教授 David A. Malueg 和 Marius Schwartz 解释说：如果平行进口被禁止，至少在一些特定的国家中，生产商们可以为那些低需求（更有弹性的）国家提供更加低廉的价格，而不用担心他们改头换面重新出现在高价格的细分市场中。如果没有这样的市场分割，生产商将可能采取全球统一高定价的措施，从而使得那些低需求的国家无法享受该项服务。Malueg & Schwartz, *Parallel Imports, Demand Dispersion, and International Price Discrimination*, 37 J. Int'l Econ. 190 (1994)。

❸ 更准确地说，即使没有平行进口，供应商们也可能会认为下列做法是具有经济效益的，即在低收入市场中仅将该市场中最富有的消费者作为销售目标，向其以相对高的价格提供少量商品。参见 Sarah Wasserman Rajec, *Free Trade in Patented Goods: International Exhaustion for Patents*, 29 Berkeley Tech. L. J. 315, 363 (2014)（在制药产业的专利穷尽语境中来讨论这一可能性）；比较 William W. Fisher III, *When Should We Permit Differential Pricing of Information?*, 55 UCLA L. Rev. 25 (2007)（指出价格歧视可能会导致一种"向下"的财富再分配，它将会增加社会福利，依赖于"效用曲线在消费者群体数量的随机分布"而定）。事实上，关闭水货市场是否能够在全球范围内增加低收入消费者们获取商品的渠道并不确定。此外，价格歧视对于依据净盈余衡量的全球福利的影响是不确定的；价格歧视既可能增加也可能减少全球视角下的产量和净盈余。比较 Meurer, *Copyright Law and Price Discrimination*, 23 Cardozo L. Rev. 100 (2001)（指出价格歧视可能会减少产量，且即使产量增加，整体配置的效率也可能降低），与 Malueg & Schwartz, *Parallel Imports, Demand Dispersion, and International Price Discrimination*, 37 J. Int'l Econ. 190 (1994)（结论是：在一定理论模型的约束下，相较于统一定价，价格歧视可能会在净盈余方面提供一种帕累托改进）。

能是因为收入以外的其他因素。❶

（二）一般的知识产权政策考量

在版权或者更一般的知识产权的背景下，那些赞成通过抑制平行进口以促进价格歧视的人们，也支持"版权最大化"（maximalist）——意思是任何适用于权利持有人的系统性经济利益都应当服务于鼓励创造和创新。❷ 然而，这样的主张过于简单：它仅仅关注了促进创新的问题，却没有考虑其对于社会享受创新成果能力的影响。换句话说，它只强调了版权法试图达到的获取与激励均衡中的一个方面。❸ 传统的版权最大化的理由仅仅是价格歧视能促进理想的平衡达成。即使因价格歧视减少产出，损害资源配置效率这样的情况出现，它依然会导致"动态效率"的增加——有效的创新激励——从而提供有价值的贸易。❹ 该论点可能会遭到以下反驳：价格歧视对权利人的经济回报会超过必要的促进创造性作品创作的激励，而且此种价格歧视仅仅是版权持有人的一种寻租形式。❺ 围绕着"获取—激励"平衡的讨论，显然是版权法核心的基本

---

❶ 例如，英国教科书的价格明显低于美国；价格差异之所以产生，是因为两国教育实践的不同，而非两国之间的收入差距。参见 Christos Cabolis et al., *A Textbook Example of International Price Discrimination*, 95 Econ. Letters 91, 94-95 (2007); Ariel Katz 教授的解释是：价格差异是由每个国家内产品间需求差异的交叉弹性所导致的。也就是说，A 国和 B 国可支配收入相同的消费者对相同产品所愿意支付的价格是不同的，因为他们对于该产品的可替代品有着不同程度的偏好。Katz, What Antitrust Law Can (and Cannot) Teach About the First Sale Doctrine 20 (Jan. 23, 2012) (unpublished manuscript) (on file with author), at 20, http://ssrn.com/abstract=1845842。因此，价格歧视并不总是会令低收入市场从高收入市场中获利。

❷ 参见例如 Meurer, *Copyright Law and Price Discrimination*, 23 Cardozo L. Rev. 95 (2001)（指出支持扩大版权保护范围的人倾向于支持价格歧视，因为"价格歧视可以增加版权人的利益，且能够吸引更多版权相关产业的投资"）; Rub, *The Economics of Kirtsaeng v. John Wiley & Sons, Inc.: The Efficiency of a Balanced Approach to the First Sale Doctrine*, 81 Fordham L. Rev. Res Gestae 46 (2013); Gordon, *Intellectual Property as Price Discrimination: Implications for Contract*, 73 Chi.-Kent L. Rev. 1368, 1369 (1998)（"价格歧视增加了生产商的收益，这是一种潜在的激励。"）。

❸ 参见 Gordon, *Intellectual Property as Price Discrimination: Implications for Contract*, 73 Chi.-Kent L. Rev. 1369 (1998)（指出：价格歧视"也可能会提高产品价格和减少产品数量，且不能产生足以弥补前述损失的激励效果"）; Lunney, Jr., *Reexaming Copyright's Incentives-Acess Paradigm*, 49 Vand. L. Rev. 492-498 (1996)（讨论版权法中的"获取—激励模式"的基础）。

❹ 参见如 Meurer, *Copyright Law and Price Discrimination*, 23 Cardozo L. Rev. 98 (2001); Fisher, *When Should We Permit Differential Pricing of Information?*, 55 UCLA L. Rev. 25 (2007); Richard A. Posner, Antitrust Law 203 (2d ed. 2001)。

❺ 参见 Gordon, *Intellectual Property as Price Discrimination: Implications for Contract*, 73 Chi.-Kent L. Rev. 1369 (1998), 注释 4; Meurer, *Copyright Law and Price Discrimination*, 23 Cardozo L. Rev. 98 (2001); Fisher, *When Should We Permit Differential Pricing of Information?*, 55 UCLA L. Rev. 95-97 (2007)（认为对创造的最优社会激励"通常出现在一些利润水平低于预期总盈余的领域"，且"由预期利润创造的个人激励可以轻松超过作品的预期社会价值"）; 另参见上注，第 100~102 页（主要讨论版权人寻租所产生的额外保护和执法成本）。

经济紧张关系，❶ 而且在价格歧视的特殊背景下并不比一般情况下更容易得到处理。

价格歧视的支持者可能认为，缺少价格歧视将会导致低收入国家的价格上涨，而这反过来将使得在这些国家为了弥补作品可获取量的减少，而导致盗版增加。一些评论家认为，从社会福利的角度来看，盗版并非一定有害，因为在一些低收入国家，盗版作品以其相对可接受的价格来满足增长的需求。❷ 但是，就指导法律政策而言，接受明显是在鼓励侵权的版权政策，似乎从学术意义上讲令人反感——即便不是不可接受的自相矛盾。如果这种侵权行为是作为经济实践的副产品而产生，例如有价格歧视或没有价格歧视，则在涉及具体的版权政策时，这些有害的效果必须与竞争问题一并考虑。

（三）与国际首次销售原则相关的政策考量

上文介绍了围绕价格歧视的相关讨论，包括在公共福利效果和版权法政策的框架下进行的讨论，情形都非常复杂，难以解决。然而，进一步关注 Kirtsaeng 案中提出的问题——对首次销售原则进行地域限制是否是实施地域价格歧视的一种适当的机制——有利于更加具体的讨论。

首先，将首次销售原则的适用范围限制为在美国境内制造的产品，将带来"搭便车"的问题：它将使美国版权法变成了那些没有对美国经济带来直接贡献的外国制造商的经济优势的来源。❸ 也就是说，外国供应商可以在美国市场以高价销售其产品，而不会受到灰色市场套利的威胁，而本地供应商则不行。可能更重要的是，此种搭便车行为的后果，将对美国的版权作品的供应商产生

---

❶ 参见 Meurer, *Copyright Law and Price Discrimination*, 23 Cardozo L. Rev. 98（2001）; Fisher, *When Should We Permit Differential Pricing of Information?*, 55 UCLA L. Rev. 98（2007）（"长期以来，经济学家们认为最佳的版权政策应当在与激励作品提供有关的动态效率和与获取路径有关的分配效率之间达到平衡"）。

❷ 比较 Fisher, *When Should We Permit Differential Pricing of Information?*, 55 UCLA L. Rev. 36（2007）（认为："如果价格歧视损害到了思想和创新的无私分享，那么该价格歧视是不好的"，并且指出 "知识产权所有者对其产品统一定价而对无力承担的人免费提供使用（或者默默忍受未经授权的使用）是非常普遍的行为"）。

❸ 比较 NEC Elecs v. CAL Circuit Abco, 810 F. 2d 1506, 1511（9th Cir. 1987）（"美国的商标法并没有为原告仅通过成立名义上拥有其标志的美国子公司从而建立全球范围内的歧视性定价方案提供便利。"）; Rajec, *Free Trade in Patented Goods: International Exhaustion for Patents*, 29 Berkeley Tech. L. J. 339（2014）。（"当专利权人并没有为国内市场作出贡献时，专利法并不会为了权利人的利益保护国内市场。"）

一种反激励——将其制造业务迁往国外。❶

最高法院对 Kirtsaeng 案判决的决定性因素，可以被认为是其希望避免由于给首次销售原则设置地域限制而导致的"示威游行"，即如果图书馆、二手书销售商、零售商和其他下游分销商被要求不断从版权持有人那里获得发行许可，可能产生的消极后果。❷ 因此，Kirtsaeng 案可以被视为清晰表达了明智的政策决定：鉴于地域价格歧视对福利的影响是不确定的，因此，不能通过对首次销售原则进行限制的方式，来维持全球市场细分，尽管首次销售原则有利于促进交易、维持交易和确定交易。❸ 然而，考虑到产业界可能随之而来的回应，最高法院的判决最终是否成功地保护了属于首次销售原则核心的那些政策利益并不明确。

四、产业界对 Kirtsaeng 案的可能回应

就 Kirtsaeng 案特定的一方当事人而言，对于为反对地域价格歧视而提出的消费者优先的观点作出的基本反驳——灰色市场的竞争并不会导致价格下降，而只会导致全世界的高价出现❹——已经过时。作为对最高法院判决的回应，Wiley 对其教科书进行全球统一定价，以符合美国的价格标准。❺ 但是，如果认为 Kirtsaeng 案判决所带来的影响将持续存在，并变得十分普遍——无论是对于教科书产业或者更普遍的其他产业——是非常短视的，原因至少有以下两个方面。第一，可以通过对首次销售原则进行地域限制之外的其他手段来实施地域价格歧视；第二，版权产品的供应商可以实施的价格歧视的方式，并不限于地域歧视。

版权人行业对于 Kirtsaeng 案判决的回应，可能体现为在国际首次销售原

---

❶ 参见 Melissa Goldberg, Note, *A Textbook Dilemma: Should the First Sale Doctrine Provide a Valid Defense for Foreign - Made Goods?*, 80 Fordham L. Rev. 3057, 3089 (2012)。

❷ 参见 Kirtsaeng v. John Wiley & Sons, 133 S. Ct. 1351, 1364 – 1367 (2013)。

❸ 参见 *Kirtsaeng*, 133 S. Ct., 第1371 页；也参见 Kirtsaeng v. John Wiley & Sons: *Regulatory Arbitrage vs. Market Arbitrage*, Ariel Katz on Intellectual Prop., Competition, Innovation, & Other Issues (2012 年10 月29 日), http: //arielkatz. org/archives/2130 （认为美国知识产权法，尤其是第602 条规定的进口权，其意义在于防止由于国际知识产权管理体制缺乏协调所导致的"监管套利"，而非"市场套利"）。

❹ 参见 Guy A. Rub, *The Economics of Kirtsaeng v. John Wiley & Sons, Inc.: The Efficiency of a Balanced Approach to the First Sale Doctrine*, 81 Fordham L. Rev. Res Gestae 41, 47 (2013) （预测"大规模的套利行为如果被允许，将会导致全世界范围内的高价"）；Malueg & Schwartz, *Parallel Imports, Demand Dispersion, and International Price Discrimination*, 37 J. Int'l Econ. 190 (1994)。

❺ Preisgestaltung von US - Lehrbüchern [Pricing of U. S. textbooks], Wiley - VCH, (Jul. 10, 2013), http: //www. wiley - vch. de/publish/dt/company/news/archive/19545 （以下简称 Wiley - VCH）。

则的框架下利用各种策略来维持价格歧视，阻止平行进口。这些策略当中，有部分具有"传统"的性质，即依赖于对有形商品销售的既有发行模式的转变，以减少对于平行进口的激励，或是通过在发行链中采取直接检查和执法等方式来制止平行进口。❶ 然而，更重要的是，供应商可能会采取其他的专门适用于数字产品发行的手段，包括数字权利管理技术，通过许可而非销售来发行产品，以及司法上已承认数字产品不适用首次销售原则的规定。❷ 这些"顺应数字化"的策略避免了传统手段在维持价格歧视上的高额开支，尤其值得注意的是，它们能够通过确保供应商对下游产业的高度控制，并规避首次销售原则——无论是国际还是其他——的方式，而便利价格歧视的实施。

（一）传统销售策略和直接垂直控制

作为一个初步问题，即使没有版权法的帮助，版权作品的供应商也可以通过操纵其现有的发行网络而继续进行价格歧视，并导致平行进口无利可图。更简单一点说，供应商可以继续在不同的地域进行不同的定价，不过需要缩小不同地域细分市场之间的价格差，使得运输费用和其他费用加起来将超过灰色市场套利者可能获得的潜在利润。❸ 然而，在对禁止平行进口缺乏执法措施的情况下，上述策略对于供应商而言是一种折中方案；供应商对于细分市场之间所选择的价格差，将由市场力量而非其自身的利益最大化策略来决定。❹

---

❶ 参见下文第四部分第（一）节的讨论。

❷ 参见下文第四部分第（二）节的讨论。

❸ 比较 Shubha Ghosh, *An Economic Analysis of the Common Control Exception to Gray Market Exclusion*, 15 U. Pa. J. Int'l Bus. L. 373, 377 (1994) （"水货市场的支持者……忽略了将一件产品交叉销售至另一地域市场的运输成本问题"）。

❹ 然而，即使是这样对于供应商们实施价格歧视的能力采取更多限制的举措，也使他们获得比全球统一定价更多的利润。因此——Wiley 选择设立在美国市场中适用全球教科书价格而非重新设立一个利益最大化的全球价格——Wiley 对于 Kirtsaeng 案关于采取统一定价的回应体现了至少在某一方面，与其说是属于一项长期策略，还不如说是一种原则性反对的声明。参见 Wiley - VCH, (Jul. 10, 2013), http://www.wiley-vch.de/publish/dt/company/news/archive/19545 （以下简称 Wiley - VCH）。的确，其中引用了 Wiley 在德国新闻界发表的声明，该声明认为最高法院在判决中主张的是：对于完全相同的教科书在不同的地域范围内有不同的价格是"没有法律依据的"。同上注。上述声明将最高法院的判决错误地认识为对价格歧视的直接禁令而非对版权的限制，结合征收较高的全球统一价格，可能是为了鼓动外国消费者反对 Kirtsaeng 案判决。

首次销售的一摊浑水：伴随 *KIRTSAENG* 诉 *JOHN WILEY & SONS* 公司一案的价格歧视和下游控制

更巧妙的是，供应商可以继续通过版本控制的方法，来实施地域价格歧视。❶ 也就是说，供应商可以在不同的地域细分市场中发布不同的版本，它们实质相似但不能直接替代，从而抑制其产品灰色市场版本的需求。❷ 该策略在诸如教科书行业可能非常有效，因为书的连续版本在进行足够的改变后进行定期发布，可以消除来自二手书转售市场的竞争。❸ 然而，对于许多其他的产品，如小说或音乐录制品，供应商无法生产出足以消除灰色市场或二手市场竞争的产品的不同版本。❹ 此外，即使此种不同的版本可以被生产出来，通过版本控制来实施地域价格歧视，可能会给供应商带来不小的开支，因为这将迫使其在每一个细分市场开发和制造不同的版本以供销售。❺

供应商还可以通过各种"垂直控制"机制来收紧其发行网络的管理，从而在现有的地域价格歧视机制下制止平行进口。例如，权利人可以选择对其分销商和零售商的销售实践进行更细致的评估，通过更多的非正式的商业奖励与合同安排相结合的方式来限制平行进口。❻ 此种机制最适合那些销售量相对较

---

❶ 这是一个通过"二级"价格歧视来影响"三级"价格歧视的例子。参见 William W. Fisher III, *When Should We Permit Differential Pricing of Information?*, 55 UCLA L. Rev. 4 (2007)。经济学家通常依据供应商细分市场的标准，把价格歧视划定为"一级""二级""三级"三类。一级价格歧视在实践中很少实施，供应商把市场细分到消费者个体，对每一位消费者收取他愿意为所提供的商品支付的最高价格。在二级价格歧视中，供应商通过消费者的购买行为判断其隐藏消费倾向，并据此细分市场。"版本控制"就是二级价格歧视的一种典型例子——即向消费者提供类似但不同版本的商品，例如售价不同的飞机商务舱和经济舱。最后，在三级价格歧视中，供应商依据消费者消费中的明显消费倾向来细分市场。例如，供应商可能依据消费者不同的年龄段和地理位置来规定不同的价格。

❷ 参见 Rub, *The Economics of Kirtsaeng v. John Wiley & Sons, Inc.: The Efficiency of a Balanced Approach to the First Sale Doctrine*, 81 Fordham L. Rev. Res Gestae45 (2013) (在 Kirtsaeng 案判决之前即预测，如果 Kirtsaeng 胜诉，Wiley 公司可能会选择实施此种策略)。

❸ 参见 James E. Foster & Andrew W. Horowitz, *Complimentary Yours: Free Examination Copies and Textbook Prices*, 14 Int'l J. Indus. Org. 85, 86 – 87 (1996)。教科书市场特别适合版本控制策略的原因之一是，至少在美国市场，学生们通常被迫使用其导师指定的教科书的特定版本。同上注，第 88 页。但参见 Cabolis et al., *A Textbook Example of International Price Discrimination*, 95 Econ. Letters 95 (2007) (注意在英国，教科书通常被当作学习的辅助工具，而非强制性的教材，所以"学生们购买特定书籍的义务感更轻")。

❹ 参见 Rub, *The Economics of Kirtsaeng v. John Wiley & Sons, Inc.: The Efficiency of a Balanced Approach to the First Sale Doctrine*, 81 Fordham L. Rev. Res Gestae 45 (2013)。

❺ 同上注。

❻ 供应商可以大致通过检查销售记录来确保渠道商并未从事对该供应商商品的平行进口行为，同时也可以通过销售情况来确认第三方是否从事平行进口行为。比较 Ganslandt & Maskus, *Vertical Distribution, Parallel Trade, and Price Divergence in Integrated Markets*, 51 European Econ. Rev. 944 (2007) n. 4 (指出："平行贸易通常发生在批发商或经销商层面，"因此，"实证证据表明，垂直控制问题是平行进口的主要原因")。有一种更极端的控制销售链的方法可以事实上实现垂直整合，即权利人直接获取经销商的信息，对其准确定位，并以此监督水货市场的活动。参见上注，第 948 页。垂直整合，如果作为对 Kirtsaeng 案中体现出的国际首次销售原则的回应被实行，将会将大量的成本强加于那些本就认为此种方法效率低下的供应商。

小的供应商，因为他们可以直接监控其销售网络在灰色市场上的活动而无须承担高额成本。❶ 这些供应商可以对那些从事平行进口或为平行进口提供便利的销售商实施处罚。❷ 不过，对于那些销售量较大的供应商，采取这种直接监控销售网络的方式需要的成本可能过高，因此这种"亲自动手"限制灰色市场的方式就不么适合这些供应商。❸ 有评论家认为，这些销售量较大的供应商也可以采取一些不那么"特制"的方法来限制平行进口，例如：以合同方式禁止经销商将产品卖给批发商。❹ 然而，在实践中，此种通过合同规定禁止的方式可能难以实施，因为批发商——尤其是像 Kirtsaeng 这样的从事自由职业的分销商——可能很难被经销商察觉。对经销商采取限制给每个客户销量的方式，在某种程度上可以有效地遏制大规模的平行进口，但是与直接垂直控制发行网络的其他方式一样，采取此种策略可能也需要承担高额的监控和执行成本。

所有这些在传统的发行物理产品的框架下维持地域价格歧视的策略，都会给销售商带来不小的成本，或者是供应商在不同的价格机制下进行定价的选择权受到限制，或者是因需要新产品而带来的成本，又或者是因监控、执行而引发的成本。因此，提供版权产品的行业在面对国际首次销售原则时，可能就更愿意接受那些能够实现其价格歧视目标的替代手段。

（二）适于数字发行的价格歧视策略

更值得注意的是，供应商很可能采用那些尤其适于数字媒体的价格歧视策略。这些策略包括：数字权利管理技术；采用限制性许可协议而非销售的方式发行产品；基于法院将拒绝承认或者至少严格限制被下载作品的"数字首次销售权"这样一种期待，转而通过互联网发行版权作品。的确，在 Kirtsaeng 案判决之前，通过下载方式发行音乐和书籍已经使物理发行黯然失色。❺ 相应

---

❶ 参见 Meurer, *Copyright Law and Price Discrimination*, 23 Cardozo L. Rev. 146（2001）（在软件领域讨论这一策略）。

❷ 同上注。

❸ 同上注，第 146 页，注释 399。

❹ 同上注，第 147 页（"第三种观点是在合同中规定不允许经销商在水货市场中销售"）。

❺ 参见 Sam Gustin, *Digital Music Sales Finally Surpassed Physical Sales in* 2011, Time (Jan. 6, 2012), http://business.time.com/2012/01/06/digital-music-sales-finally-surpassed-physical-sales-in-2011/; Clair Cain Miller & Julie Bosman, *E-Books Outsell Print Books at Amazon*, N. Y. Times, May 19, 2011, at B2, 见于 http://www.nytimes.com/2011/05/20/technology/20amazon.html; Andrew Albanese, *Judge Deals 'Used' E-book Market a Setback*, Publishers Weekly (Apr. 5, 2013), http://www.publishersweekly.com:8080/pw/by-topic/digital/copyright/article/56791-judge-deals-used-e-book-market-a-setback.html（"随着 iPad 等平板电脑成为标准的教学配置，电子版教科书正迅速流行"）。

地，采用依赖于数字发行的策略，对于供应商不会构成过于沉重的负担。此外，正如下文所述，这些策略避免了一些上文讨论的更为传统的方法所产生的高额成本。

鉴于前述传统策略通过减弱平行进口的合法性得以存续，这些"适应数字化"的策略通过完全规避首次销售原则而得以实现。值得注意的是，这些策略寻求对版权作品进行更高程度的下游控制，而不仅仅只是制止平行进口和套利。事实上，这些数字发行策略基本上是通过制止合法获得复制件的持有人依其所愿地处置这些复制件而实现。因此，这些策略可能会激励供应商加速这种似乎已不可避免地向数字发行版权作品的转变。

1. 数字权利管理策略

如果版权持有者不能依靠限制首次销售原则的适用来制止国际套利，那么最直接的一种替代方案就是：使首次销售后的下游再发行变得在物理上不可能或极不可行。尽管实施这种策略对于大多数物理商品而言难以想象，但是通过在数字环境下使用数字权利管理（"DRM"）技术，却可在某种程度上得以实现。

（1）作为下游控制源的绑定技术（tethering）及类似技术。

数字版权管理，也被称为技术保护措施（"TPMs"）或可信系统，❶ 是允许权利持有者控制和限制数字产品的使用、修改和复制的技术类型。❷ 通过将这些限制植入产品本身，DRM 为数字商品供应商提供了高度可预见的下游控制，从而使地域性的或非地域性的价格歧视得以容易实现。❸

DRM 对下游控制有用的一个主要例证就是"绑定技术"的应用，数字作

---

❶ 参见 Stephen McIntyre, *Game Over for First Sale*, 29 Berkeley Tech. L. J. 1, 20–21 (2014)（使用了"技术保护措施"这一术语）; Jonathan Zittrain, The Future of the Internet—And How to Stop It 105 (2008)（使用了"可信任系统"这一术语）。

❷ Priti Trivedi, Note, *Writing the Wrong*: What the E–Book Industry Can Learn from Digital Music's Mistakes with DRM, 18 J. L. & Pol'y 925, 931 (2010); 参见 Stefan Bechtold, *Digital Rights Management in the United States and Europe*, 52 Am. J. Comp. L. 323, 326–31 (2004)（描述了几种不同的数字版权管理系统）。诚然，数字版权管理的这一定义较为模糊，而且该记录中对数字版权管理的讨论远非全面。Bechtold 对特定多样的数字版权管理系统进行了更详尽描述，而且他确实指出"数字版权管理"并非一个清晰定义的术语。Bechtold, 同上注, 第 324 页。（"对于'数字版权管理'这一术语并不存在普遍可接受的定义。"）

❸ 同上注, 第 324 页（"与传统版权法相较，数字版权管理对整体销售链和数字内容使用的控制达到了空前的程度"）; Dan L. Burk, *Legal and Technical Standards in Digital Rights Management Technology*, 74 Fordham L. Rev. 537, 551 (2005)（"正是数字版权管理具有确定、明确的可预测性，使得其成为版权所有人青睐的节约成本机制"）。

品的某一特定发行的复制件被加密，使之仅可被特定播放或访问设备所访问。❶ 假定加密技术按照设想进行工作，则消费者仅可在将一个与复制件相绑定的访问设备（诸如电脑、MP3 播放器、电子书阅读器）也进行转让时，其才能转让一个这样的复制件。由于该消费者通常使用该设备用于获取大量的数字化作品，则对该消费者而言，转让一个单一作品的复制件将是不切实际的。因此，有效的绑定切断了初始购买后的下游发行链。❷

对于以物理媒介进行发行的数字作品而言，这种绑定应用可能会略有变化，即对硬件访问或播放设备以及与它们相配套的媒介在不同的地域细分市场采用不同的配置，从而使得在某细分市场的媒介与另一细分市场销售的硬件不兼容。❸ 此种 DRM 的典型例子就是 DVD 标准中使用的区域码系统，其将全世界分为六个地理区域；例如，在美国购买的 DVD 不能在英国发行的 DVD 播放器上播放。❹ 这种兼容性限制，允许电影和电视发行商对不同区域销售的 DVD 设置不同的价格，从而直接形成了地域细分市场。❺ 区域码策略更直接地实现了

---

❶ 参见 R. Anthony Reese, *The First Sale Doctrine in the Era of Digital Networks*, 44 B. C. L. Rev. 577, 613（2003）。

❷ 除了其所提供的下游控制程度的提高，通过绑定而实现的市场划分并不要求供应商在不同细分市场销售的商品间制造任何内容上的差异，因此消除了传统版权管理所产生的某些潜在成本。这是一个通过"二级"价格歧视来影响"三级"价格歧视的例子。参见 William W. Fisher III, *When Should We Permit Differential Pricing of Information?*, 55 UCLA L. Rev. 4（2007）。经济学家通常依据供应商细分市场的标准，把价格歧视划定为"一级""二级""三级"三类。一级价格歧视在实践中很少实施，供应商把市场细分到消费者个体，对每一位消费者收取他愿意为所提供的商品支付的最高价格。在二级价格歧视中，供应商通过消费者的购买行为判断其隐藏消费倾向，并据此细分市场。"版本控制"就是二级价格歧视的一种典型例子——向消费者提供类似但不同版本的商品，例如售价不同的飞机商务舱和经济舱。最后，在三级价格歧视中，供应商依据消费者消费中的明显消费倾向来细分市场。例如，供应商可能依据消费者不同的年龄段和地理位置来规定不同的价格。参见 Rub, *The Economics of Kirtsaeng v. John Wiley & Sons, Inc.：The Efficiency of a Balanced Approach to the First Sale Doctrine*, 81 Fordham L. Rev. Res Gestae45（2013）（在 Kirtsaeng 案判决之前即预测，如果 Kirtsaeng 胜诉，Wiley 公司可能会选择实施此种策略）。参见 James E. Foster & Andrew W. Horowitz, *Complimentary Yours；Free Examination Copies and Textbook Prices*, 14 Int'l J. Indus. Org. 85, 86–87（1996）。教科书市场特别适合版本控制策略的原因之一是，至少在美国市场，学生们通常被迫使用其导师指定的教科书的特定版本。同上注，第 88 页。但参见 Cabolis et al., *A Textbook Example of International Price Discrimination*, 95 Econ. Letters 95（2007）（注意在英国，教科书通常被当作学习的辅助工具，而非强制性的教材，所以"学生们购买特定书籍的义务感更轻"）。参见 Rub, *The Economics of Kirtsaeng v. John Wiley & Sons, Inc.：The Efficiency of a Balanced Approach to the First Sale Doctrine*, 81 Fordham L. Rev. Res Gestae 45（2013）。因为通过运用数字版权管理阻碍水货市场并不一定必然要负担生产给定商品不同版本的成本，因此供应商很可能有额外的动力转向版权保护作品的数字发行。

❸ 参见 Fisher, *When Should We Permit Differential Pricing of Information?*, 55 UCLA L. Rev. 6（2007）。

❹ 同上注。

❺ 同上注。

地域价格歧视，并且为供应商提供了与全面绑定相比不那么极端的下游控制。换言之，区域码方法并非试图在初始销售以后制止所有下游发行，而是允许受 DMR 保护的产品的二手市场在地域细分市场上继续存在。例如，尽管区域码可能削减了美国制造的 DVD 在英国的市场，但是这并不阻碍美国制造的二手 DVD 在美国本土的市场。

最后，"权利锁架构"，例如 UltraViolet 公司基于云计算的身份认证与授权系统，提供了绑定策略的另一种形式。❶ 权利锁架构并非将某一版权作品与某一或某些特定的设备相绑定，而是集中于限制特定用户的访问与使用。❷ 更具体地说，权利锁架构围绕存储了消费者使用和访问特定作品集合之权限的数据库而展开。例如，某消费者购买了 UltraViolet 兼容 DVD 或蓝光光碟上的电影，那么他将获得一个 UltraViolet 认证码。在用其账户在 UltraViolet 云计算数据库上注册该认证码后，他可下载该电影的一个复制件，并可在 UltraViolet 兼容设备上观看，或者通过 UltraViolet 兼容网站或应用以流媒体方式观看。无论采用何种访问方式，访问设备必须首先与权利锁数据库"验证相符"，以确保该消费者在观看电影前享有相应权利。❸ 尽管这样一个权利锁系统本身并不妨碍原始 DVD 或蓝光光碟的二手市场——无论是否为灰色市场，但是用其他设备下载电影或通过流媒体观看电影的额外权限只与原始消费者的账户相关联。

因此，如果某消费者的访问权不能从其特定账户转让给他人，那么二手碟片的下游购买者将不能像购买新碟片时那样享有用多个装置下载或用流媒体观看电影的同样权限。因此，如果该权利锁系统可获得足够动力将这些额外权限变成预期用户体验的主要内容，❹ 那么二手碟片想要取代作为拥有完整访问权

---

❶ 参见 Mark Chacksfield, *UltraViolet: What You Need to Know*, TechRadar (Apr. 25, 2012), http://www.techradar.com/us/news/home-cinema/ultraviolet-what-you-need-to-know-1077658; *Frequently Asked Questions*, UltraViolet, http://www.uvvu.com/faq (last visited Feb. 18, 2014)。

❷ Bechtold, *Digital Rights Management in the United States and Europe*, 52 Am. J. Comp. L. 327 (2004) n. 12.

❸ 参见 Chacksfield, *UltraViolet: What You Need to Know*, TechRadar (Apr. 25, 2012), http://www.techradar.com/us/news/home-cinema/ultraviolet-what-you-need-to-know-1077658; *Frequently Asked Questions*, UltraViolet, http://www.uvvu.com/faq (last visited Feb. 18, 2014)。

❹ 比较 Terence Keegan, *Can Consumers Legally Sell Unused UltraViolet Movie Codes?*, Media & Entm't Servs. Alliance (Apr. 20, 2012), http://mesalliance.org/blog/me-daily/2012/04/20/can-consumers-legally-sell-unused-ultraviolet-movie-codes/ ("目前来看，似乎为 UltraViolet 系统吸纳消费者，并通过销售获利，仍是工作室面临的最大挑战")。

的新碟片就不可能了。❶ 因此，与权利锁架构相兼容的碟片的二手市场实际上将被有效地取消。然后，与绑定策略一样，供应商将可依其所愿而自由地进行价格歧视。

（2）DRM 的缺点：技术规避与消费者的强烈抵制。

理论上，DRM 为版权产品的供应商提供了实施不同程度的下游控制的丰富机会，以维持既有的地域价格歧视机制。然而在实践中，DRM 对价格歧视而言远非自动防故障（fail–safe）保护，原因主要有以下两个方面。首先，DRM 系统通常尚未强大到足以抵制技术精通者对该系统预期限制进行的规避。其次，在某些情形下，由消费者的强烈抵制所驱动的市场力量，已经导致部分供应商放弃或放松对其产品的 DRM 保护。❷

为应对用户对 DRM 系统进行技术规避，供应商在《数字千禧年版权法》（"DMCA"）第1201条关于反规避的规定中，可寻求某种程度上的法律安慰。❸ 第1201条第（a）款禁止规避任何"有效控制访问"版权作品的 DRM 技术，以及禁止非法交易用于便利此种规避而设计的技术。❹ 类似地，第1201条第（b）款禁止非法交易那些用于规避任何"有效保护版权持有人权利"的 DRM 技术而设计的技术。❺

DMCA 的这些规定看上去似乎很明显可以用来保护 DRM 技术免受黑客攻击，不过，对第1201条的司法解释却并不统一。❻ 联邦巡回上诉法院已经确立

---

❶ 认证码（以及访问权本身）的不可转让性可通过许可协议实现。同上注；另参见下文第四部分第（二）节第2部分的讨论。

❷ 参见 Zittrain,, The Future of the Internet—And How to Stop It, 105（2008）（"大多数可信任系统都失败了，通常是因为懂行的用户在早期破解了它们或者市场很明显抵制它们"）；Fisher, When Should We Permit Differential Pricing of Information？, 55 UCLA L. Rev. 7（2007）。（应注意到不同区域的 DVD 播放器与可消除 DVD 区域码限制的软件的激增已经削弱了区域码系统的功能，从而为水货市场套利增加了机会。）

❸ 参见《美国法典》（2012年）第17编，第1201条第（a）~（b）款。

❹ 《美国法典》第17编，第1201条第（a）款第（1）项第（A）目，第1201条第（a）款第（2）项。

❺ 《美国法典》第17编，第1201条第（b）款第（1）项。显然，第1201条第（b）款仅禁止了规避设备的非法交易；其并未禁止事实上的规避行为本身。因此，比如一名消费者对合法购得的蓝光光盘上的拷贝加密这一数字版权保护进行了规避，她并不违反第1201条第（b）款，尽管如果她生产并销售规避该拷贝加密保护的软件则须承担违反第1201条第（b）款的责任。然而，就本文主题而言，最相关的数字版权保护措施——绑定、区域码和权利锁定架构——均控制对版权保护作品的访问，因此受第1201条第（a）款的规制。

❻ 由于联邦巡回上诉法院2004年对 Chamberlain Group, Inc. v. Skylink Technologies, Inc., 381 F.3d 1178（Fed. Cir. 2004）一案的判决与第九巡回上诉法院2010年对 MDY Industries, LLC v. Blizzard Entertainment, Inc., 629 F.3d 928（9th Cir. 2010）案的判决，导致各巡回法院之间出现了分歧；这两个判决将在下文予以详细论述。

首次销售的一摊浑水：伴随 KIRTSAENG 诉 JOHN WILEY & SONS 公司一案的价格歧视和下游控制

了一个框架，在该框架下，唯一目的是为被绑定的受版权保护产品的再次销售，而规避绑定的 DRM，似乎并不为第 1201 条第（a）款所禁止。❶ 然而，第九巡回上诉法院似乎将第 1201 条解释为：提供绝对的保护，制止规避绑定技术。❷ 联邦巡回上诉法院与第九巡回上诉法院之间的分歧给供应商带来了很大的不确定性，他们不知道如何能有效地对法院对规避其 DRM 保护措施的行为进行斗争，这样就导致第 1201 条不能非常好地保护缺乏技术稳固性的 DRM。❸

对那些希望通过绑定和类似技术机制保留价格歧视的供应商而言，一个同样需要考量的重要因素是：市场对限制性 DRM 技术的抵制。在网络音乐和电子书市场领域，消费者对 DRM 的不满非常普遍，他们主要是对诱导绑定型"锁定"（tethering – induced "lock – in"）技术的不满，因为此种技术导致不能在数字作品的访问设备间自由切换。❹ 此种不满情绪较为复杂，因为有观点认为 DRM 将诸多限制强加给那些合法购买受保护内容者，然而盗版复制件下载者可能无须受制于那些限制即可获得同样的内容。确实，消费者抵制 DRM 产生的限制性效果，实际上可能反而助长了对版权作品进行盗版。❺ 一般而言，

---

❶ 在 Chamberlain 案中，联邦巡回上诉法院在分析规避访问控制型数字版权管理技术的责任时，引入了一个关联性的要求。该法院认为：DMCA 的反规避条款"未创设一种新型财产权"，因此，第 1201 条仅禁止那些"与版权法为版权所有者提供的其他保护间存有合理联系"的未获授权的访问形式。*Chamberlain*, 381 F. 3d at 1192, 1202。

❷ 在 MDY Industries, LLC v. Blizzard Entertainment, Inc. 案中，第九巡回上诉法院明确拒绝了联邦巡回上诉法院的路径，其理由是依据反规避条款应承担的责任增加"侵权关联性要求"将与第 1201 条的普通文义不相符。*MDY*, 629 F. 3d, at 950。相反，第九巡回上诉法院将第 1201 条解释为创设了一种全新的权利，以制止规避受版权保护作品的访问控制行为，而无论该行为是否侵犯了版权法所授予的任何现有权利。同上注，第 944～945 页。因此，根据 MDY 案所确立的规则，绑定技术受一项独立的权利保护，而该权利并未受到首次销售原则的限制，因此供应商可援引第 1201 条以保护通过数字版权管理所实现的价格歧视计划。简言之，MDY 案所确立的规则，允许数字版权管理通过对首次销售原则的规避而确保下游控制，而 Chamberlain 案所确立的规则则不允许这样。

❸ 参见 McIntyre, *Game Over for First Sale*, 29 Berkeley Tech. L. J. 1, 41 –42 (2014)。

❹ 参见 Trivedi, Note, *Writing the Wrong*: *What the E – Book Industry Can Learn from Digital Music's Mistakes with DRM*, 18 J. L. & Pol'y 934 (2010); Perzanowski & Schultz, *Digital Exhaustion*, 58 UCLA L. Rev. 907 (2011)（指出锁定的急剧增长以及相应的平台切换成本的增长）。

❺ 参见 Trivedi, Note, *Writing the Wrong*: *What the E – Book Industry Can Learn from Digital Music's Mistakes with DRM*, 18 J. L. & Pol'y 934 (2010)（引用 Nate Anderson, *Landmark Study*: *DRM Truly Does Make Pirates Out of Us All*, Ars Technica (2009 年 5 月 27 日), http://arstechnica.com/tech – policy/2009/05/landmark – study – drm – truly – does – make – pirates – out – of – us – all/ ("数字版权管理是如此令人恼怒，甚至是对于那些普通的合法使用者们来说也是这样，以致它甚至驱使盲人们去下载非法的电子版圣经"）。

— 55 —

评论者已经暗示，文件共享的流行引领了一种"内容自由使用的文化"，在该文化影响下，使用者习惯于不受限制地免费下载数字媒体。❶可以推断，通过免费文件共享培养起来的消费者更倾向于将他们自己转变成那些未采用 DRM 的数字媒体的合法购买者，而不是向采用 DRM 的内容进行付费。`

面对市场上对 DRM 的普遍反对，一些内容供应商已经开始选择缩减这些技术保护措施的使用。苹果公司几乎完全放弃了用于从 iTunes 商店下载音乐文件的"Fairplay"共享系统，就是此种放弃数字版权管理的最鲜明的一个例子。❷至少有一些权利持有者和在线商人已经决定，对数字媒体进行十分严格的使用与访问控制，并不必然有助于打击盗版，或者当与消费者的抵制之间进行权衡时，这些控制是无利可图的。❸然而，在 Kirtsaeng 案判决作出之后，面对国际首次销售原则时——除了对盗版本身的担忧之外——保留某种形式的价

---

❶ 参见 Trivedi, Note, *Writing the Wrong*: *What the E - Book Industry Can Learn from Digital Music's Mistakes with DRM*, 18 J. L. & Pol'y 955 ~ 956（2010）（引用 Nate Anderson, *Landmark Study*: *DRM Truly Does Make Pirates Out of Us All*, Ars Technica（2009 年 5 月 27 日），http://arstechnica.com/tech - policy/2009/05/landmark - study - drm - truly - does - make - pirates - out - of - us - all/（"数字版权管理是如此令人恼怒，甚至是对于那些普通的合法使用者们来说也是这样，以致它甚至驱使盲人们去下载非法的电子版圣经"）。

❷ 参见 Peter Cohen, *iTunes Store Goes DRM - Free*, Macworld（Jan 6, 2009, 10: 40 AM），http://www.macworld.com/article/1137946/itunestore.html; *iTunes Store*: *iTunes Plus Frequently Asked Questions*（*FAQ*），Apple, http://support.apple.com/kb/ht1711（最后更新日期为2012 年 12 月 5 日）。然而，苹果公司的 iTunes 商店并未完全放弃对音乐的数字版权管理保护，因为"特定音乐和音乐录制品……尚未在音乐标签中提供'免于数字版权管理'iTunes 附加格式"。同上注。

❸ 参见 Trivedi, Note, *Writing the Wrong*: *What the E - Book Industry Can Learn from Digital Music's Mistakes with DRM*, 18 J. L. & Pol'y 925, 931（2010）。举一个具体例子，英国图书出版社 Tor Books UK 在 2012 年已经决定将其所有的电子书免于数字版权管理保护，很大程度上是因为其洞察到数字版权管理"极大地剥夺了阅读设备与格式的灵活性以及读者对此的选择余地"。Julie Crisp, *One Year Later*, *the Results of Tor Books UK Going DRM - Free*, Tor.Com（Apr. 29, 2013, 1: 00 PM），http://www.tor.com/blogs/2013/04/tor - books - uk - drm - free - one - year - later（内部引用省略）（指出："数字版权管理并未能阻碍盗版，却将诚实用户置于由数字版权管理软件所有人牢牢控制的垄断之中"，还应注意对 Tor 公司放弃数字版权管理保护的决定，该公司的许多读者与作者们均已有热情的反馈）。

但是应着重指出，免于数字版权管理的电子书并不是一般性的情况。确实，与大规模放弃音乐作品的数字版权管理保护形成显著对比的是，苹果的 iTunes 商店仍销售许多受数字版权管理保护的电子书。参见 Kirk McElhearn, *Apple Should Lead the Move to DRM - Free Ebooks*, Macworld（Jul. 17, 2013, 3: 20 AM），http://www.macworld.com/article/2044161/apple - should - lead - the - move - to - drm - free - ebooks.html。

格歧视可能令权利持有者犹豫是否放弃在数字发行策略中使用 DRM。❶

总而言之，尽管绑定及其他以 DRM 技术为基础的类似实践提供了通过对版权作品进行数字发行的方式，以达到固化市场细分的可能，但是供应商对规避这些机制的行为和市场反对呼声的担忧，表明在首次销售原则采用国际用尽标准的时代，供应商仅仅依靠数字版权管理技术来制止平行进口，是不明智的。因此，无论是否在进行细分市场时纳入 DRM，供应商很可能寻求额外的法律保护以支持他们的价格歧视策略。

2. 许可策略

为控制下游再分销并避免首次销售原则对价格歧视造成严重影响，供应商们可以采用一种与上文第四部分第（一）节所述的直接纵向发行链控制不同的合同策略。简而言之，DRM 试图通过技术方式使得"第二次销售"变得不可能或受到适当限制，以阻碍首次销售原则发挥作用；而合同策略基本上则是

---

❶ 确实，消费者的抵制一般涉及数字版权管理的使用，尤其是在教科书行业，这种抵制与在数字音乐或一般电子书市场环境下的抵制相比没那么严重。也就是说，美国教科书市场总体上构成了卖方市场。购买教科书的学生习惯于购买课程指定用书的精确版本却别无选择，并且购买教科书的消费者大概会勉强忍受感知到的价格欺骗，取代了基于音乐和流行电子书的文件共享而生的"免费内容文化"。参见 Foster & Horowitz, *Complimentary Yours*: *Free Examination Copies and Textbook Prices*, 14 Int'l J. Indus. Org. 88 (1996)（讨论了美国学生在购买教科书时的有限选择）; Trivedi, Note, *Writing the Wrong*: *What the E‑Book Industry Can Learn from Digital Music's Mistakes with DRM*, 18 J. L. & Pol'y. 955–956 (2010)（讨论了"免费内容文化"）; John J. Siegfried & Christopher Latta, *Competition in the Retail College Textbook Market*, 17 Econ. Educ. Rev. 105, 105 (1998)（"几乎没有一所大学书店经理没有因售价过高被校园报纸中伤过。通常惯例是，垄断势力通过为课程指定的教科书设定高价来确定费用"）。因此，在教科书行业，通过绑定的锁定对消费者的影响可能不会像在数字音乐和其他电子书领域那样严重。

若为回应 Kirtsaeng 案的判决，该行业选择转向受数字版权管理严格保护的数字发行模式来维持市场划分，那么该判决可能会促使数字版权管理这一可行途径比预期维持更长的时间。但是，美国教科书市场在相关方面是被病态地承认的，而且很难想出还存在其他形式的数字内容，类似地与消费者对限制性数字版权管理技术的同等程度的抵制相隔绝。比较 Cabolis et al., *A Textbook Example of International Price Discrimination*, 95 Econ. Letters 91, 94–95 (2007)（推测美国相对较高的教科书价格的潜在原因，包括成本和美国大学教育文化的独特性）。此外，为利用当前消费者对教科书的有限选择的接受，该行业在其他更灵活的用户访问选择成为惯例之前采取严格的装置绑定模式是较为稳妥的。比较 Albanese, *Judge Deals 'Used' E‑book Market a Setback*, Publishers Weekly (Apr. 5, 2013), http://www.publishersweekly.com:8080/pw/by‑topic/digital/copyright/article/56701‑judge‑deals‑used‑e‑book‑market‑a‑setback.html（"随着 iPad 等平板电脑成为教学标准配置，数字格式的教科书正迅速流行"）; Motoko Rich, *Print Books Are Target of Pirates on the Web*, N. Y. Times, May 11, 2009, 第 B1 页, http://www.nytimes.com/2009/05/12/technology/internet/12digital.html（引用 Random House 母公司的主席的观点）（"若 iTunes 更早三年起步，我不确定 Napster 软件的规模将会多大以及随后的盗版环境将会如何，因为人们可能已经形成了以不被认为恶性的价格合法购买产品的习惯"）。

若平行进口的客源市场不能忍受高度限制性的数字版权管理技术，作为维持地域性价格歧视的共享策略，其效率可能在很大程度上降低。因此，关于 Kirtsaeng 案判决可能间接加强数字版权管理的生存能力的预测是相当脆弱的并且无疑是推测性的。

通过声明实际上并未发生任何"首次销售"的方式来达到此种效果。更确切地说，正如第109条第（a）款所规定的那样，首次销售原则仅规定版权作品的"某一特定复制件的所有者"可依其意愿自由地处置该复制件。❶ 因此，理论上，通过将消费者界定为被许可人而非所有者，供应商可以有效地使法律规定的首次销售原则归于无效。❷ 然后，供应商可依其意愿在许可协议中对该复制件的下游再分销增加合同性限制。❸ 实际上，这种策略能否成功，取决于法院对于"许可v销售"或"被许可人v所有者"的区分是否认可。

例如，尽管Wiley发出了禁止出口其亚洲教科书的声明，但并不能对抗首次销售原则；之所以采用此种许可策略，是认为：如果Wiley的声明是许可教科书的合同条款，而不是销售教科书的声明，则其声明本应在法律上具有执行力。的确，有迹象表明美国最高法院对Kirtsaeng案的判决，已经引发了版权作品供应商改为采用许可模式的态度转变。❹

正如教科书的例子所揭示的那样，从纯理论角度而言，许可策略对各种类型的版权作品看上去似乎是同等适用的。❺ 然而，学说观点和实践中对各种因素的考量，使数字格式成为通过许可方式来避免首次销售原则的尤其合适的工具。要消费者签署书面的许可协议——更不必说实际上针对这些协议的谈判——在产品的市场非常大的情形下将不具有实际可行性。但是，在大多数数

---

❶ 《美国法典》（2012年）第17编，第109条第（a）款（着重部分由作者标明）。

❷ 参见Asay, *Kirtsaeng and the First–Sale Doctrine's Digital Problem*, 66 Stan. L. Rev. Online 19 (2013).（"换言之，版权所有人实际上可以通过明确其不适用首次销售原则来消除首次销售的权利。"）

❸ 参见Reese, *The First Sale Doctrine in the Era of Digital Networks*, 44 B. C. L. Rev. 577, 615 (2003)。与本文第四部分第（一）节所述的试图将下游控制放置在分销环节的合同控制模式相反，许可方式则试图在终端消费者环节阻碍其再分销。

❹ 参见*Digital Goods Moving to Licensing Model, Especially after 'Kirtsaeng,' SIIA Official Says*, 14 Wash. Internet Daily, no. 123, June 26, 2013（引用软件与信息产业协会知识产权高级副总裁的观点，他认为，不管怎样，*Kirtsaeng*案将促使更多公司考虑许可模式，因为他们"别无选择"，而且版权保护作品公司"正考虑从销售教科书转变为许可教科书的方式"）。

❺ 参见Perzanowski & Schultz, *Digital Exhaustion*, 58 UCLA L. Rev. 896 (2011). McIntyre, *Game Over for First Sale*, 29 Berkeley Tech. L. J. 1, 20 (2014). 早在2005年，马里兰州律师协会发行了其成员目录的实物复制件，采用了封装许可，禁止除私人使用之外的复制。George H. Pike, *Licenses Under Wrap*, 22 Info. Today, no. 9, Oct. 2005, 第17页, http: // papers. ssrn. com/sol3/papers. cfm? abstract_id =1640109。另外，赞成通过合同方式进行版权限制具有市场效率的人们可能会认为，市场很明显会排斥那些市场认为施加了不合理限制的许可发行。参见Nimmer, *Copyright First Sale and the Over–Riding Role of Contract*, 51 Santa Clara L. Rev. 1319 (2011)（"在版权所有人作出是否让与或许可让与复制件所有权的市场决定以及市场对该决定的反应上，可进行选择"）。苛刻的封装许可可适用于实物商品的危险是否将会扩展到有胆识律师为防止目录的复制而作的努力之外，或者是否仅仅是只纸老虎，仍有待观察。

首次销售的一摊浑水：伴随 KIRTSAENG 诉 JOHN WILEY & SONS 公司一案的价格歧视和下游控制

字市场中，通过无法谈判的最终用户许可协议发行商品，长期以来已经成为公认的惯例。❶ 这些最终用户许可协议通过作出如下声明，而省去了传统签约过程的不便，即消费者通过作出简单行为，例如：去除软件包装盒外的封装或在电脑屏幕上点击标示"我同意"或"继续"的按钮，甚至仅仅浏览网站，即表明其同意许可条款。❷ 作为合同法的事项，法院一般认为这种附加协议具有可执行性，因此数字产品供应商可以依据许可协议发行产品，而无须承受纸笔式交易所带来的实际负担。❸

关于通过许可方式规避首次销售原则的效力如何，判例法的发展并不十分完善，不过，看上去这种策略对于数字媒介而言可能是可行的。具体到软件而言，当前趋势似乎是法院认可许可与销售的不同，从而使软件供应商可以规避

---

❶ 参见 McIntyre, *Game Over for First Sale*, 29 Berkeley Tech. L. J. 16 – 17 (2014)（讨论了20世纪80年代在大销量的电脑软件行业出现的最终用户许可证协议以及随后持续流行的基于该协议的发行）。基于许可的发行尤其适应数字商品的首要原因在于，数字市场广泛接受了最终用户许可证协议。然而，许可策略，尤其是通过"封装"最终用户许可证协议实现的，并非绝对限定于数字商品。参见 Perzanowski & Schultz, *Digital Exhaustion*, 58 UCLA L. Rev. 896 (2011)。McIntyre, *Game Over for First Sale*, 29 Berkeley Tech. L. J. 1, 20 (2014)。早在2005年，马里兰州律师协会发行了其成员目录的实物复制件，采用了封装许可，禁止除私人使用之外的复制。George H. Pike, *Licenses Under Wrap*, 22 Info. Today, no. 9, Oct. 2005, 第17页，http：//papers.ssrn.com/sol3/papers.cfm? abstract_ id = 1640109。另一方面，赞成通过合同方式进行版权限制具有市场效率的人们可能会认为，市场很明显会排斥那些市场认为施加了不合理限制的许可发行。参见 Nimmer, *Copyright First Sale and the Over – Riding Role of Contract*, 51 Santa Clara L. Rev. 1319 (2011)（"在版权所有人作出是否让与或许可让与复制件所有权的市场决定以及市场对该决定的反应上，可进行选择"）。苛刻的封装许可适用于实物商品的危险是否将会扩展到有胆识律师为防止目录的复制而作的努力之外，或者是否仅仅是只纸老虎，仍有待观察。

❷ 这些最终用户许可证协议根据情形通常在"封装"和"点击链接"协议的适用术语中以及更异想天开却仍司空见惯的"点击生效"和"浏览"协议中被提及。参见例如 Cheryl B. Preston & Eli W. McCann, *Unwrapping Shrinkwraps, Clickwraps, and Browsewraps: How the Law Went Wrong from Horse Traders to the Law of the Horse*, 26 BYU J. Pub. L. 1, 9 (2012)（定义封装协议）；同上注，第17～18页（界定和讨论了点击生效与浏览协议）；McIntyre, *Game Over for First Sake*, 29 Berkeley Tech. L. J. 16 (2014)（使用了"点击链接"这一术语）；Burk, *Legal and Technical Standards in Digital Rights Management Teednology*, T4 Fordham L. Rev. 544 (2005)（"'封装'或'点击生效'许可通过法律拟制获得正当性，即消费者通过撕破产品外包装上的玻璃纸或者最近通过电脑鼠标指针点击图形标签'我同意'的行为来表明同意许可条款"）。

❸ 这一确立封装协议可执行性的创意判决，是由第七巡回上诉法院的 Easterbrook 法官在 *ProCD, Inc. v. Zeidenberg*, 86 F. 3d 1447 (7th Cir. 1996)（Easterbrook, J.）一案中作出的。尽管采取一定措施通知消费者对于封装和网上最终用户许可证协议的可执行性是必须的，但是这些通知明确性的标准，尤其是关于许可协议中这些特定条款，却没有非常高。参见 Specht v. Netscape Commc'ns Corp., 306 F. 3d 17, 35 (2d Cir. 2002)（着重部分由作者标明）（"若电子交易诚实可信，那么适当明显地通知合同条款的存在并且消费者清晰表示对那些条款的同意是必需的"）；Preston & McCann, *Unwrapping Shrinkwraps, Clickwraps, and Browsewraps: How the Law Went Wrong from Horse Traders to the Law of the Horse*, 26 BYU J. Pub. L. 18 – 19 (2012)（讨论了浏览协议中不引人注意的条款可执行的可能性）。

— 59 —

首次销售原则的适用。❶ 特别是第九巡回上诉法院所采用的区分规则,对那些希望在数字环境下依赖许可策略的供应商而言尤为鼓舞人心。在 Vernor 诉 Autodesk 案中,第九巡回上诉法院判决:"如果版权所有者(1)明确规定授予该用户以许可;(2)严格限制用户转让该软件的能力;以及(3)实施了显著的使用限制,则软件使用者是复制件的被许可人而非所有者。"❷ 尽管 Vernor 案的判决主要针对软件,但似乎第九巡回上诉法院在更广的以数字媒体发行产品的背景下,尤其是对于那些受到 DRM 保护的产品,也会承认此种许可与销售的区分。❸ Vernor 案的判决作出之后,可能鼓励供应商更多地实施下游控制:供应商对产品转让的限制越多,越可能避免首次销售原则的适用。

因此,依据当前第九巡回上诉法院所确立的框架,寻求开展地域价格歧视的供应商可以通过将转让产品宣称为是许可,并且在许可协议中写入地域转让

---

❶ 参见 Jenny Lynn Sheridan, *Does the Rise of Property Rights Theory Defeat Copyright's First Sale Doctrine?*, 52 Santa Clara L. Rev. 297, 299 – 300 (2012)。

❷ Vernor v. Autodesk, Inc., 621 F.3d 1102, 1111 (9th Cir. 2010). 第九巡回上诉法院再次使用了 Vernor in Apple Inc. v. Psystar Corp. 一案中许可与销售相区分的框架,并指出"正是销售与许可这一区分才导致了使用软件许可协议变得流行并成为软件交易中的首选方式"。658 F.3d 1150, 1156 (9th Cir. 2011)。Psystar 案中,法院驳回了被告的版权滥用抗辩,因为"将首次销售原则用于有效许可协议的尝试"是无效的。同上注,第 1159 页。

❸ 对比 Vernor 案判决与第九巡回法院随后在 *UMG Recordings v. Augusto*, 628 F.3d 1175 (9th Cir. 2011) 一案中的意见,可以看出为何规避首次销售原则的许可策略尤其适应数字发行。在 UMG 案中,第九巡回上诉法院认为唱片公司对促销 CD 唱片的发行,构成所有权的移转而非许可,尽管唱片公司 UMG 已经在 CD 唱片上使用标签,宣称他们是基于许可进行发行。同上注,第 1177~1178 页。在区别于 Vernor 案时,该法院注意到"与 UMG 促销 CD 唱片的收件人相比,订购并付款以获取复制件的软件用户处于一种非常不同的地位"。同上注,第 1183 页。进一步明确,该法院注意到"由于其发行方式,UMG 实际上并未控制其发行的未订购的 CD 唱片……"同上注。某种程度上,UMG 的促销 CD 唱片与 Vernor 案所涉的软件不同,因为这些 CD 唱片在收件人未请求时就送达给了收件人,参见上注,第 1180~1181 页,但是该区分强调了 Vernor 案中第二和第三项因素的重要性,即对被发行商品的使用与转让的控制。参见 Vernor v. Autodesk, Inc., 621 F.3d 1102, 1111 (9th Cir. 2010). 第九巡回上诉法院再次使用了 Vernor in Apple Inc. v. Psystar Corp. 一案中许可与销售相区分的框架,并指出"正是销售与许可这一区分才导致了使用软件许可协议变得流行并成为软件交易中的首选方式"。658 F.3d 1150, 1156 (9th Cir. 2011). *Psystar* 案中,法院驳回了被告的版权滥用抗辩,因为"将首次销售原则用于有效许可协议的尝试"是无效的。同上注,第 1159 页。在这方面,通过数字版权管理加密保护数字化分销媒介来控制使用和转让的方式,与软件而非 CD 唱片更类似。参见 Jennifer Lahm, Note, *Buying a Digital Download? You May Not Own the Copy You Purchase*, 28 Touro L. Rev. 211, 213 – 214 (2012); Meurer, *Copyright Law and Price Discrimination*, 23 Cardozo L. Rev. 87 (2001) (注意版权所有人可以通过技术措施监视数字作品的使用,而且"这些监测是不可能在传统作品上实现的")。确实,在第九巡回上诉法院的框架下,许可与数字版权管理可被整合为"相互加强"的策略。McIntyre, *Game Over for First Sale*, 29 Berkeley Tech. L. J. 1, 42 – 43 (2014)。数字版权管理技术作为执行机制,可以实现包含在许可中的使用与转让限制;相反地,为缓和对千禧年数字版权法案反规避条款的担忧,许可协议可在合同中规定禁止规避数字版权管理的控制。同上注。

限制的方式，进行地域价格歧视。事实上，转让限制以及采用的 DRM 执行措施越多或越"显著"，供应商就越有可能避免受到 Vernor 案确定的首次销售原则的影响。

3. 转向通过下载方式进行发行

最后，权利持有者为寻求避免适用首次销售原则，还可以加速向通过互联网下载进行数字媒介发行模式的转变，此种模式不同于在 CD、DVD 或蓝光光碟等物理媒介上对数字作品进行编码。通过下载进行发行，为供应商带来的最大好处是，至少就下游控制而言，任何通过互联网进行的文件转移，都必然在某一时刻复制原始文件。❶ 因此，下载的数字作品的初始购买者进行再发行，都将牵涉权利持有人依据版权法第 106 条项下的专有复制权。❷ 如果以上论断可以被接受，那么在通过下载方式进行发行的情形下，首次销售原则对发行版权作品的专有权的限制，将是无关痛痒的，因为复制权间接地授予了版权持有人对其作品的发行进行绝对控制的权利。

尽管很少有判例法涉及如此彻底地摒弃对被下载媒介适用首次销售原则的问题，不过，纽约南区法院在 Capitol Records 有限责任公司诉 ReDigi 公司一案中，对数字首次销售进行了讨论；该案在美国最高法院对 Kirtsaeng 案作出判决之后仅 11 天即作出了判决。❸ 该案涉及由被告 ReDigi 公司运营的二手数字音乐文件的在线市场。❹ 系争市场采用所谓的"转发—删除"制度，该制度试图在数字环境下通过确保在交易完成之时不存在数字产品的任何复制件由转让人继续保留的方式，来模拟物理产品的转让。❺ ReDigi 公司的服务实现此种模

---

❶ 参见 2 Melville B. Nimmer & David Nimmer, Nimmer on Copyright § 8.12 ［E］(2013); Reese, *The First Sale Doctrine in the Era of Digital Networks*, 44 B. C. L. Rev. 577, 612 (2003); Perzanowski & Schultz, *Digital Exhaustion*, 58 UCLA L. Rev. 938 (2011)。

❷ 参见《美国法典》(2012 年) 第 17 编，第 106 条第 (1) 项。

❸ 参见 Capitol Records, LLC v. ReDigi Inc., 934 F. Supp. 2d 640 (S. D. N. Y. 2013)。

❹ 同上注，第 645 页。

❺ 同上注，第 645 ~ 646 页; U. S. Copyright Office, DMCA Section 104 Report 81 – 82 (2001)，见于 http: //www. copyright. gov/reports/studies/dmca/sec – 104 – report – vol – 1. pdf (定义转发删除系统)。然而，ReDigi 公司本身并未将其网上市场定性为"转发删除"系统，该公司主张其系统"收集在用户硬盘中随意流动的数位并……在某个时刻逐字地移动一部分，从而云服务器里所存的内容不会同时存在于用户装置中"。Matt Peckham, *ReDigi CEO Says the Court Just Snatched Away Your Right to Resell What You Legally Own*, Time (Apr. 25, 2013), http: //techland. time. com/2013/04/25/redigi – ceo – says – the – court – just – snatched – away – your – right – to – resell – what – you – legally – own/ (对 ReDigi 公司首席执行官的采访); 另参见 *ReDigi*, 934 F. Supp. 2d, 第 645 页 (" ReDigi 公司主张，涉及迁移用户文件的过程，从一个包到另一个包——'类似于火车'——从用户电脑到云锁定，从而同一数据在任何时点不会同时存在于两个地方")。因此，似乎 ReDigi 公司对通过下载的发行必然涉及复制这一基本命题提出了质疑。

拟的方式是：通过用户上传数字音乐文件到一个被称作"云锁定存储"的远程服务器，并且扫描用户的硬盘，以确保被上传的文件的复制件不再存在。❶

原告 Capitol Records 公司对通过 ReDigi 公司的服务销售的许多录音都享有版权。❷ Sullivan 法官同意了 Capitol 公司提出的进行简易判决的动议，认定 ReDigi 公司直接和间接侵犯其复制权和发行权；判决特别指出：首次销售原则并不适用于 ReDigi 公司发行 Capitol 公司作品的行为。❸ 在判决"未经授权通过互联网转让数字音乐文件——在转让之前和之后都只有一个文件存在——构成版权法意义上的复制"之后，❹ Sullivan 法官认为："ReDigi 销售的数字音乐文件是一种非法复制，并不构成'依据本法合法制造'。"❺

Sullivan 法官进一步指出，首次销售原则只授予"某一特定复制件或录音制品的所有者"再发行"该复制件或录音制品"的权利。❻ 因此，根据 Sullivan 法官的观点，为再销售而存放在 ReDigi 云锁定存储里的音乐文件的复制件

---

❶ 更具体地说，通过 ReDigi 公司的服务销售音乐，用户首先在其电脑上下载一个"媒体管理器"应用。随后，媒体管理器通过扫描该用户的电脑硬盘，搜索那些先前在苹果的 iTunes 商店或者其他 ReDigi 用户处购买的音乐文件。*ReDigi*, 934 F. Supp. 2d, 第 645 页。媒体管理器将针对这些文件形成列表，并确保该用户硬盘上不再存在其他通过 ReDigi 公司服务销售的音乐文件。同上注。然后用户可上传任何符合条件的文件到 ReDigi 公司的远端服务器"云锁定"，在此用户可选择将该文件仅供其个人使用或者用于销售。同上注，第 645~646 页。若该音乐文件被另一 ReDigi 用户所购买，原始用户将不能访问该文件，因为媒体管理器在持续地扫描该用户的硬盘以确保该用户没有存有备份。同上注。新用户可以选择从云锁定上流播、再销售或者下载该文件。同上注，第 646 页。有必要注意 ReDigi 公司的"云锁定"服务器存储了实际存在的媒体文件，然而权利锁定架构仅存储了指定用户访问权的信息。参见参见 Mark Chacksfield, *UltraViolet*: *What You Need to Know*, TechRadar (Apr. 25, 2012), http：//www.techradar.com/us/news/home – cinema/ultraviolet – what – you – need – to – know – 1077658；*Frequently Asked Questions*, UltraViolet, http：//www.uvvu.com/faq (last visited Feb. 18, 2014)；Bechtold, *Digital Rights Management in the United States and Europe*, 52 Am. J. Comp. L. 327 (2004) n. 12；Chacksfield, *UltraViolet*: *What You Need to Know*, TechRadar (Apr. 25, 2012), http：//www.techradar.com/us/news/home – cinema/ultraviolet – what – you – need – to – know – 1077658。

比较 Terence Keegan, *Can Consumers Legally Sell Unused UltraViolet Movie Codes*?, Media & Entm't Servs. Alliance (Apr. 20, 2012), http：//mesalliance.org/blog/me – daily/2012/04/20/can – consumers – legally – sell – unused – ultraviolet – movie – codes/ ("目前来看，似乎为 UltraViolet 系统吸纳消费者，并通过销售获利，仍是工作室面临的最大挑战")。

认证码（以及访问权本身）的不可转让性可通过许可协议实现。同上注；另参见本文第四章第（二）节第 2 部分的讨论。

❷ *ReDigi*, 934 F. Supp. 2d, 646–647.

❸ 同上注，第 655~656 页。

❹ 同上注，第 648 页。

❺ 同上注，第 655 页 [引用《美国法典》(2012 年) 第 17 编，第 109 条第 (a) 款]。

❻ 同上注 (引用《美国法典》第 17 编，第 109 条第 (a) 款)。

首次销售的一摊浑水：伴随KIRTSAENG 诉JOHN WILEY & SONS 公司一案的价格歧视和下游控制

与用户最开始从 iTunes 上购买和下载的复制件并不相同，使用 ReDigi 系统实际上并不构成对该用户特定复制件的再销售。❶

因此，在 ReDigi 一案所确立的框架下，"首次销售抗辩被限定于物质载体，例如版权所有人投入商业的唱片"，❷ 而且首次销售原则在通过下载方式发行版权作品的情形下实际上并不适用。根据 Sullivan 法官的分析，被下载的数字作品进行再销售的唯一途径就是销售那些可以合法下载该作品的物理装置——比如电脑硬盘、MP3 播放器或者电子书阅读器。❸ 因此，ReDigi 案的判决可能已经确立了某种"法律上的绑定"，其可在未使用 DRM 的情况下实现。正如通过技术措施实现绑定一样，这种法律上的绑定可以彻底地缩减下游再发行，并因此使得供应商进行价格歧视成为可能。❹

---

❶ *ReDigi*，934 F. Supp. 2d，655。

❷ 同上注。

❸ 同上注，第656页（提出有形记忆装置的再销售作为 ReDigi 公司主张的"微弱"抗辩的反例，即"法院对第109条第（a）款的解读实际上将数字作品排除在该法条的文义之外"）。这一结果并不出人意料，而且一些法律学者在该案判决作出前已经预料到该结果。参见如 Nimmer & Nimmer，Nimmer on Copyright § 8.12 [E]；Reese，*The First Sale Doctrine in the Era of Digital Networks*，44 B. C. L. Rev. 612 – 613 （2003）；Perzanowski & Schultz，*Digital Exhaustion*，58 UCLA L. Rev. 904 （2011）。

❹ 参见本文第四章第（二）节第1部分的讨论（提出通过数字版权管理实现绑定）。Sullivan 法官承认，将首次销售原则的范围限定于物理媒介的再分销"明确阻碍了与 CD 光盘和盒式录音带不同的再销售行为，且后者的法律责任甚至可能更重"，但是他认为这种限制并非荒谬。*ReDigi*，934 F. Supp. 2d，第656页。然而，评论者们反对对再销售的这种限制，并将其定性为"繁重且不切实际的"。Perzanowski & Schultz，*Digital Exhaustion*，58 UCLA L. Rvev. 904 （2011）。关于网络环境中"转发删除"式的再分销情形下首次销售原则地位如何，尚未发展出成熟的美国判例法。参见 *ReDigi*，934 F. Supp. 2d，第648页（注意"法院先前并未提及未经授权通过网络——在转让前与转让后均仅存在一个文件——转让数字音乐文件是否构成版权法意义上的复制"）。

此外，至少存在一份欧盟判决，认为"通过网络下载电脑程序的无形复制件"落入版权权利用尽的适用范围。Case C – 128/11，UsedSoft GmbH v. Oracle Int'l Corp.，2012 E. C. R. I – 00000，¶¶ 53 – 61，http：//curia. europa. eu/juris/document/document. jsf? docid = 124564&doclang = en。这种区别于 *ReDigi* 案判决的思路，与寻求实施包括欧洲细分市场的地域性价格歧视机制的供应商们有着特定联系。

在撰写本文时，ReDigi 公司的服务仍在运作，并且亚马逊已经获得了一项关于"数字物品二级市场"的专利。ReDigi，http：//www. redigi. com （最后访问时间：Feb. 18，2014）；U. S. Patent No. 8，364，595 （filed May 5，2009） （issued Jan. 29，2013）。但是，尽管围绕被下载商品的再销售具有不确定性，ReDigi 为寻求避开美国新的国际首次销售原则威胁的供应商们，提供了一项针对 Kirtsaeng 案判决、鼓舞人心的对应物，并为将下游控制相当地扩展到现有地域性价格歧视框架之外提供了可能性。确实，某些产业评论家已经推测，尽管存在 Kirtsaeng 案判决，但是 ReDigi 案的判决可能会"预示一个没有二手教科书市场的未来"。Albanese，*Judge Deals 'Used' E – book Market a Setback*，Publishers Weekly （Apr. 5，2013），http：//www. publishersweekly. com：8080/pw/by – topic/digital/copyright/article/56701 – judge – deals – used – e – book – market – a – setback. html。

五、恐惧仍在持续：Kirtsaeng 案判决之后，继续存在的政策担忧

即使 Kirtsaeng 案的判决对地域价格歧视造成了严重打击，但考虑到可以实施大量的下游控制策略，尤其是在数字发行的情形下更是如此，供应商致力于划分市场的现象很可能有增无减。在 Kirtsaeng 案判决之后，就价格歧视的前景而言，与第三部分所述实践相关的复杂的社会福利考量，许多仍在进行之中。此外，第四部分所讨论的"适应数字化"的价格歧视策略，通过严格限制或者完全消除所有的二级市场——而不仅仅只是灰色市场——而开展。因此，这些策略对首次销售原则的核心产生了直接的冲击：不仅只是与国际贸易相关，而且与在美国国内发行产品有关。因此，产业界对新的国际首次销售机制的回应，很可能加剧对与数字环境下首次销售原则有关的大量其他政策事项的关注。关于首次销售原则或地域性价格歧视的命运，任何认为 Kirtsaeng 案的判决已经对首次销售原则或地域价格歧视作出了持续、稳定结论的观点，都是不成熟的；该判决很可能成为更激烈争论的催化剂。

随着供应商为回应该判决而实施替代性的下游控制策略，Breyer 法官在 Kirtsaeng 案判决中的观点所强调的诸多政策考量将浮出水面。❶ 的确，如果权利持有人成功地运用可完全规避首次销售原则的发行策略，那么因对首次销售原则进行地域限制而感到恐惧的状况可能会继续，这并不令人意外。❷

限制性许可的实践已经受到了批判，因为其产生了很多负面影响。支持在首次销售的框架下区分许可与销售者，将绕过首次销售原则缔结合同的能力看作允许市场以最合理的发行模式有效解决该问题的方法。❸ 然而，许可与销售的区分在数字环境下受到欢迎之后，如果要将其适用于物理产品，潜在的高交

---

❶ 参见 *Kirtsaeng*，133 S. Ct. at 1364 – 1366，1373 及《美国宪法》第 1 条第 8 款第 8 项。

❷ 参见前文第二部分第（二）节第 3 小节的讨论。比较 Kirtsaeng v. John Wiley & Sons, Inc., 133 S. Ct. 1351, 1386 – 90（Ginsburg 法官的反对意见）（认为 *Kirtsaeng* 案多数意见中的政策考量已经通过现有版权法与先例得到了充分缓和）。

❸ 参见例如 ProCD, Inc. v. Zeidenberg, 86 F. 3d 1447, 1453 (7th Cir. 1996)（"使用条款是'该产品'的一部分，就像是数据库的大小和软件编译列表的速度一样。供应商间的竞争，并不是一揽子内容的司法修正，而是如何在市场经济中保护消费者"）；Raymond T. Nimmer, *Copyright First Sale and the Over – Riding Role of Contract*, 51 Santa Clara L. Rev. 1311 (2011)（支持许可与销售的区分）；Jonathan C. Tobin, *Licensing As a Means of Providing Affordability and Accessibility in Digital Markets：Alternatives to a Digital First Sale Doctrine*, 93 J. Pat. & Trademark Off. Soc'y 167, 184 – 187 (2011)。（认为与采纳"数字首次销售原则"相比，许可的实践更具效率。）

易成本可能导致对该理论的强烈质疑。❶ 的确，即使将许可配置为不会完全阻碍下游再发行并摧毁整个二级市场，消费者在二手商店购买书籍或唱片之后，也将产生"不得不追查'权利链'这样一种预期"。❷

随着出版商转向以许可模式发行数字书籍，作为 Kirtsaeng 案判决中政策考量的主要对象——图书馆❸面临着重大威胁。❹ 考虑到供应商通过数字发行可实现高度的下游控制，图书馆可能在获取书籍的二级市场方面面临重大损失，而二级市场正是图书馆进行收藏的传统来源。❺ 此外，图书馆还可能面临着不能保存其数字收藏的前景，因为出版商可能有时限地许可图书馆使用电子书，如果此种许可又是通过 DRM 实施，则"出版商可以决定图书馆何时不能再使用电子书"。❻ 最后，许可有可能使出版商得以无视版权法第 108 条授予图书馆的合理使用豁免。❼ 即使为客户或馆际互借而复制部分作品的行为受到第 108 条的明确保护，这些例外并不能取代"图书馆在获得某作品或录音制品时所承担的任何合同义务"。❽ 因此，依据许可协议将电子书许可给图书馆的出版社，显然能限制这些先前允许的复制，如果其希望如此的话。❾

---

❶ 参见 Perzanowski & Schultz, *Digital Exhaustion*, 58 UCLA L. Rev. 896 (2011)。

❷ McIntyre, *Game Over for First Sale*, 29 Berkeley Tech. L. J. 1, 20 (2014)。早在 2005 年，马里兰州律师协会发行了其成员目录的实物复制件，采用了封装许可，禁止除私人使用之外的复制。George H. Pike, *Licenses Under Wrap*, 22 Info. Today, no. 9, Oct. 2005, 第 17 页, http://papers.ssrn.com/sol3/papers.cfm?abstract_id=1640109。另外，赞成通过合同方式进行版权限制具有市场效率的人们可能会认为，市场很明显会排斥那些市场认为施加了不合理限制的许可发行。参见 Nimmer, *Copyright First Sale and the Over-Riding Role of Contract*, 51 Santa Clara L. Rev. 1319 (2011)（"在版权所有人作出是否让与或许可让与复制件所有权的市场决定以及市场对该决定的反应上，可进行选择"）。苛刻的封装许可适用于实物商品的危险是否将会扩展到有胆识律师为防止目录的复制而作的努力之外，或者是否仅仅是只纸老虎，仍有待观察。

❸ 参见 *Kirtsaeng*, 133 S. Ct., 第 1364 页。

❹ 参见 Rachel Ann Geist, Note, *A "License to Read": The Effect of E-books on Publishers, Libraries, and the First Sale Doctrine*, 52 IDEA 63, 92-95 (2012)。

❺ 同上注，第 93 页。

❻ *Digital Goods Moving to Licensing Model, Especially After 'Kirtsaeng,' SIIA Official Says*, 14 Wash. Internet Daily, no. 123, June 26, 2013（引用软件与信息产业协会知识产权高级副总裁的观点，他认为，不管怎样，Kirtsaeng 案将促使更多公司考虑许可模式，因为他们"别无选择"，而且版权保护作品公司"正考虑从销售教科书转变为许可教科书的方式"）（引用 Nancy Sims，明尼苏达大学版权项目馆员）；参见 Geist, Note, *A "License to Read": The Effect of E-books on Publishers, Libraries, and the First Sale Doctrine*, 52 IDEA 63, 92-93 (2012)（"在数字时代图书馆的预算削减可能会导致其无法支付许可费用，并因此导致 50% 或更高比例的图书馆藏书一夜之间就消失了"）。

❼ 参见《美国法典》(2012 年) 第 17 编，第 108 条。

❽ 参见《美国法典》第 17 编，第 108 条第 (f) 款第 (4) 项。

❾ 参见 Geist, Note, *A "License to Read": The Effect of E-books on Publishers, Libraries, and the First Sale Doctrine*, 52 IDEA 63, 94-95 (2012)。

DRM 和限制性许可都引发了人们对版权法促进创新这一核心目的的普遍担忧。显然，与缩减首次销售原则的适用范围一样，这些策略也可能会阻碍现有创新的传播。❶ 具体而言，DRM 以及通过许可进行的发行存在的问题尤其多，因为它们对发行的复制品实施的这些限制并不是事先可以预料到的。❷ 因此，这些策略可能会对后续创新以及维持获取现有创新造成阻碍。❸

　　更重要的是，ReDigi 案判决对现行版权法架构是否能适用于互联网时代提出了质疑。通过对现行版权法进行"狭义的、技术性的以及纯法律的"适用，❹ 审理 ReDigi 案的法院得出了以下结论：通过下载方式发行作品时，复制权将使得首次销售原则归于无效。❺ 这引发了如下担忧：随着作品越来越多地通过互联网进行传输，美国版权法的基本内容可能不再适合，因为在互联网环境下，"复制是常态"。❻

　　Kirtsaeng 案的判决尽管排除了供应商为进行地域价格歧视而采取的最直接的细分市场的方式，但很可能会产生以下未预期的效果：促使供应商采用其他价格歧视策略。❼ 由于有关这些策略的法律地位究竟如何的争论在法院和国会继续延续，供应商很可能继续促进价格歧视，以作为法律批准这些策略的政策

---

　　❶ 参见 Perzanowski & Schultz, *Digital Exhaustion*, 58 UCLA L. Rev. 899 (2011)。

　　❷ 参见 Molly Shaffer Van Houweling, *The New Serritudes*, 96 Geo. L. J. 885, 932–939 (2007)（讨论了"未来的问题"——"甚至那些在首次强加时可理解且高效运行的限制，随着时间流逝，会导致对受制于该限制的资源的不当或无效率的使用"）；Burk, *Legal and Technical Standards in Digital Rights Management Technology*, 74 Fordham L. Rev. 545 (2005)（认为在使用诸如数字版权管理等"管理设计"实现价格歧视时，诸如作品的保存和不可预见的有益使用等正外部性应被纳入考量）；同上注，第 550~551 页（注意"对数字版权管理的发布者而言没有动力尝试高度分散但具有社会正外部性的可预见性使用：版权所有人与版权保护作品的购买者均不是这些外部效应的直接受益人，因此没有理由将之纳入考量"）。

　　❸ 参见 Perzanowski & Schultz, *Digital Exhaustion*, 58 UCLA L. Rev. 907 (2011)（注意到对用户创新的使用限制所产生的负面影响）。

　　❹ Capitol Records, LLC v. ReDigi Inc., 934 F. Supp. 2d 640, 645 (S. D. N. Y. 2013)（"因为这是法院，而非国会小组委员会或技术博客，所涉事项是有限的、技术性的和纯法律性的"）。

　　❺ 参见前文第四部分第（二）节第 3 小节的讨论。

　　❻ Ned Snow, *Copytraps*, 84 Ind. L. J. 285, 286 (2009)。进入网络时代后版权的转变与适应并不自在，仅举一个例子——且不说围绕首次销售原则所产生的困难——评论者们已经对在网络空间环境下严格侵权责任的适用表达了担忧。同上注；Jacqueline D. Lipton, *Cyberspace, Exceptionalism, and Innocent Copyright Infringement*, 13 Vand. J. Ent. & Tech. L. 767 (2011)。

　　❼ 参见 Meurer, *Copyright Law and Price Discrimination*, 23 Cardozo L. Rev. 104 (2001)。

首次销售的一摊浑水：伴随 KIRTSAENG 诉 JOHN WILEY & SONS 公司一案的价格歧视和下游控制

依据。❶ 简而言之，美国最高法院就 Kirtsaeng 案作出的判决，对于价格歧视与首次销售原则的性质均未盖棺定论。供应商力图划分市场的期望与首次销售原则背后的政策动机之间的冲突，显示了位于美国版权法核心的基本紧张关系。价格歧视与首次销售原则之间的这种冲突是基本性问题，要解决这一问题，似乎并不会比要解决更一般性的激励与获取之间的基本紧张关系容易多少。

---

❶ 参见 Nimmer, *Copyright First Sale and the Over-Riding Role of Contract*, 51 Santa Clara L. Rev. 1320 (2011)（提出价格歧视的便捷化是区分许可与销售的理由之一）；Andi Sporkin, *AAP Statement on Supreme Court Decision*, Assoc. of. Am. Publishers (Mar. 19, 2013), http：//www.publishers.org/press/98/（表达了对 *Kirtsaeng* 案判决的失望，认为该判决"将阻碍美国版权保护作品的积极出口，"并"减少国外教育者与学生们接触美国制造的教学材料的机会"，并指出："美国出版商协会将做好准备，代表出版商参与任何国会考虑与提出这些事项的过程"）；Grimmelmann, *Grimmelmann*：*Issues in Kirtsaeng 'Significant'*, Publishers Weekly (Mar. 20, 2013), http：//www.publishersweekly.com/pw/by-topic/digital/copyright/article/56444-grimmelmann-issues-in-Kirtsaeng-too-signifcant-to-end-with-supreme-court.html. ("然而正如出现首次销售并被进口的教科书一样，这个问题对于书籍或其他方面都是十分重要的，不可能随着 Kirtsaeng 案判决的结束而结束……女士们、先生们，开始你们的游行吧。")

新十年的新规则
——版权局反规避规则制定之完善

马克·格雷（Mark Gray）* 著
耿瑞宁　杨文杰　译
万勇　谭洋　校

2013 年，大约有 10 万名美国民众向政府请愿调整一项重要政策。他们不是请求使毒品合法化，❶ 也不是请求强化枪支管控的法律，❷ 更不是提议建立一个新的"死亡星球"。❸ 他们是请求美国版权局撤销根据《数字千年版权法》（以下简称 DMCA）中的一个模糊条款作出的行政决定。❹ 虽然版权法议题很少像更大的民粹主义问题那样获得公众的同等关注，但也有相当多的美国人表达了担忧：目的在于保护艺术家的创造性作品的联邦版权法，正被用来阻止美国消费者在他们选择的移动网络上使用合法购买的手机。❺

---

* 作者系美国加州大学伯克利分校法学院法律博士。
❶ 参见 Gil Kerlikowse, *What We Have to Say About Legalizing Marijuana*, WE THE PEOPLE, https：// petitions. whitehouse. gov/response/what – we – have – say – about – legalizing – marijuana（最后访问时间：2014 年 3 月 28 日）（对 8 份申请书的回应，其中一份有 74 169 个签名）。
❷ 参见 Bruce Reed, *A Message from President Obama about Your Petition on Reducing Gun Violence*, WE THE PEOPLE, http：//petitions. whitehouse. gov/response/message – president – obama – about – your – petition – reducing – gun – violence（最后访问时间：2014 年 3 月 29 日）（对 33 个不同的关于枪支控制法律的申请书的回应）。
❸ 参见 *Secure resources and funding, and begin construction of a Death Star by 2016*, WE THE PEOPLE（2012 年 11 月 14 日），https：//petitions. whitehouse. gov/petition/secure – resources – and – funding – and – begin – construction – death – star – 2016/wlfKzFkN。
❹ *Make Unlocking Cell Phones Legal*, WE THE PEOPLE, https：//petitions. whitehouse. gov/ petition/make – unlocking – cell – phones – legal/1g9KhZG7（2012 年 1 月 24 日）（请求撤销国会图书馆长关于将手机解锁从 DMCA 反规避豁免列表中删除的决定）。
❺ 同上注。

自 1998 年 DMCA 颁布以来，版权局每隔 3 年就开展一次规则制定的程序，以决定是否有以及有哪些类型的版权作品应当从 DMCA 关于规避技术保护措施的禁止性规定中予以豁免。❶ 版权局已经 5 次征集版权所有人和其他当事人有关豁免提案的意见，❷ 但是没有一次有关豁免条款的内容像 2012 年这样激起公众强烈抗议。在最近的规则制定过程中，国会图书馆馆长拒绝续展允许消费者解锁他们的手机以访问其他无线网络的豁免规定。❸ 尽管规则制定程序的目的在于像一个"故障安全装置"一样保护消费者合法使用版权作品的权利，❹ 但其结果却同时引起了民众和白宫的担忧：这一合法的活动正在变得不合法。❺ 这样的结果引发了以下问题，即规则制定程序是否起到了它意欲起到的作用，以及我们可以从该程序在过去十多年的运行经验中吸取哪些教训。

本文将讨论版权局反规避规则的趋势，并且建议应从该程序过去十多年运行过程中所吸取到的经验，对之加以改变。第一部分介绍了 DMCA 中规则制定程序的立法起源及之后的实施，重点讨论了自 2009 年起的反规避规则制定程序蕴含的更大的趋势和主题。第二部分回顾了自 2012 年起近来的规则制定程序，选取了一些案例来阐明规则制定程序中的某些问题，尤其重点讨论了涉及手机解锁豁免的争议性议题。第三部分介绍了三个主要关注领域，建议对规则制定程序进行修改，以回应相关关切，使规则制定程序更加清楚地符合国会的立法目的。第四部分对全文进行总结。

一、背景

版权局在根据 DMCA 进行规则制定时，经常援引国会的立法目的来证明其决定的正当性和界定自身的权限范围。理解这些争论需要清楚地了解 DMCA

---

❶ 参见《美国法典》（2012 年）第 17 编，第 1201 条第（a）款第（1）项（c）目（要求国会图书馆馆长依照版权局局长在每三年制定规则时授予豁免）。

❷ 这个过程的细节参见下文第一部分第一节的论述。

❸ Exemption to Prohibition on Circumvention of Copyright Protection Systems for Access Control Technologies, 77 Fed. Reg. 65, 260, 65, 278（2012 年 10 月 26 日）（被编入美国联邦行政法典第 37 编第 201 条）。

❹ 众议院商务委员会将规则制定程序纳入 DMCA 法案中，并将该程序描述为一种"自动防故障"机制，用以制止对合法使用版权作品的威胁。H. R. Rep. No. 105‐551, pt. 2, at 36 (1998)（以下简称商务委员会报告）。

❺ R. David Edelman, *It's Time to Legalize Cell Phone Unlocking*, WE THE PEOPLE, https://petitions.whitehouse.gov/response/its‐time‐legalize‐cell‐phone‐unlocking（最后访问时间：2012 年 3 月 28 日）。

是如何起草以及它的条款是如何最终形成的。与很多重要的法律一样，DMCA 也是各种妥协与强大的游说压力的结果，它的最终文本存在混乱和模糊之处，需要版权局提供解释予以说明。

（一）DMCA 的诞生

在 20 世纪 90 年代初期，克林顿政府成立了一个分析早期互联网的工作组，该工作组专注于调查商业利益是否愿意通过网络向消费者提供内容。❶ 专利和商标局的负责人 Bruce Lehman 领导专门研究该问题的工作组，并完成了一份白皮书；其中建议，国会应制定法律，禁止制造帮助个人规避版权作品技术保护措施的工具。❷ 虽然白皮书将其建议描述为只是微小改动，并且符合现行法律，❸ 但是它呈现的观点遭到公众强烈的争论和抵制。❹ 正当国会对白皮书提出的法律修改建议进行考虑时，美国政府于 1996 年参加了由世界知识产权组织（以下简称 WIPO）组织的会议，与会者批准了旨在提供法律保护，制止"规避作者为行使本条约或者《伯尔尼公约》所规定的权利而使用的有效技术措施"❺ 的条约。为了使美国履行该条约规定的义务，参议员 Orrin Hatch 于下一年的夏天提出了一项议案。❻

这项议案，即后来广为人知的《数字千年版权法》；它可能比《WIPO 版权条约》所要求的更进了一步，因为它不但禁止对获得作品进行技术保护措施的规避，而且禁止生产或传播使此种规避成为可能的工具。❼ 虽然最初的草

---

❶ Jessica Litman, Digital Copyright 90 (2006). 对于 DMCA 诞生的详细论述，参见上注，第 89～96 页。Litman 教授早已将互联网作为一种更具交互式的有线电视节目形式予以概念化。同上注，第 89～90 页。

❷ Info. Infrastructure Task Force, Intellectual Property and the National Information Infrastructure: The Report of the Working Group on Intellectual Property Rights 230-234 (1995) （以下简称 Lehman 白皮书）。

❸ 同上注，第 233～234 页（显示它的建议是"史无前例的"）。但是参见 Litman, Digital Copyright 96 (2006)（认为 Lehman 白皮书对版权法描述是"值得质疑的"，并提及了版权法学者的强烈反对意见）。

❹ 例如，参见：Denise Caruso, *The prospect of Internet censorship raises troubling issues for business*, N. Y. TIMES (1995 年 12 月 18 日)，http://www.nytimes.com/1995/12/18/business/technology-digital-commerce-prospect-internet-censorship-raises-troubling-issues.html（表达了对法律"可能对言论自由产生限制"的担忧）；Pamela Samuelson, *The Copyright Grab*, WIRED, Jan. 2006, http://www.wired.com/wired/archive/4.01/white.paper.html（认为法律是出版商用以控制版权作品的所有私人使用的一种方式）。

❺ WIPO Copyright Treaty art. 11, Dec. 20, 1996, 2186 U. N. T. S. 121, http://www.wipo.int/export/sites/www/treaties/en/ip/wct/pdf/trtdocs_wo033.pdf（最后访问时间：2013 年 9 月 28 日）。

❻ 143 Cong. Rec. S8582 (1997).

❼ 参见 Litman, Digital Copyright 133-134 (2006)。

案没有经参议院过多讨论就很快通过了，[1] 但是一批学者、消费者保护组织以及被称为数字未来联盟（以下简称 DFC）的技术行业的成员，游说众议院对有关规避的措辞进行修改，因为他们担心法案草案的规定将抑制合理使用，并且将作者没有预期的很多情形都涵盖在内。[2] 考虑到众议院司法委员会可能不重视他们的担忧，DFC 成功地说服众议院商务委员会的领导来负责修改这项法案的措辞。[3] 众议院商务委员会可能由于跟技术制造商联系密切，而没有跟娱乐产业有过多的密切接触，因此众议院商务委员会才会比司法委员会更能体会他们的担忧。

商务委员会关注合理使用是否仍适用于规避，以及是否允许消费者为合法使用版权作品进行规避。[4] 尽管版权产业的代表坚持合理使用不会受到规避禁令的损害，但是他们也反对在立法中添加一个明确的合理使用"特权"，认为这样的特权会为规避服务提供一个"路标"。[5] 最终，各方达成妥协，即"合理使用"的措辞不会出现在 DMCA 禁止性规定的部分，并且授权商务部制定适用于个人豁免的法规。[6] 虽然一般性地禁止规避，但商务部每两年将进行研究，确定禁令对消费者产生的负面影响，并且商务部会在版权作品中进行分类，以确定哪些类型的作品允许个人规避。[7] 之后，当众议院和参议院协调法案的不同版本时，程序更改为由版权局每三年进行一次规则制定的过程。[8] 在版权局局长将豁免内容提交给国会图书馆馆长之前，版权局将会考虑商务部和公众成员的诉求，国会图书馆馆长将对何种类别的版权作品可以不适用于禁止个人规避作出最终决定。[9] 在短短几周的国会会期内，立法者关注的是要确保某些提案获得通过，因此，在最后时刻达成了很多交易以及作了很多修改，以保证提案获得通过。[10]

虽然在讨论规避禁止规避条款对消费者的影响上花费了许多精力和时间，

---

[1] 参见 Litman，Digital Copyright 136–137（2006）。

[2] 同上注，第 122~145 页（讨论 DFC 的背景和它在 DMCA 立法过程中所扮演的角色）。

[3] 同上注，第 137 页。

[4] 同上注，第 138 页。

[5] 参见 *Copyright Treaties Implementation Act: Hearing on H. R. 2281 Before the Subcomm. on Telecomm., Trade and Consumer Protection of the H. Comm. on Commerce*, 105th Cong. 57 (1998) (Steven J. Metalitz 代表美国电影协会作的证词)。

[6] 参见 Litman，Digital Copyright 140–141（2006）（"对合理使用的妥协中没有提到'合理使用'的措辞"）。

[7] 同上注，第 141 页。

[8] 同上注，第 143~144 页。

[9] 同上注，第 144 页。

[10] 同上注，第 142~143 页。

但 DMCA 第 1201 条在涉及规则制定过程的成文法措辞上还是相对比较简洁的：

（C）在（A）目规定的两年期间和随后的每三年期间内，国会图书馆馆长应当根据版权局局长的建议——版权局局长应当与商务部负责通信与信息的部长助理进行商议，并对他或她对建议的观点进行报告和评论——在规则制定程序中依照（B）目的目的，对特定主体是否会因（A）目中规定的禁令的实施而使其在随后的三年期间内根据本法非侵权使用特定类型版权作品的能力受到或可能受到不利影响作出决定。在进行此种规则制定时，国会图书馆馆长应审查以下事项：

（1）获得版权作品使用的可能性；

（2）以非营利性存档、保存和教育目的获得作品使用的可能性；

（3）禁止规避版权作品采用的技术措施后，对于批评、评论、新闻报道、教学、学术或研究的影响；

（4）规避技术措施对版权作品的市场或价值的影响；以及

（5）图书馆馆长认为适当的其他因素。❶

法律要求国会图书馆馆长应审查禁止规避条款令对"非侵权使用"的影响，但在文本中没有具体提到合理使用。❷ 法律文本也没有详细规定如何进行规则制定、商务部意见的权重以及如何界定适用于豁免的"特定种类的版权作品"。

为限制法案对消费者的潜在损害，经过一年多的斗争，类似数字未来联盟这样的积极活动者只有接受"适度让步"，而不是他们之前希望的大刀阔斧的改革。❸ 规则制定程序只是提供机会（并不必然）以缓解禁止规避措施造成的过度损害。DFC 的一位创建者私下怀疑，他们花费数年的努力最终只赢来这一点让步是否值得。❹

（二）早期规则制定的趋势：从严苛到灵活

由于规则制定程序缺乏成文法上的明确规定，许多问题仍留待版权局去解决。在早期的规则制定中，版权局在履行职责方面采取了保守的做法，但随着时间的推移，其做法变得更加灵活。版权局全力承担了应对一部充满不一致的

---

❶《美国法典》（2012 年）第 17 编，第 1201 条第（a）款第（1）项（C）目。

❷ 同上注。

❸ 参见 Litman, Digital Copyright 145 (2006)。

❹ Mark Gray, A "Causal Nexus of Harm"：DMCA Circumvention and Rulemaking 26–27（2011 年 4 月 5 日）（普林斯顿大学未发表的学士论文）（文件存档于普林斯顿大学 Mudd 图书馆）。

复杂法律的艰巨任务。❶ 尤其困难的问题是揭示必要的损害以使豁免具有正当性,以及界定作品类型。

1. 损害标准

版权局遇到的第一个困难是界定使授予豁免具有正当性所需要的损害证据。在第一次进行规则制定时,版权局局长否决了大多数提议中的豁免建议,因为她将成文法规定解释为要求证明对于非侵权使用版权作品存在"实质性不利影响"。❷ 成文法规定中并没有使用"实质性"损害这一措辞,但是版权局局长通过援引众议院商业委员会的报告来支持其解释。该报告指出:禁止规避条款只有在符合损害标准的情况下才可以推定适用,并且规则制定应关注"明显的、可证明的和可估量的影响",而不是轻微的损害。❸ 将成文法规定解释为要求证明存在"实质性"损害是一个有争议的决定,而且商务部在履行顾问职责时,以在法律中增加一个"重要的新的措辞"缺乏任何成文法基础为由,抵制此种解释。❹

后来在 2003 年,版权局局长作了澄清,她并不打算设定一个更高标准的证明责任;不过,鉴于公众成员和商务部表示出了她所谓的"不适当的忧虑",她在此澄清,该术语是指要符合证明责任,需要证明存在"明显的、可证明的"的损害。❺ 尽管仍有当事人批评版权局局长要求的是一个不必要的高标准的举证责任的情形,❻ 但有证据表明,至少在某些豁免上,如果对版

---

❶ 对 DMCA 的连贯性、现实性和广泛性的批评,参见 David Nimmer, *Codifying Copyright Comprehensibly*, 51 UCLA L. REV. 1233, 1342 – 1344, 1370 – 1381 (2003)。Nimmer 教授批评 DMCA 规则制定条款令版权法"步履蹒跚",并且担心:从书面来看,从第 1201 条的禁止规避条款通过扩张到版权法之前从未涉及的领域,从而使得版权法变成"一个无所不包的畸形之物"。同上注,第 1342、1374 页。

❷ Exemption to Prohibition on Circumvention of Copyright Protection Systems for Access Control Technologies, 65 Fed. Reg. 64, 556, 64, 558 (2000 年 10 月 27 日) (codified at 37 C. F. R. pt. 201) (以下简称 2000 年豁免)。

❸ 同上注,第 64、558 页 (援引商务部报告, H. R. Rep. No. 105 – 551, pt. 2, at 37 (1998))。

❹ Letter from Nancy Victory, National Telecommunications and Information Administration, to Marybeth Peters, Register of Copyrights (2003 年 8 月 11 日), http://www.ntia.doc.gov/other – publication/2003/ntia – letter – register – copyrights – regarding – dmca。

❺ MARYBETH PETERS, REGISTER OF COPYRIGHTS, RECOMMENDATION OF THE REGISTER OF COPYRIGHTS IN RM 2002 – 3; RULEMAKING ON EXEMPTIONS FROM PROHIBITION OF CIRCUMVENTION OF COPYRIGHT PROTECTION SYSTEMS FOR ACCESS CONTROL 16 – 18 (2003), http://www.copyright.gov/1201/docs/registers – recommendation.pdf (以下简称 2003 年建议)。

❻ 例如,同上注,第 172~174 页 (援引了一个在 2003 年因缺乏"实质性"损害而被否决的提议,尽管该提议引起了关于消费成本的合理性论证); FRED VON LOHMANN & GWEN HINZE, ELECTRONIC FRONTIER FOUNDATION, DMCA TRIENNIAL RULEMAKING: FAILING THE DIGITAL CONSUMER 4 – 6 (2005), https://www.eff.org/files/filenode/DMCA_ rulemaking_ broken.pdf。

权所有人造成的损害很小,她对消费者的损害也只要求承担较低的证明责任。❶

2. 界定"作品类型"

尽管版权法对版权作品的"种类"进行了定义,例如视听作品和文字作品,但当国会制定 DMCA 以及指导国会图书馆馆长根据"作品类型"授予豁免时,并没有界定包括哪些"作品类型"。在第一次规则制定时,版权局局长将"作品类型"的范围归为她寻求公众意见的"关键议题"。❷ 收到的许多建议是"基于功能"来界定作品"类型"的——将作品的预期用途涵盖进来以判断某一豁免是否适当。❸ 然而,版权局局长并不认为国会图书馆馆长会将诸如作品的预期用途这种"外部标准"纳入对作品类型的界定;版权局局长引用商业委员会的观点,其打算在较为宽泛的版权作品种类下,将该用语限缩在一个较窄的范围。❹ 根据这种解释方法,版权局局长否决了许多在 2000 年就已提交的豁免建议,因为它们是基于作品的预期用途而提出的。❺ 同样地,在 2003 年版权局局长拒绝推荐大量的诸如为"合理使用作品"而进行规避❻、为实施一个"合法研究项目"而必须规避❼,以及为相互兼容进行反向工程而进行规避的豁免。❽

2006 年,面对有关电影学教授希望在教室里制作教学使用的 DVD 的豁免提案,版权局局长重新评估了自己基于用途分类的立场。三位来自宾夕法尼亚大学的媒体学教授提出一项豁免申请,针对"在学校具有教育意义的图书馆或者从事电影或媒体研究的院系中,采用受技术措施保护的视听作品妨

---

❶ 2009 年,版权局局长准许了一项豁免,即允许消费者"越狱"他们的智能手机并在手机上运行第三方软件,尽管其拒绝了先前的出于同样目的的允许视频游戏控制台的"越狱"的豁免。Elizabeth Jackson, *The Copyright Office's Protection of Fair Uses Under the DMCA: Why the Rulemaking Proceedings Might Be Unsustainable and Solutions for Their Survival*, 58 J. COPYRIGHT SOC'Y U. S. A. 521, 540 (2011)。

❷ 2000 年豁免,Exemption to Prohibition on Circumvention of Copyright Protection Systems for Access Control Technologies, 65 Fed. Reg. 64, 556, 64, 558 (2000 年 10 月 27 日) (codified at 37 C. F. R. pt. 201),第 64、559 页。

❸ 同上注。

❹ 同上注,第 64、559 ~ 560 页。

❺ 同上注,第 64、562 页。

❻ 2003 议案,MARYBETH PETERS, REGISTER OF COPYRIGHTS, RECOMMENDATION OF THE REGISTER OF COPYRIGHTS IN RM 2002 – 3; RULEMAKING ON EXEMPTIONS FROM PROHIBITION OF CIRCUMVENTION OF COPYRIGHT PROTECTION SYSTEMS FOR ACCESS CONTROL 16 – 18 (2003), http://www.copyright.gov/1201/docs/registers – recommendation.pdf,第 84 页。

❼ 同上注,第 86 ~ 88 页。

❽ 同上注,第 182 ~ 183 页。

碍了他们的教学使用"。❶ 媒体学教授经常在课堂上使用多个电影的剪辑,为了方便课堂使用而创建片段,需要手动调换 DVD 或破译 DVD 的密码。❷ 教授们提交的建议中举了一个例子,即教授们被迫要么浪费课堂 10% 的时间进行"毫无意义的 DVD 戏法",要么故意违反第 1201 条的禁止性规定。❸ 电影行业极力反对该豁免提案,他们在公开的听证会上花费大量的时间争论,将附带支架支撑的摄像机对着电视屏幕拍摄对教授们而言就足够了,这项豁免是没有必要的,因为教授们无权选择进行使用的"最佳"方法。❹ 最终,版权局局长决定授予该项豁免,这意味着改变了版权局对"作品类型"的界定方法。❺

为应对被 DMCA 禁止的合法非侵权使用需要明显证据,版权局局长愿意将预期用途纳入从第 1201 条的禁止规避条款中豁免的"作品类型"。❻ 至于成文法规定,版权局局长指出:成文法指示豁免可以防止禁止规避条款适用于因进行非侵权使用而受到损害的"这些使用者",这暗示:豁免可以涵盖这些使用。❼ 这种新的解释方法使得豁免在范围上变得更窄,也解决了版权局局长一直以来的担忧:豁免没有必要过于宽泛,超出版权局的授权权限。❽ 最后,版

---

❶ Comments of Peter Decherney, Assistant Professor at the University of Pennsylvania's Cinema Studies Program, Michael Delli Carpini, Professor & Annenberg Dean, & Katherine Sender, Assistant Professor at the University of Pennsylvania's Annenberg School of Communication, In re Exemption to Prohibition on Circumvention of Copyright Protection Systems for Access Control Technologies at 1, No. RM 2005 – 11(美国版权局于 2005 年发布), http://www.copyright.gov/1201/2006/comments/decherney_upenn.pdf[以下简称 Decherney 提案]。

❷ Decherney 提案, Comments of Peter Decherney, Assistant Professor at the University of Pennsylvania's Cinema Studies Program, Michael Delli Carpini, Professor & Annenberg Dean, & Katherine Sender, Assistant Professor at the University of Pennsylvania's Annenberg School of Communication, In re Exemption to Prohibition on Circumvention of Copyright Protection Systems for Access Control Technologies at 1, No. RM 2005 – 11(美国版权局于 2005 年发布), http://www.copyright.gov/1201/2006/comments/decherney_upenn.pdf, 第 1~2 页。

❸ 同上注,第 5、8~9 页。

❹ 参见 Transcript of Public Hearing on Exemption to Prohibition on Circumvention of Copyright Protection Systems for Access Control Technologies at 56 – 59, No. RM 2005 – 11A(美国版权局 2006 年 4 月 3 日发布), http://www.copyright.gov/1201/2006/hearings/transcript-april03.pdf。

❺ Marybeth Peters, Register of Copyrights, Recommendation of the Register of Copyrights in RM 2005 – 11, Rulemaking on Exemptions from Prohibition on Circumvention of Copyright Protection Systems for Access Control Technologies 15(2006 年 11 月 17 日), http://www.copyright.gov/1201/docs/1201_recommendation.pdf(以下简称 2006 年建议)。

❻ 同上注,第 16~17 页。虽然版权局局长认为:她早期的结论"根据记录来看,是合理的",但是教授们提交的事实记录非常充分,足以改变其想法。

❼ 同上注,第 18 页。

❽ 同上注,第 19 页。

权局局长建议对以下情形适用豁免："学院的教育图书馆或者大学的电影或媒体研究院系使用的视听作品，如果规避目的是为了制作这些作品的汇编，并且由媒体研究或电影学教授在课堂上用于教学使用"，豁免同时体现了地域限制（必须为某电影研究机构所有的作品）和以使用为基础的限制（为了教学目的由特定类别的教授使用）。❶

自 2006 年以来，版权局一直高度依赖以使用为基础的限制来限缩豁免范围。在 2006 年建议的六项豁免中，其中四个包含了预期用途。❷ 在 2009 年进行规则制定时，版权局局长进一步依据使用来修订豁免内容，这一点尤其体现在其对 DVD 豁免提案的修订中。❸ 尽管 2006 年的豁免在地域范围和使用范围上被限缩了，❹ 版权局局长拟对视听作品规定范围较为广泛的豁免，包含三种主要的用途：大学教授和学生的教学使用，制作纪录片以及非商业性的视频。❺ 这是一个比以往的范围要宽泛得多的豁免，改变之前的豁免的严格限

---

❶ 2006 年议案，Marybeth Peters, Register of Copyrights, Recommendation of the Register of Copyrights in RM 2005 – 11, Rulemaking on Exemptions from Prohibition on Circumvention of Copyright Protection Systems for Access Control Technologies 15（2006 年 11 月 17 日），http：//www.copyright.gov/1201/docs/1201_ recommendation.pdf，第 24 页。

❷ 同上注，第 1~2 页（提议为了教育、归档复制、合法连接手机网络以及善意安全测试的目的而规定豁免）。

❸ 参见 Marybeth Peters, Register of Copyrights, Recommendation of the Register of Copyrights in RM 2008 – 8; Rulemaking on Exemptions from Prohibition on Circumvention of Copyright Protection Systems for Access Control Technologies 72（2010 年 6 月 11 日），http：//www.copyright.gov/1201/2010/initialed – registers – recommendation – june – 11 – 2010.pdf（以下简称 2010 年议案）。

❹ 正如上文所述，要求作品同时符合以下两个要求：由电影研究的教授专门使用，以及存储在大学媒体研究图书馆；这意味着，如果一位教授在另一个领域（如音乐）期望规避 DVD 或如果想要利用的 DVD 是一个私人复制件或存储在大学的主图书馆，则依据 DMCA 第 1201 条第（a）款的规定，其仍属非法。参见 2006 年议案，Marybeth Peters, Register of Copyrights, Recommendation of the Register of Copyrights in RM 2005 – 11, Rulemaking on Exemptions from Prohibition on Circumvention of Copyright Protection Systems for Access Control Technologies 15（2006 年 11 月 17 日），http：//www.copyright.gov/1201/docs/1201_ recommendation.pdf，第 24 页。

❺ 2010 年议案，Marybeth Peters, Register of Copyrights, Recommendation of the Register of Copyrights in RM 2008 – 8; Rulemaking on Exemptions from Prohibition on Circumvention of Copyright Protection Systems for Access Control Technologies 72（2010 年 6 月 11 日），http：//www.copyright.gov/1201/2010/initialed – registers – recommendation – june – 11 – 2010.pdf，第 21~22 页。

制，允许三种广泛的使用形式。❶ 有评论者认为，这是版权局更多关注使用者的自然反应，❷ 或许更令人惊讶的是，那些想利用豁免的使用者，只要他们"相信或有合理理由认为规避是必要的"，❸ 他们就可以做；这与早期规则制定时较窄的豁免范围相比是一项重要的变化。在2009年规则制定后，版权共同体内持乐观态度者认为，规则制定程序是一种在 DMCA 所使用的看上去严格的成文法规定之外，可有效地解决消费者对于合理使用的担忧的程序。

二、规则制定程序的最新发展

在 2010 年 12 月，版权局局长 Marybeth Peters 辞职，由 Maria Pallante 接任。❹ Peters 在版权局工作的时间超过 15 年，在 2010 年最终的规则制定程序完成之后不久就辞职了。❺ 在 Pallante 接任局长职位后，在面对处理规则制定过程中涉及的许多问题时，她是否会与其前任作出相同的决定，还有待观察。

（一）新规则制定提出了新问题

在最近的规则制定过程中，新局长提出了一套稍微不同的方案。Pallante 局长比其前任更加谨慎，二者之间的不同体现在：对于"作品类型"的定义上的处理，以及使豁免具有正当性所需要的损害标准。新局长对于建议的豁免

---

❶ 例如，允许规避"非商业性的视频"是很宽泛的；然而，在 2006 年，只有一位专门院系的教授被允许规避。正如上文所述，要求作品同时符合以下两个要求：由电影研究的教授专门使用，以及存储在大学媒体研究图书馆；这意味着，如果一位教授在另一个领域（如音乐）期望规避 DVD 或如果想要利用的 DVD 是一个私人复制件或存储在大学的主图书馆，则依据 DMCA 第 1201 条第（a）款的规定，其仍属非法。参见 2006 年议案，Marybeth Peters, Register of Copyrights, Recommendation of the Register of Copyrights in RM 2005 – 11, Rulemaking on Exemptions from Prohibition on Circumvention of Copyright Protection Systems for Access Control Technologies 15（2006 年 11 月 17 日），http：//www.copyright.gov/1201/docs/1201_ recommendation.pdf，第 24 页。

❷ 参见 Jackson, *The Copyright Office's Protection of Fair Uses Under the DMCA: Why the Rulemaking Proceedings Might Be Unsustainable and Solutions for Their Survival*, 58 J. COPYRIGHT SOC'Y U.S.A. 539（2011）。

❸ 参见 2010 年议案，Marybeth Peters, Register of Copyrights, Recommendation of the Register of Copyrights in RM 2008 – 8; Rulemaking on Exemptions from Prohibition on Circumvention of Copyright Protection Systems for Access Control Technologies 72（2010 年 6 月 11 日），http：//www.copyright.gov/1201/2010/initialed – registers – recommendation – june – 11 –2010.pdf，第 21 页。

❹ 参见 *Marybeth Peters*, 1994 – 2010, U.S. Copyright Office（2014 年 1 月 27 日），http：//www.copyright.gov/history/bios/peters/peters.html。

❺ 同上注。

采取的是更加保守的立场，这也不同于以往规则制定过程中所表现出来的日趋自由的决定，这可能是后来公众因为对于手机解锁豁免遭到否决而引起骚动的一个因素。

由于缺乏国会提供的指导意见，在定义"作品类型"的问题上，版权局一直扮演着非常重要的角色；新任版权局局长选择在相关解释下不更进一步，而不是因不满作品类型的定义而否决一项提议的豁免。在早期的规则制定程序中，版权局局长将预期用途纳入拟议豁免的作品种，并将使用纳入每一种拟议豁免。❶ 然而，当面对将之前授予手机越狱的豁免扩大到平板设备的请求时，版权局局长予以了拒绝，理由是"平板"这一用语的含义"太不清楚"，其范围可能包括从 iPad 到便携式电脑在内的所有设备。❷尽管承认平板电脑和手机之间的相似性（手机在 2012 年再次被授予越狱豁免），版权局局长依然拒绝为平板设备创设任何豁免，也拒绝进一步修改提案使豁免范围变得足够小以符合国会的立法目的。❸ 然而，当讨论一项为盲人利用屏幕阅读器进行阅读的豁免提议时，Pallante 局长表示愿意通过增加一个当出版商提供常规商业副本时应当获得赔偿的规定，来限缩作品类型的范围；❹ 然而，对于平板电脑的豁免，局长却并未提出该倡议。原因可能是因为界定平板电脑的外延非常复杂，也可能仅仅是由于拒绝对盲人授予豁免比拒绝对平板电脑所有者授予豁免，在政治上更加困难。

此外，Pallante 局长对于适用豁免所需要提供的损害标准，也与之前的规则制定的要求不同。在 2010 年，Peters 局长恢复了一项允许用户为了在其他移动网络上进行合法使用而解锁其手机的豁免，原因是消费者受到了实质性损

---

❶ 参见 MARIA PALLANTE, REGISTER OF COPYRIGHTS, SECTION 1201 RULEMAKING: FIFTH TRIENNIAL PROCEEDING TO DETERMINE EXEMPTIONS TO THE PROHIBITION ON CIRCUMVENTION, RECOMMENDATION OF THE REGISTER OF COPYRIGHTS 2–3（2012 年 10 月 12 日），http://www.copyright.gov/1201/2012/Section_1201_Rulemaking%20_2012_Recommendation.pdf（以下简称 2012 年议案）（建议该豁免允许盲人使用屏幕阅读器，使智能手机能够运行第三方软件，以及为设计允许盲、聋消费者享受视听作品系统开展研究）。

❷ 同上注，第 78 页。"越狱"允许第三方应用程序在受限的设备上运行，例如，在 iPhone 上安装不是从 Apple 应用商店里下载的应用。参见 Mike Keller, *Geek 101: What Is Jailbreaking*? PC WORLD（2012 年 2 月 13 日），http://www.techhive.com/article/249091/geek_101_what_is_jailbreaking_.html。

❸ 2012 年议案，MARIA PALLANTE, REGISTER OF COPYRIGHTS, SECTION 1201 RULEMAKING: FIFTH TRIENNIAL PROCEEDING TO DETERMINE EXEMPTIONS TO THE PROHIBITION ON CIRCUMVENTION, RECOMMENDATION OF THE REGISTER OF COPYRIGHTS 2–3（2012 年 10 月 12 日），http://www.copyright.gov/1201/2012/Section_1201_Rulemaking%20_2012_Recommendation.pdf，第 78 页。

❹ 2012 年议案，同上注，第 23~24 页。

害，因为他们在持有其手机时需要进行规避以切换手机服务提供商。❶ Pallante 局长在 2012 年再次审视了相关事实之后，认为：消费者并没有受到不利影响，因为越来越多的手机都是在解锁后进行销售的；换句话说，尽管消费者不能为他们选择的手机更换网络，但是存在"充分的替代选择"意味着消费者受到的侵害不足以使豁免具有正当性。❷ Peters 局长在 2010 年的论述暗示：消费者不得不改变其购买习惯（例如购买一部新的手机）对于证明一项豁免具有正当性是充分的不利影响，❸ 然而，到了 2012 年，Pallante 局长的观点则没有走

---

❶ 参见 2010 议案, Marybeth Peters, Register of Copyrights, Recommendation of the Register of Copyrights in RM 2008 – 8; Rulemaking on Exemptions from Prohibition on Circumvention of Copyright Protection Systems for Access Control Technologies 72（2010 年 6 月 11 日）, http: //www. copyright. gov/1201/2010/initialed – registers – recommendation – june – 11 – 2010. pdf, 第 116 页。（"在规则制定中提交的材料表明解锁对手机的使用有一个实质性的不利影响。特别是，如果消费者想在保持手机畅通的情况下切换无线服务提供商，就不得不参与该规避活动。"）即使版权局局长于 2006 年为解锁授予了豁免，但是只有很少的记录和分析，因为无线行业直到提交截止期限之后仍忽略了该程序，导致版权局放弃了它们提交的争论，建议了一个基于对支持者来说是广泛的、没有反对记录的豁免。参见 2006 议案, Marybeth Peters, Register of Copyrights, Recommendation of the Register of Copyrights in RM 2005 – 11, Rulemaking on Exemptions from Prohibition on Circumvention of Copyright Protection Systems for Access Control Technologies 15（2006 年 11 月 17 日）, http: //www. copyright. gov/1201/docs/1201_ recommendation. pdf, 第 42 ~ 48 页。（讨论了无线行业最近提交的意见。）版权局局长刺耳的语气可能表明对于现行行业没能从事规则制定的一种强烈不满）。同上注，第 47 页。（"不仅对最近文件归档的接受将摧毁决策程序，它对及时提交意见的、特别是豁免的支持者的当事人来说也将是根本不公平的。"）此外，相比于版权局用 262 页报告中的 70 页对此进行分析，2010 年对于解锁豁免的分析更加丰富。参见 2010 议案, Marybeth Peters, Register of Copyrights, Recommendation of the Register of Copyrights in RM 2008 – 8; Rulemaking on Exemptions from Prohibition on Circumvention of Copyright Protection Systems for Access Control Technologies 72（2010 年 6 月 11 日）, http: //www. copyright. gov/1201/2010/initialed – registers – recommendation – june – 11 – 2010. pdf, 第 105 ~ 174 页。

❷ 2012 议案, MARIA PALLANTE, REGISTER OF COPYRIGHTS, SECTION 1201 RULEMAKING: FIFTH TRIENNIAL PROCEEDING TO DETERMINE EXEMPTIONS TO THE PROHIBITION ON CIRCUMVENTION, RECOMMENDATION OF THE REGISTER OF COPYRIGHTS 2 – 3（2012 年 10 月 12 日）, http: //www. copyright. gov/1201/2012/Section_ 1201_ Rulemaking%20_ 2012_ Recommendation. pdf, 第 95 页。

❸ 参见 2010 议案, Marybeth Peters, Register of Copyrights, Recommendation of the Register of Copyrights in RM 2008 – 8; Rulemaking on Exemptions from Prohibition on Circumvention of Copyright Protection Systems for Access Control Technologies 72（2010 年 6 月 11 日）, http: //www. copyright. gov/1201/2010/initialed – registers – recommendation – june – 11 – 2010. pdf, 第 116 页。

到如此远的地步。❶ 相反，Pallante 局长只建议：解锁豁免适用于自图书馆馆长决定生效之日起 90 天内购买的手机，以便还没有解锁的旧手机的所有者可以解锁其设备以用于其他网络。❷ 国会图书馆馆长完全采纳了版权局局长的建议。❸

（二）公开强烈反对手机解锁

宣布手机解锁为不合法的决定成了热点新闻，并且引起了公众的广泛关注。❹ 在白宫公民请愿书的页面，超过 114 000 人在推翻国会图书馆馆长决定的请愿书上签名。❺ 白宫互联网、创新与隐私高级顾问代表奥巴马政府作了回应，消费者不仅应当被允许解锁他们的手机而不被法律处罚，也应能够解锁平板设备。❻ 白宫表示计划通过国家电信和信息管理局（NTIA）将联邦通信委员会（FCC）正式并入商业部。❼

有趣的是，版权局和国会图书馆针对奥巴马政府的回应，发表了一项联合

---

❶ 如前所述，解除消费者成本作为"轻微的不便"在过去已经使版权局招致批评。参见 VON LOHMANN & HINZE, ELECTRONIC FRONTIER FOUNDATION, DMCA TRIENNIAL RULEMAKING: FAILING THE DIGITAL CONSUMER 4 - 7 (2005), https://www.eff.org/files/filenode/DMCA_rulemaking_broken.pdf. 类似地，也反映了电影行业的争论，认为从电视屏幕上录制 DVD 内容对于教育者来说已经"足够好"了，不需要豁免。参见 2006 议案, Marybeth Peters, Register of Copyrights, Recommendation of the Register of Copyrights in RM 2005 - 11, Rulemaking on Exemptions from Prohibition on Circumvention of Copyright Protection Systems for Access Control Technologies 15（2006 年 11 月 17 日）, http://www.copyright.gov/1201/docs/1201_recommendation.pdf, 第 14～15 页。（列举了多媒体学习方面 DVD 豁免的支持者的争论。）

❷ 2012 议案, MARIA PALLANTE, REGISTER OF COPYRIGHTS, SECTION 1201 RULEMAKING: FIFTH TRIENNIAL PROCEEDING TO DETERMINE EXEMPTIONS TO THE PROHIBITION ON CIRCUMVENTION, RECOMMENDATION OF THE REGISTER OF COPYRIGHTS 2 - 3（2012 年 10 月 12 日）, http://www.copyright.gov/1201/2012/Section_1201_Rulemaking%20_2012_Recommendation.pdf, 第 99～100 页。

❸ 参见 Exemption to Prohibition on Circumvention of Copyright Protection Systems for Access Control Technologies, 77 Fed. Reg. 65, 260, 65, 278 (2012 年 10 月 26 日) (to be codified at 37 C.F.R. pt. 201)。

❹ 例如，参见：Timothy B. Lee, *Jailbreaking now legal under DMCA for smartphones, but not tablets*, ARS TECHNICA, 2012 年 10 月 25 日, http://arstechnica.com/tech-policy/2012/10/jailbreaking-now-legal-under-dmca-for-smartphones-but-not-tablets/（称该项规则是"随意的"并指出 DMCA 的"基本的破碎"情况）。

❺ *Make Unlocking Cell Phones Legal*, WE THE PEOPLE, https://petitions.whitehouse.gov/petition/make-unlocking-cell-phones-legal/1g9KhZG5（2012 年 1 月 24 日）（请求撤销国会图书馆馆长关于将手机解锁从 DMCA 反规避豁免列表中删除的决定）。

❻ Edelman, *It's Time to Legalize Cell Phone Unlocking*, WE THE PEOPLE, https://petitions.whitehouse.gov/response/its-time-legalize-cell-phone-unlocking（最后访问时间：2012 年 3 月 28 日）。

❼ 同上注。

声明，重申规则制定过程的目标以及国会对其施加的法律约束："正如国会所设计的那样，规则制定具有非常重要的功能，但它不是为了替代更广泛的公共政策讨论。"❶ 该声明受到了技术网站 Techdirt 的严厉批评，Techdirt 将该声明描述为"有点不诚实"，❷ 原因是规则制定对 DMCA 存在的问题可以起到安全阀的作用，国会图书馆馆长应当考虑"那些其他其所认为适当的因素"。❸

从那以后，许多政党都试图让消费者以一种更长久的方式来解锁他们的手机。多位议员已经向国会提交了相关议案来解决这个问题，其中有些议案完全修改了 DMCA 第 1201 条的文本，❹ 其他议案则只是推翻图书馆馆长有关手机解锁豁免的决定，并倡导进行新的，尤其是致力于将解锁豁免扩大至平板设备的规则制定程序。❺

2013 年 9 月 17 日，NTIA 正式向 FCC 申请实施一项增加美国移动运营商新义务——允许解锁运营商提供的任何设备，以便其用于其他合法获得的移动服务——的规制制定程序。❻ NITA 提交了 DMCA 规则制定过程的总结，公众对最近豁免的反应，以及用于通过的拟定规则，NTIA 强有力地证明了：这种规则符合公共利益，也正好属于 FCC 的法定职权范围。❼ 12 月，无线提供商贸易协会——CTIA，❽ 在受到来自 FCC 的压力之后，宣布其承诺采取的一系列

---

❶ *Statement from the Library of Congress Regarding White House Statement Today in Response to a Petition on Section* 1201 *Rulemaking*，LIBRARY OF CONGRESS（2013 年 3 月 4 日），http：//www. loc. gov/today/pr/2013/13 - 041. html.

❷ Mike Masnick，*Library of Congress Shoots Back at White House Over Phone Unlocking*；*We're Just Doing Our Job*，TECHDIRT，（2013 年 3 月 5 日），http：//www. techdirt. com/blog/wireless/articles/20130304/16271422195/librarian - congress - shoots - back - white - house - over - phone - unlocking - were - just - doing - our - job. shtml. 对规则制定程序提出批评意见者指出：版权局经常援引其在规则制定程序中没有权力来避免处理更大的政策问题，相反，版权局让批评者去向国会求助。Bill Herman & Oscar Gandy，Jr. ，*Catch* 1201：*A Legislative History and Content Analyis of the DMCA Exemption Proceedings*，24 CARDOZO ARTS & ENT. L. J. 121，169 - 170（2006）。

❸ 参见《美国法典》（2012 年）第 17 编，第 1201 条第（a）款第（1）项（C）目（v）。

❹ 参见 Unlocking Technology Act of 2013，H. R. 1892，113th Cong.（2013）。

❺ 参见 Unlocking Consumer Choice and Wireless Competition Act，S. 517，113th Cong.（2013）。

❻ Petition for Rulemaking of the National Telecommunications and Information Administration，*In re A-mendment of Part 20 of the Commn's Rules & Regulations to Require Certain Providers of Commercial Mobile Radio Servs. To Unlock Wireless Devices Upon Request*（F. C. C. Sep. 17，2013），http：//www. ntia. doc. gov/files/ntia/publications/ntia_ mobile_ devices_ unlocking_ petition_ 09172013. pdf.

❼ 同上注，第 13 ~ 16 页。

❽ 该组织的名称最初代表了蜂窝电信工业协会，但是 CTIA 从 2004 年开始使用其现在的名字作为一个孤立的仅有词首字母而无其他剩余字母的缩略词。Amy Storey，"*Is CTIA an Acronym*？"CTIA Blog，（2009 年 6 月 1 日），http：//blog. ctia. org/2009/06/01/is - ctia - an - acronym。

手机解锁的自愿原则。❶ 有关手机解锁的议题，是积极和进步的，不过，它现在已经从版权局的职权范围中移除了，尽管在进行规则制定过程中，它被归为对消费者造成不大损害的类别之中。

（三）完善程序

最终，2012 年的规则制定显示这一程序仍然不够清晰。对于什么构成对非侵权使用的实质性损害以使得豁免具有正当性，仍然非常模糊，版权局仍然要求"实质性"损害的证据，而且是以一种不明确的方式使用该术语。定义"作品类型"的方式仍然会令人混淆，版权局之所以拒绝纳入"平板"设备，是出于以下担心，即类型可能被定义得过于宽泛。一般而言，公众对手机解锁决定的反应说明，对于特别设立来保护非侵权使用的程序，规则制定未能保护不会招致反对的非侵权使用，很可能是由于版权局为成功请求豁免而设定的要求变得越来越复杂。❷ 版权局似乎在每一项规则制定时，都增加了额外的复杂化的层级，尽管规则制定程序在设定规范方面具有更重要的价值，而不是对法律责任作出具体影响。❸

规则制定程序可以也应当被改进，以便更好地实现其预期功能。众议院商业委员会没有预想到规则制定程序如此复杂、不确定，以致损害了其功能——防止 DMCA 禁止规避条款出现未预期的后果。尽管要求国会修改 DM-

---

❶ 美国无线通信和互联网协会 – CTIA 主席 Steve Largent 致 F. C. C. 的信件（2013 年 12 月 12 日），http：//www.ctia.org/docs/default – source/fcc – filings/ctia – letter – on – unlocking.pdf。

❷ 正如 EFF 所指出的那样，版权局对豁免的支持者提出了 6 个要求，使得无法接触专业版权律师的公众成员难以参与其中。参见 VON LOHMANN & HINZE, ELECTRONIC FRONTIER FOUNDATION, DMCA TRIENNIAL RULEMAKING: FAILING THE DIGITAL CONSUMER 4 – 6 (2005), https：//www.eff.org/files/filenode/DMCA_ rulemaking_ broken.pdf, 第 3 页。即使是那些拥有专家的专业组织，通常也难以获得豁免，因为对消费者的损害只是"微量的"，无法满足相关要求。同上注，第 3~4 页。

❸ 规则制定仅影响个人规避禁令，法规禁止将规则制定分析在任何其他的诉讼中作为一种抗辩来使用。参见《美国法典》（2012 年）第 17 编，第 1201 条第（a）款第（1）项（E）目。采取规避从而越狱智能手机的行为人仍会因直接侵权而被起诉，并且在没有援引规则制定材料时必须准备一个强有力的合理使用抗辩。此外，除非个人对于数字保护有丰富的经验，否则他们将需要依赖他人制造的工具，而在第 1201 条第（a）款第（2）项规定的所有情况下制造或传播此种工具都是非法的。一个用户有权利进行规避，但却因缺少工具而在功能上被禁止了，这一权利也就变成了空谈。

CA 的呼声越来越强烈，❶但是当国会忙于处理政府开支的经济问题和债务等议题时，❷ 期待国会将修改版权法中这部分的内容是不现实的。在国会准备制定下一部伟大的版权法之前，❸ 成文法条款可能不会有什么变化。

尽管国会可能无法提供帮助，版权局完全有能力修改规则制定程序，从而将在法规上超过数十年的经验和潜在的问题合并在一起。版权局越来越适应自身的角色，其采取措施来澄清需要提供哪些必要的证据以证明对非侵权使用❹存在损害，并改变它们在将预期使用合并为"作品类型"的一部分上的立场，以此作为一种方式来进一步使豁免适合他们意图强调的特定的损害。❺ 公众对最近的规则制定的反应说明了消费者的期望和行政行为之间的脱节，但是版权局应完全随时准备吸取教训，像一个适应新信息的积极主动、灵活的机构那样，绘制路线图以保护创造者和消费者。这个过程始于对反规避规则制定程序的反思。

三、改变的机遇

有三种主要的改变可以使规则制定合理化：第一，不论有多少被提议的豁免是对现存豁免的续展，当一个豁免被认为是可以续展的，版权局应当阐明必要的举证责任来对可获得的事实证据进行说明。第二，在进行分析时，版权局应当更多地考虑合理使用。规则制定程序的目的在于保护非侵权使用，而合理使用是非侵权使用的一个子类型；合理使用的四个因素尽管并不具有决定性作用，但提供了一个有用的分析视角。第三，版权局应当把合理信赖当作一种限

---

❶ 例如，参见：Chris Moseng, Note, *The Failures and Possible Redemption of the DMCA Anticircumvention Rulemaking Provision*, 12 J. TECH L. & POL'Y 333, 361（2007）（驳回规则制定程序是一个国会参与的"失败的"安全阀）；Arielle Singh, Note, *Agency Regulation in Copyright Law：Rulemaking Under the DMCA and Its Broader Implications*, 26 BERKELEY TECH. L. J. 527, 568 - 570（2011）（建议国会给予版权局更多的监管权力）；Jackson, *The Copyright Office's Protection of Fair Uses Under the DMCA：Why the Rulemaking Proceedings Might Be Unsustainable and Solutions for Their Survival*, 58 J. COPYRIGHT SOC'Y U. S. A. 544 - 545（2011）（简略地讨论了能更好地保护合理使用、由国会制定的潜在的改革）。

❷ 参见 Todd S. Purdum, *The year the government broke*, POLITICO（2013 年 10 月 11 日，上午 5：02），http：//www. politico. com/story/2013/10/the - year - the - government - broke - government - shutdown - debt - ceiling - congress - 98165. html（描述了国会的僵局和功能障碍）。当更大的政策问题出现在它的视野当中时，国会难以专注于版权法。参见例子，Litman, Digital Copyright 45（2006）（描述了当国会专注于第二次世界大战时，其对改革版权法的努力是如何停止的）。

❸ 版权局局长 Pallante 已经开始呼吁国会采取行动修改老化的法令。参见 Maria Pallante, *The Next Great Copyright Act*, 36 COLUM. J. L. & ARTS 315（2013）。

❹ 参见上文第一部分第二节第（一）小节。

❺ 参见上文第一部分第二节第（二）小节。

制豁免的方式，并在设计作品类型时，避免过度的复杂。这三种改变将彻底提高版权局反规避规则制定的效率，也为未来的版权法改革提供模板。下文将对上述内容分别加以讨论。

（一）适用于续展的责任转移

除2009年用了20个月来制定，❶通常来说，每次规则制定大约需要一年。在每一轮规则制定程序中，提议的豁免中，有许多与以往的规则制定程序中所提议的豁免都是完全相同或类似的。❷尽管重复的提案会经常发生，但版权局视它们为重新提交的提案，并要求提供损害的新的事实证据，而不管获得这些证据可能有多么困难。❸ 这意味着：对再次被推荐的豁免，必须进行新的事实分析，而且经常是法律分析。❹

一些评论家建议版权局从重新考察转变为尊重先前已被授予的豁免。❺ 虽然版权局不能忽视重新考察的要求，因为众议院商务委员会将之明确规定为规

---

❶ 2009年的规则制定用去了相当长的时间，在结束程序时版权局需要以一种临时的规则方式来延长上一轮的豁免。参见 Exemption to Prohibition on Circumvention of Copyright Protection Systems for Access Control Technologies, Interim Rule, 74 Fed. Reg. 55, 138（2009年10月27日）（to be codified at 37 C. F. R. pt. 201）。

❷ 在2012年，版权局确定了10种类型的豁免提案，有22种总的变化。在10种豁免的类型中，有4种事先在2009年的规则制定中已被考虑。尽管只占到类型的40%，这些重复的类型吸引了更多的意见和争论，且22种变化中有13种来自这4个重复的类型中。参见 Exemption to Prohibition on Circumvention of Copyright Protection Systems for Access Control Technologies, U. S. COPYRIGHT OFFICE（2011），http：//www.copyright.gov/1201/2011/initial/。

❸ 参见2012议案，MARIA PALLANTE, REGISTER OF COPYRIGHTS, SECTION 1201 RULEMAKING: FIFTH TRIENNIAL PROCEEDING TO DETERMINE EXEMPTIONS TO THE PROHIBITION ON CIRCUMVENTION, RECOMMENDATION OF THE REGISTER OF COPYRIGHTS 2 - 3（2012年10月12日），http：//www.copyright.gov/1201/2012/Section_ 1201_ Rulemaking%20_ 2012_ Recommendation.pdf，第6~7页（需要提交"有说服力的当前证据"）。

❹ 同上注，第70~71页。（规定对一项豁免而提出的证据必须进行重新审查，但是如果判例法没有发生变化，那么先前由版权局局长采纳的一套先进的法律分析能够被依赖。）即便如此，Pallante局长指出只有当"现有记录中的证据"支持它时，依赖法律分析才将是合适的。同上注。

❺ 参见 Singh, Note, *Agency Regulation in Copyright Law*: Rulemaking Under the DMCA and Its Broader Implications, 26 BERKELEY TECH. L. J. 568（2011）；另参见 Jackson, *The Copyright Office's Protection of Fair Uses Under the DMCA*: Why the Rulemaking Proceedings Might Be Unsustainable and Solutions for Their Survival, 58 J. COPYRIGHT SOC'Y U. S. A. 546（2011）（建议改变对连续两次授予豁免的推定）；Aaron Perzanowski, *Evolving Standards & the Future of the DMCA Anticircumvention Rulemaking*, 10 J. INTERNET L. 1, 21（2007）（争论到当前对持续损害证据的坚持"没能识别出"现存豁免的影响）。

则制定程序的一部分，❶ 但是成文法并没有规定如何对待之前规则制定时的证据和意见。❷ 因此，就像在处理面对如何定义"实质性"不利影响而产生的困惑一样，版权局有很大的灵活性来决定举证责任。❸ 在当前的法定权限下，版权局可以对已有豁免的现有事实证据采取不太严格的要求。

1. 现行重新进行规则制定的方法不能满足续展的要求

目前，版权局对所有豁免都进行重新审查，要求某一特定豁免（包括之前已被授予的豁免）的支持者提供"有说服力的、现有的证据"，以证明该提议的行为有可能是非侵权性使用，以及禁止规避条款对该行为现在或将来是否可能造成不利影响。❹ 要同时满足这两项要求，对于已被授予豁免的提议者而言，要比提出新的豁免的提议者更加困难，因为没有证据证明损害的存在，这一过程对于防止未来损害发生的豁免是不利的。

提议续展豁免的人与那些主张规定新豁免的人相比，难以取得太多的事实证据。如果某一豁免是有效的，那么使用者在其非侵权使用中就可以自由地规避从而避免损害，这意味着不存在现有损害的证据。此外，版权局局长之前已经拒绝了预防未来损害的提议，原因是这仅仅是"推测的"。❺ 主张规定新豁

---

❶ 参见2012 议案，MARIA PALLANTE, REGISTER OF COPYRIGHTS, SECTION 1201 RULEMAKING: FIFTH TRIENNIAL PROCEEDING TO DETERMINE EXEMPTIONS TO THE PROHIBITION ON CIRCUMVENTION, RECOMMENDATION OF THE REGISTER OF COPYRIGHTS 2 – 3 (2012 年10 月12 日)，http：//www.copyright.gov/1201/2012/Section_ 1201_ Rulemaking% 20_ 2012_ Recommendation.pdf，第5 页。(引用商务委员会报告，H. R. Rep. No. 105 – 551, pt. 2, at 37 (1998)。)

❷ 《美国法典》(2012 年) 第17 编，第1201 条（a）款第（1）项（C）目（仅仅说明规则制定中应涉及哪些人和哪些因素应当被考虑)。

❸ 参见前文第一部分第二节的第一部分。

❹ 参见2012 议案，MARIA PALLANTE, REGISTER OF COPYRIGHTS, SECTION 1201 RULEMAKING: FIFTH TRIENNIAL PROCEEDING TO DETERMINE EXEMPTIONS TO THE PROHIBITION ON CIRCUMVENTION, RECOMMENDATION OF THE REGISTER OF COPYRIGHTS 2 – 3 (2012 年10 月12 日)，http：//www.copyright.gov/1201/2012/Section_ 1201_ Rulemaking% 20_ 2012_ Recommendation.pdf，第5 ~8 页。

❺ 参见例子，同上注，第5 页（"在这份记录上，对于维修的关注表现为纯粹的推测。确实，当在一个规则制定听证会上被问及维修损坏的控制器的豁免的必要性时，最重要的提议者EFF 的法律顾问坦率地承认她不'了解细节'"）。EFF 提出了一个允许用户越狱他们自己的视频游戏控制器的豁免，但最终被否决了。Peters 局长也做了同样的事情，例如，因为未来不利的损害的证据未达到"高度的明确、充分和有说服力"从而驳回了一个2010 年的豁免。2010 议案，Marybeth Peters, Register of Copyrights, Recommendation of the Register of Copyrights in RM 2008 – 8；Rulemaking on Exemptions from Prohibition on Circumvention of Copyright Protection Systems for Access Control Technologies 72 (2010 年6 月11 日)，第231 页。

免的提议则通常能够指出因缺乏规定该豁免而导致的损害。❶ 但是，类似在伞下的人不能证明他们现在在雨中被淋湿了是因为没有伞一样，提议续展豁免的人也不能提出一个不存在现有损害的证据。❷ 证明消极后果的困难性问题，因为版权局局长在2003年提出的"实质性"损害的定义变得更加复杂化了，因为要达到"明显的、可证实的和可测量的影响"。❸ 这样的措辞暗含有对"可测量的"实际损害的强调，并使得版权局对续展已经阻止了持续损害存在的生效豁免采取歧视待遇。❹

因为提议重复现有豁免的人无法提出已有损害的证据，而版权局通常认为未来损害是"推测的"而不予采纳，❺ 因此，提议续展豁免的人就处于非常困难的处境去说服版权局续展豁免。实际上，Pallante局长否决手机解锁豁免的一个主要原因是：提议者"不适当地"依据2010年规则制定时的很多事实主

---

❶ 参见2006年议案，Marybeth Peters, Register of Copyrights, Recommendation of the Register of Copyrights in RM 2005 – 11, Rulemaking on Exemptions from Prohibition on Circumvention of Copyright Protection Systems for Access Control Technologies 15（2006年11月17日），http：//www.copyright.gov/1201/docs/1201_recommendation.pdf, 第20～21页。（援引了一个充分的证据，即作为教育设备的先锋DVD播放器按照它的预期教学使用用途，是缓慢的和有"明显的延迟"。）

❷ Pallante局长暗示到无法获得豁免仅仅是由于提议者没有能够建立充分的记录。参见Pallante, *The Next Great Copyright Act*, 36 COLUM. J. L. & ARTS 315（2013），第331页n.83（引用一位众议院司法委员的说法，"DMCA程序的品质取决于记录的品质。该程序未来的参与者应当建立一个豁免以其为基础的充分记录。"）当负担对尚未发生效力的豁免的提议者来说相对更高时，建立充分的记录是困难的。

❸ 参见前注第一部分第二节的第一部分。

❹ 参见Jackson, *The Copyright Office's Protection of Fair Uses Under the DMCA: Why the Rulemaking Proceedings Might Be Unsustainable and Solutions for Their Survival*, 58 J. COPYRIGHT SOC'Y U. S. A. 532（2011）。（"因为损害，根据其定义，是还不存在的，所以未来的损害是不能被核实或测量的。"）

❺ 参见例子，2012年议案，MARIA PALLANTE, REGISTER OF COPYRIGHTS, SECTION 1201 RULEMAKING: FIFTH TRIENNIAL PROCEEDING TO DETERMINE EXEMPTIONS TO THE PROHIBITION ON CIRCUMVENTION, RECOMMENDATION OF THE REGISTER OF COPYRIGHTS 2 – 3（2012年10月12日），http：//www.copyright.gov/1201/2012/Section_1201_Rulemaking%20_2012_Recommendation.pdf, 第47页。（将对不能维修视频游戏控制器的忧虑描述为"推测的"，因为在免费保修或者支付一定合理的费用后，制造商可以维修它们）；2010年议案，Marybeth Peters, Register of Copyrights, Recommendation of the Register of Copyrights in RM 2008 – 8；Rulemaking on Exemptions from Prohibition on Circumvention of Copyright Protection Systems for Access Control Technologies 72（2010年6月11日），http：//www.copyright.gov/1201/2010/initialed – registers – recommendation – june – 11 – 2010.pdf, 第234页。（描述了一个使用DRM服务器的在线服务因其落入了"该假设的范围"而无法使用的争论）。2010年的提案引用了一些已经关闭了服务器的在线音乐和电影服务，但版权局局长否决了这一豁免，因为这些服务已经提供了退款，并且只要消费者没有更换计算机、操作系统、硬盘或采取其他相似措施，就仍然可以获得已购买的内容。同上注，第232～234页。

张，而没有提供新的现有证据。❶ 如果一个已证明豁免的提议者，必须指出不存在的或难以收集的损害的证据，而这些损害因之前授予的豁免而得到了减轻，那么尽管国会打算继续保存他们，规则制定程序可能存在消除版权作品的非侵权使用的风险。如果不解决这个矛盾，版权局无法在依据 DMCA 有效地履行其法定职责。

2. 续展豁免的要求应只要求连续性的事实和可信赖的证据

最好的解决办法是对之前已被授予的豁免所需要的事实证据加以修改。版权局应当对于自豁免被授予之日起的事实记录予以尊重，只要求提议者证明对该豁免存在持续的依赖，以及自前一次规则制定程序以来在事实背景方面没有发生根本的变化。对于此类豁免提出反对意见者应承担举证责任，证明存在实质性的事实变化，因而对负面效果进行新的分析具有正当性，或者证明对版权所有者的利益造成的新损害比保持豁免现状的公共利益更重要。对超出以往范围而对豁免进行修改，则由寻求扩大该豁免范围的一方承担举证责任，证明这种额外的修改同时符合法定条件以及不会被现有的豁免所涵盖。

这样的过程，通过不允许在每一轮未提出额外证据的情况下允许豁免继续存在的方式，将保持规则制定的重新开始性质。为了维持一项豁免，一方被要求更进一步，提交版权作品的非侵权使用者正在使用或者依赖该豁免的证据。要证明存在依赖，需要保证：（1）对版权作品的使用者没有价值的豁免将不再有效存在；（2）版权局将拥有额外的证据，以便其可以依据这些证据来评估其已授予的豁免是否对非侵权使用产生了有形的影响。

对于之前已经授予的豁免，改变举证责任的承担，可以解决上述提及的有关提议者难以续展豁免的困难。现行制度给已证明其价值的豁免的提议者施加了难题，而该难题却并没有施加给新豁免的提议者。将此种举证责任施加给续展豁免的提议者，将导致对社会有价值的豁免被终止的风险，尽管对其需求继续存在。这样的情形在 2009 年就已经发生了，当时，版权局局长拒绝续展一项允许规避电子图书，以使那些印刷品阅读障碍者可以使用文字转语音功能并

---

❶ 在 2012 年议案中，Pallante 局长写道：版权局局长迫不得已认定提议者创建的记录是不足的，他们不适当地依赖版权局 2010 的议案作为他们许多事实主张的证据。仅仅引用版权局局长在过去规则制定中得到的结论并不能为现在的规则制定创建一个事实记录。正如版权局局长在过去多次指出，必须创建记录和在每一次程序中重新审查；提议者需在现有证据基础之上提出与提议豁免相关的初步证据的案例。2012 年议案，MARIA PALLANTE, REGISTER OF COPYRIGHTS, SECTION 1201 RULE-MAKING: FIFTH TRIENNIAL PROCEEDING TO DETERMINE EXEMPTIONS TO THE PROHIBITION ON CIRCUMVENTION, RECOMMENDATION OF THE REGISTER OF COPYRIGHTS 2 - 3（2012 年 10 月 12 日），http://www.copyright.gov/1201/2012/Section _ 1201 _ Rulemaking% 20 _ 2012 _ Recommendation.pdf，第 88 页。

欣赏文学作品的豁免。❶ 在她的建议中，版权局局长指出：联邦盲人联合会提交的事实记录太少，没有提交任何证据证明规避禁令对印刷品阅读障碍者在非侵权使用电子书的能力上"实际有不利的影响"。❷ 的确，提交的证据非常少。❸ 但图书馆馆长引用了"盲人可能无法获得的陈述"，否决了版权局局长的建议，并授予了这一豁免。❹ 图书馆馆长和版权局局长都强烈地认同豁免将对社会有益，❺ 但鉴于先前已建立的规则，即对重新审查的提议豁免需要相应的事实，版权局局长不愿意推荐一项豁免。如果按照建议那样对涉及豁免续展的方法进行修改，则类似这样的情形就可以被避免，图书馆馆长也就不用行使其自由裁量权。

对版权局就这些豁免所采用的方法进行修改，将更多的各种事实记录也纳入考虑范围，将进一步增加进行修改的好处。通过要求所有提议修改者提交比现有豁免具有更大利益的强有力证据，反对豁免的人（兴趣在于完全移除豁免的版权所有者）以及支持消费者的人（试图将豁免的范围扩大到超出最初设想的范围之外）在说服版权局局长修改豁免的问题上，将承担同等的举证责任。现行的规则制定程序有利于版权所有者的利益，因为他们只需要坚持认

---

❶ 参见 2010 年议案，Marybeth Peters, Register of Copyrights, Recommendation of the Register of Copyrights in RM 2008－8; Rulemaking on Exemptions from Prohibition on Circumvention of Copyright Protection Systems for Access Control Technologies 72（2010 年 6 月 11 日），http：//www.copyright.gov/1201/2010/initialed－registers－recommendation－june－11－2010.pdf，第 261～262 页。

❷ 同上注，第 250 页。美国盲人联合会只提交了 5 本电子书做为样本，其中 4 个由于数字保护而不能被屏幕阅读器阅读。同上注，第 248～250 页。应当注意，在该规避禁令被免除 7 年之后，版权局局长正在要求这一禁令产生损害的证据。

❸ 美国盲人联合会针对这 5 本电子书做了一个调查，其中 4 个无法获得。同上注，第 248～250 页。其中 2 本已不再受版权法的保护，意味着它们不在规避禁令的范围之内。同上注，第 255～256 页。

❹ Exemption to Prohibition on Circumvention of Copyright Protection Systems for Access Control Technologies, 75 Fed. Reg. 43, 825, 43, 838－839（2010 年 7 月 27 日）（to be codified at 37 C.F.R. pt. 201）（以下简称 2010 年豁免）。图书馆馆长也提及反对豁免的缺乏和在续展豁免中的"广泛的社会利益"。同上注。

❺ 参见上注（"让视力受到损害的人获得作品对社会而言有广泛的好处"）；2010 年议案，Marybeth Peters, Register of Copyrights, Recommendation of the Register of Copyrights in RM 2008－8; Rulemaking on Exemptions from Prohibition on Circumvention of Copyright Protection Systems for Access Control Technologies 72（2010 年 6 月 11 日），http：//www.copyright.gov/1201/2010/initialed－registers－recommendation－june－11－2010.pdf，第 261 页。（"版权局局长非常支持让盲人及视力受到损害的人普遍获得电子书。"）

为：成文法上的公平举证责任没有得到满足，而不管消费者的损害是多么确定。❶ 这样，在双方之间就产生了一种拉锯战，在中间这种现状下，将建立一种对抗体系，在此体系下，双方必须向版权局提交令人信服的证据，以证明各自的建议是最好的。在此种情形下，双方据理力争可能使真相得以出现；与程序偏向于其中一方相比，此种情形将给版权局确定变化的利弊两方面更全面的信息。

这种修改符合国会的立法目的以及版权局的法定职权。法律本身并没有对版权局在规则制定程序中应如何发挥作用提供任何指导意见，只是简单提及：版权局应当考虑使用某一类作品的人在以后的3年里对该作品进行非侵权使用时，是否可能遭受损害。❷ 众议院商务委员会对国会的立法目的作了更进一步的阐述。商务委员会报告对增加规则制定程序的基本原理作了解释，特别称为"故障安全"机制，❸ 以防止"采用依赖对发行和可获得性进行限制，而不是将之最大化的商业模式"。❹ 委员会也担心禁止规避条款将"损害国会对合理使用原则的长期承诺"，因此设立了规则制定条款来"回应这种担心"。❺

商务委员会报告只是要求规则制定程序（每次）应重新开展，对于其他内容则只字未提。在阐述规则制定的重新开展方法时，版权局局长引用了众议院报告的内容，指出："对特定种类作品的不利影响的评估，应当重新开展。"❻ 虽然商务委员会的报告有助于理解规则制定程序的目的和意图，但过

---

❶ 例如，在2006年，DVD媒体研究豁免的反对者认为，因为这个类型无法纳入使用，所以任何视听作品的豁免都将固有地过于宽泛而不能在该法下获得正当性。参见2006年议案，Marybeth Peters, Register of Copyrights, Recommendation of the Register of Copyrights in RM 2005 – 11, Rulemaking on Exemptions from Prohibition on Circumvention of Copyright Protection Systems for Access Control Technologies 15 (2006年11月17日), http://www.copyright.gov/1201/docs/1201_recommendation.pdf, 第14~15页。类似地，无线行业能说服版权局局长手机解锁的豁免是没有根据的，因为越来越多的手机在出售时即被解锁，意味着对想要获得一个解锁手机的消费者而言规避不是必需的。2012年议案，MARIA PALLANTE, REGISTER OF COPYRIGHTS, SECTION 1201 RULEMAKING: FIFTH TRIENNIAL PROCEEDING TO DETERMINE EXEMPTIONS TO THE PROHIBITION ON CIRCUMVENTION, RECOMMENDATION OF THE REGISTER OF COPYRIGHTS 2 – 3 (2012年10月12日), http://www.copyright.gov/1201/2012/Section_1201_Rulemaking%20_2012_Recommendation.pdf, 第87页。
❷ 17 U.S.C. §1201 (a) (B) (2012).
❸ 商务委员会报告，H. R. Rep. No. 105 – 551, pt. 2, at 36 (1998), 第36页。
❹ 同上注。
❺ 同上注，第35页。
❻ 参见例子，2012年议案，MARIA PALLANTE, REGISTER OF COPYRIGHTS, SECTION 1201 RULEMAKING: FIFTH TRIENNIAL PROCEEDING TO DETERMINE EXEMPTIONS TO THE PROHIBITION ON CIRCUMVENTION, RECOMMENDATION OF THE REGISTER OF COPYRIGHTS 2 – 3 (2012年10月12日), http://www.copyright.gov/1201/2012/Section_1201_Rulemaking%20_2012_Recommendation.pdf, 第5页[引用商务委员会报告，H. R. Rep. No. 105 – 551, pt. 2, at 36 (1998), 第37页]。

度地探究报告的事实细节可能产生误解。当众议院和参议院对各自不同的版本进行协调时,对规则制定部分的内容做了很多的修改,❶ 而且商务委员会报告所讨论的法案草案与最终版本也不同。❷ 在撰写报告时,商务委员会可能没有考虑将如何处理重新开展豁免的问题,因为在规则制定的早期阶段,即使是版权局也需要将那些细节研究清楚。

商务委员会报告指出:重新开展规则制定程序,并不禁止版权局修改续展豁免的举证责任。如前所述,现行的规则制定程序在实践中对续展豁免的提议者施加了过重的证明责任。❸ 报告明确指出:设立规则制定程序是为了保护版权作品的非侵权使用,确保公众能获得那些"对教育、学术和其他具有重要社会意义"的作品。❹ 符合法律规定的豁免很有可能属于这些类型。依据建议进行修改,则会通过在续展时施加过大的举证责任的方式阻止对这些使用提供保护。

通过要求证明豁免具有公共用途或公众依赖性而获得有效性推定的方式,可以满足重新开展的要求。要重新开展规则制定程序,如果没有一个利害关系方提出豁免建议,则豁免不会理所当然地被续展。豁免应每3年进行一次重新提议,需要提供证据的要求必然将导致一方组织和建议豁免,并将实际证据作为需要豁免的证明。然而,鉴于被授予的豁免无法提供现有证据来证明在不存在该豁免时的损害,版权局局长显然应当有权对这些特殊情形要求采用不同类型的证据。由于成文法对如何处理这些情形没有提供指导意见,加上商务委员会已阐明希望保护合理使用的意图,❺ 这样,就赋予了版权局对续展豁免可以采取不同方式的权限:版权局可以规定期望的事实证据更加符合有利于提议者可以合理获得的证据。

目前,难以证明未来不利影响的一个可能原因是:版权局依赖于众议院议长的报告,后者指出:适用于未来损害的豁免只有在"极其特殊的情形"❻ 下才应被授予。正如其他批评家所指出的那样,众议院议长报告并不能准确地体

---

❶ 参见前文第一部分第一节。

❷ 例如,报告规定该程序应每两年进行一次,尽管最终的法律规定是每三年进行一次。参见商务委员会报告,H. R. Rep. No. 105 – 551, pt. 2, at 36(1998),第 37 页。

❸ 参见前文第三部分第一节的第二部分。

❹ 商务委员会报告,H. R. Rep. No. 105 – 551, pt. 2, at 36(1998),第 36 页。

❺ 同上注,第 35~36 页。

❻ STAFF OF H. COMM. ON THE JUDICIARY, 105TH CONG. , SECTION – BY – SECTION ANALYSIS OF H. R. 2281 AS PASSED BY THE UNITED STATES HOUSE OF REPRESENTATIVES ON AUG. 4, 1998'6(Comm. Print 1998)(以下简称众议院议长报告)。

现国会对于规则制定程序的立法意图。❶ 不仅因为该报告是在众议院全会通过该法案之后撰写的，❷ 还因为众议院司法委员会撰写报告的作者被卷入到与商务委员会的势力争夺战中，其对于他们在版权问题上长期以来的权威地位被篡夺感到沮丧。❸ 鉴于众议院司法委员会知识产权分委员会首席顾问 Mitch Glazier 深度参与了起草最初的、更为严格的法案，❹ 也就难怪与他一起工作的委员会发布了一份将规则制定程序规定得比其起草者预期的更受限制的报告。有关设立规则制定程序的立法目的，应当从其起草者的报告中进行解读，而不是从具有各自政治利益的外部律师那里解读。

此外，规则制定程序在一些情形中已经采用了举证责任转移的做法，只不过没有明确地这样说而已。在 2009 年的规则制定程序中，版权局局长明确表示：美国盲人联合会（AFB）提交的证据不足以证明有必要为帮助盲人消费者而给予电子书豁免。❺ 美国盲人联合会除最初提交的文件之外，没有提供其他的证据来支持该豁免，❻ 然而，图书馆馆长认为，他被以下陈述所说服："（根据记录）盲人不存在获得的可能。"❼ 美国盲人联合会在最初提交的文件中仅仅提供了相关陈述内容，指出：自 2002 年以来，有关电子书限制的情形"没有明显地发生变化"。❽ 鉴于支持该项豁免所提交的证据不足，图书馆馆长似乎采用了与上文所建议的方法非常相似的方法，因为缺少反对意见，进而尊重之前已被授予的豁免，以及尊重支持者仍对此关心，提议续展的证据。然而，

---

❶ 例如，参见：Herman & Gandy，参见前注 36，第 169 页。（写于议案通过后，描述了司法委员会想要比商业委员会更严格的标准）；Perzanowski, Erolving Standords & the Future of the DMCA Anticit-cumrention Rulemakong, 10 J. INTERNET L. 14（2007）（描述了众议院议长报告提供了一个与商务委员会报告"略微不同的解释"）。

❷ 参见 Herman & Gandy，前注 36，第 169 页。

❸ 参见 LITMAN, Digital Copyright 137–138（2006）。

❹ 同上注，第 137 页。Glazier 现在是美国唱片业协会（"RIAA"）的高级执行总裁。参见 Executive Bios, RECORDING INDUSTRY ASSOCIATION OF AMERICA, http：//www.riaa.com/aboutus.php?content_selector=about_us_exec_bios（最后访问时间：2014 年 2 月 8 日）。

❺ 参见 2010 年议案，Marybeth Peters, Register of Copyrights, Recommendation of the Register of Copyrights in RM 2008-8; Rulemaking on Exemptions from Prohibition on Circumvention of Copyright Protection Systems for Access Control Technologies 72（2010 年 6 月 11 日），http：//www.copyright.gov/1201/2010/initialed-registers-recommendation-june-11-2010.pdf，第 253 页。

❻ 同上注，第 247~250 页。

❼ 2010 年议案，Exemption to Prohibition on Circumvention of Copyright Protection Systems for Access Control Technologies, 75 Fed. Reg. 43, 825, 43, 838–839（2010 年 7 月 27 日）（to be codified at 37 C.F.R. pt. 201），第 43、838 页。

❽ Comments of the American Foundation for the Blind, In Re Exemption to Prohibition on Circumvention of Copyright Protection Systems for Access Control Technologies at 3, No. RM 2008-8, http：//www.copyright.gov/1201/2008/comments/american-foundation-blind.pdf.

由于可能发生损害（不是损害的证据，仅仅是对其的陈述）是授予豁免的原因，而根据通常证明"实质性"不利影响的要求来看，其正当性看起来较弱。出于透明度的考虑，图书馆馆长直接说明理由，可能是更好的策略。

新任版权局局长做了与 2012 年规则制定时类似的事情，她在建议的介绍部分，对事实证明与法律分析进行了区分。❶ 在此之前，在每次进行规则制定程序时，版权局局长只是简单地指出，需要重新作出决定和论证事实。然而，此种区分是版权局局长决定续展允许越狱的手机运行第三方应用程序这一豁免的基础。❷ 虽然重新使用之前的法律分析，但版权局局长并未完全抛弃事实分析。相反，她认为：对非侵权使用存在不利影响的事实证据很少，可能是由于智能手机已被广泛使用，并且未授权（越狱）的 APP 程序在销售上取得了成功。❸ 这与建议的方法很相似，将使用的证据以及依赖之前的豁免作为仍然被需要的事实证据。

在这两种情况下，图书馆馆长和版权局局长的决定结果都很好地契合了本文建议的解决方案。可能这些决定的动因与现有规则很接近。然而，在这两种情况下，每个结果的推理既不明确，也不是基于一个清晰、可认的程序而作出。出于透明度的考虑，规则制定程序应明确近几年来已默示得到发展的内容：已被授予的豁免应能够特殊考虑这一内容，在规则制定程序的基本原则中有所体现。因为版权局在现有职权范围内已经采取了类似的做法，为保证结果更具透明度和一致性，版权局在对豁免进行续展时，应采用这一清晰、连贯的方法。

（二）纳入合理使用

1. 版权局没有充分保障合理使用

对规则制定程序的另一种常见批评，是其没有考虑合理使用。2005 年，电子前沿基金会（Electronic Frontier Foundation，EFF）指出：规则制定程序将导致合理使用处于"深度冻结"状态，因为在用户因数字合理使用的问题而需要由法院裁判之前，其需要先获取基础作品，而这是非法的，除非该作品没有使用诸如数字权利管理（DRM）之类的技术保护措施，或者版权局明确授

---

❶ 2012 年议案，MARIA PALLANTE, REGISTER OF COPYRIGHTS, SECTION 1201 RULEMAKING: FIFTH TRIENNIAL PROCEEDING TO DETERMINE EXEMPTIONS TO THE PROHIBITION ON CIRCUMVENTION, RECOMMENDATION OF THE REGISTER OF COPYRIGHTS 2 – 3（2012 年 10 月 12 日），http://www.copyright.gov/1201/2012/Section_ 1201_ Rulemaking%20_ 2012_ Recommendation.pdf，第 6 页。

❷ 同上注，第 71 页。

❸ 同上注，第 74 ~ 76 页。

予那种"类型的作品"以豁免。❶ 自 EFF 在 2005 年提出批评意见之后,版权局局长在讨论豁免时,偶尔会纳入合理使用进行分析,❷ 但 EFF 指出的问题,现在依然存在:DRM 非常普遍,一些创意内容只采用数字化复制件形式。在无法获得不受保护的作品的情况下,版权内容的消费者实际上也将无法合理使用那些作品,因为无论如何,依据第 1201 条,消费者可能都需要承担责任。

版权局意识到,各方担忧 DMCA 可能对合理使用造成影响,是因为在设立规则制定时存在的激励因素。❸ 众议院商务委员会希望将规则制定程序作为一种"故障安全"机制,来预防出现以下情况:在作品的硬拷贝消失,永久加密和对版权作品的保护成为常态的社会中,防止消费者在不违反 DMCA 的情况下获取作品。❹ 许多产业都是如此,要在非数字背景下租到电影❺或从艺术家手中购买作品❻,变得越来越难。这一令国会担心的情景已来到美国公众的家门口,情势变化需要对版权局当时设定的假设也予以改变。

---

❶ 参见 VON LOHMANN & HINZE, ELECTRONIC FRONTIER FOUNDATION, DMCA TRIENNIAL RULEMAKING: FAILING THE DIGITAL CONSUMER 6 – 8 (2005), https://www.eff.org/files/filenode/DMCA_rulemaking_broken.pdf。

❷ 参见 2010 年议案, Marybeth Peters, Register of Copyrights, Recommendation of the Register of Copyrights in RM 2008 – 8; Rulemaking on Exemptions from Prohibition on Circumvention of Copyright Protection Systems for Access Control Technologies 72 (2010 年 6 月 11 日), http://www.copyright.gov/1201/2010/initialed – registers – recommendation – june – 11 – 2010.pdf, 第 49 ~ 53、94 ~ 100、183 ~ 190 页。(运用合理使用对三个被提议的豁免进行分析,这三个豁免均获通过。)但是,参见 2006 年议案, Marybeth Peters, Register of Copyrights, Recommendation of the Register of Copyrights in RM 2005 – 11, Rulemaking on Exemptions from Prohibition on Circumvention of Copyright Protection Systems for Access Control Technologies 15 (2006 年 11 月 17 日), http://www.copyright.gov/1201/docs/1201_recommendation.pdf, 第 29 页。

❸ 2003 年议案, MARYBETH PETERS, REGISTER OF COPYRIGHTS, RECOMMENDATION OF THE REGISTER OF COPYRIGHTS IN RM 2002 – 3; RULEMAKING ON EXEMPTIONS FROM PROHIBITION OF CIRCUMVENTION OF COPYRIGHT PROTECTION SYSTEMS FOR ACCESS CONTROL 16 – 18 (2003), http://www.copyright.gov/1201/docs/registers – recommendation.pdf, 第 7 ~ 8 页。

❹ 商务委员会报告, H. R. Rep. No. 105 – 551, pt. 2, at 36 (1998)。

❺ 参见 Andrea Peterson, *Netflix has won*: *Blockbuster is closing its last retail stores*, THE WASHINGTON POST (2013 年 11 月 6 日), http://www.washingtonpost.com/blogs/the – switch/wp/2013/11/06/netflix – has – won – blockbuster – is – closing – their – last – retail – stores. 随着 Blockbuster 的衰落,能继续提供租赁服务的品牌商家屈指可数,Redbox 便是其中之一。参见 Gina Hall, *Blockbuster loss may be Redbox gain*, L. A. BIZ (2013 年 11 月 8 日), http://www.bizjournals.com/losangeles/news/2013/11/07/blockbuster – loss – may – be – redbox – gain.html。

❻ 越来越多的音乐专辑只以数字的形式在诸如 iTunes 的网上店面进行发行。例如,Steve Marinucci, *New Beatles digital only album out on iTunes today*, EXAMINER.COM (2012 年 7 月 24 日), www.examiner.com/article/new – beatles – digital – only – album – out – on – itunes – today (讲述了披头士乐队的专辑仅以数字形式在 iTunes 上发行); *Bio*: *Album*, JAYPARK.COM, http://www.jaypark.com/en/bio/album.asp (最后访问时间:2013 年 11 月 11 日) (表明许多专辑仅以单一的数字形式来发行)。

问题产生的部分原因在于，成文法要求版权局授予豁免以允许"非侵权使用"——该用语包含合理使用，但又不同于合理使用。❶ 这种法定授权迫使版权局不得不作出某种使用是或者不是非侵权的决定❷——有评论者称为"二元决定"，因为豁免必须与对某种特定类型作品的使用者所产生的特定损害"密切切合"。❸ 由于合理使用高度依赖于具体事实，❹ 版权局很难提出一种在某些情况是，但并非在所有情况下都是合理使用的豁免。❺ 在分析一项提议豁免的价值时也很少分析其自身的合理使用，但这种情况在最近几年有所变化。❻

在最近的规则制定程序中，版权局在纳入合理使用进行分析方面变得更加灵活。2010 年，版权局局长建议扩大对 DVD 保护的规避豁免，以制作纪录片

---

❶ 《美国法典》（2012 年）第 17 编，第 1201 条第（a）款第（1）项（C）目。合理使用是不侵权的，其他行为也是如此，例如在第 108 条对档案馆和图书馆的例外规定中，制作一份档案馆内作品的复制件，或者在首次销售原则下行使消费者权利。

❷ Perzanowski, *Evolving Standards & the Future of the DMCA Anticircumvention Rulemaking*, 10 J. INTERNET L. 1, 21 (2007).

❸ 参见 2003 年议案，MARYBETH PETERS, REGISTER OF COPYRIGHTS, RECOMMENDATION OF THE REGISTER OF COPYRIGHTS IN RM 2002 – 3; RULEMAKING ON EXEMPTIONS FROM PROHIBITION OF CIRCUMVENTION OF COPYRIGHT PROTECTION SYSTEMS FOR ACCESS CONTROL 16 – 18 (2003), http：//www. copyright. gov/1201/docs/registers – recommendation. pdf，第 84 页。版权局通常认为其权限很小，版权局局长倾向于与损害"密切切合"的豁免提案。例如，参见：2006 年议案，Marybeth Peters, Register of Copyrights, Recommendation of the Register of Copyrights in RM 2005 – 11, Rulemaking on Exemptions from Prohibition on Circumvention of Copyright Protection Systems for Access Control Technologies 15（2006 年 11 月 17 日），http：//www. copyright. gov/1201/docs/1201_ recommendation. pdf，第 62 页。（指出：安全豁免的提议者"承认"豁免应"只适用于"解决每种特殊形式的损害）；2010 年议案，Marybeth Peters, Register of Copyrights, Recommendation of the Register of Copyrights in RM 2008 – 8; Rulemaking on Exemptions from Prohibition on Circumvention of Copyright Protection Systems for Access Control Technologies 72（2010 年 6 月 11 日），http：//www. copyright. gov/1201/2010/initialed – registers – recommendation – june – 11 – 2010. pdf，第 253 ~ 254 页。（之前被授予的豁免"只适用于"损害，将提议的豁免与其相比较是不适当的。）

❹ 参见 Campbell v. Acuff – Rose Music, 510 U. S. 569, 577 – 578 (1994)。

❺ 参见 2003 年议案，MARYBETH PETERS, REGISTER OF COPYRIGHTS, RECOMMENDATION OF THE REGISTER OF COPYRIGHTS IN RM 2002 – 3; RULEMAKING ON EXEMPTIONS FROM PROHIBITION OF CIRCUMVENTION OF COPYRIGHT PROTECTION SYSTEMS FOR ACCESS CONTROL 16 – 18 (2003), http：//www. copyright. gov/1201/docs/registers – recommendation. pdf，第 84 ~ 85 页。（"以这样的方式来定义一种类型就可适用于所有作品，而无须提供任何变化的作品类型之间的区别或保护他们的措施。"）

❻ 例如，参见：2010 年议案，Marybeth Peters, Register of Copyrights, Recommendation of the Register of Copyrights in RM 2008 – 8; Rulemaking on Exemptions from Prohibition on Circumvention of Copyright Protection Systems for Access Control Technologies 72（2010 年 6 月 11 日），http：//www. copyright. gov/1201/2010/initialed – registers – recommendation – june – 11 – 2010. pdf，第 72 页。（对非商业性视频进行了合理使用分析）；同上注，第 91 页。（对手机"越狱"做了同样的事情。）

和非商业性视频。❶ 在其分析中，版权局局长对提议的创作非商业性视频的豁免进行了充分的合理使用分析，最终认为：尽管提议者提供的许多例子不符合合理使用，但也有许多例子可以被认为是合理使用。❷ 在同一规则制定程序中，版权局局长也以合理使用作为正当性理由，提议一项允许用户"越狱"其智能手机的豁免，认为这种行为"正好符合合理使用的四因素"。❸ 版权局局长的下一任继任者 Maria Pallante 引用并重申了这一合理使用分析。❹ 尽管版权局此前反对依赖合理使用作为分析标准，但最近几年，版权局已经开始赋予合理使用在规则制定程序中更重要的地位。

然而，这仅仅用于偶尔的豁免，提议者要负责论证其符合合理使用，希望版权局在最终提案中接受这一论证。不能保证版权局一定会考虑合理使用，除非其认为合理使用可以适用于某一特定情况。

2. 为更好实现国会立法目的，版权局局长应明确纳入合理使用作为豁免分析的一部分

要解决只是偶尔纳入合理使用的问题，最简单的方案就是采取最直接的办法：版权局应明确将合理使用分析作为第 1201 条因素的法定分析的一部分。合理使用的分析不具有决定性作用，但它将法定因素的分析纳入考虑，将为版权局局长提供一个更好的视角，以决定是否批准、拒绝或修改一项拟提议的豁免。

DMCA 指引图书馆馆长考虑以下因素：

（1）获得版权作品使用的可能性；

（2）以非营利性存档、保存和教育目的获得作品使用的可能性；

（3）禁止规避版权作品采用的技术措施后，对于批评、评论、新闻报道、教学、学术或研究的影响；

（4）规避技术措施对版权作品的市场或价值的影响；以及

（5）图书馆馆长认为适当的其他因素。❺

---

❶ 例如，参见：2010 年议案，Marybeth Peters, Register of Copyrights, Recommendation of the Register of Copyrights in RM 2008 – 8; Rulemaking on Exemptions from Prohibition on Circumvention of Copyright Protection Systems for Access Control Technologies 72（2010 年 6 月 11 日），http：//www.copyright.gov/1201/2010/initialed – registers – recommendation – june – 11 – 2010.pdf，第 72 页。

❷ 同上注，第 52 页。

❸ 同上注，第 91 页。

❹ 2012 年议案，MARIA PALLANTE, REGISTER OF COPYRIGHTS, SECTION 1201 RULEMAKING：FIFTH TRIENNIAL PROCEEDING TO DETERMINE EXEMPTIONS TO THE PROHIBITION ON CIRCUMVENTION, RECOMMENDATION OF THE REGISTER OF COPYRIGHTS 2 – 3（2012 年 10 月 12 日），http：//www.copyright.gov/1201/2012/Section_ 1201_ Rulemaking%20_ 2012_ Recommendation.pdf，第 77 页。

❺ 《美国法典》（2012 年）第 17 编，第 1201 条第（a）款第（1）项（C）目。

这些因素中的一些内容是从版权法的其他部分，尤其是合理使用，借鉴而来。❶ 合理使用本身并未被列入这些因素，但与之相关的一些因素被纳入考虑范围。根据规则制定程序超过 12 年的发展记录来看，显然，在版权局所采用的一般分析中，可以且应当给合理使用留出更大的空间。

因为允许图书馆馆长考虑其"认为适当的"其他因素，版权局应行使其权力，并对每个拟提议的豁免进行合理使用分析。在规则制定程序中考虑这一原则是完全"合适的"，因为众议院商务委员会出于以下担心：规避禁令将"逐渐削弱"国会对合理使用作出的历史承诺，而将该原则设为"故障安全"机制。❷

在进行规则制定分析时，版权局局长应当首先对拟提议的豁免进行合理使用分析，可以使用该豁免的支持者和反对者提出的事实进行分析。使用合理使用分析，可以更好地理解以及考量其他法定因素。例如，如果某种使用通过合理使用分析认为构成合理使用，这将极大地暗示：禁止此种使用将对批评、评论和新闻报道等（如果涉及这些因素）产生巨大影响。倘若版权局局长按传统的做法进行分析，则不会对版权作品的可获得性产生如此大的影响。因为合理使用分析探究希望使用的市场影响，所以该分析可以为法定因素提供信息。此外，合理使用根据某种使用是否具有"转换性"对市场损害进行不同的考察，此种分析可以更好地分离出作品的相关市场。❸

从合理使用的分析出发，版权局局长可以更好地专注于规则制定程序中的重点问题：禁止规避 DRM 是否会阻止用户合法（非侵权）使用版权作品？合理使用通常被用来作为判断某种行为是否对社会有益的替代物，❹ 引入合理使

---

❶ 参见《美国法典》（2012 年）第 17 编，第 107 条，序言列举了"批评、评论、新闻报道、教学（包括用于课堂使用的多份复制件）、学术、或研究"作为合理使用希望保护的行为。第四个因素也强调相关合理使用的市场影响。同上注，第 107 条第 1 款第（4）项。

❷ 商务委员会报告，H. R. Rep. No. 105 – 551, pt. 2, at 35 – 36 (1998)。

❸ 参见 2010 年议案，Marybeth Peters, Register of Copyrights, Recommendation of the Register of Copyrights in RM 2008 – 8; Rulemaking on Exemptions from Prohibition on Circumvention of Copyright Protection Systems for Access Control Technologies 72（2010 年 6 月 11 日），http：//www.copyright.gov/1201/2010/initialed – registers – recommendation – june – 11 – 2010. pdf, 第 102 页（对豁免目的的市场损害因素进行了简要的分析）。版权局局长对于合理使用分析中市场损害因素的讨论相当长。比较上注的第 97 ~ 100 页与上注的第 102 页。在法定因素下，合理使用分析在对市场影响的判断上可能大有帮助。

❹ 例如，参见 Sony Corp. v. Universal City Studios, Inc., 464 U. S. 417, 478 – 479 (1984)（Blackmun, J., dissenting)（指出合理使用带来了"人人于此获益"的外部利益）；Princeton Univ. Press v. Michigan Document, 99 F. 3d 1381, 1400 (6th Cir. 1996)（"根据合理使用的第一个因素，最终考察的是系争使用的类型在本质上是否有益于社会，且不会过分地削弱对创作新作品的激励"）。合理使用的第一个因素用于分析社会利益，因此它对于判断豁免的价值可以是一个有用的路标。

用分析可以更好地在具体情形下理解图书馆馆长必须考虑的因素，这将使规则制定程序决定的结果更好地符合公共利益，因为公共利益也是规则制定程序希望保护的。

此外，合理使用分析有利于版权局更好地确定豁免，因为后者并不总是涉及档案、教育或研究。在多个规则制定程序中，当不涉及第二个和第三个因素时，版权局局长也没有使用它们进行分析；例如拟议的有关智能手机越狱的豁免❶以及手机在其他网络上使用的解锁豁免，版权局局长认为四个因素中没有任何一个适用。❷ 如果有多个因素或没有一个因素与某一豁免相关，除了考察记录中损害的事实证据以外，版权局局长也没有其他参考因素可以用来分析豁免。❸ 为了避免决策与立法目的偏差过大，应将合理使用作为参照系来帮助评估豁免，以及与商务委员会的意图保持一致。因为合理使用比规则制定程序涉及的因素更广，因此，当第1201条第（a）款第（1）项（C）目项下的较为狭窄的法定因素不能适用时，合理使用可以提供相应的指导。

对这种方法可能存在的担忧是，如果国会希望在 DMCA 的框架下考虑合理使用问题，它可以很容易将其规定纳入进来。事实上，在 DMCA 中，唯一提及合理使用的只是第1201条的一小句话，即本条不影响权利或包括合理使用在内的版权侵权抗辩。❹ 然而，合理使用对商务委员会来说显然非常重要，因为其在报告中多次提到这一原则使消费者和许多产业受益。❺ Scott Klug 议员和 Rick Boucher 议员在众议院报告的附加声明中增加了更多的背景内容。Klug 提出了一项修正案，在议案中增加规则制定程序，但他仍然为 DCMA 对合理使用的潜在影响所"困扰"。❻

---

❶ 参见2010年议案，Marybeth Peters, Register of Copyrights, Recommendation of the Register of Copyrights in RM 2008 – 8; Rulemaking on Exemptions from Prohibition on Circumvention of Copyright Protection Systems for Access Control Technologies 72（2010年6月11日），http：//www.copyright.gov/1201/2010/initialed – registers – recommendation – june – 11 – 2010.pdf, 第101~102页。("类似于前一因素，建议不太可能会影响这一因素中的利益。这一因素也似乎保持中立。")

❷ 同上注，第150页。(发现四个因素都是"中立的"，因为解锁的手机在其他移动网络上的使用不会影响到归档、新闻报道和学术等。)

❸ 同上注，第150~154页。(批评豁免的反对者利用法院来保护商业模式，而且几乎没有提供版权局局长认为有效的证据)。

❹《美国法典》第17编，第1201条第（c）款。

❺ 参见商务委员会报告，H. R. Rep. No. 105 – 551, pt. 2, at 25（1998）。("[合理使用]对于提升消费者的个人利益极为重要。而且，如在委员会之前许多事已证明，这对美国的产业同样至关重要。")

❻ 同上注，第85页。Klug 的修正案最初赋予了商务部部长授予豁免的权力。同上注，第85~86页。由于参议院出于政治考虑保留了司法委员会的权限（以及随之而来的游说关注），基于版权局采纳商务委员会意见的规则制定在最后一分钟被改变了。参见 LITMAN, Digital Copyright 142 – 144（2006）。

虽然第1201条不受合理使用抗辩的约束，但合理使用并未完全受到排除。Klug众议员及其同事最初规定了相关内容，将合理使用扩展到适用于第1201条的禁止规避条款，但后来却遭到动机不明的同事的阻挠。❶ 尽管不能在反规避条款中获得明确的合理使用的保护，但国会议员还是希望规则制定程序"重点解决在什么范围内，对该禁止的限制与例外是适当的问题，以及在我们的版权法中保持平衡的问题"。❷

国会议员未能将合理使用明确纳入DMCA，但这并不能被认为是国会希望规则制定程序不予讨论合理使用的证据。首先，后来的谈判记录显示，反对明确规定合理使用特权的意见，深深植根于内容产业的担忧之中，他们认为这将给发行规避工具的公司"提供路线图"，从而将削弱对保护技术的法律保护，致使它们失效。❸ 合理使用作为一种信息工具，可以避免削弱保护技术，因为豁免仍需要支持者提供额外的证据以及进行经常性的行动。其次，考虑到各种不同的利益都正施加各自的影响力，在终端产品上达成了妥协，很难认为DMCA背后只存在单一的"意图"。❹ 与其试图预测特定的派系希望从法案中获得什么，不如探究商务委员会通过规则制定程序保护合理使用有什么更大的主题和诉求。

实际上，经过十年的规则制定，版权局局长已经对什么是适当的豁免有了新的见解。与最初断然拒绝扩大合理使用适用的做法相比，❺ 版权局局长已经

---

❶ 参见商务委员会报告，H. R. Rep. No. 105-551, pt. 2, at 86 (1998)（引用世界知识产权组织版权条约，WIPO Copyright Treaty art. 11, Dec. 20, 1996, 2186 U. N. T. S. 121, http://www.wipo.int/export/sites/www/treaties/en/ip/wct/pdf/trtdocs_wo033.pdf, 第2页）("因为我们并不清楚的原因，尽管世界知识产权组织条约的文本中写到'承认有必要在作者权利与更大的公共利益之间保持平衡，特别对于教育、研究和信息获取＊＊＊'，我们的提议遭遇到激烈的反对"）。其他委员会的委员很可能被一些行业大量游说，即想要强大的知识产权保护，如电影和唱片产业。参见前文第一部分第一节。

❷ 商务委员会报告，H. R. Rep. No. 105-551, pt. 2, at 86 (1998)。

❸ LITMAN, Digital Copyright 189 (2006).

❹ 参见 Bill Herman & Oscar Gandy, Jr., *Catch 1201: A Legislative History and Content Analyis of the DMCA Exemption Proceedings*, 24 CARDOZO ARTS & ENT. L. J. 189 (2006)。("更实际地说，第1201条背后没有主要立法意图，只是以一种笨拙的立法措辞形式仓促地表现出的相互冲突的期望和心愿。"）另参见 LITMAN, Digital Copyright 133-145 (2006)（讨论了形成第1201条的最终文本的商讨过程）。

❺ 参见2003年议案，MARYBETH PETERS, REGISTER OF COPYRIGHTS, RECOMMENDATION OF THE REGISTER OF COPYRIGHTS IN RM 2002-3; RULEMAKING ON EXEMPTIONS FROM PROHIBITION OF CIRCUMVENTION OF COPYRIGHT PROTECTION SYSTEMS FOR ACCESS CONTROL 16-18 (2003), http://www.copyright.gov/1201/docs/registers-recommendation.pdf, 第54~55页。虽然版权局局长已经提出一个允许归档电脑软件和视频游戏的广泛豁免，但由于合理使用过度依赖于事实而不能被一般化地具体体现在一项豁免中，所以指出"概括"出合理使用的要素是"不正确的"。同上注。

越来越多地将合理使用引入到对许多豁免的分析之中。❶ 因为版权局已经从多个回合的规则制定中吸取了经验，并逐渐理解规则制定程序所涉及的基础性政策问题，版权局有更多的理由来更为充分地纳入合理使用。与起草规则制定条款的国会议员的预期一样，该分析并不是一个有约束力的因素，但能更好地明确和理解法定因素。❷ 正如 Scott Klug 众议员及其同事 Rick Boucher 众议员所指出的那样，"无论国会授予怎样的保护，这些保护都不能被任何团体用来阻碍消费者获得创新产品、信息，获取行使合法权利的工具，也不能阻碍消费者预期普通人及专家继续向这些产品提供服务"。❸

（三）再次讨论"作品类型"

1. 通过使用和使用者来缩小豁免范围的现行方法过于技术性

尽管为了进行规则制定而对"作品类型"进行定义，变得越来越灵活，但版权局所使用的方法仍然太过于技术化。与其适用合理使用来分析豁免时越来越适应一样，版权局在为授予豁免的目的而定义"作品类型"，以及基于特定用途或用户来定义类型上，也越来越灵活。❹ 虽然这使一些对社会有益的

---

❶ 例如，参见：2010 年议案，Marybeth Peters, Register of Copyrights, Recommendation of the Register of Copyrights in RM 2008 – 8; Rulemaking on Exemptions from Prohibition on Circumvention of Copyright Protection Systems for Access Control Technologies 72（2010 年 6 月 11 日），http：//www.copyright.gov/1201/2010/initialed – registers – recommendation – june – 11 – 2010.pdf，第 49 ~ 53 页（对允许为教育、纪实及非商业性的视频规避 DVD 保护的豁免进行合理使用分析）；同上注，第 92 ~ 100 页（对越狱智能手机允许运行第三方应用程序进行合理使用分析）；同上注，第 183 ~ 186 页（对为调查和修复安全漏洞而规避技术性保护措施进行合理使用分析以判断其非侵权本质）。

❷ 参见商务委员会报告，H. R. Rep. No. 105 – 551, pt. 2, at 86（1998）。国会议员明确地认为：规则制定程序是一个有缺陷、但切实可行的保护公共利益——为增进社会福利不经授权而使用版权作品——的途径。

❸ 同上注，第 87 页。

❹ 参见 2000 年豁免，Exemption to Prohibition on Circumvention of Copyright Protection Systems for Access Control Technologies, 65 Fed. Reg. 64, 556, 64, 558（2000 年 10 月 27 日）(codified at 37 C. F. R. pt. 201)，第 64、559 页。版权局局长拒绝采纳所谓的"外部标准"，如某个"作品类型"中的特定使用或特定使用者。同上注。但是，这种逻辑在 2006 年改变了，她对保存在大学电影研究图书馆的 DVD 授予了豁免，可进行规避以用于课堂教学。参见 2006 年议案，Marybeth Peters, Register of Copyrights, Recommendation of the Register of Copyrights in RM 2005 – 11, Rulemaking on Exemptions from Prohibition on Circumvention of Copyright Protection Systems for Access Control Technologies 15（2006 年 11 月 17 日），http：//www.copyright.gov/1201/docs/1201_ recommendation.pdf，第 24 页。这种做法是对法条进行了一些解释，很明显之前六年由于之前规则制定中事实不够充分而在这个方面有所忽略。同上注，第 18 页（强调条文中的"这样的使用者"一词，这意味着"作品类型"可以包括使用者）。更加可能的解释是，之前倾向于引入使用或使用者的立场将可能会导致对于教育工作者不公平的结果，而版权局局长无法证明其合理性。

豁免获得批准，❶ 但它也将复杂性引入该体系，而该体系能够影响普通公民参与规则制定过程和了解自己的权利内容的能力。虽然通过纳入使用对豁免进行限制的做法给了版权局在其法定权限内充分的自由，但这样的做法也导致了越来越多混乱和复杂的豁免。

最近的规则制定程序证明了这个问题变得越来越复杂。版权局局长提出了一个颇具争议性的豁免，该豁免允许用户破解对 DVD 的保护，版权局局长使用的是一个用了两页密集的、单倍行距的四段文字才能说清楚的文本。❷ 在此复制四个变量中的一个来说明：

> 符合美国版权法第 17 编第 101 条定义的电影作品，经过合法的制作，可以通过网上发行服务获得，并受各种技术保护措施保护，从事规避的人相信并有合理的理由相信这种规避是必要的，因为可合理获得的替代品，例如通过非规避方法或者使用其他豁免提供的屏幕撷取软件，是无法制作出满足对此类电影作品进行批评或评论需求的高品质的内容，并且这种规避只是为了批评或评论而使用该电影作品的短片段，限于以下几种情形：（1）非商业性视频；（2）纪录片；（3）非虚构的提供电影分析的多媒体电子书；以及（4）大专院校的教师和学生以及从幼儿园到 12 年级的教育工作者在电影教学或其他课程中出于教育目的而需对电影和媒体片段进行详细分析。为适用该豁免，"非商业性视频"包含以有偿委托形式制作的视频，只要委托

---

❶ 在 2012 年，每五个豁免提议中，有一个能满足规避的目的。参见 2012 年议案，MARIA PALLANTE, REGISTER OF COPYRIGHTS, SECTION 1201 RULEMAKING: FIFTH TRIENNIAL PROCEEDING TO DETERMINE EXEMPTIONS TO THE PROHIBITION ON CIRCUMVENTION, RECOMMENDATION OF THE REGISTER OF COPYRIGHTS 2 – 3 (2012 年 10 月 12 日), http://www.copyright.gov/1201/2012/Section_1201_Rulemaking%20_2012_Recommendation.pdf, 第 2～3 页。2010 年，在版权局局长为豁免所提议的 5 个主要作品类型中，有 4 个使用了详细说明规避目的和作品用途的措辞。参见 2010 年建议，Marybeth Peters, Register of Copyrights, Recommendation of the Register of Copyrights in RM 2008 – 8; Rulemaking on Exemptions from Prohibition on Circumvention of Copyright Protection Systems for Access Control Technologies 72 (2010 年 6 月 11 日), http://www.copyright.gov/1201/2010/initialed-registers-recommendation-june-11-2010.pdf, 第 1～2 页。

❷ 参见 2012 年议案，MARIA PALLANTE, REGISTER OF COPYRIGHTS, SECTION 1201 RULEMAKING: FIFTH TRIENNIAL PROCEEDING TO DETERMINE EXEMPTIONS TO THE PROHIBITION ON CIRCUMVENTION, RECOMMENDATION OF THE REGISTER OF COPYRIGHTS 2 – 3 (2012 年 10 月 12 日), http://www.copyright.gov/1201/2012/Section_1201_Rulemaking%20_2012_Recommendation.pdf, 第 140～142 页。

方的使用是非商业性的。❶

用"复杂"来形容上述文字一点也不为过。

在最近的规则制定程序中,其他豁免也呈现了相似的额外复杂性。盲人使用电子书的续展豁免被进一步修改,缩小了最初预想的适用范围,规定:"权利人应获得报酬,如适用,价格应与一般公众通过通常渠道获得作品的主流复制件相同",❷ 版权局局长在之前的三个豁免中未提出过这样的要求。尽管版权局担心豁免的范围变得过于广泛的想法可以理解,但限缩为这样的水平,将使豁免变得更加复杂且难以获得,尤其是对那些希望从这些豁免中受益的公众而言更是如此。

由于版权局在规则制定程序中设定了越来越复杂的要求,参与规则制定程序的个人自第一次规则制定程序以来已经大幅下降。在2000年,版权局收到235条评论意见,其中许多来自代表他们自己的个人。❸ 这个数字在之后的规则制定程序中也大幅下降,❹ 特别是在版权局局长澄清提议者需提供"实质性"不利影响的证据,而不能基于功能的限制来定义某一作品类型之后。❺ 在最近的规则制定程序中,来自个人而非律师代表提交的意见只有5条,❻ 他们

---

❶ 参见2012年议案,MARIA PALLANTE, REGISTER OF COPYRIGHTS, SECTION 1201 RULE-MAKING: FIFTH TRIENNIAL PROCEEDING TO DETERMINE EXEMPTIONS TO THE PROHIBITION ON CIRCUMVENTION, RECOMMENDATION OF THE REGISTER OF COPYRIGHTS 2 - 3(2012年10月12日),http://www.copyright.gov/1201/2012/Section _ 1201 _ Rulemaking% 20 _ 2012 _ Recommendation.pdf,第141页。

❷ 同上注。

❸ 参见 Post – Hearing Comments: Exemption to Prohibition on Circumvention of Copyright Protection Systems for Access Control Technologies, 2000, U. S. COPYRIGHT OFFICE, http://www.copyright.gov/1201/comments(最后访问时间:2014年2月1日)。

❹ 参见 Post – Hearing Comments: Exemption to Prohibition on Circumvention of Copyright Protection Systems for Access Control Technologies, 2003, U. S. COPYRIGHT OFFICE, http://www.copyright.gov/1201/2003/comments/index.html(最后访问时间:2014年2月1日)(展示了共50份意见,其中许多是组织提交的)。

❺ 参见上文第一部分第二节第(一)小节。

❻ 参见 Proposed Classes: Exemption to Prohibition on Circumvention of Copyright Protection Systems for Access Control Technologies, 2011, U. S. COPYRIGHT OFFICE, http://www.copyright.gov/1201/2011/initial/(上一次访问于2014年2月1日)。

的意见一般都很短,❶ 而且很快因"事实或法律分析不足"而被否决。❷

正如 EFF 所指出的那样,这一规则制定程序不方便公众参与。❸ 要符合版权局所设定的要求——该要求在之前的规则制定程序中已发生了重大变化,❹ 需要版权律师和技术专家的帮助。❺ 之所以越来越复杂,根源在于规则制定程序,包括版权局不断地缩小豁免的范围。由于作出相关决定的程序无法被非法律人士所轻易理解,因此,公众对 2012 年的越狱豁免决定感到非常不满也就不奇怪了。

尽管规则制定程序的结果受到政策的很大影响,但豁免条件不断变化,以及最终的豁免所使用的措辞非常冗长,导致公众中的普通的非法律专业人员几乎无法影响规则的制定,或者在豁免被授予之后理解他们的权利。此外,正如上文第三部分第二节第(一)小节所讨论的那样,尽管合理使用属于法院而非行政机构的领域,但纯数字内容的流行,意味着豁免语言的复杂有可能是启用合理使用的唯一途径。一定有一个更好的方法,使普通的消费者参与规则制定程序和决策的制定过程,同时能够从法院那里吸收更多的关于如何使合理使用在一个技术保护措施变得很普遍的数字时代发挥作用的意见。

2. 版权局局长应当在作品类型中纳入合理信赖内容

解决这个问题的一个好方法是纳入重点关注使用者是否合理地相信其行为是非侵权使用的限制性条款。Peters 局长在吸取了十多年的规则制定程序的经验之后,在 2010 年将使用者的主观状态也纳入豁免的一部分。纳入合理的信赖检验,包括客观和主观因素,可以简化豁免的文本内容,使普通消费者更容易看懂,同时允许法院来处理历来困扰版权局的疑难边缘案件。

2010 年,版权局局长采用了该方法,在涉及 DVD 规避的豁免中增加了合

---

❶ 例如,参见:Submission by Kellie Heistand, 2011, U. S. COPYRIGHT OFFICE, http://www.copyright.gov/1201/2011/initial/kellie_ heistand. pdf。

❷ 2012 年议案,MARIA PALLANTE, REGISTER OF COPYRIGHTS, SECTION 1201 RULEMAKING: FIFTH TRIENNIAL PROCEEDING TO DETERMINE EXEMPTIONS TO THE PROHIBITION ON CIRCUMVENTION, RECOMMENDATION OF THE REGISTER OF COPYRIGHTS 2 – 3 (2012 年10月12日), http://www.copyright. gov/1201/2012/Section_ 1201_ Rulemaking%20_ 2012_ Recommendation. pdf, 第160页。

❸ VON LOHMANN & HINZE, ELECTRONIC FRONTIER FOUNDATION, DMCA TRIENNIAL RULEMAKING: FAILING THE DIGITAL CONSUMER2 – 4 (2005), https://www.eff.org/files/filenode/DMCA_ rulemaking_ broken. pdf。

❹ 参见前文第一部分第二节。

❺ VON LOHMANN & HINZE, ELECTRONIC FRONTIER FOUNDATION, DMCA TRIENNIAL RULEMAKING: FAILING THE DIGITAL CONSUMER3 (2005), https://www.eff.org/files/filenode/DMCA_ rulemaking_ broken. pdf。

理信赖因素。❶ 当使用者"相信并有合理理由相信"此种规避对于某些使用中的一种是有必要的,这一豁免允许对 DVD 的保护进行规避。❷ 版权局局长在其解释中指出,她引入这一条款,是"在某种程度上相信"使用者并不是为了侵权而进行规避。❸ 使用者需要在主观上相信规避对于非侵权使用而言是必要的,而且在客观上此种信赖是合理的。这样的双重要求对规避而言是一个明智的方法,它更加清晰且限制了豁免的范围。

通过适用非侵权的合理信赖标准,版权局可以用比其在最近的一次规则制定程序中所使用的方式更为清晰的方式来缩小豁免的范围,避免使用那些使豁免对消费者而言难以理解和依靠的复杂语言。例如,2012 年的电子书豁免,增加了版权所有者获得报酬的内容以平衡出版商的担心:最初的提案规定即使市场上存在可满足盲人需要的版本,仍允许豁免。❹ 更简单地说,反对者认为使用者有可能会在不必要的时候进行规避。与通过具体规定所使用的作品来限制豁免相比,版权局局长可以通过基于使用者对自身需求的评估以及可由法院裁决的合理性测试的评估,来达到同样的效果。

通过对非侵权的合理信赖来限制豁免,将有助于版权法领域司法作用的发挥,避免那些不容易被版权局处理的困难事实的认定。正如一位评论者所述,考察"非侵权使用"的规定迫使版权局不得不作出一个涉及高度依赖事实原则的二元决定。❺ 与其迫使版权局对于可能但并非总是涉及合理使用的情形作出绝对的决定,采用客观标准可以使版权局制定出仅限于必要用途的豁免,同时将一些对必要性的分析交由司法部门处理,因为后者可以更好地处理版权法中与特定事实相关的问题,尤其是当涉及合理使用时更是如此。合理使用原则是司法判决的产物,运用非侵权的合理信赖使司法机关得以继续在后 DMCA 的数字世界界定合理使用。这种方法提供了一种使数字作品的合理使用更加合理和深思熟虑的途径,同时也允许版权局和法院同时加入对这种使用的界定中。

---

❶ 2010 年议案,Marybeth Peters, Register of Copyrights, Recommendation of the Register of Copyrights in RM 2008 – 8; Rulemaking on Exemptions from Prohibition on Circumvention of Copyright Protection Systems for Access Control Technologies 72(2010 年 6 月 11 日),http://www.copyright.gov/1201/2010/initialed – registers – recommendation – june – 11 – 2010.pdf,第 72 页。

❷ 同上注。

❸ 同上注,第 75 页。

❹ 2012 年议案,MARIA PALLANTE, REGISTER OF COPYRIGHTS, SECTION 1201 RULEMAKING: FIFTH TRIENNIAL PROCEEDING TO DETERMINE EXEMPTIONS TO THE PROHIBITION ON CIRCUMVENTION, RECOMMENDATION OF THE REGISTER OF COPYRIGHTS 2 – 3(2012 年 10 月 12 日),http://www.copyright.gov/1201/2012/Section_ 1201_ Rulemaking%20_ 2012_ Recommendation.pdf,第 19 页。

❺ Perzanowski, *Evolving Standards & the Future of the DMCA Anticircumvention Rulemakony*, 10 J. INTERNET L. 21 (2007).

版权局经常受困于制定只涵盖其预想的非侵权行为的豁免。例如，2012年，版权局局长拒绝将越狱豁免的适用范围延伸至平板电脑，其主要的担心是"平板电脑"这一术语很难界定，因为用途和情况不同可能涵盖范围广泛的设备。❶ 版权局局长同意批评者的以下观点：各种设备都有可能落入这一术语的涵盖范围，因而需要进行各自的分析和豁免程序。❷ 在那次规则制定程序中，还有另外一项拟议的豁免，即允许规避以启用为听力残障人士使用的隐藏式字幕，但由于定义过于宽泛，且没有足够的证据让版权局局长来分析任何"特殊的"使用而遭到否决。❸ 豁免的提议者对于哪些豁免可使用给出过于宽泛的建议，❹ 但由于没有更具体的豁免所适用的准确用途的描述，版权局局长不愿意对豁免进行改变来使其范围更狭窄。❺ 在这两种情况下，因为特定类型的用途模糊不清且需要相应的分析，版权局局长不愿意对豁免提出建议或进行重塑。如果这一分析可以在使用时间临近时由法院来完成，而不是提前长达三年的时间，那么人们只会有信心推荐那些非侵权用途且受到法律保护的豁免。

在某些极端情况下，非侵权的不确定性会毁掉整个豁免或者要求被修改到不可预测的地步。如果版权局改为采用合理信赖标准，便可将这一不确定性转移到一个善于对具体事实进行判断的法院，这样将比位于华盛顿的国会试图提前三年预测未来的情况要好的多。将合理信赖引入豁免，将使得豁免变得更为灵活和简单。

四、结论

当 DMCA 最开始被通过后，关于该法律在实践中如何运作的问题就被提了出来。从许多方面来看，当时，授予立法机构❻的一个部门以行政责任是规

---

❶ 2012 年议案，MARIA PALLANTE, REGISTER OF COPYRIGHTS, SECTION 1201 RULEMAKING: FIFTH TRIENNIAL PROCEEDING TO DETERMINE EXEMPTIONS TO THE PROHIBITION ON CIRCUMVENTION, RECOMMENDATION OF THE REGISTER OF COPYRIGHTS 2–3（2012 年 10 月 12 日），http://www.copyright.gov/1201/2012/Section_1201_Rulemaking%20_2012_Recommendation.pdf，第 78 页。

❷ 同上注。

❸ 同上注，第 149 页。

❹ 同上注，第 148~149 页。

❺ 同上注，第 149 页。

❻ 在签字声明中，时任总统克林顿驳回了合宪性担忧，声称版权局是为宪法目的（尽管是作为国会图书馆的一部分）而设立的执行机构。William J. Clinton, Statement on Signing the Digital Millennium Copyright Act, 2 PUB. PAPERS 345（1998 年 10 月 28 日），http://www.presidency.ucsb.edu/ws/?pid=55169。

制领域的一种实验。自那以后，数字技术迅速发展。经过超过 15 年和 4 轮规则制定的经验总结，版权局有信心去调整规则制定程序的运转。

　　提出的解决方案充分地解决了规则制定程序受到的批评，同时其又没有超出国会的意图。明确续展豁免的举证责任，将为想要维持提议但是在提供证据方面存在困难的消费者的支持者们指出一条明路。在划分应予豁免的非侵权使用和不应予豁免的非侵权使用的界限时，主动考虑合理使用将更加直接地符合众议院商务委员会的意图。将合理信赖融入豁免，可以限制豁免的范围，而又不会带来不必要的复杂性，这样就为法院塑造合理使用的法律原理留出了空间。综上所述，这些变化将会令规则制定程序变得更加清晰和高效，同时又不违反国会授予版权局的权限范围。

　　Pallante 局长对版权局提出了一个更大的监管任务，即让版权局在版权体系内承担更多的行政责任。❶ 通过积极改善其主要行政职责中的这一内容，版权局将有更充足的证据向国会证明其有能力承担更多的职责。剩下的就是行动了。

---

❶ 参见 Pallante，*The Next Great Copyright Act*，36 COLUM. J. L. & ARTS 341－343 (2013)。

美联社诉融文案：合理使用、变化中的新闻行业以及司法自由裁量权与习惯的影响

罗瑟琳·简·申瓦尔德（Rosalind Jane Schonwald）* 著
何妍　朱晔　译
万勇　李蕾　校

  "玛格丽特，我很清楚我们的处境。裁员、削减发行量，一想到失去的每一张订户的面孔，我就彻夜难眠。现在我不想争论生意上的事情，我既没有资格也不擅长，但要知道：左伊·巴恩斯（Zoe Barnes）❶、推特、博客、泛滥的媒体，这些都很肤浅，不过昙花一现。这些既不是这份报纸的根基，也不会让他们繁荣。我们的核心读者渴望严肃的新闻。正是为了这些读者，我才每周工作80小时。我不会被时尚所左右。"❷

  这段话出自《纸牌屋》中一位经验丰富的报纸编辑，虽然是虚构的，但却很真实。当今社会，数字媒体对传统印刷媒体的影响越来越明显，其通过吸引眼球的方式改变着新闻业的读者分布和收益分配，其中包括对广告收益的影响。随着新媒体的形成，新的市场关系也正应运而生。就新闻聚合而言，新闻内容提供者、广告收益以及不同信息存储方式之间的关系仍不断变动。信息时代带来的空前互联性使得人们重新思考：为何我们应向信息及其资源付费？应如何付费？新媒体的流动性在何种程度上应让步于或者优先于对严肃新闻内容

---

* 作者系美国加州大学伯克利分校法学院法律博士。
❶ 左伊·巴恩斯为《纸牌屋》中的人物（译者注）。
❷ House of Cards: Season 1 Episode 5, NETFLIX (Netflix Original Series Feb. 1 2013).

的保存？

新闻聚合者可以从习惯中寻得其合法使用新闻片段的方式。Ghen 的长矛在搁浅的鲸鱼肚子里被发现之前,❶ 法院和学者就一直致力于研究将习惯融入法律的最佳方式,如今也不例外。Richard Epstein 教授曾于 1992 年指出,虽然习惯可以通过建立行业规范发挥作用,但法院仍有必要为其赋予强制执行的效力。

> "零散的习惯的产生并不受法律的干涉和控制,但是法律对于维系上述习惯、使其免受系统性背叛(systematic defection)却是必不可少的。事实上,关于是否需要强制力来形成和保持习惯一直存在争议。该争议在某种程度上可以基于下述共识(大概可以被认为是一种习惯)得以解决,即纯粹私人协议会因机会主义行为而失败。"❷

根据 Epstein 教授的观点,政府的支持和干预对于制止机会主义行为是必要的。❸

然而,如果法院执行习惯的行为发生在习惯正在形成的特定时期或者以预防性的许可来避免诉讼的特定行业,会发生什么? 在版权领域,遵守习惯和进行创作之间的脆弱关系体现得尤为明显。一些学者强调,在惯常的许可市场和合理使用各因素交叉的领域存在循环论证的问题。❹ 作为许可市场存在的证据,许可协议的作用在于避免在法律规定尚不明确的领域发生诉讼,这一预防机制因

---

❶ 参见 Ghen v. Rich, 8 F. 159, 160 (Mass. 1881)(根据当地习惯,杀死搁浅的鲸的人可以获得该条鲸的鲸脂)。

❷ Richard A. Epstein, International News Service v. Associated Press: *Custom and Law As Sources of Property Rights in News*, 78 VA. L. REV. 85, 127 (1992).

❸ 同上注,第 127~128 页。Epstein 教授认为名义上的政府介入行为是私人命令得以成功执行的必要元素:在许多案例中,这些习惯之所以能够得以存在和发展只是因为政府为该特定产业提供了必要的、免于外部破坏的保护……在有限领域内因为存在保护机制而得以生存的习惯如果放在一个没有边界和保护措施的领域内,它未必可以生存。

❹ 关于合理使用和许可市场之间的关系达到何种程度时会有问题出现的讨论,导致合理使用范围的缩减,参见 Jennifer E. Rothman, *The Questionable Use of Custom in Intellectual Property*, 93 VA. L. REV. 1899, 1911, 1931, 1935 (2007); James Gibson, *Risk Aversion and Rights Accretion in Intellectual Property Law*, 116 YALE L. J. 882, 884 (2006–2007); Matthew Africa, Comment, *The Misuse of Licensing Evidence in Fair Use Analysis: New Technologies, New Markets, and the Courts*, 88 CALIF. L. REV. 1145, 1160–1162, 1164 (2000); Lydia Pallas Loren, *Redefining the Market Failure Approach to Fair Use in an Era of Copyright Permission Systems*, 5 J. INTELL. PROP. L. 1, 38–41 (1997); Christina Bohannan, *Copyright Harm, Foreseeability, and Fair Use*, 85 WASH. U. L. REV. 969, 975, 977, 978 (2007)。合理使用的要素包括:(1) 使用的目的与特性,包括该使用是具有商业性质,还是为了非营利的教育目的;(2) 版权作品的性质;(3) 所使用部分的质和量与版权作品作为一个整体的关系;(4) 使用对版权作品潜在市场或者价值所造成的影响。17. U. S. C. §107 (2012).

法律规定的变化而被赋予强制性。❶ Jennifer Rothman 指出，许可和合理使用之间存在循环论证问题的三部分内容：（1）为避免诉讼发生，内容产业（content industries）普遍存在问题重重的"清算文化"（clearance cultures）；（2）法院在进行合理使用分析时，通过"清算文化"界定使用行为的性质和市场效果；以及（3）法院又根据许可协议来分析市场损害，这样就陷入了"危险的循环论证"中，因为原本旨在降低诉讼风险的许可实践被纳入现行法律。❷

在新闻行业，传统印刷产业与新型聚合技术相互交织，使得习惯成为新闻内容制造者的一把"锤子"，用其来通过热门新闻制度（hot news）及合理使用原则形塑新兴聚合许可市场。内容制造者因热门新闻制度以在一定期限内独占性地出版其生产的新闻内容。在过去的十年里，传统印刷报纸以及网络新闻服务一直试图通过所谓的"热门新闻"运动——热门新闻可以使新闻制造者临时地享有出版新闻故事内容的排他性权利——从新闻聚合者❸手中重新夺回失去的广告收益。❹

美联社诉融文美国控股股份有限公司案的判决重点关注了新闻聚合者是否可以采用合理使用作为抗辩，这对新闻产业来说是一项新变化，是新闻产业通过法律资源，具体而言是版权，来影响数字媒体许可习惯与实践的新尝试。❺美国融文控股股份有限公司（以下简称融文）是一家位于挪威的软件服务公司，为专业公关人员提供基于关键词搜索的新闻监测服务。❻该公司使用自动程序抓取新闻文章，其中大多数文章来源于美联社的新闻网站，然后将新闻标题、导语（ledes）❼以及文章节选发送到客户邮箱中，有时发送的内容与抓取的结果一字不差。❽在与从美联社获得许可、同样从事软件服务的公司的竞争中，融文多次胜出，并签下了几笔"大单"（mega-contract）。❾换句话说，

---

❶ 关于内容产业预防性的许可实践与合理使用适用范围的缩减之间关系的具体论述，参见 Rothman, *The Questionable Use of Custom in Intellectual Property*, 93 VA. L. REV. 1911, 1931, 1935（2007）；Gibson, *Risk Aversion and Rights Accretion in Intellectual Property Law*, 116 YALE L. J. 884（2006–2007）。

❷ Rothman, *The Questionable Use of Custom in Intellectual Property*, 93 VA. L. REV. 1911, 1931, 1935（2007）。

❸ 参见下文第一部分第（一）节第3分节（讨论了近期针对新闻聚合者和搜索引擎提起的关于热门新闻和合理使用的诉讼，以及后续处理）；第一部分第（二）节第1分节（详述了热门新闻制度的再次崛起及其在新闻行业的适用）。

❹ 参见下文第一部分第（二）节第1分节。

❺ 参见 Associated Press v. Meltwater U.S. Holdings, Inc., 931 F. Supp. 2d 537, 543（S.D.N.Y 2013）。

❻ 同上注，第543页。

❼ 同上注，第541页。新闻导语（lede）是指文章的第一行，其能够传达新闻故事主要内容。

❽ 同上注，第543页。

❾ 同上注。

本案中已经预先存在一个习惯的许可市场，法院在进行合理使用分析时应当对该市场予以考虑。

纽约南区法院出人意料地对合理使用进行了限缩性解释，[1] 认为融文使用美联社新闻导语及复制新闻片段的行为侵犯了美联社的版权，不能适用合理使用抗辩。[2] 双方之后达成了和解并且建立了许可关系，使得一审法院拒绝合理使用抗辩的观点免受上诉法院的审查。[3] 融文案不仅明确了信息聚合技术背景下合理使用的界限，也表明在媒体形式及其版图不断变化的背景下，传统的新闻内容产业仍然可以采用许可机制这一习惯来保持其收益。本文认为，美联社将融文起诉至法院是在试图实施、甚至创造习惯，以继续维持其收入。近年来，随着"热门新闻"这一诉因的再度崛起，[4] 美联社在获得对其有利的合理使用判决之后，所采取的战略性诉讼与许可和解模式，例证了有线新闻服务是如何通过版权法在互联网时代形成许可习惯的。

本文第一部分将追溯新闻行业在数字化革命前后的曲折发展历程，并介绍影响新闻行业的"热门新闻"制度和合理使用原则。除指出广告竞争是对传统新闻公司最大的挑战外，本部分还将重点关注美联社及其他新闻内容提供者为保持对其新闻内容的网络控制所做的努力。第二部分将介绍融文案的案件事实和裁判思路。第三部分将分析司法裁量权对认定合理使用的影响及许可市场中的循环论证问题。尤其是，本部分将讨论法院在进行合理使用分析时，如何缺乏一致性，[5] 这一现象通常被解释为：事后反推的技术性分析，或者是在"相关政策集合"——Pamela Samuelson 教授创造的术语——背景下的可预测的结果。[6] 即使抛开融文案有关合理使用在技术层面上的分析，惯常的许可市场与合理使用之间的关系也表明合理使用抗辩不能适用于融文。作为一起无先

---

[1] 参见 Meng Ding, Note, *Perfect 10, Inc. v. Amazon.com: A Step Toward Copyright's Tort Law Roots*, 23 Berkeley Tech. L. J. 373, 378–379 (2008)（预测"在可见的未来，法庭在审理有版权合理使用的案件时，极有可能会以开放的态度来理解合理使用的四因素"）.

[2] *Meltwater*, 931 F. Supp. 2d at 537–538.

[3] 参见 Joe Mullin, *AP Settles Copyright Suit With PR Firm After Winning Fair Use Ruling*, ARS TECHNICA (Jan. 24, 2014, 9:10 AM), http://arstechnica.com/tech-policy/2013/07/ap-settles-lawsuit-with-pr-company-after-winning-key-fair-use-ruling/.

[4] 参见 Barclays Capital, Inc. et al. v. TheFlyonthewall.com, Inc., 650 F. 3d 876 (2d Cir. 2011); 另参见 National Basketball Association v. Motorola, Inc., 105 F. 3d 841 (2d Cir. 1997).

[5] 参见下文第三部分第（一）节第1、2分节.

[6] 参见 David Nimmer, *"Fairest of Them All" and Other Fairy Tales of Fair Use*, LAW & CONTEMP. PROBS., Winter/Spring 2003 at 263, 280（认为合理使用的标准只是作为事后的证明标准而不是决定结果的事前标准）; Pamela Samuelson, *Unbundling Fair Uses*, 77 FORDHAM L. REV. 2537, 2541 (2009)（认为根据政策考量的分类，合理使用的结果是可预测并且相一致的）.

例可循的案例，本案涉及的是一个正在形成中的市场，因此，我们可以将重要的技术问题交由受到原则反馈困扰的陈旧制度进行解决，不过，更合适的方式可能是进行深思熟虑的政策分析。

一、背景

（一）报纸新闻行业

随着传统印刷媒体广告收益的持续下滑，新闻行业开始寻找替代性的盈利方式。本部分将介绍近年来传统新闻行业广告收入的整体趋势及未来可能的发展方向。美联社和融文之间通过签订许可协议达成和解的结案方式，提供了一种解决方案：来自新闻聚合者的许可费收入，可能成为新闻行业弥补广告收入损失的一种途径。

1. 过去和现在

新闻行业处于不断变化的状态之中，其中广告商和聚合者正以不同方式发挥重要作用。新闻行业利润的下降不能完全归咎于网络竞争的崛起，因为互联网竞争的压力在 20 世纪 90 年代中期之前即已出现，媒体企业的表现低于标准普尔 500 指数的情形在 80 年代已经开始出现。[1] 然而，近期广告收入的下降完全是数字媒体以及对广告收益日益激烈的竞争直接导致的结果。传统纸质期刊广告收入下滑，使得订阅收入占整体收入将近一半的商业模式逐渐兴起。[2] 从 1960 年到 1994 年，纸质报纸的日发行量徘徊在 6000 万份左右，2011 年却下降到 4000 万份。[3] 广告收入长期处于下滑状态，2012 年在线广告收入在总广告收入中占比 3.7%，这一数值现在已上升至 15%，但这仍不足以改变广告总

---

[1] 参见 Bruce C. Greenwald, et al. *The Moguls' New Clothes*, THE ATLANTIC (Oct. 2009), *available at* http://www.theatlantic.com/doc/200910/moguls.

[2] 参见 Pew Project for Excellence in Journalism, *Overview*, THE STATE OF THE NEWS MEDIA 2013：AN ANNUAL REPORT ON AMERICAN JOURNALISM, http://stateofthemedia.org/2013/overview-5/（以下简称"State of the News Media, Overview"）Pew 具体说明了新闻下滑的原因，包括削减产能以及广告收益的重塑：2012 年对新闻编辑室削减的预计，使得整个行业产能自 2000 年起下滑了 30%，并且从 1978 年开始第一次全职员工的数量跌破 40 000……整体来说，移动广告在 2012 年增长了 80%，达到了 26 亿美元。然而，只有一个广告部门是涉及新闻的：展示。虽然移动广告展示增长迅猛，但 6 家公司掌握了 72% 的市场份额，其中包括 Facebook 及脸书，其中脸书直到 2012 年年中才创立了第一个移动广告产品……归功于诞生了两年的数字订阅项目，《纽约时报》报告称其发行收益目前已经超过广告收益，与两者 2:8 的传统模式大不相同。很多新闻业的总裁深信一种广告和发行收益对半开的新型商业模式即将问世，并且很可能伴随着第三种与新闻产品并不直接相关的新闻收益的出现。同上注。

[3] 参见 *Newspaper Circulation Volume*, NEWSPAPER ASS'N OF AMERICA (Sept. 4, 2012), http://www.naa.org/Trends-and-Numbers/Circulation-Volume/Newspaper-Circulation-Volume.aspx.

收入下滑的状态。❶ 印刷品广告收入的下降速度比数字广告收入增长的速度还要快，❷ 部分原因是数字平台例如脸书、推特等提供了大量数字广告发布机会，从而降低了广告价格。❸

广告收入的下滑不容忽视，因为新闻业无法仅依靠订阅费维持生计。近年来，广告收入在总利润中的占比约为80%，但历史上新闻行业曾十分依赖不同形式的补贴。❹ 例如，负责报纸递送的邮政业是在本杰明·富兰克林巨额政府补贴的支持下发展起来的。❺ 这些早期政府补贴还包括总统指定的"官方"华盛顿报纸，其负责刊登政府印刷合同并从中获得了巨额利润；参众两院也有类似的指定和补贴；以及从政治团体获得的资助。❻ 在19世纪末，随着广告业的崛起及对报纸需求量的增加，商业化逐渐取代政府补贴成为新闻业的发展模式。❼ 事实上，美国大中型城市新闻日报的平均数量在1910年达到了顶峰，在1930年下跌了近1/3，并且一直持续下跌至今。❽ 然而，部分国家对新闻业的补贴持续存在，例如瑞典和挪威，如果要达到瑞典和挪威的人均报纸占有率，美国需分别支出20亿美元和40亿美元的补贴费用。❾ 虽然这种补贴可能威胁新闻媒体的独立性，但是私人所有的报纸也会因为经济原因对报道的独立性产生影响。

数字广告收入的上升不足以弥补整体新闻行业业绩下滑趋势的原因之一

---

❶ 参见 Rick Edmonds et al., Pew Project for Excellence in Journalism, *Newspapers: By The Numbers*, THE STATE OF THE NEWS MEDIA 2013: AN ANNUAL REPORT ON AMERICAN JOURNALISM, http://stateofthemedia.org/2013/newspapers-stabilizing-but-still-threatened/newspapers-by-the-numbers/（以下简称"Newspapers: By the Numbers"）（这表明，总体广告收入从2003年的461.55亿美元下降到了2012年的223.14亿美元）。

❷ 同上注。（"印刷广告收益的损失仍高于数字广告收益的增长。2012年的比率是1美元的数字广告收益对应15美元的印刷广告损失——比2011年10比1的比率还要糟糕。"）

❸ 参见 Rick Edmonds et al., Pew Project for Excellence in Journalism, *Newspapers: Stabilizing, But Still Threatened*, THE STATE OF THE NEWS MEDIA 2013: AN ANNUAL REPORT ON AMERICAN JOURNALISM, http://stateofthemedia.org/2013/newspapers-stabilizing-but-still-threatened/（以下简称"*Newspapers: Stabilizing but Still Threatened*"）。

❹ 参见 Jon Leibowitz, Chairman and Comm'r of the Fed. Trade Comm. Opening Remarks at the Federal Trade Commission News Media Workshop: "Creative Destruction" or Just "Destruction" How Will Journalism Survive the Internet Age? (Dec. 1, 2009), *available at* http://www.ftc.gov/speeches/leibowitz/091201newsmedia.pdf。

❺ 参见 ROBERT MCCHESNEY & JOHN NICHOLS, THE DEATH AND LIFE OF AMERICAN JOURNALISM 127-128 (2011)。

❻ 同上注。

❼ 同上注，第133页。

❽ 同上注，第272页。该数据计算了人口规模排在3到12位的美国城市中的报纸。各城市平均报纸数量如下：1910年为12种，1930年为7.5种，2008年为1.5种多一点。

❾ 同上注，第167页。

是：钱去了其他地方。无论许可与否，新闻聚合者有关数字广告收益的竞争普遍存在，其中以谷歌公司为典型代表。❶ 类似于 Craigslist 的免费网络分类服务对广告收入方面的消极影响，没有包含在其他类型的新闻广告之中，不过二者的影响都很巨大。❷ 从 2003 年到 2012 年，新闻广告总体收入从 462 亿美元下降到 223 亿美元，而网络广告收入则从 12 亿美元上升到 34 亿美元。❸ 有趣的是，目前拥有最多订阅用户的纸质报纸和数字报纸大体一致；其中有三家报纸在两项中都位列前五。❹ 然而，纯粹的数字订阅用户仍远少于纸质报纸的发行量。❺ 例如，2012 年 9 月，《华尔街日报》和《纽约时报》的纯粹数字订阅用户分别是 794 593 名和 883 263 名，但是这两份报纸的总发行量分别是 2 293 798 份和 1 613 865 份。❻

2. 报纸的未来

对于传统印刷媒体未来的盈利空间以及可能遭遇的变化，在业界没有形成共识。《纽约时报》选择开通"收费墙"（paywall）❼ 以缓解网络流量压力和广告收益问题。❽ Pew 研究中心认为"收费墙"是未来支持新闻行业持续发展非常有潜力的模式。❾ 为缓解发行量持续下降带来的压力，新闻行业采用了各种模式：收费墙、部分收费墙（允许随机网络流量，而不是完全的收费墙），

---

❶ 参见 Jane Sasseen et al., Pew Project for Excellence in Journalism, Digital: *As Mobile Grows Rapidly, the Pressures on News Intensify*, THE STATE OF THE NEWS MEDIA 2013: AN ANNUAL REPORT ON AMERICAN JOURNALISM, http：//stateofthemedia. org/2013/digital – as – mobile – grows – rapidly – the – pressures – on – news – intensify/。

❷ 参见 Newspapers: *By the Numbers*, http：//stateofthemedia. org/2013/newspapers – stabilizing – but – still – threatened/newspapers – by – the – numbers/。（从 2003 年到 2012 年，分类广告收益产生的总印刷收益从超过 150 亿美元下降到不足 50 亿美元，国家的广告收益从将近 70 亿美元下降到不足 50 亿美元，零售广告从超过 200 亿美元下降到略超过 100 亿美元。）

❸ 同上注。

❹ 同上注。截至 2012 年 9 月，付费数字订阅新闻前五名依次分别是 *The New York Times*, *The Wall Street Journal*, *The New York Post*, *Denver Post* 和 *The Los Angeles Times*。纸质日报前五名的名单与前者相似：*The Wall Street Journal*, *USA Today*, *The New York Times*, *The Los Angeles Times* 和 *New York Daily News*。

❺ 纯粹的数字订阅者区分于因订阅家庭递送的报纸而自动获得数字报的订阅者单独列出。同上注。

❻ 这些数据表明《纽约时报》从 2011 年才开始提供数字订阅。同上注。

❼ "收费墙"的功能是向订阅者提供网站内容，并且限制或者阻碍其他人访问网站内容。参见 Ryan Chittum, *The NYT's $150 million – a – year paywall*, COLUMBIA JOURNALISM REVIEW (Aug. 1, 2013), available at http：//www. cjr. org/the_ audit/the_ nyts_ 150_ million – a – year_ pa. php。

❽ 同上注。

❾ 参见 Newspapers: *Stabilizing but Still Threatened*, http：//stateofthemedia. org/2013/newspapers – stabilizing – but – still – threatened/。

以及向纸质订阅用户提供免费的数字网络新闻服务。❶ 然而，报纸移动客户端的广告收入却极低甚至为零。可能的原因是广告商们更倾向于在社交媒体网站和搜索引擎上投放广告，而不是在新闻文章旁发布广告。❷

近期，另一趋势是企业家扩大了对传统印刷新闻业的投资。2012 年，伯克希尔·哈撒韦以 1.42 亿美元收购了通用媒体公司的报纸、巴菲特家乡的报纸以及很多其他报纸，❸ 这些报纸的发行量占总发行量的 25%。❹ 此外，亚马逊公司 CEO 杰夫·贝佐斯收购了《华盛顿邮报》，脸书联合创始人克里斯·修斯收购了《新共和》。❺ 在支持多家和新闻及政府透明度有关的组织后，Ebay 公司创始人 Pierre M. Omidyar 即将与 Glenn Greenwald 合作共同创建"一个公众感兴趣的、专门报道政府责任相关事件的大型新闻网站"。❻ 然而，Omidyar 对其营利性表示怀疑。❼

可以预见的是，新闻工作者本身也呼吁要保护传统新闻行业。❽ 除了新闻工作者，前美国总统奥巴马也曾对新闻行业的发展方向表示担忧：

"我非常担心，如果新闻业未来的方向是博客等新兴媒体，那么所有观点将缺乏严肃的事实审查和严谨的行文逻辑，届时人们将在虚

---

❶ 参见 Newspapers: Stabilizing but Still Threatened, http://stateofthemedia.org/2013/newspapers-stabilizing-but-still-threatened/。

❷ 同上注。

❸ 参见 Jennifer Saba & Ben Berkowitz, Warren Buffett to buy Media General Newspapers, REUTERS, May 17, 2012, available at http://www.reuters.com/article/2012/05/17/us-mediageneral-idUS-BRE84G0M920120517。

❹ 同上注。

❺ 参见 Renee Montagne & Steve Inskeep, eBay Founder Explains His Venture Into Journalism, NPR (Oct. 21, 2013, 4:00 AM), http://www.npr.org/templates/story/story.php?storyId=240428476。

❻ 参见 David Carr, An Interview with Pierre Omidyar, N.Y. TIMES, Oct. 20, 2013, http://www.nytimes.com/2013/10/21/business/media/an-interview-with-pierre-omidyar.html?_r=0。

❼ 当被问及新闻行业能否盈利时，Omidyar 解释道："我认为新闻本身可能不能盈利……真正能够成为最重要故事的听众的，少之又少。当然会有一部分核心读者愿意支持这项工作，但是这仅是广大社会群体中非常小的一部分。这也是为什么我们想做一个公众广泛兴趣网站，因为我们在研究如何使得更多的市民养成这一兴趣。"同上注。

❽ 参见 MCCHESNEY & NICHOLS, THE DEATH AND LIFE OF AMERICAN JOURNALISM (2011), at xv; 另参见 BRUCE A. WILLIAMS & MICHAEL X. DELLI CARPINI, AFTER BROADCAST NEWS: MEDIA REGIMES, DEMOCRACY, AND THE NEW INFORMATION ENVIRONMENT 1-15 (2011); PAGE ONE: INSIDE THE NEW YORK TIMES AND THE FUTURE OF JOURNALISM ix-xvi (David Folkenflik ed., 2011); JACK FULLER, WHAT IS HAPPENING TO NEWS: THE INFORMATION EXPLOSION AND THE CRISIS IN JOURNALISM ix-12 (2010); NEIL HENRY, AMERICAN CARNIVAL: JOURNALISM UNDER SIEGE IN AN AGE OF NEW MEDIA 1-18 (2007)。

拟世界中互相谩骂,基于互相理解形成的对话氛围将最终缺位。"❶

第七巡回上诉法院 Richard Posner 法官也针对这一问题发表了多篇博文。❷ 传统新闻媒体的支持者强调新闻业与实现民主这一公众话题之间存在联系。❸ 为复兴该行业,有人建议恢复提供政府补贴,❹ 或者更模糊地说,在新兴媒体平台中纳入传统新闻标准。❺ 然而,也有观点认为聚合及其他类似的使用行为有助于实现新闻的"民主化",而较为宽松的"热门新闻"规则及合理使用制度的广泛适用,可以为这一观点提供正当化基础。支持此种政策的机构包括电子前沿基金会和依靠聚合行为和广告的数字媒体公司,比如谷歌公司。❻

3. 报纸通过一种直接的方法来形成许可市场

美联社采用许可和解机制和协同努力相结合的方式跟踪及起诉未经许可使用其文章的行为,这一例子说明传统媒体在聚合行为许可市场的形成中发挥着积极作用。

2005 年,法国新闻社(Agencies France – Presse, AFP)就谷歌公司未经许可在搜索引擎中使用其新闻标题和对搜索结果保存快照的行为向法院起诉。❼

---

❶ Michael O'Brien, *Obama Open to Newspaper Bailout*, THE HILL, (Sept. 20, 2009 8: 24 PM), http://thehill.com/blogs/blog – briefing – room/news/59523 – obama – open – to – newspaper – bailout – bill.

❷ 参见 Richard Posner, *The Future of Newspapers*, THE BECKER – POSNER BLOG (June 23, 2009, 7: 37 PM), http://www.becker – posner – blog.com/2009/06/the – future – of – newspapers – – posner.html; Richard Posner, *Are Newspapers Doomed?*, THE BECKER – POSNER BLOG (June 29, 2008, 2: 07 PM), http://www.becker – posner – blog.com/2008/06/are – newspapers – doomed – – posner.html。

❸ 参见 McChesney & Nichols, THE DEATH AND LIFE OF AMERICAN JOURNALISM (2011), 第 ix 页。

❹ 同上注, 第 157 ~ 212 页。

❺ 参见 WILLIAMS & DELLI CARPINI, AFTER BROADCAST NEWS: MEDIA REGIMES, DEMOCRACY, AND THE NEW INFORMATION ENVIRONMENT 1 – 15 (2011), 第 324 ~ 326 页。

❻ 参见 Brief for Electronic Frontier Foundation and Public Knowledge as Amici Curiae Supporting of Defendant's Opposition to Motion for Summary Judgment, 第 2、6、8、13 页, Associated Press v. Meltwater U. S. Holdings, Inc., 931 F. Supp. 2d 537 (S. D. N. Y 2013) (No. 2: 12 – cv – 1087 – DLC – FM) (January 24 copy) (不主张对创造性使用采用明确的要求, 建议法庭更多得考虑公共利益)。EFF 担心如果认定新闻聚合者侵权则可能得使发明者承担责任, 并且 "减弱了对个人非表达性复制的保护", 并且 "减弱个人之间对新闻片段的分享"。同上注, 第 9 页; 另参见 Google, *Comments on Federal Trade Commission's News Media Workshop and Staff Discussion Draft on "Potential Policy Recommendations to Support the Reinvention of Journalism"*, FED. TRADE COMM'N: MEDIA WORKSHOP, 第 20 页 (July 20, 2010), available at http://www.ftc.gov/sites/default/files/documents/public_comments/2010/07/544505 – 05218 – 55014.pdf (建议新闻内容提供者应当和谷歌以及其他新闻聚合者合作, 并且将搜索引擎作为获得收益的一种方式)。

❼ 参见 Eric Goldman, *Initial Assessment of* AFP v. Google, TECH. & MKTG. L. BLOG (Mar. 21, 2005), http://blog.ericgoldman.org/archives/2005/03/initial_assessm_1.htm。

美联社诉融文案：合理使用、变化中的新闻行业以及司法自由裁量权与习惯的影响

2007年，诉讼双方达成和解。双方签订了许可协议，法国新闻社许可谷歌公司在其新闻栏目中使用其文章，估计谷歌公司也向法新社支付了一定费用。[1] 之后不久，Chicago Tribune 当时的所有人 Samuel Zell 宣布他希望谷歌公司也向其支付类似的许可费。[2] 2007年10月，在寄送了停止侵权通知函后，美联社又以侵犯版权为由将网络新闻聚合者 Moreover Technologies 公司告上了法庭。[3] Moreover 的业务包括向客户，例如英国广播公司（British Broadcasting Corporation, BBC），提供链接用于发布相关文章，运行与谷歌新闻类似的数据库，以及在网站上存储未经美联社许可获取的文章，并以此收取广告费等。[4] 这一案件最终和解结案。[5] 虽然和解的具体条件保密，但是 Moreover 之后持续提供新闻服务的行为表明双方达成了许可协议。[6]

可以清楚地看到，美联社正更加严密地监测未经许可使用其文章的公司，并对这些公司采取措施。2010年，它推出了"新闻注册系统"（News Registry），用来标记和跟踪新闻。[7] 之后又于2011年推出了"新闻许可组"（News Licensing Group），该系统不仅囊括了"新闻注册系统"的追踪功能，并且效仿美国作曲家、作家和出版者协会（the American Society of Composers, Author, And Publishers）发挥内容许可中心的作用。[8] 该"新闻许可组"，后更名为 NewsRight, LLC，在2012年成为一家独立的公司。[9] 由于对其保护和追踪的新闻内

---

[1] 参见 Eric Goldman, AFP v. Google *Settles*, TECH. & MKTG. L. BLOG (April 7, 2007), http://blog.ericgoldman.org/archives/2007/04/afp_v_google_se.htm. 谷歌当时已经在向美联社支付许可费。

[2] 参见 Frank Ahrens & Karl Vick, *Zell Wants End to Web's Free Ride*, POST BUSINESS (April 7, 2007), http://www.washingtonpost.com/wp-dyn/content/article/2007/04/06/AR2007040601967.html?nav=rss_technology。

[3] Thomas Wilburn, *AP Sues US News Aggregator for Copyright Infringement and Trademark Abuse*, ARS TECHNICA (Oct. 10 2007, 8:48 PM), http://arstechnica.com/uncategorized/2007/10/associated-press-sues-news-aggregator-for-licensing-failure/.

[4] 同上注。

[5] 参见 Mark Hefflinger, *Associated Press Settles Lawsuit Against Moreover*, VeriSign, DIGITAL MEDIA WIRE (Aug. 18, 2008, 12:16 PM), http://www.dmwmedia.com/news/2008/08/18/associated-press-settles-lawsuit-against-moreover-verisign。

[6] 参见 MOREOVER TECHNOLOGIES, http://www.moreover.com/（最后访问日期：2014年3月17日）。

[7] 参见 Russell Adams, *AP To Launch News Licensing Group*, DIGITS: TECH NEWS & ANALYSIS FROM THE WSJ (Feb. 3, 2011, 4:48 PM), http://blogs.wsj.com/digits/2011/02/03/ap-to-launch-news-licensing-group/。

[8] 同上注。

[9] 参见 Staci D. Kramer, *NewsRight Launches with 29 Publishers*; 'Not A Litigation Shop,' PAIDCONTENT (Jan. 5, 2012, 9:00 PM EST), http://paidcontent.org/2012/01/05/419-newsright-launches-with-29-publishers-not-a-litigation-shop/。

容不享有知识产权，该公司仅是作为一个许可信息交换机构，并向希望起诉的出版商提供信息。❶

有趣的是，2013 年 5 月，NewsRight 和 Moreover Technologies（美联社先前起诉的对象）以及 Burrelles Luce（另一家提供监测服务的公司）形成联盟，旨在提供新闻监测、许可和发行服务；此外，美国新闻协会吸收了 NewsRight 作为业界警察的功能。❷ 在 Moreover 公司离 NewsRight 而去之后，NewsRight 终于因其无力保留 5 家以上的客户而瓦解，这可能表明形成 NewsRight 的 29 家新闻公司策略上的轻微改变。❸

（二）法律背景

新闻内容产业的主体通常采用"热门新闻"规则和版权制度来保护自己免受他人盗用和侵权。然而，这些制度在新闻聚合时代被赋予了新内涵。依赖版权进行维权，尤其是针对新闻导语进行维权，是近期才有且仍处于发展阶段的新趋势。

1. 热门新闻：范围有限的诉因

新闻聚合者是"热门新闻"规则规制的首要目标。热门新闻规则使得新闻社能够暂时保护其新闻内容不受他人盗用（misappropriation）。与版权的区别在于，热门新闻关注的是故事内容而不是语句等表达。❹ 热门新闻规则适用范围的有限性，是联邦普通法不再适用、版权法优先适用以及第二巡回上诉法院有限适用综合作用的结果。

"热门新闻"规则源于 1918 年的 International News Service 诉 Associated Press 案。最高法院认为：新闻内容虽然被排斥在版权保护之外，但依然应作为一种"准财产权"获得保护，因此授予临时性财产权，并且禁止直接竞争

---

❶ 参见 Staci D. Kramer, *NewsRight Launches with 29 Publishers*; ' *Not A Litigation Shop* ,' PAIDCON-TENT（Jan. 5，2012，9：00 PM EST），http：//paidcontent. org/2012/01/05/419 - newsright - launches - with - 29 - publishers - not - a - litigation - shop/. 分析者指出，诸如 Meltwater 和 Huffington Post 的新闻聚合服务和网站刺激了 NewsRight 的形成。

❷ 参见 *NewsRight Joins Forces with Moreover Technologies/BurrellesLuce to Expand Content Licensing and Tracking Service* , BUS. WIRE（May 2，2013，12：00 PM EST），http：//www. businesswire. com/news/home/20130502006103/en/NewsRight - Joins - Forces - Technologies - BurrellesLuce - Expand - Content #. UrkV3WRDt6s。

❸ 参见 Ken Doctor, *The Newsonomics of Where NewsRight Went Wrong* , NIEMAN JOURNALISM LAB（May 15，2013，8：20 AM），http：//www. niemanlab. org/2013/05/the - newsonomics - of - where - news-right - went - wrong/。

❹ 参见 ROBERT P. MERGES, PETER S. MENELL & MARK A. LEMLEY, INTELLECTUAL PROPERTY IN THE NEW TECHNOLOGICAL AGE 1016 – 1017 (6th ed. 2012)。

者的盗用。❶ 20 年之后的 Eerie R. Co. 诉 Tompkins 案标志着联邦普通法不再适用，但是热门新闻规则在多次迭替后依然被作为州法上的一项侵权请求得以保存。❷ 如今，众多巡回上诉法院仍认可"热门新闻"作为一项州法上的诉因。❸

然而，作为一项州法上的诉因，热门新闻规则受到了联邦法优先适用的限制；当其与 1976 年版权法竞合时，应当优先适用联邦版权法。❹ 版权法对固定在有形媒介上的创造性作品的表达予以保护；但其不保护思想或者事实，❺ 尽管作者为获得它们同样付出了努力。❻ 在 Feist Publications 诉 Rural Telephone Service 案中，最高法院拒绝适用"额头流汗"原则，允许对作品不受保护的部分进行免费复制。❼ 该案涉及一位电话经理人对电话名单的复制；法院认为电话名单不受版权法保护，因为它"缺乏必要的独创性"。❽ 根据 International News Service 诉 Associated Press 案的判决，法院允许"对纯粹事实进行任意复制"。❾

热门新闻这一诉因在第二巡回上诉法院有所复苏，但同时也有人主张应限制适用。在 National Basketball Association 诉 Motorola 公司案中，❿ 原告因被告未经其授权传播篮球赛事实况信息而提起诉讼。为与版权侵权案件相区分，第二巡回上诉法院列出适用"热门新闻"规则必须满足的五项要件，包括：

> （1）原告为生成或收集信息花费了一定成本；（2）该信息具有时效性；（3）被告对该信息的使用是对原告劳动的"搭便车"行为；（4）被告和原告在产品或服务上具有直接竞争关系；以及（5）"搭便车"行为降低了原告或其他主体继续生产产品的积极性，从而导

---

❶ 参见 Int'l News Serv. v. Associated Press, 248 U. S. 215, 236（1918）。

❷ 参见 Eerie R. Co. v. Tompkins, 304 U. S. 64（1938）; MERGES, MENELL & LEMLY, INTELLECTUAL PROPERTY IN THE NEW TECHNOLOGICAL AGE 1016（6 th ed. 2012）。

❸ 参见 MERGES, MENELL & LEMLY, INTELLECTUAL PROPERTY IN THE NEW TECHNOLOGICAL AGE 1016（6 th ed. 2012）.［援引自 U. S. Golf Ass'n v. St. Andrews Sys. , 749 F. 2d 1028（3rd Cir. 1984）; IMAX Corp. v. Cinema Techs. , Inc. , 152 F. 3d 1161（9th Cir. 1998）; Ettore v. Philco Television Broad. Corp. , 229 F. 2d 481（3d Cir. 1956）, cert. denied, 351 U. S. 926（1956）］。

❹ 参见 MERGES, MENELL & LEMLY, INTELLECTUAL PROPERTY IN THE NEW TECHNOLOGICAL AGE 1017（6 th ed. 2012）。

❺ 参见 Harper & Row, Publishers, Inc. v. Nation Enters. , 471 U. S. 539, 547（1985）。

❻ 参见 Hoehling v. Universal City Studios, Inc. , 618 F. 2d 972, 974（2d Cir. 1980）, *cert. denied*, 449 U. S. 841（1980）。

❼ 499 U. S. 340, 359 - 360（1991）.

❽ 同上注，第 364 页。

❾ 同上注，第 353 ~ 354、350 页。

❿ 105 F. 3d 841, 843（2d Cir. 1997）.

致产品的数量或质量受到实质性损害。❶

Barclays Capital 公司诉 TheFlyonthewall.com 公司案进一步限制了"热门新闻"规则。该案中被告 TheFlyonthewall.com 公司通过 TheFly 这一新闻服务对 Barclays 公司的经纪人投资建议进行复制。法院认为"热门新闻"规则不能适用于该案,❷ 因为该案应当优先适用版权法。法院之所以没有支持 Barclays 公司热门新闻盗用的主张,是因为本案的重点在于涉案信息作品性质的界定而非盗用行为。涉案信息由 Barclays 公司创造,而不是记者调查的结果。❸ 尽管经纪人收到了 TheFly 推送的相关信息,但是被告 TheFlyonthewall.com 公司并没有转移原告利润,❹ 且被告使用 TheFly 推送信息时注明相关内容来源于 Barclays 公司,而非被告自己研究的结果。❺ 在 Barclays 案后,有关"热门新闻"规则的分析都注意到该规则的不确定性,此外,该规则能否帮助低迷的新闻行业也有待商榷。❻

2. 合理使用原则的起源

新闻聚合的自动性使得版权及合理使用抗辩对于聚合者而言十分重要;聚合者往往存储的是片段,而不仅是受热门新闻规则保护的信息内容。因此,合理使用的范围对聚合者和新闻业的发展及效益有重大影响,因其直接决定聚合者可以使用的片段的长度。

在 1976 年版权法颁布之前,合理使用纯粹只是法官基于在先判例法及自由裁量权创造的原则,❼ 目的在于平衡公共利益和作者权利。❽ 150 多年前,Story 法官在判决中首次认可了合理使用。他认为,法院在评估某一使用版权作

---

❶ 105 F. 3d 841, 843 (2d Cir. 1997),第 845 页。

❷ 650 F. 3d 876, 878 (2d Cir. 2011).

❸ 同上注,第 903 页。("在对 Fly 主张'热门新闻'时,Barclays 公司只是寻求对其投资建议的保护,而该建议是该公司运用其专业知识和经验创造的,而不是通过努力获取的。")

❹ 同上注,第 903 页。

❺ 同上注,第 904 页。

❻ 参见 Rayiner Hashem, Barclays v. Thefly: *Protecting Online News Aggregators From the Hot News Doctrine*, 10 NW. J. TECH. & INTELL. PROP. 37 (2011); Shyamkrishna Balganesh, *The Uncertain Future of "Hot News" Misappropriation After Barclays Capital v. Theflyonthewall. com*, 112 COLUM. L. REV. SIDEBAR 134 (2012); Brian Westley, *How a Narrow Application of 'Hot News' Misappropriation Can Help Save Journalism*, 60 AM. U. L. REV. 691, 692 (2011); Joseph A. Tomain, *First Amendment, Fourth Estate, and Hot News: Misappropriation is Not a Solution to the Journalism Crisis*, 2012 MICH. ST. L. REV. 769, 770 (2012); Amy E. Jensen, *When News Doesn't Want to Be Free: Rethinking "Hot News" to Help Counter Free Riding on Newspaper Content Online*, 60 EMORY L. J. 537, 539 (2010)。

❼ 参见 Campbell v. Acuff-Rose Music, Inc., 510 U. S. 569, 576 (1994)。

❽ 宪法要求知识产权能够"通过给予作者和发明人有限时间内对其作品和发明的排他性权利,从而促进科学和实用艺术的进步"。U.S. CONST., art. I, § 8, cl. 8。

品的行为是否合理时,"必须经常审视选择的性质和目的,使用之材料的数量和价值,以及使用在多大程度上会妨碍销售、减少收益或者替代了原作品的目的"。❶ 在之后的一个多世纪里,法院继续发展和修正该标准,直到国会将合理使用原则纳入1976年版权法:

虽有本法第106条和第106A条的规定,为了诸如批评、评论、新闻报道、教学(包括用于课堂教学的多份复制件)、学术或研究之目的而合理使用版权作品,包括制作复制品、录音制品或以该条规定的其他方法使用作品,不构成侵犯版权。任何特定案件中,判断对作品的使用是否属于合理使用时,应予考虑的因素包括:

(1)使用的目的与特性,包括该使用是具有商业性质,还是为了非营利的教育目的;
(2)该版权作品的性质;
(3)所使用部分的质和量与版权作品作为一个整体的关系;
(4)该使用对版权作品的潜在市场或价值所造成的影响。❷

对于合理使用的目的、功能和内在一致性等方面,各方一直存在争议。本文第三部分第(一)节将对该问题进行阐述。国会认为合理使用可以根据法院解释继续发展,版权法第107条仅起指导作用。❸ 因此,成文法上的这四项因素是"例示性,而非限制性的"。❹部分学者,例如Pierre Leval——第二巡回上诉法院的法官,则持相反意见,他认为法院应当只考虑这四个因素。❺

3. 新闻剪报(Newspaper Clipping)和搜索引擎新闻片段的合理使用问题

合理使用在新闻剪报和搜索引擎领域的适用困难重重。尽管法院认定搜索引擎对缩略图的使用构成合理使用,❻ 但是新闻剪报服务并不属于合理使用的

---

❶ Folsom v. Marsh, 9 F. Cas. 342 (C. C. D. Mass. 1841) (No. 4901).
❷ 17 U.S.C. § 107 (2012).
❸ H. R. REP. No. 94 – 1476, 第66页 (1976); S. REP. No. 94 – 473, 第62页 (1975)。
❹ Campbell v. Acuff – Rose Music, Inc., 510 U.S. 569, 577 (1994); 另参见17 U.S. § 101 (2012)。
❺ 参见Pierre N. Leval, *Toward a Fair Use Standard*, 103 HARV. L. REV. 1105, 1125 (1990). Leval指出,"我对这一问题的研究越是深入,就越觉得合理使用的相关因素就是法条中规定的四项。我和其他学者一直在研究的其他因素都只会违反版权原本的目的"。同上注。
❻ 参见Kelly v. Arriba Soft Corp., 336 F. 3d 811, 818 (9th Cir. 2002) (认定搜索引擎以索引为目的对缩略图的使用,构成转换性使用); Perfect 10, Inc. v. Amazon.com, Inc., 508 F. 3d 1146, 1155 (9th Cir. 2007) (认定谷歌公司用缩略图来展示搜索结果属于合理使用,虽然会取代合法的许可市场)。

范畴。❶与其类似的新闻聚合服务，包括对新闻标题、导语以及正文的复制，也很难主张合理使用。然而，与搜索引擎相同的是，新闻聚合者通过"抓取"（scraping）进行复制，❷ 使公众可以获取信息，从而促进了公共利益。

融文案并不是第一起因涉及新闻导语而进入审判程序的聚合行为案件，尽管它是为数不多以判决而非和解结案的案件。GateHouse Media 诉 New York Times Co. 案涉及马萨诸塞州当地的一个新闻网站。❸ 原告 GateHouse 主张被告构成侵权，因被告"未经其授权擅自在侵权网站上逐字复制、展示并且发行原告的新闻标题及文章第一句话（即导语）"。❹ 该案件后来的和解方案没有采用授权许可的方式，而是原被告之间签订协议规定：原告在网站上设置技术屏障防止他人对其作品的肆意抓取，被告网站则应受前述技术屏障的约束。❺

越来越多的判决允许搜索引擎实施特定形式的复制行为。第九巡回上诉法院审判的两个案件在此方面具有前锋作用。在 Kelly 诉 Arriba Soft Corp. 案中，第九巡回上诉法院认为"搜索引擎运营商 Arriba 将摄影师 Kelly 的图像作为缩略图进行使用的行为具有转换性"。❻ 尽管缩略图并不具有文义上的转换性，

---

❶ 参见 Video Pipeline, Inc. v. Buena Vista Home Entm't, Inc., 342 F. 3d 191, 199 (3d Cir. 2003)（认定在网络上对视频片段进行编辑并用于商业用途的行为，不属于合理使用）；Nihon Keizai Shimbun, Inc. v. Comline Bus. Data, Inc., 166 F. 3d 65, 72 (2d Cir. 1999)（认定出售具有相似结构、时间顺序和内容的文章摘要不属于合理使用）；Infinity Broad. Corp. v. Kirkwood, 150 F. 3d 104, 108 (2d Cir. 1998)（认定 Wayne Kirkwood 不能以合理使用为由出售广播监测服务）；L. A. News Serv. v. Tullo, 973 F. 2d 791, 797, 799 (9th Cir. 1992)（认定出售电视新闻广播剪辑的服务不属于合理使用）；Pac. & S. Co., Inc. v. Duncan, 744 F. 2d 1490, 1496 (11th Cir. 1984)（认定向广播听众出售新闻广播磁的行为不属于合理使用）。

❷ 参见 Marc S. Friedman & William T. Zanowitz, *The Invasion of the "Screen Scrapers"!*, 6 NO. 5 E – COMMERCE L. REP. 4 (May 2004)。作者对"屏幕抓取"（"Screen Scraper"）作出了如下定义：
　　一种能够从网页中获取信息（或者比喻来说，就是"抓取"）的电脑软件程序。数据以 HTML 源代码的形式被收集（并非以图表形式），然后储存在"屏幕抓取"的主服务器上。这种"屏幕抓取"程序有许多不同的名称——"机器人""爬行的蜘蛛""刮板""蜘蛛"和"爬虫"都只是其中几个例子。"屏幕抓取"的功能就像网页浏览器，但其运行速度快得惊人，可以每秒钟访问数百万个网页。由于其高速运行，"屏幕抓取"可以同时获取一个服务器上的数个页面，这种消耗会对网络资源造成负担，潜移默化中减弱合法使用者访问网站的能力。"屏幕抓取"可以在一天内自动数千次访问目标网站。同上注。

❸ No. 1: 08 – cv – 12114 (D. Mass. Dec. 22, 2008), available at http://dmlp.org/sites/citmedialaw.org/files/2009 – 01 – 26 – Settlement%20Order%20of%20Dismissal.pdf.

❹ Complaint at 2, GateHouse Media v. N. Y, Times Co., No. 1: 08 – cv – 12114 (D. Mass. Dec. 22, 2008) available at http://www.citmedialaw.org/sites/citmedialaw.org/files/2008 – 12 – 22 – Gatehouse%20Media%20Complaint.pdf.

❺ 参见 Robert Weisman, NYT, *Gatehouse Release Settlement Details*, BOSTON.COM (Jan. 26, 2009 11: 56 AM), http://www.boston.com/business/ticker/2009/01/nyt_gatehouse_r.html。

❻ 336 F. 3d 811, 818 (9th Cir. 2003).

但其"与 Kelly 的原始图像的确具有完全不同的功能"。❶ 精确复制原图从而形成缩略图,是搜索引擎实现其索引功能必不可少的步骤,❷ 而且 Arriba 的使用不仅没有抢占 Kelly 本来的商业市场,反而为潜在的客户定位和识别上述图像提供了可能。❸ 法院指出,Kelly 图像缺乏许可市场进一步支持了上述结论。❹

在 Perfect 10 诉 Amazon.com 案中,第九巡回上诉法院认为谷歌公司通过缩略图向用户展示搜索结果的行为构成合理使用,尽管该行为可能取代合法的许可市场,而且缩略图可能为谷歌公司带来广告收益。❺ 法院认为只要"复制品和原作品的用途不同",对"作品的精确复制"依然具有转换性。❻ 判决认定,谷歌公司通过了合理使用的检验,因为"搜索引擎将图像转化为指引用户找到信息来源的指针"。❼ 在权衡了合理使用的各项因素之后,第九巡回上诉法院认为,尽管谷歌公司从其展示行为中获取了商业利益,谷歌公司对缩略图的转换性使用和获取信息的公共利益,比其从展示行为中获取商业利益更为重要。❽

二、融文案

2013 年 3 月 21 日,纽约南区法院的 Denise Cote 法官判定,提供新闻聚合服务的融文公司不能援引合理使用进行抗辩,其复制、发行美联社新闻文章标题、导语和节选的行为在法律上不具有正当性。❾ 尽管美联社在起诉状中主张了多项诉因,但融文案的争议焦点是合理使用原则。❿ 判决中对融文的服务构成侵权的认定,使其区别于其他符合合理使用抗辩的搜索服务,⓫ 并进一步拓

---

❶ 336 F. 3d 811, 818 (9th Cir. 2003).
❷ 同上注,第 821 页。
❸ 同上注。
❹ 同上注,第 821~822 页。
❺ 508 F. 3d 1146, 1161-1162 (9th Cir. 2007).
❻ 同上注,第 1165 页。
❼ 同上注。
❽ 同上注,第 1166 页。
❾ Associated Press v. Meltwater U. S. Holdings, Inc., 12 CIV. 1087 DLC, 2013 WL 1153979 (S. D. N. Y. Mar. 21, 2013).
❿ 同上注,第 548 页。美联社的诉讼理由包括:(1) 版权侵权;(2) 版权共同侵权;(3) 版权授权侵权(vicarious copyright infringement);(4) 版权侵权的宣告式判决;(5) 纽约普通法下的"热门新闻"不当使用;以及 (6) 改变或移除与版权有关的信息。作为回应,融文集团提出四点反诉:(1) 不构成版权侵权的宣告式判决;(2) 适用《数字千年版权法案》(以下简称"DMCA")中的避风港原则作出宣告式判决;(3) 自成诽谤(libel per se);以及 (4) 对商业关系的不法干扰。
⓫ 同上注,第 553 页。

宽了美联社等新闻服务业的维权路径。本部分将会简要介绍案件事实和判决理由，并从反面提出一些法院可能支持融文合理使用抗辩的理由。

（一）案件事实

美联社的新闻剪报服务在新闻行业覆盖范围相当广泛，包括有1400份独立报纸，约3700人的员工团队以及每天超过1000篇文章的产量。❶ 与合理使用因素相关的是，许可费构成美联社收入的主要部分。❷ 美联社提供一项名为"美联社交换"（AP Exchange）的服务。该服务允许被许可方通过关键词搜索美联社的文章，使用电子邮件接收关键词信息的相关更新，并向被许可方的客户也提供类似服务。❸

融文是一家成立于2001年的跨国"软件服务"公司，其总部位于挪威，2012年该公司收入为1.245亿美元。❹ 自2005年起，融文开始在美国提供基于关键词搜索进行新闻监测的"融文新闻"服务。❺ 该服务使用"计算机程序或算法自动复制或'抓取'在线新闻文章，对文章进行索引，并向客户发送逐字摘录的文章片段"。❻ 该服务主要提供给专业公关人员用于跟踪新闻报道。❼

融文提供的服务毫无疑问与美联社的文章相关，因此案件的关键是融文的商业模式。Cote法官强调融文与"美联社及其被许可者"之间存在竞争关系，该公司因其服务签下的"大单"是本应由美联社的被许可者所享有的商业机会。❽ 融文的客户获取新闻的途径包括："新闻报道"（News Reports，根据搜索指令生成，且可通过电子邮件以及网站获取更新），"分析"（Analytics，使用图表和图形描述搜索结果），"点对点搜索"（Ad Hoc Searches，可供用户实时使用的搜索功能），或是"业务通信"（Newsletter，根据搜索指令创建的私人化业务通信）。❾ 就本案而言，有33篇"注册文章"（Registered Articles）用

---

❶ Associated Press v. Meltwater U. S. Holdings, Inc., 12 CIV. 1087 DLC, 2013 WL 1153979 (S. D. N. Y. Mar. 21, 2013)，第541页。

❷ 同上注。

❸ 同上注，第542页。

❹ 同上注，第543页。参见 *Meltwater Group Company Profile*，INC.，http：//www.inc.com/profile/meltwater-group（最后访问日期：2014年1月27日）。

❺ *Meltwater*, 931 F. Supp. 2d, 第543页。

❻ 同上注，第545页。

❼ *Meltwater News*, *Product Overview*, MELTWATER, http：//www.meltwater.com/products/meltwater-news（最后访问日期：2014年1月27日）。

❽ 参见 *Meltwater*, 931 F. Supp. 2d, 第544页。

❾ 同上注，第544~546页。

美联社诉融文案：合理使用、变化中的新闻行业以及司法自由裁量权与习惯的影响

于追踪侵权行为，❶"依据融文的记录统计，该公司从 24 篇注册文章中至少抓取了 22 297 个节选片段，并根据代理请求将上述片段提供给其在美国的客户"。❷

（二）法院的理由

在合理使用四项因素中，Cote 法官认为第一、第三和第四项因素——使用的目的与特性，所使用部分的质与量，以及对作品潜在市场或价值的影响——在本案中不支持构成合理使用。第二项因素本应是中立的，但 Cote 法官倾向于认为其支持合理使用抗辩。融文公司服务的私益性，及美联社和类似机构之间存在的许可协议，均在 Cote 法官的分析理由中发挥了重要作用。在后续的分析中，Cote 法官认为：导语和节选的使用不构成"转换性使用"，考虑到公共利益，应当支持保护美联社的权利。❸

1. 使用的目的与特性

在对"使用的目的与特性"这一因素进行分析时，法院着眼于融文的使用是否具有转换性或特别有利于保护公共利益。❹ 法院很快放弃了仅以作品外在形式的变化来分析该使用是否具有转换性，并引用权威观点："格式变化虽有一定的用处"，但并非转换性。❺ 判决还认为公共利益的考量不利于融文，因其对美联社商业利益的影响损害了其"实施民主这一基本功能的能力"。❻ 在将融文搜索引擎功能的重要性与新闻报道机构的公共利益相比较后，Cote 法官认为这样的判决结果不会"在任何方面"损害互联网搜索引擎的发展，相反，融文没有获得许可的使用行为会对美联社的收入带来威胁。❼

---

❶ 参见 Meltwater, 931 F. Supp. 2d, 第 544~546 页。

❷ 同上注，第 546 页。之前已经有一些针对新闻服务的案件。在英国，报纸授权机构（Newspaper Licensing Agency）提起了一项版权侵权指控，其中有意思的是，"上诉法院认为标题是有版权的，因其是具有原创性和文学性的作品"。参见 Alexander Weaver, Comment, *Aggravated with Aggregators: Can International Copyright Law Help Save the Newsroom?*, 26 EMORY INT'L L. REV. 1161, 1178 (2012). 此外，融文在国外还有一些待决的案件，尚不清楚这些案件可能产生的影响。参见 Ali Sternburg, *AP - Meltwater Settlement Dims Prospects for European Ruling on Internet Browsing*, DISCO: DISRUPTIVE COMPETITION PROJECT (July 30, 2013), http://www.project-disco.org/intellectual-property/073013-ap-meltwater-settlement-dims-prospects-for-european-ruling-on-internet-browsing/.

❸ *Meltwater*, 931 F. Supp. 2d, 第 551 页。

❹ 同上注，第 552~553 页。

❺ 同上注，第 551 页。(引用 Infinity Broad. Corp. v. Kirkwood, 150 F.3d 104, 109-110 (2d Cir. 1998))

❻ 同上注，第 553 页。

❼ 同上注。

法院同时认为融文案和 Perfect 10 案、Arriba 案之间存在区别，后两者所提供的服务都涉及使用"搜索引擎实施转换性使用目的"，而且搜索结果是"公众可以获得的"，以及对图片的使用具有不可分割性。❶ 与之相反，融文提供的则是"相当于传统新闻剪报的在线服务"，且其产品不构成转换性使用。❷

2. 版权作品的性质

法院比较快地完成了对版权作品的性质这一因素的分析。该因素中有利于认定构成合理使用的是涉案新闻作品的内容是真实而非虚构的，但同时这些作品已经公开发表的事实，又不利于合理使用的认定。❸ 总体来看，这一因素较有利于认定构成合理使用。❹

3. 使用部分的质与量

法院对这一因素进行的定性分析和定量分析都倾向于认定构成侵权。❺ 法院认为，融文所复制的文章比例较高，其中"新闻导语"是新闻中特别重要且具有创造性的部分：

> 融文使用了注册文章 4.5% 到 61% 的内容，并自动抓取了每篇美联社文章的导语。根据美联社标准编辑（Standards Editor）的描述，导语是"为了传达故事的核心"。导语虽只有一句话，但需要卓越的新闻技巧才能完成。美联社的文章中没有其他任何句子与导语一样重要，包括文章的最后一句话以及每个段落开头的那句话。❻

融文摘录的片段字数相同，复制比例之所以发生变化是因为所复制的文章长短不一。Cote 法官对导语重要性的强调，使得无须再考量复制的比例。

4. 对作品市场或价值的潜在影响

对作品市场或价值的潜在影响这一要素，对融文尤为不利。法院指出，现有的许可市场非常不利于认定构成合理使用。❼ 尤其是，"当分析第四个因素时，应当考虑'对美联社潜在的许可收入的影响'"。❽ 在将这些因素适用于

---

❶ *Meltwater*, 931 F. Supp. 2d, 第 555~556 页。
❷ 同上注，第 556 页。
❸ 同上注，第 557 页。
❹ 同上注。
❺ 同上注。
❻ 同上注，第 558 页。如果本案只涉及标题或导语的复制，那么是否侵权就是一个有意思的问题了。然而，由于融文集团案中也涉及对文章内容的大量复制，判决没有单独强调导语的可版权性问题。
❼ 同上注，第 559 页。（引用 *Harper & Row Publishers, Inc. v. Nation Enterprises*, 471 U.S. 539 (1985)。）
❽ 同上注，第 560 页。（引用 *Am. Geophysical Union v. Texaco Inc.*, 60 F.3d 913, 929 (2d Cir. 1994)。）

美联社诉融文案：合理使用、变化中的新闻行业以及司法自由裁量权与习惯的影响

融文案时，法院认为，由于融文与美联社的被许可者之间存在直接竞争关系，融文涉案行为的市场影响非常明显，表现为该公司在市场上"获得了不公平的商业优势，并且直接损害了表达性内容的创作者"，这与版权的立法目的相悖。❶

（三）融文案结果的另一种选择

由于缺乏与新闻聚合行为直接相关的先例，融文案也可能会产生有利于新闻聚合者的判决结果。本部分将讨论：在聚合技术背景下，当法官对合理使用各因素的解释更为宽泛时，第一、第三以及第四项因素都有可能支持构成合理使用的主张。❷

1. 转换性使用——与公共利益相关

有评论指出，融文案的判决结果过于武断，因为与 Perfect 10 或 Kelly 相比，融文的使用行为未必比前者更不具有转换性；事实上，公众同样可以通过融文提供的服务受益。在 Perfect 10 案中，法院引用了 Sony 诉 Universal City Studios 案的判决，总结道："谷歌搜索引擎对缩略图的使用，尽管可能会取代原许可市场，且属于商业性使用，但却具有显著的转换性特征，且该特征从公共利益的角度进行分析时尤为明显。在得出这一结论的过程中，我们注意到保证合理使用原则的灵活性对于适应环境的变化非常重要。"❸

然而，Cote 法官采取的是与第九巡回上诉法院更为类似的相反策略。这也解释了为什么 Cote 法官虽然将融文区别于其他搜索引擎，却没有在判决中对搜索引擎作出定义。❹ 她将融文区别于搜索引擎的理由是：（1）融文所抓取的新闻内容已经超过了作为搜索引擎运行所需使用的数量；❺（2）融文作为"信息定位工具"的身份尚不足以符合"搜索引擎"的要求。❻ 将这两个理由相结

---

❶ *Meltwater*, 931 F. Supp. 2d, 第 561 页。

❷ 有趣的是，Denise Cote 法官曾在 Nihon Keizai Shimbun, Inc. v. Comline Bus. Data, Inc 案否决了一份模拟简报的合理使用抗辩，反映了其限制合理使用抗辩适用范围的偏好。参见 Nihon Keizai Shimbun, Inc. v. Comline Bus. Data, Inc. , 98 CIV. 641 (DLC), 1998 WL 274285 (S. D. N. Y. May 27, 1998), aff'd, 166 F. 3d 65 (2d Cir. 1999)。

❸ Perfect 10, Inc. v. Amazon. com, Inc. , 508 F. 3d 1146, 1165 (citing Sony Corp. v. Universal City Studios, Inc. , 464 U. S. 417, 431–432 (1984) (援引 H. R. Rep. No. 94–1476, pp. 65–66 (1976), U. S. Code Cong. & Admin. News 1976, p. 5680) ([第107条]"同意合理使用司法原则的适用目的及一般范围，但没有必要停止该原则在法规中的适用，尤其是在科学技术高速变化的时期")。

❹ 参见 *Meltwater*, 931 F. Supp. 2d, 第 551 页。

❺ 同上注，第 555~556 页。

❻ 同上注，第 541 页。

合可以发现，Cote 法官将搜索引擎限于专业的搜索引擎类型。❶

融文案中对节选片段的使用与 Arriba 案以及 Perfect 10 案中对缩略图的使用具有相似性：从其提供方式和专业公关人员的使用方式来看，节选片段和缩略图均是被作为索引而非文章被使用。在 Arriba 案中，尽管并不具有文义上的转换性特征，但缩略图却发挥着完全不同的功能。❷ 缩略图对于搜索引擎实现索引功能是必要的，❸ 且其可以让潜在客户定位到该作品。❹ 在 Perfect 10 案中，尽管可能取代原许可市场，但法院认为原样复制后的使用行为仍然可能具备转换性，只要其具有"一种不同的功能"，比如作为"指引用户获得信息来源的定位工具"。❺ Cote 法官在判决中强调："格式变化虽有一定用处"，但并不具有转换性。❻ 细读融文所使用的新闻片段，不难发现：每个段落不仅格式上发生了变化——它更像是一个数据点（data point），而非新闻文章。❼ 这些片段通过指向含有相关名词的新闻内容发挥提供信息的作用。摘录的片段并不足以反映文章的全部基调和内容，因此法院可以很容易认定此种使用具有转换性。❽

2. 复制的数量和导语的相对重要性

对复制比例及导语重要性的重新解读，也会使得第三项因素支持认定融文的行为构成合理使用。Cote 法官强调，由于融文对美联社新闻进行了大量复制且复制的内容包括具有重要意义的导语，因此第三项因素倾向于认定该公司不构成合理使用。❾ 然而，在该案中，融文抓取的文章片段在原文中所占的比例变化很大，从 4.5% 到 61% 不等。❿ 每个片段的字数相同，比例发生变化是因为被抓取的新闻长短不一。⓫ 而 Cote 法官通过赋予导语远超文章其他部分的创

---

❶ 参见 *Meltwater*, 931 F. Supp. 2d, 第 541、555~556 页。
❷ 参见 Kelly v. Arriba Soft Corp., 336 F. 3d 811 (9th Cir. 2003)。
❸ 同上注，第 821 页。
❹ 同上注，第 821~822 页。
❺ Perfect 10, Inc. v. Amazon. com, Inc., 508 F. 3d 1146, 1161 - 1162, 1165 (9th Cir. 2007)。
❻ Associated Press v. Meltwater U. S. Holdings, Inc., 931 F. Supp. 2d 537, 551 (S. D. N. Y 2013)（引用 Infinity Broad. Corp. v. Kirkwood, 150 F. 3d 104, 109 - 110 (2d Cir. 1998)）。
❼ 参见 *Online Media Monitoring*, Meltwater, http：//www. meltwater. com/products/meltwater - news/online - media - monitoring/（最后访问日期：2013 年 2 月 8 日）（提供了融文搜索结果的图像，包括节选片段的实例）。
❽ 同上注。
❾ *Meltwater*, 931 F. Supp. 2d, 第 557 页。
❿ 同上注，第 558 页。
⓫ 比较上注（显示复制文章比例的范围）与产品：Online Media Monitoring, Meltwater, http：//www. meltwater. com/products/meltwater - news/online - media - monitoring/（最后访问日期：2013 年 2 月 8 日）（体现了文章摘录统一的性质）。

造性，认定融文集团在其搜索功能中呈现的、由电脑生成的片段比其他部分更加重要。❶

3. 现有许可市场是否具有合法性？谁应为新闻埋单？

如果存在于美联社和融文的竞争企业间的现有许可市场被视为不合法，则第四项因素将不利于认定构成合理使用。然而，由于许可市场是被自动视为合法的，留给法院决定被许可行为是否符合合理使用抗辩的空间很小。因此，在内容产业，规避风险的许可文化使得合理使用原则的适用空间减少，尤其是与合理使用的第四项因素结合来看更是如此。❷ 融文案判决将较低的点击率也视为文章片段取代了阅读文章的证据，并且认为融文提供文章片段的行为取代了原文的市场。❸ 这一分析假定：在没有融文的服务时，用户会直接寻找所需文章，且现有许可市场是合法的。

在 Harper & Row Publisher, Inc. 诉 Nation Enterprises 案中，最高法院指出：第四项因素，即对作品潜在市场或价值的影响，是合理使用判断中最重要的因素，❹ 因为对作品市场的扰乱破坏了版权法旨在激励创新的宪法目的。❺ 有观点认为第四项因素仍然是认定合理使用时最重要的因素，❻ 但若将内容产业中出现的用以避免诉讼发生的"清算文化"纳入考虑时，这一观点就有问题了。❼

三、基于合理使用的事后性质和惯常许可制度的循环论证问题对融文案的质疑

本部分将详细介绍关于合理使用抗辩是否具有可预测性的争论，以及在惯常许可市场（customary licensing market）中判断合理使用面临的循环论证风险。❽ 一方面，相当多的学者公开批评合理使用原则的不可预测性，认为其是

---

❶ 参见 *Meltwater*, 931 F. Supp. 2d., 第558页。
❷ 参见下文第三部分第（二）节。
❸ *Meltwater*, 931 F. Supp. 2d, 第557页。
❹ Harper & Row Publishers, Inc. v. Nation Enters., 471 U. S. 539, 566 (1985).
❺ 参见 Leval, Touard a Fair Use Standard, 103 HARV. L. REV. 1124 (1990)。
❻ 参见 *Harper & Row*, 471 U. S. at 566 – 567; Princeton Univ. Press v. Mich. Document Servs., Inc., 99 F. 3d 1381, 1385 (6th Cir. 1996); Triangle Publications, Inc. v. Knight – Ridder Newspapers, Inc., 626 F. 2d 1171, 1175 (5th Cir. 1980); Barton Beebe, An Empirical Study of U. S. Copyright Fair Use Opinions, 1978 – 2005, 156 U. Pa. L. Rev. 549 (2008)。
❼ 参见下文第三部分第（二）节。
❽ 参见下文第三部分第（二）节。循环论证带来的风险是，合理使用的适用范围将逐渐减小以及作品要求获得版权许可的情况将增加，而在这个过程中没有任何监督。

事后分析，而非对客观因素的真实判断。❶ 另一方面，Pamela Samuelson 教授认为合理使用是一系列相关政策的集合（policy–relevant cluster），根据产业或客体可以预测法院的判决。❷ Jennifer Rothman 和 James Gibson 是讨论已有许可市场循环论证问题最著名的学者。他们描绘了一幅令人不安的画面：畏惧诉讼的内容产业、法院以及合理使用抗辩相结合，创造了许可市场，并予以实施。❸ 虽然融文案根据 Pamela Samuelson 教授的相关公共政策集合理论具有可预测性，但是互联网搜索引擎中的循环论证问题仍然存在。因此，即使本案判决在法理上是正确的，仍不可忽视由强大产业主导的强势许可市场出现的潜在可能性。

（一）司法自由裁量权和机械合理使用的神话

许多学术研究成果认为，有关合理使用的判决结果不具有一致性，因为法院将合理使用的因素作为事后的正当性理由，而非用于指导判决结果得出。❹ 本部分将讨论 Pierre N. Leval 法官和 David Nimmer 教授的观点：他们认为合理使用的各项因素具有任意性；以及 Pamela Samuelson 教授的观点：根据相关政策集合来判断合理使用案件，得出的判决结论有其规律性。鉴于融文案中法院对合理使用的各项因素是否支持成立合理使用作出了审慎的权衡和明确的判断，故将这一判决认为是事后反推的结果似乎有点奇怪。另外，根据 Samuelson 教授的观点，将有关互联网索引工具或新闻复制行为的政策集合作为依据，融文案的判决结果也有一定道理。

1. 事后的合理使用

在版权法纳入合理使用原则十几年之后，Pierre N. Leval 法官注意到了司法自由裁量权的显著重要性以及成文法中所列举的合理使用因素与实际情况不相关的问题，❺ 惋惜缺乏"一套指导原则或价值"。❻ 然而，在公开论述中，法

---

❶ 参见下文第三部分第（一）节。
❷ 参见下文第三部分第（二）节。
❸ 参见下文第三部分第（三）节。
❹ 参见例子，Leval, *Toward a Fair Use Standard*, 103 HARV. L. REV. 1106（1990）; Nimmer, "*Fairest of Them All*" *and Other Fairy Tales of Fair Use*, LAW & CONTEMP. PROBS. , Winter/Spring 2003 at 280; Lawrence Lessig, Free Culture: How Big Media Uses Technology and the Law to Lock Down Culture and Control Creativity 187（2004）; Michael W. Carroll, Fixing Fair Use, 85 N. C. L. Rev. 1087, 1090（2007）; Neil Weinstock Netanel, Copyright's Paradox 66（2008）.
❺ 参见 Leval, Toward a Fair Use Standard, 103 HARV. L. REV. 1105–1107（1990）.
❻ 同上注，第 1105~1106 页。

院将"原则的定义推定为共识"。❶ Leval 法官认为法院的判决是针对"个案事实的直觉反应",而不是在"一致性原则"指导下产生的,判决结果以"公平观念"作为正当化基础,这一观念对"私有财产而非版权法立法目的给予了更多回应"。❷ 他认为,合理使用的四项因素是一种指导,鼓励对(个案中)可能的相关因素进行广泛的思考,而不是一个简单的"计分卡"。❸

David Nimmer 支持 Leval 法官的观点,并尝试对 1994 年以来有关合理使用的判决进行系统性研究以支持其主张。❹ 根据此项研究,Nimmer 得出下列结论:在支持构成合理使用的所有判决结果中,支持认定第一项因素构成合理使用的比例为 55%,第二项因素为 42%,第三项因素为 57%,第四项因素为 50%,四项因素均支持的比例将近 51%。❺ 他总结道:

> 除第一项和第三项因素比例略高,而第二项因素略低外,数字很难产生让人信服的结论。最后一个数据最为明显。基本上,如果国会立法采用类似于镖靶(dartboard)的制度用于判断合理使用,而非将特定四项因素纳入版权法中,结果似乎也是一样的。❻

Nimmer 认为法官是将合理使用四因素为已经做出的结论作事后的正当性论证,"四因素不能指导分析,而是为预先得出的结论寻找理由提供了便利"。❼

Nimmer 认为合理使用的判决通常具有任意性。为支持这一主张,他引用了四因素与判决结果之间关系令人困扰的几个案例。❽ 这其中,包括:Financial Information 诉 Moody's 案——上诉法院与地区法院对合理使用每项因素的认定截然相反;❾ Harper & Row 诉 Nation Enterprises 案——最高法院九位大法官中,六位认为所有因素均有利于认定构成合理使用,另外三位则认为所有因素

---

❶ 参见 Leval, Toward a Fair Use Standard, 103 HARV. L. REV. 1106 (1990)。

❷ 同上注,第 1107 页。

❸ 同上注,第 1110 页。

❹ Nimmer, "Fairest of Them ALL" and Other Faity Tales of Fair Use, LAW & CONTEMP. PROBS., Winter/Spring 2003 at 278 – 289, 280 – 282. 然而,受限于法官在判决中的描述性,Nimmer 承认他的方法更倾向于定性分析而非定量;各因素的分析是基于 Nimmer 自身而非法院对因素的认知,但他估计两者之间的一致性约为 90%。

❺ 同上注,第 280 页。

❻ 同上注。

❼ 同上注,第 281 页。

❽ 同上注。

❾ 同上注。[引用 Fin. Info., Inc. v. Moody's Investors Serv., Inc., 751 F.2d 501 (2d Cir. 1984)]

均不利于认定构成合理使用；❶ Robinson 诉 Random House 公司案——尽管所有因素都支持认定构成合理使用，但法院最终认定合理使用抗辩不能成立。❷ 相反的是，在 Kelly 诉 Arriba 案中，尽管所有因素都不支持认定构成合理使用，然而地区法院和第九巡回上诉法院却认为该使用事实是合理的。❸

在融文案中，尽管 Cote 法官认为第一、第三以及第四项因素均不支持认定构成合理使用，但也可以对这些因素进行支持认定构成合理使用的方式进行分析。❹ 根据 Nimmer 和 Leval 的观点重新审视融文案，该案判决似乎具有任意性。然而，下文将为此提供一种可能的解释：合理使用判决中的"相关政策集合"。

2. 合理使用政策集合作为融文案的一种可行解释

有学者认为，有关合理使用的判决形成了一种"相关政策集合"；❺ 根据上述政策集合分析融文案，其判决结果具有合理性，尽管合理使用各因素也可能支持完全相反的结论。❻ Pamela Samuelson 教授认为，法院应当根据可适用的政策集合，作出可预测的判决结论，而不只是"仓促地"得出赞成或反对适用合理使用的结论。❼ Samuelson 教授认为，合理使用原则不只是对既定结论的事后论证，而是可以成功地"促进竞争和技术创新，使更多公众可以获取信息并利用其内容"。❽

合理使用原则使得版权法可以适应技术创新引发的"不可预测的使用行为"。❾ 网络搜索引擎政策集合旨在"在互补的技术产业中促进竞争与创新，

---

❶ Nimmer, "Fairest of Them ALL" and Other Faity Tales of Fair Use, LAW & CONTEMP. PROBS., Winter/Spring 2003 at 278 – 289, 280 – 282. 然而，受限于法官在判决中的描述性，Nimmer 承认他的方法更倾向于定性分析而非定量；各因素的分析是基于 Nimmer 自身而非法院对因素的认知，但他估计两者之间的一致性约为 90%，第 282 页。[引用 Harper & Row, Publishers, Inc. v. Nation Enters., 471 U. S. 539 (1985)]

❷ 同上注。[引用 877 /f. Supp. 830 (S. D. N. Y. 1995)]

❸ 同上注，第 283 页。[引用 280 F. 3d 934 (9 th Cir. 2002); 77 F. Supp. 2d. 1116, 1120 – 1121 (C. D. Cal. 1999)]

❹ 参见前文第二部分第（三）节。

❺ 参见 Samuelson, *Unbundling Fair Uses*, 77 FORDHAML. REV. 2541 (2009); 另参见 ALAN LATMAN, FAIR USE OF COPYRIGHTED WORKS, STUDY NO. 14, COPYRIGHT LAW REVISION, STUDIES PREPARED FOR THE SUBCOMM. ON PATENTS, TRADEMARKS, AND COPYRIGHTS, S. COMM. ON THE JUDICIARY, 86TH CONG. 3, 8 – 14 (Comm. Print 1960), *available at* http://www.copyright.gov/history/studies/study14.pdf; Michael J. Madison, *A Pattern – Oriented Approach to Fair Use*, 45 WM. & MARY L. REV. 1525, 1645 – 1665 (2004); Paul Goldstein, *Fair Use in Context*, 31 COLUM. J. L. & ARTS 433, 439 – 441 (2008)。

❻ 参见前文第二部分第（三）节。

❼ Samuelson, *Unbundling Fair Uses*, 77 FORDHAML. REV. 2542 (2009)。

❽ 同上注，第 2546 页。

❾ 同上注，第 2602 页。

强化版权作品使用者的隐私权和自治权,促进公众更好地获取信息"。❶ 具体而言,融文案可能落入 Samuelson 教授所述的"互联网搜索引擎以索引或使受保护的作品为更多公众获知为目的进行复制"的政策集合中;❷ 或者与新闻相关的政策集合中。然而,根据与新闻相关的政策集合,合理使用抗辩通常以失败告终,"因为法官认为被告使用了过多新闻内容,干扰了核心许可市场,或从事了错误行为,影响了合理使用抗辩的适用"。❸ 针对互联网搜索引擎政策集合,Samuelson 教授建立了以下多因素分析法:

> 与信息获取案件高度相关的因素包括:(1)推定合理的使用者是否为公众获取可以公开获得的版权作品提供了切实便利;(2)信息获取工具是否使搜索更高效;(3)复制行为是否是便利信息获取所必须的或合理的;(4)寻找或获得许可的交易费用是否过高以至于许可市场无法形成;以及(5)被告的信息获取工具是否取代或替代了原告作品的许可市场。❹

根据上述规则,没有法官会认为融文构成合理使用。对于第一个因素,融文所提供的服务明显具有私人性质,而且所涉及的作品是不可以公开获得的;事实上,融文的用户原本需要订阅才能获得上述内容。❺ 虽然第二个因素没有明显否定合理使用,但其至多是中立的,因为没有证据显示融文提供了更高效的搜索服务。第三个因素仅略微(marginally)倾向于认定构成合理使用,因为大量相似搜索服务的存在使得复制行为并非便利信息获取所必须,且合理性的判断过于主观。由于存在已有许可市场,第四个因素显然不支持认定构成合理使用,第五个因素也同样如此。虽然上述因素可以消除缺乏可预见性的问题,但仍存在循环论证的问题。

(二) 新闻行业中的习惯以及合理使用

尽管融文案的判决结果基于政策集合的考量具备合理性,但该案及未来新

---

❶ Samuelson, *Unbundling Fair Uses*, 77 FORDHAML. REV. 2542 (2009).

❷ 同上注,第 2610 页。

❸ 同上注,第 2619 页;另参见 ALAN LATMAN, FAIR USE OF COPYRIGHTED WORKS, STUDY NO. 14, COPYRIGHT LAW REVISION, STUDIES PREPARED FOR THE SUBCOMM. ON PATENTS, TRADEMARKS, AND COPYRIGHTS, S. COMM. ON THE JUDICIARY, 86TH CONG. 3, 8 – 14 (Comm. Print 1960).

❹ Samuelson, *Unbundling Fair Uses*, 77 FORDHAML. REV. 2614 (2009).

❺ 参见 Associated Press v. Meltwater U. S. Holdings, Inc., 931 F. Supp. 2d 537, 544 – 546 (S. D. N. Y Mar. 21, 2013).

闻聚合案件却存在另一潜在性问题：合理使用领域的习惯与许可之间存在循环论证的问题。关于许可和合理使用的判断之间的关系的讨论，可以追溯到近一个世纪之前。❶ 最近，Jennifer Rothman 教授以及其他学者观察到当习惯被用于进行合理使用分析时，会产生"循环论证"的问题。❷ 在许多内容产业中用于避免诉讼的"清算文化"被纳入到了立法中，导致预防和法律要求的许可制度二者合一。❸

本部分首先将对习惯与法律之间的一般争论，以及其在许可和合理使用领域的具体争论进行概述。20 世纪 90 年代早期，Richard Epstein 教授和 Stephen L. Carter 教授曾在盗用案件中讨论习惯是否可以产生权利问题。Epstein 和 Carter 认为，习惯对内容产业的架构是发挥支持还是破坏的作用，取决于具体应用；合理使用领域也是如此。Epstein 认为习惯是法院用来判断是否构成盗用的有效方式，而 Carter 则对法官视角的有限性表示担忧。❹ 争论在合理使用的特定领域中一直持续着，包括 Epstein 与 Rothman 在合理使用案件中考虑许可习惯是否会引发循环论证风险的分歧。❺

1. 将习惯应用于法律的可行性

Richard Epstein 教授支持由法院强制执行私人间的习惯制度。❻ 他主张：

---

❶ 参见 Gibson，*Risk Aversion and Rights Accretion in Intellectual Property Law*，116 YALE L. J. 897 (2006 – 2007)（引用 RICHARD C. DE WOLF, AN OUTLINE OF COPYRIGHT LAW 143 (1925); ARTHUR W. WEIL, AMERICAN COPYRIGHT LAW 429 (1917); Saul Cohen, *Fair Use in the Law of Copyright*, 6 COPYRIGHT L. SYMP. (ASCAP) 43, 51 – 52 (1955); Elizabeth Filcher Miller, Note, *Copyrights*— "*Fair Use*," 15 S. CAL. L. REV. 249, 250 (1942)）。

❷ Rothman, *Copyright Harm, Foreseeability, and Fait Use*, 85 WASH. U. L. REV. 1911, 1931, 1935 (2007)。

❸ 关于合理使用和许可市场之间的关系达到何种程度时会有问题出现的讨论，导致合理使用范围的缩减，参见 Jennifer E. Rothman, *The Questionable Use of Custom in Intellectual Property*, 93 VA. L. REV. 1899, 1911, 1931, 1935 (2007); James Gibson, *Risk Aversion and Rights Accretion in Intellectual Property Law*, 116 YALE L. J. 882, 884 (2006 – 2007); Matthew Africa, Comment, *The Misuse of Licensing Evidence in Fair Use Analysis：New Technologies, New Markets, and the Courts*, 88 CALIF. L. REV. 1145, 1160 – 1162, 1164 (2000); Lydia Pallas Loren, *Redefining the Market Failure Approach to Fair Use in an Era of Copyright Permission Systems*, 5 J. INTELL. PROP. L. 1, 38 – 41 (1997); Christina Bohannan, *Copyright Harm, Foreseeability, and Fair Use*, 85 WASH. U. L. REV. 969, 975, 977, 978 (2007)。合理使用的要素包括：(1) 使用的目的与特性，包括该使用是具有商业性质，还是为了非营利的教育目的；(2) 版权作品的性质；(3) 所使用部分的质和量与版权作品作为一个整体的关系；以及 (4) 使用对版权作品潜在市场或者价值所造成的影响。17. U. S. C. §107 (2012)。

❹ 下文第三部分第（二）节第 1 分节。

❺ 下文第三部分第（二）节第 2 分节。

❻ Richard A. Epstein, *International News Service v. Associated Press：Custom and Law As Sources of Property Rights in News*, 78 VA. L. REV. 85, 127 (1992)。

美联社诉融文案：合理使用、变化中的新闻行业以及司法自由裁量权与习惯的影响

由法院执行的私人命令是确保滥用得以适当适用的手段。[1] Epstein 认为，当双方当事人之间存在"长期且互利"的关系时，法院应当遵循习惯作出判决，因为"当事人追求正确规则的动力非常强大"。[2] 当存在的习惯较弱时，Epstein 认为需要进行"一些明确的成本/收益计算"。[3] 在 1992 年撰写的一篇文章中，他指出，较强的传统习惯左右着 INS 诉 AP 案中法院的判决。[4] 在该案中，由于双方当事人之间存在直接竞争关系，因此，新闻作为商品的价值取决于当事人"特有的使新闻快速到达相关市场的能力"。[5] 在 International News Service 诉 Associated Press 案中，强有力的习惯解释了为什么对于"竞争对手的公告板或之前的版本"的盗用行为没有扩散得更为广泛。[6] Epstein 指出如果法院不执行新闻业的习惯，将造成双方当事人的损失。[7]

Stephen L. Carter 教授认为应当谨慎适用 Epstein 教授的理论，因为习惯可能存在内在问题，且法官视野有限，"公共产品问题"也会产生干扰。[8] 如果习惯本身存在问题，其在诉讼中的适用可能产生作用于诉讼各方的"负外部性"或产生导致公司反竞争行为的限制性许可。[9] 法官对习惯的识别能力受限于其对相关产业或问题的熟悉程度，以及当事人是否完全诚实。[10] 在知识产权领域，Carter 认为，"公共产品问题"使得合作更难实施，行业习惯变得愈发式微，"也使得法院推翻当地知识产权规范的做法，不令人感到意外"。[11] 简单

---

[1] Richard A. Epstein, International News Service v. Associated Press: *Custom and Law As Sources of Property Rights in News*, 78 VA. L. REV. 85, 127 (1992).

[2] 同上注，第 126 页。

[3] 同上注。

[4] 同上注。

[5] 同上注，第 91 页。

[6] 同上注，第 97 页；总体上参见 International News Service v. Associated Press, 248 U. S. 215 (1918)。

[7] 参见 Epstein, International News Service v. Associated Press: *Custon and Law as Sources of Property Rights in News*, 78 VA. L. REL. 96 (1992). （援引 Nat'l Tel. News Co. v. W. Union Tel. Co. , 119 F. 294, 295 - 296 (7th Cir. 1902)）此外，在 National Tel. News Co. 案中，法院禁止：从被上诉人的电子设备和印刷机械（被称为自动收录设备）上复制任何新闻或信息，无论是为了出版、销售或从其自动收录设备上传输，或以其他方式处置……直到这一新闻内容印刷时间已满六十分钟……。Nat'l Tel. News, 119F. at 296.

[8] Stephen L. Carter, *Custom, Adjudication, and Petrushevsky's Watch*: *Some Notes from the Intellectual Property Front*, 78 Va. L. Rev. 129, 131, 132, 138 (1992). Carter 的文章总结了公共产品问题：由于在后使用者能够在以接近零成本且不妨碍在先使用者体验的情况下享受知识成果，在没有规定的情况下在先的使用者也不太会要求在后使用者停止使用。

[9] 参见 Carter, *Custom, Adjudication, and Petrushevsky's Watch*: *Some Notes from the Intellectual Property Front*, 78 Va. L. Rev. 131, 132, 138 (1992).

[10] 同上注，第 132 页。

[11] 同上注，第 138 页。

地说，Carter 认为，知识产权领域的行业习惯相对较弱，相关性也不强。

2. 循环论证问题

1999 年，Jennifer E. Rothman 教授发现，习惯与知识产权之间的关系，并非如 Carter 教授认为的那样不相关，而是问题重重且普遍存在，其中在合理使用领域体现得尤为明显。Rothman 的主要发现包括：（1）为避免诉讼发生，内容产业产生了普遍存在但问题重重的"清算文化"；（2）法院在进行合理使用分析时，通过"清算文化"界定使用行为的性质和市场影响因素；以及（3）法院又根据许可协议来分析市场损害，这样就陷入了"危险的循环论证"中，因为原本旨在降低诉讼风险的许可实践被纳入了现行法律中。❶ 在 2006 年的一篇文章中，James Gibson 详述了循环论证问题，由于侵权可能导致权利人的高额损失，在"原则的模糊性和许可的风险规避性相互作用"下，版权的适用范围逐步扩张。❷ 具体而言，版权领域的灰色地带源于"思想/表达二分法、实质相似检验法以及合理使用抗辩"等制度，这些制度均由模糊的标准，而非明确的规则构成。❸ 许可实践史无前例地在合理使用原先适用的上述领域构建出一个可以明确行为合法性的许可市场，使曾经的灰色地带变成许可者与被许可者之间的领域，从而逐步扩大了版权所保护的领域。❹ Gibson 将这一过程定义为"原则反馈"（doctrinal feedback）。❺

合理使用的第二项和第四项因素更容易陷入循环论证中。"商业性使用"很可能导致使用的性质被认定为是不合理的。❻ 与此类似，当侵权者放弃寻求许可的机会，❼ 则其行为可能被认为损害市场。Rothman 认为许可习惯的适用恰恰是因为，当法官决定通过传统市场判断使用行为是否合理时，他实际上预先假定了一个并不必然存在的理想市场。❽ 在 Harper & Row Publishers, Inc. 诉

---

❶ Rothman, *The Questionable Use of Custom in Intellectual Property*, 93 VA. L. REV. 1911, 1931, 1935 (2007).

❷ Gibson, *Risk Arersion and Rights Accretion in Intellectual Property Law*, 116 YALE L. J. 882 (2006 - 2007).

❸ 同上注，第 887 页。

❹ 同上注。

❺ 同上注，第 884 页。重要版权产业的决策者通常具有"前期成本高，财才雄厚，以及多级分销网络"的特征，从而增加其采取导致原则反馈的风险规避行为的可能性。同上注，第 887 页。

❻ 参见 Rothman, *The Questionable Use of Custom in Intellectual Property*, 93 VA. L. REV. 1931 (2007)。

❼ 同上注，第 1932 页。Rothman 解释了合理使用与被放弃的许可机会之间的关系：

在这一规则下，清算文化对于法院考虑是否允许使用他人知识产权有着极大影响。因为法院认为现有的和潜在的许可市场均可表明该使用是否以营利为目的以及该使用是否可能对涉案作品的市场造成危害。

❽ 同上注，第 1935 页。

Nation Enterprises, Inc. 案中,最高法院在分析合理使用时适用了大量习惯。❶ 在分析第四项因素时,法院认为分析基础"不在于金钱利益是否是使用者的唯一动机,而在于使用者是否通过利用涉案版权材料获利且未支付市场价款"。❷

合理使用适用范围的缩减可能会在不经意间发生,但若有意使其缩减则会加快版权扩张的速度或者扩张许可制度的范围。❸ Gibson 认为这种转变大都是不经意间发生的,因为他推定版权所有人不会故意"钻制度的空子",而且知识产权的灰色地带以及风险规避性已经为"私有权利的增长和公众特权的萎缩"提供了足够的空间。❹ 不过,许多版权法从业者建议宁可过度谨慎寻求许可,也不要冒依赖合理使用的风险。❺ 一方面,当"复制行为具有隐蔽性或者主要是私人性质"时,原则反馈发挥的作用将不那么明显。❻ 尤其是,一封停止侵权通知函可能会迫使规避风险的二次使用者去寻求许可,或是大规模的版权所有人之间共同签署相互许可协议。❼ 另一方面,因"抗拒许可压力"而未经许可的使用者由于数量较少,通常并不能减少"原则反馈"。❽ 即使数量很多,他们所产生的影响也有限,因为他们:(1)通常保持低调以免被察觉;(2)往往来自"不通过传统渠道广泛传播的小规模的项目"。❾ 另外,拒绝寻

---

❶ 471 U. S. 539 (1985).

❷ 同上注,第562页。

❸ 参见 Gibson, *Risk Aversion and Rights Accretion in Intellectual Property Law*, 116 YALE L. J. 901 (2006 - 2007); Loren, *Redefining the Market Failure Approach to Fair Use in an Era of Copyright Permission Systems*, 5 J. INTELL. PROP. L. 34 - 36, 42 - 43 (1997); Africa, Comment, *The Misuse of Licensing Evidence in Fair Use Analysis: New Technologies, New Markets, and the Courts*, 88 CALIF. L. REV. 1174 - 1175。

❹ Gibson, *Risk Aversion and Rights Accretion in Intellectual Property Law*, 116 YALE L. J. 885 (2006 - 2007).

❺ 参见 Gibson, *Risk Aversion and Rights Accretion in Intellectual Property Law*, 116 YALE L. J. 891 (2006 - 2007). (引用 Michael C. Donaldson, Clearance & Copyright 67 (2d ed. 2003); Stephen Fishman, The Copyright Handbook: How to Protect & Use Written Works 11/4 (8th ed. 2005); Richard Stim, Getting Permission: How to License & ClearCopyrighted Caterials Online & Off 9/5 (2000)); 另参见 Richard Stim, Getting Permission: How to License & Clear Copyrighted Materials Online & Off 301 - 302 (2013); Stephen Fishman, The Copyright Handbook: What Every Writer Needs to Know 254 - 260 (2011)。

❻ Gibson, *Risk Aversion and Rights Accretion in Intellectual Property Law*, 116 YALE L. J. 887 (2006 - 2007).

❼ 同上注,第901页。

❽ 同上注,第899页。

❾ 同上注,第900页。

求许可的使用者在合理使用的认定中将会处于不利地位。❶

从新闻出版行业提起的诉讼和授予的许可来看，该行业正试图构建强势的许可市场。新闻业主体在促进法院执行或创造习惯中发挥着积极作用。Rupert Murdoch 曾明确表明通过诉讼从新闻聚合者处获取收益的意图。❷ International News Service 诉 Associated Press 案由于法院在执行报纸行业规范中发挥的作用而获得了极大关注。❸ 与 International News 案相同的是，审理融文案的法院也通过遵循或修改习惯的方式来保护传统新闻行业。作为法院通过扩张合理使用原则适用范围而在新兴行业中创建习惯的典型案例，融文案扩大了新闻服务的法律救济途径。

四、结论

作为一起无先例可循的案件，融文案中有关转换性使用界定的延展性（malleability）以及习惯与合理使用之间的循环论证问题，使得关于哪些行业应该包含许可的讨论黯然失色。这也使得融文案的判决结果是否可以适用于其他类型的聚合者具有不确定性。在法院作出有利于美联社的判决后，各方当事人于 2013 年 7 月达成和解，建立了"伙伴关系"。❹ 融文成为美联社另一家许可客户。

"清算文化"和"抓取"行为较为普遍的其他行业在司法体系下可能会面临同样的循环论证问题。虽然在某些情况下，许可收入是互惠互利的，但关于合理使用标准的循环论证还是一个潜在的问题。当新型数据分析方式和聚合手段正以前所未有的速度出现时，保留传统产业和发展新技术之间需要审慎平衡，而不能仅依赖刻板的原则反馈模式加以解决。

---

❶ Gibson，*Risk Aversion and Rights Accretion in Intellectual Property Law*，116 YALE L. J. 903 (2006 – 2007)；另参见 Princeton Univ. Press v. Mich. Document Servs. , Inc. , 99 F.3d 1381 (6th Cir. 1996) (认定一个版权商店拒绝与其竞争者一样加入许可安排的行为，不受合理使用原则保护)。

❷ 参见 Interview by Marvin Kalb with Rupert Murdoch, Chairman and CEO, News Corp. , in Washington, D. C. (Apr. 6, 2010), *available at* https：//research.gwu.edu/sites/research.gwu.edu/files/downloads/RupertMurdoch_Transcript.pdf. ("我们要阻止这些人无偿地拿走我们的故事，不论他们是谷歌、微软还是其他什么人")。

❸ 参见 Int'l News Serv. v. Associated Press, 248 U. S. 215, 236 (1918)；Carter, *supra* note 202；Douglas G. Baird, *Common Law Intellectual Property and the Legacy of* International News Service v. Associated Press, 50 U. CHI. L. REV. 411 (1983)；Epstein, International News Service v. Associated Press：*Custom and Law As Sources of Property Rights in News*, 78 VA. L. REV. 85, 127 (1992)。

❹ Mullin, AP Settles Copyright Suit With PR Firm After Winning Fair Use Ruling, ARS TECHNICA (Jan. 24, 2014, 9：10 AM), http：//arstechnica.com/tech – policy/2013/07/ap – settles – lawsuit – with – pr – company – after – winning – key – fair – use – ruling/。

知识产权所有人可否想做就做？
对耐克公司不起诉契约效力的分析

米萨·K. 爱瑞兹（Misa K. Eiritz）* 著
刘蓁蓁 蔡梦琦 译
李蕾 校

2013 年 1 月，美国联邦最高法院通过奥莱迪诉耐克案（Already, LLC v. Nike）（以下简称"耐克案"）❶ 表达了遏制滥诉行为和提高司法效率的决心。最高法院在该案中提出了新标准，用于判断联邦法院对商标所有人提起侵权之诉后又作出不起诉契约的案件是否仍享有管辖权。❷ 不起诉契约，即享有诉权的一方对未来不主张权利的承诺。❸ 通过将自愿停止原则适用于此类案件，法院试图寻求一种平衡，使得对于管辖权的判断既符合宪法第 3 条"案件"或"争议"的要求，又有效限制当事人通过不起诉契约操控案件审理的情形。❹ 在这一标准下，知识产权所有人有责任证明被告不再有被诉之虞。❺

与新标准不同的是，联邦巡回上诉法院此前将不起诉契约作为申请确认之诉判决的独立请求❻，并规定由被控侵权人而非试图排除法院管辖权的一方当事人承担初步证明责任。为维持其在不起诉契约作出后的原告资格，被控侵权

---

* 作者系美国加州大学伯克利分校法学院法律博士。

❶ Already, LLC v. Nike, Inc., 133 S. Ct. 721 (2013).

❷ 参见 Dalila Argaez Wendlandt & Joseph Van Tassel, Already v. Nike *Decision Takes Middle Ground by Tightening Standards for Covenants Not to Sue But Refusing to Expand Standing to Challenge Validity*, 85 PAT. TRADEMARK & COPYRIGHT J. (BNA) 955, 955 (2013 年 4 月 19 日)。

❸ Black's Law Dictionary 419 (9th ed. 2009).

❹ 参见 Wendlandt & Tassel, Already v. Nike *Decision Takes Middle Ground by Tightening Standards for Covenants Not to Sue But Refusing to Expand Standing to Challenge Validity*, 85 PAT. TRADEMARK & COPYRIGHT J. (BNA) 955, 955 (2013 年 4 月 19 日)。

❺ 同上注，第 956 页。

❻ 同上注，第 957 页。

人要证明双方当事人之间仍有实质性争议存在。❶ 虽然法院把不存在再诉可能的证明责任分配给了商标所有人，但是被控侵权人如果希望在不起诉契约作出后仍维持原告资格和避免发生诉因消失之事由，则需提供在不起诉契约范围以外生产产品的具体计划。❷ 而新标准的确立完全改变了上述情形。

虽然不起诉契约可以在诉讼期间保持商标所有人的商标权，但这一诉讼策略，对被控侵权人及商标未来的有效性都可能产生难以预见的不利后果。具体而言，不起诉契约会破坏被控侵权人的商业关系，对其信誉和资金产生消极影响，❸ 同时还可能在未来淡化商标，并潜在地损害商标所有人许可和保护其标志的能力。❹ 此外，值得注意的是，受到耐克案的启发，已有专利所有人试图使用同样的策略终止诉讼，但在大多数案件中，由于未能将协议范围设立的足够宽泛，法院以不满足自愿停止原则为由未支持他们的主张。

知识产权所有人如果希望通过这种方式排除法院根据美国《宪法》第3条享有的管辖权，必须证明其后行使知识产权的行为不会对被控侵权人造成实质威胁。以耐克案和其他专利案件观之，为达到上述要求，权利人作出的不起诉契约须不附条件、不可撤销、范围宽广。

本文将分析不起诉契约对被控侵权人和商标所有人的影响，并分析耐克公司的进攻策略对知识产权诉讼的影响。文章第一部分讨论当事人适格、诉因消失和自愿停止原则及上述原则与不起诉契约的关系。第二部分详细分析耐克案中最高法院的判决。第三部分分析不起诉契约对于小型企业的消极影响，以及表明该协议可能被法院解释为无效许可。第四部分探究耐克案对当前诉讼的影响，指出为从根本上消除未来发生诉讼的所有可能性，不起诉契约需满足不可撤销、不附条件、范围宽广的要求。

一、背景

法院的管辖权受到限制。第一部分第（一）节讨论当事人适格、诉因消

---

❶ 参见 Wendlandt & Tassel, Already v. Nike *Decision Takes Middle Ground by Tightening Standards for Covenants Not to Sue But Refusing to Expand Standing to Challenge Validity*, 85 PAT. TRADEMARK & COPY-RIGHT J. (BNA) 955, 957 (2013年4月19日). 另参见 Super Sack Mfg. Corp. v. Chase Packaging Corp., 57 F. 3d 1054, 1058 (Fed. Cir. 2007)（由主张确认判决的一方承担举证责任）.

❷ 同上注，第957页。

❸ 参见 Kevin Snell, *Issues, Not Injuries: The Effects of Covenants Not to Sue on Small Competitors*, 74 OHIO ST. L. J. 17, 18 (2013)（提醒法院在决定终止诉讼时应当克制因为终止诉讼可能对较小竞争者产生不利影响）.

❹ Tal S. Benschar, David Kalow & Milton Springut, *Covenant Not To Sue: A Super Sack Or Just A Wet Paper Bag?*, 102 Trademark Rep. 1213, 1228 (2012).

失和自愿停止原则对管辖权的限制。第一部分第（二）节部分阐释不起诉契约与上述原则的关系，并审查下级法院对知识产权所有人作出的不起诉契约的几种处理方式。

（1）联邦法院管辖权的一般原则：当事人适格、诉因消失、自愿停止。

根据美国《宪法》第3条，❶ 只有当存在现实的"案件"或"争议"时，司法机关才有权解决法律问题，即享有管辖权。同时，管辖权的取得必须满足"损害在相当程度上可追溯至被告被诉的违法行为，且可以通过司法获得救济"。❷ 现实存在的争议必须贯穿于包括起诉阶段在内的整个诉讼期间。❸ 通常，这一要件很容易满足，因为当事人之间往往存在显而易见的争议。❹ 然而，当争议仅是可预期而未实际发生时，司法管辖将因无法满足案件或争议的要件而被排除。❺ 这一情形通常发生于确认之诉中。❻

确认之诉中，满足美国《宪法》第3条所要求的争议须是"明确而具体，且能影响利益相对方之间的法律关系"。❼ 正如法院曾在 MedImmune v. Genetech 案中指出，"每个个案的问题都在于，当事人所指称的事实，是否证明了当事人之间均存在足够紧迫和现实、必须作出宣告式判决的实质性争议"。❽

一方面，诉讼开始时，案件或争议要件与当事人适格相关。为满足适格的要求，原告必须：①遭受了实质损害或存在实质受损的危险；② 这一损害或危险可追溯至被告；③ 法院作出的有利判决可能使原告的损害获得救济。❾ 损害不能是假设或推测的，必须"具体"且"紧迫"。❿ 另一方面，一旦诉讼开始，案件或争议要件就与诉因消失原则相关。当情况发生变化，争议不复存在

---

❶ 参见美国《宪法》第3条第2款第1项："司法权适用的范围，应包括在本宪法、合众国法律……之下发生的一切涉及普通法及衡平法的案件……合众国为当事一方的诉讼；州与州之间的诉讼……"

❷ Allen v. Wright, 468 U. S. 737, 751 (1984).

❸ 参见 Alvarez v. Smith, 558 U. 130 S. 87, 92Ct. 576, 580 (2009)。

❹ 参见 Wendlandt & Tassel, Already v. Nike *Decision Takes Middle Ground by Tightening Standards for Covenants Not to Sue But Refusing to Expand Standing to Challenge Validity*, 85 PAT. TRADEMARK & COPYRIGHT J. (BNA) 955, 956 (2013年4月19日)。

❺ 同上注。

❻ 确认判决（又译"宣告式判决"）指法院仅确认当事人之间的权利及其他法律关系而未规定可予强制执行等救济措施的判决。Black's Law Dictionary 918 (9th ed. 2009)。

❼ MedImmune Inc. v. Genetech Inc., 549 U. S. 118, 127 (2007)（引自 Aetna Life Ins. Co. v. Haworth, 300 U. S. 227, 240-241 (1937)）。

❽ MedImmune, 549 U. S. at 127.

❾ 参见 Lewis v. Continental Bank Corp., 494 U. S. 472, 477 (1990)。

❿ 参见 Wendlandt &Tassel, Already v. Nike *Decision Takes Middle Ground by Tightening Standards for Covenants Not to Sue But Refusing to Expand Standing to Challenge Validity*, 85 PAT. TRADEMARK & COPYRIGHT J. (BNA) 955, 956 (2013年4月19日)（引自 Lujan v. Defenders of Wildlife, 504 U. S. 555, 560 (1992)）。

或法院不可能给予原告有效救济时，案件的诉因即告消失。❶ 法院因该案不满足"案件"或"争议"的要求而不再享有管辖权。❷ 在美国相关司法实践的早期阶段，案件通常因诉因消失被驳回，造成诉因消失的情形包括：诉讼涉及之标的已被毁损或转移❸；情势变迁❹或法律变化❺导致当事人无法获得救济。

此外，根据自愿停止原则，案件的诉因也可能基于被告的被诉行为不可重现而归于消灭。❻ 自愿停止原则的必要性体现在，由于被告自愿停止被诉行为，其在案件被驳回后不会再重复实施加害行为。❼ 主张诉因消失的一方要承担沉重的证明责任，证明自愿改变自身行为即足以解决现存的诉讼争议，原告因诉因消失不再适格，法院也不再对争议事实有管辖权。❽

自愿停止原则在 Friends of the Earth v. Laidlaw Environmental Services. 案❾中得到了充分说明。法院认为，该案中的工业污染者不能主张诉因消失。尽管该公司已在诉讼开始后停止污染，达到法定污染物排放量的要求，并关闭了在该案中要承担责任的工厂，❿ 但是只要保留经营这样一家工厂的许可，该公司就可以在其他地方建立类似的企业，并且也不能肯定该公司不会再次作出不法行为。⓫

因此，在传统的确认之诉中，原告需承担证明当事人适格的责任。但是如果一方当事人主张其自愿改变自身的行为且此改变将导致原告不再具有诉讼资格，从而使得案件诉因归于消灭，则根据自愿停止原则，该当事人将承担初始证明责任。⓬ 在最高法院作出耐克案的判决之前，部分下级法院将被控侵权人

---

❶ 参见 Knox v. Service Employees International Union, Local 1000, 132 S. Ct. 2277, 2287 (2012)。

❷ 参见 Alvarez v. Smith, 588 U. S. 87, 93 (2009)。

❸ 参见 Brownlow v. Schwartz, 261 U. S. 216, 217 (1923)（案件因为涉案建筑物被卖给了案外第三人而诉因消失）；California v. San Pablo & Tulare R. R., 149 U. S. 308, 313 - 314 (1893)（案件因为税款已由被告缴付而诉因消失）。

❹ 参见 Cheong Ah Moy v. United States, 113 U. S. 216, 217 - 218 (1885)（人身权请求案件因为请求人已被驱逐出境而诉因消失，被驳回）。

❺ 参见 Sidney A. Diamond, *Federal Jurisdiction to Decide Moot Cases*, 94 U. PA. L. REV. 125, 132 (1946)（因为法律变化而案件无效）。

❻ 参见 Friends of the Earth, Inc. v. Laidlaw Environmental Services (TOC), Inc., 528 U. S. 167, 189 (2000)。

❼ 参见 United States v. W. T. Grant Co., 345 U. S. 629, 632 (1953)。

❽ 参见 Wendlandt & Tassel, Already v. Nike *Decision Takes Middle Ground by Tightening Standards for Covenants Not to Sue But Refusing to Expand Standing to Challenge Validity*, 85 PAT. TRADEMARK & COPYRIGHT J. (BNA), 956。

❾ 528 U. S. 167 (2000)。

❿ 同上注，第193～194页。

⓫ 同上注，第189页。

⓬ 同上注，第170页；另参见 Wendlandt & Tassel, Already v. Nike *Decision Takes Middle Ground by Tightening Standards for Covenants Not to Sue But Refusing to Expand Standing to Challenge Validity*, 85 PAT. TRADEMARK & COPYRIGHT J. (BNA) 955, 958 (2013年4月19日)。

主张知识产权无效的确认之诉作为独立的诉讼，在此前提下分析不起诉契约的效力，❶ 从而避免使用自愿停止原则。

（2）不起诉契约和当事人适格问题。

在耐克案之前，下级法院审理的类似案件通常遵循下列模式：知识产权所有人（通常为专利权人或商标权人）起诉对方当事人侵权，被告反诉请求法庭确认专利权或商标权无效；❷ 意识到可能会遭受确认无效的不利判决后，知识产权所有人随即放弃了原来的诉讼请求，作出针对被控侵权人的不起诉契约，试图以缺乏管辖事由为由撤销本诉及反诉。❸ 不起诉契约充当了免责声明，免除被控侵权人的一切法律责任。❹

传统上，美国联邦巡回上诉法院通过将主张知识产权无效的反诉作为独立的确认之诉来解决不起诉契约案件，确认之诉的原告负有证明当事人适格的责任。❺ 不起诉契约很容易就可以排除法院的管辖权，因为联邦巡回上诉法院在MedImmune 案之前认为，协议不需要覆盖未来的产品，只要覆盖现有的和过去的产品即可以使得现有争议消解、案件被驳回。❻

以前，被告要保持当事人地位并提出确认无效的反诉，必须存在一个明确的危险或其他能够导致诉讼即将发生的行为，且现有行为可能构成侵权。❼ 然而在 MedImmune 案中，该标准被认为过于狭窄，法院认为基于特定事实和关系进行总体评价的判断标准，才是决定案件争议是否存在更好的方法。❽

---

❶ 宣告式判决法于 2012 年写入美国法典第 28 编第 2201 条；举证责任由主张宣告式判决的一方承担，要证明管辖权成立从起诉开始一直延续。参见 Super Sack Mfg. Corp. v. Chase Packaging Corp., 57 F. 3d 1054, 1060（Fed. Cir. 1995），被 MedImmune, Inc. v. Genetech, Inc. 部分否决，549 U. S. 118 (2007)。

❷ 参见 Amana Refrigeration Inc. v. Quadlux Inc., 172 F. 3d 852（Fed. Cir. 1999）; *Super Sack*, 57 F. 3d 1054. 1055; Benitec Australia, Ltd., v. Nucleonics, Inc., 495 F. 3d 1340, 1342（Fed. Cir. 2007）; Revolution Eyewear, Inc. v. Aspex Eyewear, Inc., 556 F. 3d 1294, 1295（Fed. Cir. 2009）。

❸ 参见 Wendlandt & Tassel, Already v. Nike, *Decision Takes Middle Ground by Tightening Standards for Covenants Not to Sue But Refusing to Expand Standing to Challenge Validity*, 85 PAT. TRADEMARK & COPYRIGHT J.（BNA）955, 958（2013 年 4 月 19 日）；参见 Already, LLC v. Nike, Inc., 133 S. Ct. 721, 727 (2013)。

❹ 合同法允许这种免责。参见 RESTATEMENT（SECOND）OF CONTRACTS § 285（1981）。

❺ 参见 Super Sack, 57 F. 3d 1054 at 1060。

❻ Wendlandt & Tassel, Already v. Nike *Decision Takes Middle Ground by Tightening Standards for Covenants Not to Sue But Refusing to Expand Standing to Challenge Validity*, 85 PAT. TRADEMARK & COPYRIGHT J.（BNA）955, 958（2013 年 4 月 19 日）；另参见 Amana Refrigeration Inc. v. Quadlux Inc., 172 F. 3d, 855 – 856（Quadlux 发出协议保障对 Amana 在协议作出前宣传、制造、销售或出售的任何产品永不主张责任，从而解决了争议）。

❼ 参见 BP Chems. Ltd. V. Union Carbide Corp. 4 F. 3d 975, 978（Fed. Cir. 1993）。

❽ MedImmune, Inc. v. Genetech, Inc., 549 U. S. 118, 126（2007）。

联邦法院在 Revolution Eyewear 案❶中指出，法院是否享有管辖权取决于不起诉契约覆盖的范围；然而，法院仍将举证责任分配给了主张知识产权无效的被控侵权人，由其证明存在现实争议以满足宪法第 3 条对诉讼资格的要求。❷ 法院发现，无条件的"针对专利侵权行为的不起诉契约，涵盖案件驳回时及在此之前的任何行为和/或专利产品的生产、使用及制造"❸不足以根除一个实际争议，因为被控侵权人有利用被控侵权的眼镜产品重新进入市场的具体计划；❹事实上，专利权人也表示，如果被控侵权人再次销售该产品，他将再次起诉。❺

在 Benitec v. Nucleonics❻ 案中，法院使用与 MedImmune 案相同的标准，但是法院发现被控侵权人未能完成举证责任，❼不起诉契约足以排除法院对确认之诉享有的管辖权。被控侵权人 Nucleonics 公司无法证明他未来的计划符合 MedImmune 案中即时性的要求。❽ 同时该公司不能提供与其商谈的客户名称，且其仅主张将"预期""很快"开始生产未落入协议覆盖范围内的新产品。❾ 此外 Nucleonics 公司关于从人类健康到畜牧业的生产线扩张计划模糊不清；他们在未来几年将提出的新药申请也未能满足宣告式判决即时性和现实性的要求。❿

虽然大多数意见遵循 MedImmune 案确定的先例，但戴克（Dyk）法官提出反对意见，理由是"应当采用与 MedImmune 案不同的标准来判断诉讼过程中撤回侵权指控后是否仍有案件或争议存在"，⓫并表达了对知识产权人操控排除法院管辖权的担忧。⓬戴克法官认为，一旦确定案件是确认之诉，试图排

---

❶ Revolution Eyewear, Inc. v. Aspex Eyewear, Inc., 556 F. 3d 1294, 1297 (Fed. Cir. 2009).

❷ 参见 Wendlandt & Tassel, Already v. Nike Decision Takes Middle Ground by Tightening Standards for Covenants Not to Sue But Refusing to Expand Standing to Challenge Validity, 85 PAT. TRADEMARK & COPYRIGHT J. (BNA) 955, 958 (2013 年 4 月 19 日).

❸ Revolution Eyewear, 556 F. 3d at 1296.

❹ 诉讼中，被告停止销售涉案商品但仍保留被控产品的清单。因为当被告的侵权产品再次进入市场时，原告依然可对这些产品提起诉讼，所以争议并没有消失。Benschar, Kalow & Springut, Covenant Not To Sue: A Super Sack Or Just A Wet Paper Bag?, 102 TKADE MARK PEP. 1220 (2012).

❺ 同上注，第 1299 页。

❻ Benitec Australia, Ltd., v. Nucleonics, Inc., 495 F. 3d 1340 (Fed. Cir. 2007).

❼ 同上注，第 1340 页。

❽ 同上注，第 1344 页，在 MedImmune 案中，受到侵害的法律利益需要具有作出宣告式判决的紧迫性和现实性，同上注，第 1343～1344 页。

❾ 同上注，第 1347 页。

❿ 同上注，第 1343、1346 页。

⓫ 同上注，第 1350 页（戴克法官的反对意见异议）。

⓬ 同上注，第 1352 页。

除法院管辖权的当事人应当根据自愿停止原则证明诉讼不再有现实的案件或争议。[1] 他的异议直接为耐克案的判决作了铺垫,并在很大程度上映射出最高法院在耐克案中审查不起诉契约时的分析路径。[2]

最后,第九巡回上诉法院在 Bancroft & Masters 诉 Augusta National 案[3]中作出了与联邦法院先例相反的判断(与法官戴克的论证在很大程度上一致),法院根据自愿停止原则[4]判断其对有关域名 masters.com 的案件是否享有管辖权。该域名由出售电脑和网络产品的 Bancroft & Masters ("B&M") 公司所有。而位于美国佐治亚州的奥古斯塔国家高尔夫俱乐部是每年职业高尔夫巡回赛的赞助商,这一赛事亦被称为"the Masters"。该俱乐部致信 B&M 公司质疑他们对域名 masters.com 的使用,B&M 公司随后对该俱乐部提出了反淡化、反侵权的诉讼。[5] 俱乐部称,该案的诉因已经消灭,因其已承诺只要 B&M 公司不涉足高尔夫领域,其将放弃所有针对 B&M 公司的商标侵权、商标淡化和不正当竞争诉讼。[6] 然而,法院认为俱乐部的承诺是不完整和有保留的,因为承诺不能绝对排除该俱乐部在未来阻止 B&M 使用涉案域名的可能性。[7] 并且,与耐克案判决相反的是,法院认为确认无效之诉是独立的诉因,不需要持续的争议。[8]

以上案例体现了对不起诉契约审查的混乱状态。在耐克案之前,一些法院把主张知识产权无效的反诉作为独立的确认之诉来处理,而第九巡回上诉法院使用自愿停止原则来处理。最高法院通过耐克案进入这一领域并试图明确该领域的法律适用问题。

二、Already 诉 Nike 案

2013 年 1 月 9 日,美国联邦最高法院判决认定,奥莱迪(Already)公司

---

[1] Benitec Australia, Ltd., v. Nucleonics, Inc., 495 F. 3d 1340(Fed. Cir. 2007).

[2] 法官戴克指出,"本案并非专利权人承担不利的判决,而是他考虑到不利后果的可能性而主动放弃侵权诉讼的案件"。同上注,第1353页。法官进一步指出,"由原告承担管辖权持续存在的证明责任是不适当的,正如本案中,主张案件诉因消失,至少在一定程度上,是因为对方当事人的举措"。

[3] 参见 Bancroft & Masters, Inc. v. Augusta National Inc., 223 F. 3d 1082 (9thCir. 2000)。

[4] 法院以第九巡回上诉法院另一判决中的逻辑来指导这一案件中自愿停止原则的适用性。参见 F. T. C. v. Affordable Media, LLC, 179 F. 3d 1228, 1238 (9th Cir. 1999) (判决指出如果争议行为有再发的可能性,那么案件的诉因不会消失)。

[5] 同上注,第1085页。高尔夫俱乐部还要求 B&M 停止使用域名,并立即将域名移转给高尔夫俱乐部。

[6] 同上注。

[7] 同上注。

[8] 同上注。

针对耐克（Nike）公司空军一号（Air Force 1）商标提出的无效宣告和撤销请求因耐克公司作出的不起诉契约诉因消失。❶ 最高法院大法官以 9 - 0 达成一致意见，并在由肯尼迪大法官主笔的判决中宣布耐克公司作出的不起诉契约覆盖的范围足够宽泛，满足自愿停止原则的要求。❷

（1）案件事实与诉讼历程。

奥莱迪公司和耐克公司在运动鞋设计、生产和销售领域存在竞争关系。❸ 奥莱迪公司生产了与耐克公司空军一号相类似的 Sugars 系列和 Soulja Boys 系列。❹ 耐克公司诉称 Soulja Boys 系列和 Sugars 系列侵犯和淡化了空军一号的商标，❺ 要求奥莱迪公司停止出售。❻ 奥莱迪公司否认这些指控，并提起反诉质疑耐克公司空军一号商标的有效性（见图1）。❼

耐克公司主张的商标　　　　被控侵权的鞋

图 1　耐克公司的空军一号与奥莱迪公司的 Soulja Boys❽

耐克公司在起诉后的第八个月作出不起诉契约，承诺不对奥莱迪公司提出任何商标或不正当竞争的诉讼。❾ 这份协议不附条件、不可撤销；它不仅禁止耐克公司提起诉讼，还禁止耐克公司对奥莱迪公司提出任何索赔或请求。❿ 这

---

❶ 参见 Already, LLC v. Nike, Inc., 133 S. Ct. 721, 725 (2013)。

❷ 同上注。

❸ 同上注。

❹ 空军一号是耐克公司 1982 年推出的鞋款，是耐克公司最佳销售设计之一。参见 Respondent's Brief in Opposition at 3, Already, LLC v Nike, Inc., 133 S. Ct. 721 (No. 11 - 982)。该鞋款有超过 1700 种颜色组合，并且每年销售达百万双。参见 Nike, Inc. v. Already, LLC, No. 09 Civ. 6366, 2011 WL 310321, at *1 (S. D. N. Y. Jan. 20, 2011)。

❺ Nike, 133 S. Ct., 第 725 页。耐克公司空军一号商标注册信息为："该商标由鞋子表面的缝合设计、构成鞋子表面的材料设计、鞋背围绕鞋带孔设计、鞋底两侧垂直图案的设计以及上述设计的相对位置。虚线表示商标位置，并非商标的一部分。" NIKE AIR FORCE 1, Registration No. 77055375。

❻ Nike, 133 S. Ct., at 721。

❼ 同上注，第 723 页。

❽ Lyle Denniston, *Argument Preview: Does No Suit Mean No Suit?*, SCOTUSblog (Nov. 6, 2012), http://www.scotusblog.com/2012/11/argument - preview - does - no - suit - mean - no - suit/。

❾ Nike, 133 S. Ct. at 725。

❿ 同上注。

份协议还保护奥莱迪公司的消费者和分销商，协议不仅针对过去和现在的产品，❶ 还覆盖到了未来的任何仿冒。❷

协议作出后，耐克公司进而以不起诉契约消除了案件争议、满足了自愿停止原则为由，要求不可再诉地撤回起诉，可再诉地驳回奥莱迪公司的反诉。❸ 奥莱迪公司反对驳回其提出的反诉，辩称耐克公司没有证明不起诉契约和自愿停止行为已经消除该案的诉因。❹

地区法院驳回奥莱迪公司主张无效的反诉，因为奥莱迪公司无法证明法院拥有审理这一案件必要的管辖权。❺ 法院认为耐克公司的不起诉契约范围十分宽泛，奥莱迪公司未来生产的鞋将被作为现有产品之"仿冒"而得到保护，❻ 而且没有证据表明奥莱迪公司将在协议范围之外开发任何产品，因此不再具有可以提起确认之诉的实质争议。❼

第二巡回上诉法院作为二审法院肯定了地区法院的判决，认为在判断不起诉契约"是否消除了可由法院裁决的案件或争议时，应该遵循总体情况标准，基于总体情况综合考虑，考量的要素包括：① 协议用语；② 协议是否包含了过去和未来的活动和产品；③ 主张法院有管辖权的当事人是否会有意图"。❽ 同样地，二审法院认为生产一种侵犯空军一号商标又未落入协议范围之内的鞋子几乎不可能，因而本案不再存在需要司法救济的损害。❾

最高法院发出调卷令。❿ 最高法院肯定了驳回奥莱迪公司无效反诉的决定，并认为发回重审是不当的。⓫ 法院认为：① 耐克公司有责任证明其不会再对奥莱迪公司作出可预期的指控；② 由于耐克公司不会在合理预期内行使商

---

❶ Nike, 133 S. Ct. at 725, 728. 更具体地说，协议规定："无论奥莱迪公司的鞋类是在协议生效之前或之后生产以及运用于其他商业用途，[耐克公司]都不会运用地区或者联邦法律，基于商标侵权、不正当竞争或淡化等理由针对奥莱迪公司现在和/或者过去的鞋类产品及其配色设计，向奥莱迪公司及其他关联主体，包括分销商、雇员及全体消费者，提出请求、索赔或者提起任何其他诉讼。该承诺不附条件且不可撤销。"

❷ 同上注，"似是而非的模仿"被法律定义为"任何与注册商标相似的，可能引起混淆或误解或欺骗的任何标志"。15 U. S. C. § 1127 (2012)。

❸ Nike, 133 S. Ct. 728.

❹ 同上注。

❺ 同上注，第726页。

❻ 同上注。

❼ 同上注。遵循 MedImmune 案确立的标准，法院裁定本案不再有"足够紧迫和现实的重大争议需要作出宣告式判决"。同上注（MedImmune, Inc. v. Genetech, Inc., 549 U. S. 118, 127 (2007)）。

❽ 同上注（引自 Nike, Inc. v. Already, LLC, 663 F. 3d 89. 96 (2011)（引文中的引用省略））。

❾ 同上注。

❿ 同上注，第726页。

⓫ 同上注，第721页。

标权利（基于协议的用语），奥莱迪公司商标无效反诉的诉因消灭。❶

（2）法院的分析。

最高法院认为本案的争议焦点是，不起诉契约作出后耐克公司和奥莱迪公司之间是否还存在案件或争议。❷ 该问题的回答决定了奥莱迪公司在协议作出后是否仍有资格针对空军一号商标提出无效请求。❸ 法院指出，一旦争议消失，案件就毫无意义。❹

（在适用自愿停止原则时）证明责任应由主张其自愿停止行为消除了案件争议的一方当事人承担，因此本案中法院将证明责任分配给了耐克公司，由耐克公司证明其不会再针对奥莱迪公司发动可预期的诉讼。❺ 案件由此变为对耐克公司是否会再次起诉奥莱迪公司这一事实问题的探讨。于是，法院着力审查耐克公司在不起诉契约中的用语。❻

法院认定，耐克公司作出的不起诉契约范围宽广、不附条件、不可撤销，效力延伸至奥莱迪公司的经销商和客户，范围上不仅针对当前及之前的设计，而且涵盖了任何仿冒。❼ 法院因此认为，耐克公司已经满足了自愿停止标准。❽ 证明责任随即转移给了奥莱迪公司，奥莱迪公司需要证明它们有计划生产和销售可能对空军一号侵权且在不起诉契约覆盖范围之外的鞋。❾

法院指出，在下级法院审理过程中和口头辩论期间，奥莱迪公司未能提出任何可采信的证据以完成其举证责任。❿ 法院认为"即使有这样的鞋存在，由

---

❶ Nike, 133 S. Ct. 721.

❷ 同上注。

❸ 同上注，第 727 页。诉讼开始时，双方都是适格当事人，耐克公司有原告资格，因为根据商标法 Already 的行为涉嫌侵权，Already 有反诉的原告资格，因为耐克公司涉嫌使用无效商标来阻止其合法商业活动。

❹ 同上注。

❺ 同上注，第 723 页。

❻ 同上注，第 727 页。

❼ 同上注。

❽ 同上注。

❾ 同上注，第 728 页。

❿ 同上注，第 729 页。在地区法院之前，Already 公司未能证明有意图去设计或推出任何可能引发侵权责任的鞋款。同上注。（引自 Petition for Writ of Certiorari for Defendant–Appellant at 31a, Already, LLC v. Nike, Inc., 133 S. Ct. 721 (2013)（No. 11–982）。（法院裁决"没有迹象"表明有这样的意图）；Nike, Inc. v. Already, LLC, 663 F. 3d 89, 97 (2d Cir. 2011)。（法院指出"没有证据表明，Already 公司有意制造任何没有被不起诉契约涵盖的可能侵权的鞋"。））唯一的书面陈述来自公司总裁，只是指出 Already 公司已经有计划去推出新鞋和修改现有的系列。在第二巡回法院上诉审理中，Already 公司的律师在口头辩论中被问及当其当事人是否有意向设计或推出不起诉契约之外的鞋款，而该律师不能提供一个合适的答案。最高法院在口头辩论中进行了再次确认。参见口头辩论副本，第 6~8 页，Already, LLC v. Nike, Inc., 133 S. Ct. 721 (2013)（No. 11–982）。

于当事人没有指出，也没有提供证据证明其有生产这样鞋款的计划，法院不能仅凭假设裁决。据我们所知，这样的鞋子存在于多萝西的红宝石拖鞋和珀尔修斯的有翼凉鞋之间的架子上"。❶

接着，最高法院分析了奥莱迪公司对于宪法第3条提出的其他抗辩，❷最高法院认为不起诉契约对奥莱迪公司并不存在损害，奥莱迪公司所依据的宪法第3条关于损害的解释并不能使其拥有诉讼资格。❸

第一，奥莱迪公司认为只要耐克公司可以自由主张其商标权利，投资者便会在投资奥莱迪公司时有所迟疑。❹奥莱迪公司主张仅有不起诉契约的存在仍会限制其吸引资本的能力。❺然而，法院认为实质损害对诉讼资格的成立尤为重要，奥莱迪公司关于投资利益受损的主张仅是假设的或推测的猜想，不足以满足美国联邦宪法第3条对实质损害的要求。❻

第二，奥莱迪公司认为耐克公司将起诉放在第一位的决定，使其对未来的诉讼感到担忧。❼然而，法院很快驳回了奥莱迪公司的主张，因为不起诉契约的条款足够清晰，可以排除对未来诉讼的任何合理担忧，并且法院认为原告不能仅基于"一朝被蛇咬"的心理而寻求宣告式判决的救济。❽

第三，奥莱迪公司辩称其作为耐克公司的竞争者之一，当然拥有诉讼资格，因为协议不能消除一个已经注册但无效的商标的影响。❾奥莱迪公司诉称，允许耐克公司终止案件将使得联邦法院在联邦专利法和商标法的实施中发挥的作用缺乏稳定性。❿然而，根据这种逻辑，最高法院认为耐克公司完全不必先以起诉相威胁。⓫奥莱迪公司即使没有任何销售与空军一号系列类似鞋的计划，仅凭两个公司处于同一行业并且参与同一市场，也可起诉主张空军一号

---

❶ Nike, 133 S. Ct, 第728页。译者注："多萝西的红宝石拖鞋"是1939年电影《绿野仙踪》中主角多萝西·盖尔所穿的鞋子，能给予她力量，使她可以依想要的次数回家；"珀尔修斯的有翼凉鞋"是林泽仙女赠予珀尔修斯的宝物，能够给予飞行的力量。法院以此说明这样的鞋款不可能存在。
❷ 同上注，第729页。
❸ 同上注，第730页。
❹ 同上注，第729~730页。
❺ 同上注，第730页。
❻ 同上注。
❼ 同上注，第729页。
❽ 同上注，第730页。
❾ 同上注。
❿ 同上注。
⓫ 同上注。

商标无效。❶ 法院强调，这种"诉讼资格无边界理论"从未被接受也不会被承认。❷

第四，法院拒绝采纳奥莱迪公司为主张诉讼资格提出的公共政策抗辩，并认为奥莱迪公司关于驳回本诉讼将允许耐克公司欺凌小型企业的抗辩并无充分依据。❸ 尽管最高法院承认这种理论将允许较大公司以竞争性损害的名义打击较小竞争对手的系列产品，❹ 这种原则也只会进一步鼓励各方把诉讼作为武器而不是万不得已的最后手段，因为"为一方降低了门槛就是为所有人降低了门槛"。❺ 按照奥莱迪公司的理论，不断尝试无效的确认之诉（由较小或较大公司发起）将会使本已负荷过重的司法系统陷入困境。❻

虽然大法官肯尼迪（Kennedy）、托马斯（Thomas）、阿利托（Alito）、索托马约尔（Sotomayor）均同意法院的判决，但是他们认为两个下级法院判决所依据的基础，即举证责任归属于奥莱迪公司，是错误的。❼ 肯尼迪大法官强调并重申了多数大法官的意见，即在当前环境下，耐克公司必须证明"该不起诉契约范围足够宽广并使得奥莱迪公司没有合理理由怀疑其将再次被耐克公司提起商标侵权的指控"。❽ 附和意见指出，商标持有人的部分证明责任还包括，证明其竞争者的业务和供应网络不会因诉因消失的附属诉讼或不起诉契约本身潜在风险而被破坏或弱化。❾

此外，同意意见强调处理不起诉契约时应当十分谨慎。❿ 法院指出不起诉契约不应作为发起商标侵权之诉的一方当事人为规避可能的不利判决自发采用的手段。⓫ 此外，在依据不起诉契约终止案件时，法院应当谨慎考虑诉讼对被控侵权人的关联企业所产生的潜在影响。⓬

---

❶ Nike, 133 S. Ct, 第 730 页。译者注："多萝西的红宝石拖鞋"是 1939 年电影《绿野仙踪》中主角多萝西·盖尔所穿的鞋子，能给予她力量，使她可以依想要的次数回家；"珀尔修斯的有翼凉鞋"是林泽仙女赠予珀尔修斯的宝物，能够给予飞行的力量。法院以此说明这样的鞋款不可能存在。

❷ 同上注。

❸ 同上注。

❹ 同上注。

❺ 同上注。"结果是，拥有更多资源的大公司有诉讼资格去质疑其小型竞争者的系列产品，不是因为后者特定的专利或商标涉嫌侵权，仅仅因为他们是同一市场的竞争者。"

❻ 同上注。

❼ 同上注，第 733 页。（Kennedy, J., 同意）。第二巡回上诉法院明确适用了 MedImmune 测试。Nike, Inc. v. Already, LLC, 663 F. 3d 89, 96 – 97 (2d Cir. 2011)。

❽ Nike, 133 S. Ct. 第 733 页（Kennedy, J., 同意）。

❾ 同上注，第 734 页。

❿ 同上注。

⓫ 同上注。

⓬ 同上注。

三、不起诉契约的效力

不起诉契约对商标所有人和被控侵权人均有影响。第三部分第（一）节（一）部分探讨宽泛的不起诉契约对小型企业的影响，而第三部分第（二）节（二）部分为审查不起诉契约的潜在解释，其中最有可能的解释是裸许可。

（一）宽泛的不起诉契约给小型企业造成负面影响

肯尼迪大法官在同意意见中指出了不起诉契约引发的问题，并强调"不起诉契约不是率先提起商标侵权之诉的一方为规避随之而来的不利裁决在意图放弃诉讼时可以主动采取的手段"。[1] 因为涉及正在进行的诉讼中处理不起诉契约的案件不多，所以当其中一方使用此种策略时有必要充分考虑。[2]

侵权指控可能破坏被控侵权的小型企业与其经销商、零售商和投资者之间的商业关系。[3] 未决诉讼意味着额外的风险，这可能会阻碍投资或合作关系的形成。[4] 尽管不起诉契约的目标是澄清事实和给予被控侵权人明确的权利继续制造其产品，但是诉讼过程本身还是会阻碍投资。肯尼迪大法官警告，"仅仅是悬而未决的诉讼就意味着其他市场参与者可能不愿与被控侵权人在将来发生交易"。[5]

此外，这种协议如果涵盖的范围不够宽泛或不能包括"仿冒"，则可能迫使小型竞争者（为了避免案件被终止）透露未来的计划或在围绕涉案商标设计未来产品时更加犹豫不决。[6] 前者可能会给予其他公司竞争优势，而后者将减缓产品从设计到上市的进程，并导致额外成本。[7] 基于这些原因，不起

---

[1] Nike, 133 S. Ct. 第733页（Kennedy, J., 同意）。

[2] 同上注，第734页；Snell, *Issues, Not Injuries: The Effects of Covenants Not to Sue on Small Competitors*, 74 OHIO ST. L. J. 18 (2013)。

[3] 参见 Snell, *Issues, Not Injuries: The Effects of Covenants Not to Sue on Small Competitors*, 74 OHIO ST. L. J. 18 (2013)。

[4] Already 公司提交了潜在投资者的声明，主张耐克公司的行为促使潜在投资者决定不投资 Already 公司。Nike, 133 S. Ct., 第730页。Already 公司声称，作为积极行使商标权利的手段，耐克公司曾威胁零售商，如果零售商在其商店中销售 Already 公司的产品，则解除与该零售商的业务或延迟交货。同上注。

[5] 同上注，第735页（Kennedy 大法官附和意见）。

[6] 参见 Snell, *Issues, Not Injuries: The Effects of Covenants Not to Sue on Small Competitors*, 74 OHIO ST. L. J. 18 (2013)。

[7] 同上注，第20页；Reply Brief of Petitioner at 13 – 14, Already, LLC v. Nike, Inc., 133 S. Ct. 721 (2013) (No. 11 – 982)；口头答辩副本，第8~9页，Alneady, LL C v. Nike, Inc., 133 S. Ct. 721 (2013) (No. 11 – 982)。

诉契约使较小型企业试图在创新和法律事务间划分资源时更难筹集额外的资金。❶

基于此，法院必须警惕大型企业将不起诉契约作为诉讼武器的情形，因为协议为大型企业提供了某种实际优势，即"为（知识产权）所有人提供额外时间用于观察竞争对手的业务并以此确定诉讼是否值得"❷并且消耗对方资源。如果被控侵权人决定反诉且其产品在市场上并不成功，知识产权所有人可能会认定该诉讼是不值得进行的。❸ 但在快速审判时，不起诉契约将有利于知识产权所有人，因为它允许其逃避诉讼并提供了时间和机会来审查其指控的效力。❹

知识产权所有人向规模较小的竞争者提起侵权之诉的本意是和解。但在极少数情况下，小型竞争者可能拒绝和解或者提出主张知识产权无效的反诉。此时，知识产权所有人可以通过作出范围宽广的不起诉契约，迫使被控侵权人投入更多资金和资源证明其仍具有诉讼资格，即运用充分证据证明其有生产并销售协议范围外的产品的计划。❺ 如果该协议成功发挥作用，被控侵权人将转变为非自愿的被许可人。❻ 此外，即使知识产权所有人并未在诉讼中获胜，该协议重申竞争对手产品涉嫌侵权的主张，也会有损竞争对手在消费者和潜在的业务合作伙伴中的声誉。❼

鉴于该协议对较小竞争者的显著损害，法院为防止知识产权所有人滥用权利，必须对后续案件适用"耐克案"所确立的"非常严苛的证明责任"。深入理解肯尼迪大法官的意见，法院在判决不起诉契约可以终止案件审理和剥夺法院管辖权前应该"谨慎行事"。❽ 此外，较小的竞争者应该慎用确认知识产权

---

❶ 参见 Snell, *Issues, Not Injuries: The Effects of Covenants Not to Sue on Small Competitors*, 74 OHIO ST. L. J. 19 (2013)。

❷ 同上注，第19页。

❸ 同上注；Brief for Petitioner, at 15, Already, LLC v. Nike, Inc., 133 S. Ct. 721 (2013) (No. 11-982)。

❹ Snell, *Issues, Not Injuries: The Effects of Covenants Not to Sue on Small Competitors*, 74 OHIO ST. L. J. 19 (2013)。

❺ 同上注。这在小型企业请求确认商标权或专利权无效的情况下表现得尤为明显，因为必需有充分的证据才能具备诉讼资格。

❻ 参见 Already, LLC v. Nike, Inc., 133 S. Ct. 721, 723 (2013)；口头辩论副本，Already, LLC v. Nike, Inc., 133 S. Ct., 第10页（指出 Already 公司不希望成为"被诉公司的非自愿被许可人"）。

❼ 参见口头辩论副本，Already, LLC v. Nike, Inc., 133 S. Ct., 第11~12、19页。耐克公司的协议继续主张侵权。耐克公司作出协议只是因为 Already 公司的侵权程度并未达到"足以花费大量的时间和成本继续诉讼"。Brief for Petitioner, at 15。

❽ Nike, 133 S. Ct., 第734页（Kennedy 大法官的附和意见 J., 同意）。

无效的反诉,除非他们已经为一场冗长的诉讼做好准备并具备销售协议范围之外的产品的必要计划。

(二) 宽泛的不起诉契约可能导致商标淡化

基于不起诉契约对知识产权效力本身几乎没有影响的假设,❶ 即使该协议宽泛到足以终止本次诉讼,知识产权所有人仍有权在未来起诉其他主体。❷ 上述逻辑在大多数专利案件中均可适用,但是由于商标易被淡化,涉案商标的"权利行使不能"或对商标所有人的权利产生负面影响。❸

商标所有人对潜在侵权人的作为或不作为可能由于损害商标识别功能,而削弱商标整体的有效性。❹ 不起诉契约的适用,涉及三项商标原则:① 权利行使不能;② 许可使用协议;③ 裸许可。法院虽然没有试图根据上述原则解释不起诉契约,但不能排除其可能在未来将此协议解释为裸许可(虽然看起来不太可能)。

1. 权利行使不能

将不起诉契约解释为商标"权利行使不能"是最为简单和清晰的方式。在耐克案中,耐克公司明确表明其不会向奥莱迪公司主张空军一号的商标权利。❺ 但由于判例法在该领域并不明确,尚不清楚商标所有人权利行使不能对从事类似行为的第三方的影响。❻ 然而,在先的权利行使不能对后续案件中新侵权人的影响存在三种不同的观点。❼ 第一种观点认为前者不会影响后者,因为"被告不

---

❶ 参见 Benschar, Kalow & Springut, Covenant Not to Sue: A Super Sack or Just A Wet Paper Bag?, 102 TRADEMARK REP. 1228 (2012)。

❷ 同上注。

❸ 同上注。商标是产品上采用的,用于区别其他产品来源的,由文字、名称、符号、图案或上述要素的组合组成,具有显著特征的标志。15 U. S. C. § 1127 (2012)。

❹ 参见 Benschar, Kalow & Springut, Covenant Not to Sue: A Super Sack or Just A Wet Paper Bag?, 102 TRADEMARK REP. 1228 (2012)。商标所有权人只能阻止可能引起产品或服务来源混淆或赞助混淆的商标使用。正如霍姆斯大法官曾经指出:"商标授予了何种新权利?与著作权不同,商标并未授予禁止使用文字或句子的权利。……商标只是允许权利人善意保护其标志以对抗使用其商标、可能造成公众产生来源混淆的其他销售行为。……当商标的使用并未欺骗公众时,我们很难从文字中得出权利人有权阻止他人使用商标以表明真实情况的结论。商标不是禁忌。"同上注(引用 Prestonettes, Inc. v. Coty, 264 U. S. 358, 368 (1924))。

❺ Nike, 133 S. Ct., 第 721 页。

❻ 参见 Benschar, Kalow & Springut, Covenant Not to Sue: A Super Sack or Just A Wet Paper Bag?, 102 TRADEMARK REP. 1229 (2012)。

❼ 同上注(引自 3 J. THOMAS MCCARTHY, MCCARTHY ON TRADEMARKS AND UNFAIR COMPETITION § 17:17 (2012 年第 4 版))。

能依赖他人的非法行为证明自身侵权行为不违法"。❶ 第二种观点认为"权利行使不能"构成商标权的放弃。第三种观点认为,"权利行使不能"对后续侵权行为有一定影响,因为原告的商标可能因允许其他市场参与者使用而弱化。❷

因此,根据第三种观点,仅仅是原告选择不再追究某一侵权人责任的事实并不导致原告自动丧失权利;然而,当市场上存在多种带有涉案商标的产品时,商标表彰来源的功能也会受到损害甚至完全丧失。❸ 这种情况在联邦最高法院审判的 Saxlehner v. Eisner & Mendelson Co. ❹ 案中有所体现。在该案中,HUNYADI 是一种匈牙利矿物质水的商标,法院认为该商标的所有权人在其他进口商使用其商标的 20 年内未主张权利,诉讼时已不能主张恢复对涉案商标享有的所有权。这一判决意味着商标权利的完全丧失。❺

不起诉契约要求法院调查市面上可见产品的数量,并观察协议对涉案商标及相关商业外观的公众感知程度的影响。❻ 值得注意的是,耐克公司发布的不起诉契约并没有限制数量。这意味着,奥莱迪公司在资金允许的范围内,可以随意行使其权利以生产大量落入协议范围内的仿制产品。这可能会影响消费者对空军一号的认知,从而弱化耐克公司的空军一号商标。❼

然而,将不起诉契约等同于"权利行使不能"是不明智的,因为商标权人通常可以扭转"权利行使不能"的局面(仅凭对懈怠的抗辩),而不起诉契约对权利人的影响却是永久的。例如,商标权人"权利行使不能"时可能会出现小规模的侵权行为,但其可以在侵权行为激增或更为严重时决定行使其权利。❽ 但是,不起诉契约限制商标权人针对任何性质相似的侵权行为提起诉

---

❶ 参见 Benschar, Kalow & Springut, Covenant Not to Sue: A Super Sack or Just A Wet Paper Bag?, 102 TRADEMARK REP. 1229 (2012). (引自 Counsel of Better Bus. Bureaus, Inc. v. Better Bus. Bureau of S. Fla., 200 U. S. P. Q. 282 (S. D. Fla. 1978), *vacated on other grounds* No. 78 – 937, 1980 WL 581291 (S. D. Fla. July 9, 1990).

❷ 参见 Benschar, Kalow & Springut, Covenant Not to Sue: A Super Sack or Just A Wet Paper Bag?, 102 TRADEMARK REP. 1229 (2012). McCarthy 教授也认可该观点。参见 MCCARTHY ON TRADEMARKS AND UNFAIR COMPETITION § 17: 17。

❸ 参见 Benschar, Kalow & Springut, Covenant Not to Sue: A Super Sack or Just A Wet Paper Bag?, 102 TRADEMARK REP. 1229 (2012)。

❹ Saxlehner v. Eisner & Mendelson Co., 179 U. S. 19 (1900)。

❺ 同上注,第 36~37 页。

❻ 参见 Benschar, Kalow & Springut, Covenant Not to Sue: A Super Sack or Just A Wet Paper Bag?, 102 TRADEMARK REP. 1229 (2012)。

❼ 同上注,第 1230 页。

❽ 同上注。法院已经允许某商标所有人延迟起诉其中一位被告,因为该商标所有人已经被其他侵权人造成的诉讼成本所累。MCCARTHY ON TRADEMARKS AND UNFAIR COMPETITION, § 31: 16。

讼，其对商标权的损害远大于权利行使不能。[1]

2. 许可使用协议

对不起诉契约的第二种解释是将其视为许可使用协议，即商标权人许可对方当事人在一定范围内使用其商标并承诺对落入协议范围的商标使用行为不提起诉讼。[2] 协议可能对商标使用的特定格式、特定地理区域或者特定产品系列等作出限制。[3]

然而，将不起诉契约解释为许可使用协议的做法是值得商榷的，因为两者涉及的行为类型不同，前者允许从事本是侵权的行为，而后者划定双方当事人的特定行为不侵犯对方当事人的权利。[4] 具体而言，不起诉契约缺乏许可使用协议的基本特征：包括在不同领域划分商标权利的双方合意、协议各方在特定领域的权利以及一方权利的行使并不侵犯另一方权利的协议。[5] 事实上，在典型的不起诉契约案件中，被控侵权人并未同意任何事项，反而是被强迫遵守由对方提供的旨在终止当前诉讼的协议。[6] 不起诉契约通过允许特定侵权行为从而消除诉因，很难将其解释为许可使用协议，因为许可使用协议的存在是为了规定哪些行为不构成侵权。[7]

3. 裸许可

不起诉契约可以适用的第三个商标法原则是裸许可。商标法规定，一个产品若非由商标所有人或者不在商标所有人的质量管理下制造、销售，就不是正宗的。[8] 因此，商标所有人未能充分管理产品质量的行为可能导致欺骗消费者或使消费者混淆。[9] 消费者可能认为商标所有权人制造或销售了产品，但事实上这些产品是在没有任何监督的情形下被生产的。[10] 没有充分质量管理的许可

---

[1] 参见 Benschar, Kalow & Springut, Covenant Not to Sue: A Super Sack or Just A Wet Paper Bag?, 102 TRADEMARK REP. 1230 (2012)。

[2] 同上注，第 1236 页。

[3] 同上注。

[4] 同上注。

[5] 同上注。

[6] 同上注。

[7] 同上注，第 1237 页。

[8] 同上注，第 1231 页。

[9] 同上注。

[10] 同上注。

是裸许可，可能被认定为欺诈❶，甚至导致商标权利的丧失。❷

将不起诉契约解释为"协议"而非"许可"，显然缺乏对裸许可的考量。许多法院也已经根据裸许可抗辩将许多协议和关系认定为商标许可。❸ 因此，不起诉契约的范围宽广到足以终止诉讼时，正如"耐克案"中作出的不起诉契约，将很可能导致权利人对被控侵权人开放权限，使其在没有任何质量管理的情况下继续制造侵权产品，而商标所有权人既非制造商也与市场上现存的侵权产品没有任何关系。❹ 基于质量控制权的丧失，不起诉契约可被解释为裸许可，但法院有权决定是否将此种分析和解释应用于具体的案件中。

四、利用不起诉契约作为诉讼工具

联邦最高法院在"耐克案"中的观点证明其支持权利人利用宽泛的不起诉契约来消除被控侵权人的诉讼资格。这种策略初看有利于诉讼发起人。发起人可以起诉任何涉嫌实施侵权行为的主体。即使在极少情况下被控侵权的竞争者会反诉商标无效作为回击，发起人仍可通过作出宽泛的不起诉契约终止案件。被控侵权人若希望诉讼继续进行，必须提供确凿的证据证明其行为并未落入不起诉契约的范围内。❺ 因此，发起人的明显优势不仅体现在他能从根本上终止可预期的不利诉讼，更因为法院会要求被控侵权人提供一个具体翔实的商业计划，用于证明其产品未落入协议范围内。这一要求可能涉及较小竞争者难以取得的证据。第（一）部分将讨论一方当事人试图利用与耐克公司相类似的策略进行诉讼的新近知识产权案件。第（二）部分则讨论不起诉契约应当满足不可撤销、不附条件并且范围宽广的要求，以证明对方当事人无法从事协

---

❶ 参见 Benschar, Kalow & Springut, Covenant Not to Sue: A Super Sack or Just A Wet Paper Bag?, 102 TRADEMARK REP. 1230 (2012)。（引自 Dawn Donut Co. v. Hart's Food Stores, Inc., 267 F.2d 358 (2d Cir. 1959)); Societe Comptoir de l'Industrie Cotonniere Etablissements Boussac v. Alexander's Dep't Stores, 299 F.2d 33 (2d Cir. 1962)。

❷ 参见 Benschar, Kalow & Springut, Covenant Not to Sue: A Super Sack or Just A Wet Paper Bag?, 102 TRADEMARK REP. 1231 (2012)。此外，根据官方报告，裸许可会导致商标权利的放弃，可能导致注册登记的取消。同上注，第 1231~1232 页。第九巡回上诉法院认为授权人未能保证对使用其商标的产品的质量进行实际控制，会导致该商标因此被取消。参见 FreecycleSunnyvale v. Freecycle Network, 626 F.3d 509 (9th Cir. 2010)。

❸ 参见 Benschar, Kalow & Springut, Covenant Not to Sue: A Super Sack or Just A Wet Paper Bag?, 102 TRADEMARK REP. 1231 (2012); 另参见 Exxon Corp. v. Oxford Clothes, Inc., 109 F.3d 1070, 1077 n.9 (5th Cir. 1997)。

❹ 参见 Benschar, Kalow & Springut, Covenant Not to Sue: A Super Sack or Just A Wet Paper Bag?, 102 TRADEMARK REP. 1231 (2012)。

❺ 参见 Already, LLC v. Nike, Inc., 133 S. Ct. 721 (2013)。

议之外的侵权行为（见图2）。

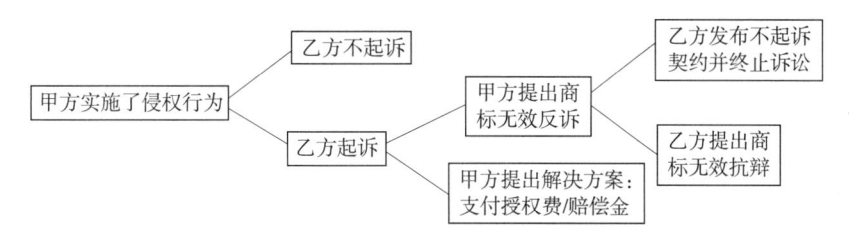

图 2　判决树状图

（一）使用耐克公司策略的新近案件

理论上，诉讼发起人可以通过作出不起诉契约终止被控侵权人请求宣告知识产权无效的反诉，但实践中该发起人却很难保证作出的不起诉契约范围宽广至足以排除法院的管辖。几起新近案例表明，耐克公司在商标领域的胜利很难成功复制到专利领域，因为法院认为案件当事人作出的不起诉契约并未满足自愿停止原则所需的不附条件、不可撤销和范围宽广等要件。

在 PerfectVision Manufacturing v. PPC Broadband 案❶中，法院认为由于存在再诉风险，专利权人作出的不起诉契约并未消除案件的实际争议。❷ PerfectVision 是一家设计、生产和销售同轴电缆、连接器以及其他产品的公司。因其拥有自身的连续性连接器（continuity connector），PerfectVision 公司拒绝了 PPC 公司向其销售该产品的提议。❸ 于是，PPC 公司主张 PerfectVision 公司的连接器侵犯其专利权，并表明将起诉索要赔偿金。❹ PerfectVision 公司向法院提起确认之诉，请求确认其专利并未侵权。作为回应，PPC 公司作出不起诉契约❺，主张该协议将排除法院对确认之诉的管辖。❻

---

❶ PerfectVision Mfg. Inc., v. PPC Broadband Inc., No. 4：12CV00623 JLH, 2013 WL 2553507 (E. D. Ark. June 10, 2013)。

❷ 同上注。

❸ 同上注，第1页。

❹ 同上注。

❺ 同上注，第2页。该协议更具体的规定是，"PPC 公司通过不起诉契约承诺不会对 PerfectVision 公司依据产品样品和说明制造、进口、使用、销售或者/和提供 SignaLoc 连接器的行为提起专利侵权之诉。但这并不是对涉诉专利的授权，如果 SignaLoc 连接器的设计发生了实质性的变更或 PerfectVision 公司在未来提供了 PPC 公司认为侵犯其涉案专利的其他产品，PPC 公司仍有权对 PerfectVision 公司提起专利侵权之诉"。

❻ 同上注。

然而，运用耐克案的基本原理，❶ 法院认为 PPC 公司作出的不起诉契约不能排除发生再诉的可能性。首先，该协议不满足不附条件和不可撤销的要求，PPC 公司可能再次主张 PerfectVision 公司的连接器侵犯其专利权。❷ 同时作出该协议的基础是其对 PerfectVision 公司连接器样品的特定设想而非双方交涉的具体内容。此外，由于协议用语非常谨慎，原诉讼中其他系争专利诉讼仍有再诉的可能。❸

在类似案件中，❹ Astra Zeneca 制药公司作出的不起诉契约不仅附加条件、允许撤销，且协议范围也未覆盖到对方当事人的供应商、经销商和顾客。❺ 依据耐克案所确立的自愿停止原则，法院认定必须由 Astra Zeneca 公司证明其"在合理预期内"不会再向 Apotex 公司主张权利。❻ 然而，Astra Zeneca 公司的协议范围远小于耐克公司，更重要的是，该协议只覆盖了竞争者的"新药申请简表"（Abbreviated New Drug Application，ANDA）。Apotex 公司在协议作出后对 ANDA 的进一步修改并未落入协议覆盖的范围，因为该协议仅保护在原申请日既存的 ANDA 的内容。❼ 由于 Apotex 公司的申请在协议范围之外，Apotex 公司只能选择继续从事涉嫌侵权的产品发布行为，或者完全放弃整个项目。❽ 根据耐克案的分析，法院认为 Astra Zeneca 公司未能证明其不可能再对 Apotex 公司主张权利。❾

与上述案件相反，法院支持了孟山都（Monsanto）公司关于其对上诉人作出的承诺构成不起诉契约的主张，因为该协议的范围宽广至足以对抗上诉人的

---

❶ 法院将耐克公司和 PPC 公司的不起诉契约进行了比较。在耐克案中，Already 公司无须担心商标侵权的诉讼而可以自由销售鞋子。恰相反，PerfectVision 公司则因担心专利侵权之诉而不能自由销售其连接器。同上注，第 7 页。

❷ 同上注，第 5 页。

❸ 同上注，第 8 页。此外，法院认为 PPC 公司很有可能利用该不起诉契约附加的条件。

❹ AstraZeneca LP v. Breath Ltd., No. 08-1512, 2013 WL 2404167 (D. N. J. May 31, 2013), aff'd, Nos. 2013-1312, 2013-1353, 2013 WL 5813759 (Fed. Cir. Oct. 30, 2013).

❺ 该协议在相关部分提到："AstraZeneca 公司的不起诉契约只针对侵权的整体索赔，正如他们理解的那样……正如 Apotex 公司的新药申请简表中描述的那样，于 2009 年 3 月 30 日通过并生效……该协议并不适用其他产品或 Apotex 公司的布地奈德混悬液的任何改变或此种产品的适用，正如 Apotex 公司的新药申请简表第 78~202 页中规定的那样……"同上注，第 3 页。

❻ Already, LLC v. Nike, Inc., 133 S. Ct. 721, 727 (2013).

❼ AstraZeneca, 2013 WL 2404167，第 3 页。

❽ 同上注，第 4 页。

❾ 同上注。

确认之诉。❶ 孟山都是一家致力于发展农业生物技术的公司。上诉人是由农民、种子销售者以及农业组织组成的有机种子种植者协会。上诉人向法院提起的确认之诉主张其不构成侵权且请求法院确认孟山都公司享有的 23 项专利权无效。❷ 孟山都公司作出了一份有约束力的承诺，即"不会对无意间种植了含有微量孟山都生物科技基因的种子的主体采取法律措施"，❸ 该承诺涵盖了上诉人可能提出的所有主张。❹ 虽然孟山都公司没有明确作出一份不起诉契约，但是上述承诺却能同样有效避免诉讼的发生，❺ 且在整个诉讼过程中也未出现可能超出该承诺而提起侵权诉讼的情形。❻ 由于诉讼在合理预期内不会发生，❼ 法院认定孟山都公司的承诺彻底消除了争议。❽

（二）不起诉契约须满足不附条件、不可撤销和范围宽广的要求

耐克案及上述三个案件说明，范围宽广、不可撤销和不附条件三个因素在不起诉契约成功排除法院管辖中发挥了重要作用。耐克案和孟山都案中权利人均作出了不可撤销和不附条件的不起诉契约，❾ 而 PerfectVision 案和 Astra Zeneca 案中的协议不仅可撤销且对被控侵权人行为的限定过于狭隘。❿ 耐克公司的协议清楚表明该协议是一个不附条件、不可撤销的承诺，⓫ 孟山都公司也在协议中承诺不会对无意间种植了含有微量孟山都生物科技基因的种子的主体提起侵权诉讼。⓬ 但是，Astra Zeneca 公司的协议表明其仅在 Apotex 公司的申请与

---

❶ Organic Seed Growers and Trade Ass'n v. Monsanto Co., 718 F. 3d 1350 (Fed. Cir. 2013)。该承诺并未明确称为不起诉契约，但法院认为孟山都公司的表述因禁反言原则而有约束力。同上注，第 1358 页。

❷ 同上注。

❸ 同上注，第 1352 页。

❹ 同上注，第 1357、1359 页。上诉人不能就该 1% 的限制主张任何污染。

❺ 同上注，第 1357~1358 页。孟山都公司在其网站上作出如下声明："若发现农民无意将含有微量的孟山都公司生物科技基因的种子种植在农田里，孟山都公司现在以及将来都不会向其主张专利权利。"

❻ 同上注，第 1358 页。

❼ 正如本案所见，"孟山都公司并未也从未打算对您的客户提出专利侵权之诉。您所声称的'您的客户从未打算拥有、使用或销售任何转基因种子，包括孟山都公司的专利所覆盖的任何转基因的种子'"。同上注。

❽ 同上注，第 1359 页。

❾ Already, LLC v. Nike, Inc., 133 S. Ct. 721, 727 (2013); See generally, Organic Seed Growers, 718 F. 3d 1350 (Fed. Cir. 2013).

❿ AstraZeneca LP v. Breath Ltd., No. 08 – 1512, 2013 WL 2404167, at 3 (D. N. J. May 31, 2013), aff'd, Nos. 2013 – 1312, 2013 – 1353, 2013 WL 5813759 (Fed. Cir. Oct. 30, 2013).

⓫ Nike, 133 S. Ct. 第 728 页。

⓬ Organic Seed Growers, 718 F. 3d at 1357 – 1358.

ANDA保持一致时才不提起诉讼，[1] 而 PPC 公司的协议则为今后对 PerfectVision 公司提起诉讼保留了可能性。[2]

此外，耐克公司的协议禁止耐克公司对奥莱迪公司提起任何索赔或请求，保护了奥莱迪公司的消费者和经销商。该协议不仅涵盖了过去和现在的产品，还覆盖到未来任何似是而非的仿制品。[3] 这似乎意味着，不起诉契约应当涵盖根据过去的设计从事的未来活动。然而，尽管耐克公司的协议非常宽泛，但是孟山都公司的承诺却是相当有限的，其仅保证不会对种植含有微量孟山都生物科技基因的种子的主体提起诉讼，却未澄清如果改良种子中的专利基因含量较大时，其是否会起诉主张权利。[4] 尽管协议范围有限，法院注重的事实却是上诉人不能在诉讼中证明其将在孟山都公司免责声明之外从事种植活动。[5] 另外，PPC 公司的协议只涵盖了 SignaLoc 连接器，[6] Astra Zeneca 公司的协议仅包括了 Apotex 公司的 ANDA。[7] 因此，不起诉契约的范围是否宽泛应结合案件的具体情形进行认定。事实上，只要协议满足不可撤销和不附条件的要求，法院就很可能认可协议效力并终止案件。

五、结论

耐克案的判决清楚表明，当知识产权所有人作出的不起诉契约满足自愿停止原则时，协议针对的案件就会因诉因消失而归于消灭。[8] 为防止大型公司利用不起诉契约损害小型企业的利益，法院在审查协议时应当根据总体情况综合判断。同时，商标所有人应该意识到不起诉契约不仅会影响被控侵权人未来的

---

[1] *Astra Zeneca*, 2013 WL 2404167, at ＊3.

[2] PerfectVision Manufacturing v. PPC Broadband No. 4：12CV00623, 2013 WL 2553507, at 8（E. D. Ark. June 10, 2013）.

[3] *Nike*, 133 S. Ct. at 721.

[4] 参见 *Organic Seed Growers*, 718 F. 3d at 1357。

[5] 同上注。此外，并未有任何关于污染未超过 1% 限制的指控，上诉人也没有采取任何具体措施将其自身置于有约束力的放弃声明之外。同上注。

[6] 参见 PerfectVision Mfg. Inc.，v. PPC Broadband Inc.，No. 4：12CV00623 JLH, 2013 WL 2553507（E. D. Ark. June 10, 2013）。该协议更具体的规定是，"PPC 公司通过不起诉契约承诺不会对 PerfectVision 公司依据产品样品和说明制造、进口、使用、销售或者/和提供 SignaLoc 连接器的行为提起专利侵权之诉"。但这并不是对涉诉专利的授权，如果 SignaLoc 连接器的设计发生了实质性的变更或 PerfectVision 公司在未来提供了 PPC 公司认为侵犯其涉案专利的其他产品，PPC 公司仍有权对 PerfectVision 公司提起专利侵权之诉"。

[7] AstraZeneca LP v. Breath Ltd.，No. 08－1512, 2013 WL 2404167, 第 3 页（D. N. J. May 31, 2013），aff'd, Nos. 2013－1312, 2013－1353, 2013 WL 5813659（Fed. Cir. Oct. 30, 2013）。

[8] 参见上文第二部分第（二）节。

行为，而且会影响商标本身的效力，因为宽泛的不起诉契约可能会被解释为无效许可或者是对任何目前所使用的商标不会造成混淆的许可。❶ 而小型企业仅在能够证明其有实施协议范围外侵权行为的具体方案时，才可能排除协议的效力。但是，由于这一证明责任可能导致诉讼成本的增加，很多企业并不愿意投入更多资金以维持协议作出后的诉讼资格。

　　最后，不起诉契约是一种利益权衡，其将约束权利人限制竞争者使用类似商标或专利的权利。因此当事人在作出不起诉契约前应当经过精确计算和审慎评估，以判断不起诉契约是否是实现其诉讼目的最佳方式。此外，作出一个范围宽泛、不可撤销且不附条件的不起诉契约，对于当事人来说也并非易事。是否迈出这一步，将成为未来陷入相同处境的公司所面对的现实问题。

---

❶ 参见 Benschar, Kalow & Springut, Covenant Not to Sue: A Super Sack or Just A Wet Paper Bag?, 102 TRADEMARK REP. 1239 – 1240 (2012)。

无事生非：ICANN 的新通用顶级域名

丹妮拉·米歇尔·斯宾塞（Daniela Michele Spencer）[*] 著
潘广宇 韩晓燕 戴忞 译
万勇 温琪丹 校

2013 年 10 月 23 日，互联网名称与数字地址分配机构（ICANN）通用域名部门主席宣布了"该机构自成立以来对互联网所作出的最大改变"。[1] 经过 8 年分析研究，47 项不同的公众征询请求、近 2500 条公众意见、55 份咨询报告、7 种版本的新通用顶级域名（gTLDs）申请手册，ICANN 以 4 种非拉丁语脚本发布了备受瞩目的新通用顶级域名。[2] ICANN 认为，新通用顶级域名将"促进域名注册服务提供商之间的竞争，从而为域名申请者提供更多选择"。[3]

互联网协议（IP）地址为各类公司、组织或其他实体提供互联网上的地址目录。[4] 这些 IP 地址由随机生成的数字组合而成，对于用户来说难以记忆。域名系统（DNS）通过将这些数字替换为由常用单词或词组组成的字母数字域名解决了这一问题。当用户想要访问某个特定计算机时，他不必再被迫记忆一连串数字，只需记住其域名即可。[5] 一个域名——例如 www.google.com——由以

---

[*] 作者系美国加州大学伯克利分校法学院法律博士。

[1] Internet Corp. for Assigned Names and Numbers, First New Generic Top – Level Domains Delegated (2013 年 10 月 23 日), http：//www.icann.org/en/news/press/releases/release – 23oct13 – en.

[2] 同上注。

[3] Frequently Asked Questions, ICANN: New Generic Top – Level Domains, http：//newgtlds.icann.org/en/applicants/customer – service/faqs/faqs – en（最后访问日期：2014 年 1 月 26 日）（以下简称"Frequently Asked Questions"）。

[4] 参见 Glossary, Internet Corp. for Assigned Names & Numbers, http：//www.icann.org/en/about/learning/glossary（最后访问日期：2014 年 1 月 26 日）（以下简称"Glossary"）。

[5] 同上注。

无事生非：ICANN 的新通用顶级域名

英文句号分割的不同标签或层级组成。❶ 最右边的标签——例如 .com——为顶级域名，是互联网中最高层级的域名。❷ 每一个位于顶级域名左侧的标签——例如 Google——代表一个下级域名或者子域名。❸

DNS 拥有 13 台最高级别的根服务器，它们列出含有区域文件的计算机的 IP 地址。❹ 根服务器的下一层是储存顶级域名的区域文件的计算机；这些计算机列出其下每个二级域名服务器的 IP 地址。❺ 用户查找某个特定的 IP 地址时，用户的计算机先向本地 DNS 服务器发出请求以获得其定位。❻ 如果本地服务器找不到该定位，那么它们会将这一查询请求转发至上一级服务器。❼ 因此，能够在根服务器上修改根区域文件是一项极大的权力，因为一旦根区域文件被修改，就无法找到相关的 IP 地址。❽

许多评论家一直呼吁引进更多的顶级域名来抵制 ICANN 所谓的反竞争政策。❾ 显然，ICANN 已经限制了通用顶级域名的数量，从而人为制造了顶级域名的稀缺性，尤其是 .com 这一顶级域名。❿ 这使得许多新公司因为大多数域名已被注册而无法进入这一市场。⓫

就像 Froomkin 教授与 Lemley 教授所指出的那样，这些数量有限的通用顶级域名为域名注册商 VeriSign 公司所拥有、由 ICANN 实际控制的事实，可能

---

❶ 参见 Christopher G. Clark, *The Truth in Domain Names Act of* 2003 *and a Preventative Measure to Combat Typosquatting*, 89 Cornell L. Rev. 1476, 1483（2004）。

❷ 同上注。

❸ 在这种情况下，Google 是一个二级域名。

❹ 参见 Jonathan Weinberg, *ICANN and the Problem of Legitimacy*, 50 Duke L. J. 187, 197（2000）。

❺ 同上注。

❻ 同上注。

❼ 同上注。

❽ 对于根服务器这一概念，最简单的类比是一个全球性的邮政系统。个人通过这个系统邮寄信件并附上地址（与 IP 地址类似）。如果收信地址是本地小镇的地址，那么当地的邮局找到这个地址应当毫无问题。但是，如果一封信从加利福尼亚的伯克利寄出，收信地址为乌克兰的基辅，那么这封信将会被非常多的邮局经手并最终确定收信地址究竟在哪里。然而，如果邮局使用的地图被修改了，这封信将会被退回到寄信人手中。其原因就在于收信地址无法识别，类似于根区域文件被修改之后就无法找到 IP 地址。

❾ 参见下文第三部分。

❿ 参见下文第三部分。

⓫ A. Michael Froomkin, *Wrong Turn in Cyberspace: Using ICANN to Route Around the APA and the Constitution*, 50 Duke L. J. 17, 22（2000）［"尤其是在 .com 这一具有吸引力的域名开始变得稀有的情况下，关于有吸引力的域名的争端变得更加常见……"（省略内部引文）］。

违反了反垄断法。❶ Froomkin 教授和 Lemley 教授建议创造更多的通用顶级域名，以阻止 ICANN 控制大量的市场份额。❷ 与之相对，ICANN 的创始主席 Esther Dyson 女士表示新通用顶级域名系统类似于"建立一个像华尔街的金融衍生品一样毫无价值的商业模式……你可以向人们收费，但是你对人类的福祉没有作出任何贡献"。❸

本文考察了 ICANN 的通用顶级域名政策，关注其潜在的反竞争效果。本文认为，虽然通用顶级域名的扩张有可能会如 Froomkin 教授和 Lemley 教授所担心的那样，使得 IP 地址的控制权更加集中于 ICANN，但在目前的体系下，域名的稀缺性问题并不存在或者至少被严重夸大了。❹ 因此，之前的顶级域名稀缺性问题并未达到违反反垄断法的程度。此外，本文认为创造更多通用顶级域名反而可能会带来不利后果。❺ 两相比较，ICANN 的通用顶级域名扩张政策弊大于利，尤其是这种扩张将导致许多公司在消耗更多资源的同时所获甚少。

本文第一部分以 ICANN 和域名系统为视角，概述了互联网相对较短但是纷繁复杂的历史，接着论述了新通用顶级域名体系的现状。第二部分提出了通用顶级域名体系潜在的反垄断问题。第三部分分析了在现有体系基础上增加新通用顶级域名的经济影响。第四部分向新通用顶级域名体系下的企业所有者给出了建议。

一、背景

（一）互联网

互联网由可收发信息的计算机互连网络组成。现代互联网实际始于 20 世

---

❶ 参见 A. Michael Froomkin & Mark A. Lemley, *ICANN and Antitrust*, 2003 U. Ill. L. Rev. 1, 52-66 (2003)；另参见 Justin T. Lepp, *ICANN's Escape from Antitrust Liability*, 89 Wash. U. L. Rev. 931, 938-948 (2012). 总体上参见 Paul J. Cambria, Jr., *ICANN, The ". xxx" Debate, and Antitrust: The Adult Internet Industry's Next Challenge*, 23 Stan. L. & Pol'y Rev. 101, 102 (2012) （认为 ICANN 对于通用顶级域名支配性的控制以及其与 ICM 注册商的勾结，"限制受保护的市场活动中特定的一部分"而构成了违反谢尔曼法案的行为）。

❷ Froomkin & Lemley, *ICANN and Antitrust*, 2003 U. Ill. L. Rev. 52 (2003).

❸ Natasha Singer, *When You Can't Tell the Suffixes Without a Scorecard?* N. Y. Times, 2013 年 8 月 13 日，第 BU3 页。

❹ 参见下文第三部分。

❺ 下文第三部分。

纪 60 年代由美国国防部资助的"分组交换"研究。❶ 美国国家科学基金会（NSF），一个旨在发展非医学领域科学及工程方面科研与教育的联邦政府机构，为寻找更强有力的科技、连接多个计算机网络提供了资金。❷ 1990 年，互联网的发展已经远远超越了其小范围计算机网络的初衷，NSF 与一个名为 Network Solutions（NSI）的营利性组织签订合同以控制 DNS。❸ 1992 年，美国政府授予了 NSF 对根域名系统排他性的控制权，❹ 而作为承包商的 NSI 开始对在根服务器上注册域名收费。❺ 不久之后，其他公司建立了类似的提供注册的服务器网络与 NSI 竞争。❻

1994 年，NSF 的工程师与 NSI 的管理层就 NSI 正在授权的大量域名产生了争议。❼ 为解决这些争议，美国商务部发布了一份白皮书，建议让一些私营部门的人员来管理 DNS。❽ 作为回应，由 Jon Postel 博士带领的一些科学家创立了 ICANN。❾ 自此以后，商务部授权 ICANN 控制 DNS 未来所有的策略。❿ 尽管如此，美国政府仍然在很大程度上控制着 DNS。⓫

---

❶ 参见 Christopher M. Bruner, *States, Markets, and Gatekeepers*: Public – Private Regulatory Regimes in an Era of Economic Globalization, 30 Mich. J. Int'l L. 125, 149 (2008)。

❷ 参见 Weinberg, ICANN and the Problem of Legibimacy, 50 Duke L. J. 193 (2000)。

❸ 参见 Bruner, States, Markets, and Gatekeepers: Public – Private Regulatory Regimes in an Era of Economic Globalization, 30 Mich. J. Int'l L. 153 – 154 (2008)。

❹ NSF 仅被授予了关键根服务器的专有使用权。通常情况下，用户将其 DNS 查询请求发送到与关键根区域对应的域名服务器上。然而，这一过程并非必然。与之不同的是，用户可以要求其计算机指向其他完全独立的根服务器，这些根服务器可以查询一组完全不同的域名。参见 Weinberg，前注 10，第 198 页。使用哈利波特/邮政服务的例子，这一过程类似于将一封信寄到对角巷。如果个人使用了正确的邮政系统（例如一个完全由猫头鹰组成的系统），那么这封信可以寄到正确的收件人手中。但是，按照标准行事的邮政服务人员并不知道如何理解这一地址信息。Owl Post, Harry Potter Wikia, http: // harrypotter. wikia. com/wiki/Owl_ post（最后访问日期：2014 年 1 月 26 日）。

❺ 参见 Weinberg, ICANN and the Problem of Legibimacy, 50 Duke L. J. 200 – 201 (2000)。

❻ 参见 *Rogue Domains Revolt*, CNET（1997 年 3 月 4 日下午 4：15），http: //news. cnet. com/Rogue – domains – revolt/2100 – 1023_ 3 – 275957. html。

❼ 参见 Zach Tomaszewski, The Domain Name System: At the Root of It（2001 年 5 月 8 日）（未发表的学生论文，University of Hawaii），http: //www2. hawaii. edu/ ~ ztomasze/dnspaper. html。

❽ Management of Internet Names and Addresses, 63 Fed. Reg 31, 741 (1998 年 6 月 8 日到 10 日)。另参见 Froomkin & Lemley, *ICANN and Antitrust*, 2003 U. Ill. L. Rev. 10 (2003)。

❾ 参见 Froomkin & Lemley, *ICANN and Antitrust*, 2003 U. Ill. L. Rev. 10 (2003)。

❿ 同上注，第 8 ~ 9 页。

⓫ 美国与 ICANN 之间被称为《义务确认书》的协议，要求 ICANN 的活动定期接受政府咨询活动机构和 ICANN 团体其他成员的审查。参见下文 Part II. A. 2. 对于是否由一个非美国政府机构来控制 DNS（一个国际性的系统）存在很多争论。参见 Philip S. Corwin, *ICANN@ 15*：*Born in the USA—But Will It Stay?*, CircleID（2013 年 11 月 15 日），http: //www. circleid. com/pdf/ICANN_ at_ 15_ Born_ in_ the_ USA_ But_ will_ it_ Stay. pdf。

ICANN 对 DNS 的管理目标是维持互联网运行的稳定、促进竞争、制定能够确保实体间自下而上协调的策略，并且确保国际互联网社区有一个广泛的代表。❶ ICANN 负责互联网地址分配机构（IANA）❷ 的运行，并负责授权被称为"注册运营商"的第三方机构管理顶级域名的注册工作；每个被授权的第三方机构轮流运营其各自的顶级域名（TLD）的官方域名数据库。❸ 例如，VeriSign 公司负责运营 .com 的通用顶级域名，所有以 .com 结尾的域名都必须在 VeriSign 注册。❹

由于域名的数量太多，注册运营商与被称为"注册服务商"的机构（例如 godaddy.com、namecheap.com）签署合同。❺ 每个注册运营商与上百个注册服务商合作，这些注册服务商向消费者出售域名。❻ 尽管注册运营商在决定哪些注册服务商能够进入市场的问题上拥有很大的权力，但是 ICANN 仍对域名市场有着强大的控制力，它可以选择少量的运营注册商，并且有权撤销注册服务商。❼

（二）通用顶级域名

1984 年，美国政府已经设立了 6 个通用域名：.com（营利性商业组织）、.edu（美国教育机构）、.gov（美国政府部门）、.mil（美国军事机构）、.org（非营利性组织）以及 .net（一般性网站）。❽ 四年之后，应北大西洋公约组织（NATO）的要求，美国政府增加了面向两国间以条约形式设立的国际组织的顶

---

❶ 参见 Memorandum of Understanding Between the U. S. Department of Commerce and Internet Corporation for Assigned Names and Numbers（1998 年 11 月 25 日），http：//www.icann.org/general/icann－mou－25nov98.htm。

❷ IANA "负责 DNS 根目录、IP 寻址和其他互联网协议资源的全球协作"。Internet Assigned Numbers Authority，https：//www.iana.org（最后访问日期：2014 年 2 月 7 日）。

❸ 参见 Kathleen E. Fuller, *ICANN：The Debate over Governing the Internet*, 2001 Duke L. & Tech. Rev. 2, 5. 一个顶级域名既包括 gTLDs（如 .com 的通用顶级域名），也包括 ccTLD's（如 .uk 的国家代码顶级域名）。

❹ 参见 .com Registry Agreement, Internet Corp. for Assigned Names & Numbers（2012 年 12 月 1 日），https：//www.icann.org/en/about/agreements/registries/com。

❺ 参见 Glossary, Internet Corp. for Assigned Names & Numbers, http：//www.icann.org/en/about/learning/glossary（最后访问日期：2014 年 1 月 26 日）。

❻ 同上注。

❼ 参见 Froomkin & Lemley, ICANN and Antitrust, 2003 U. Ⅲ. L. Rev. 7（2003）。

❽ 除了最初的目的外，.com、.net 和 .org 现在已经可以用于任何目的。参见 Chris Hoffman, *The Difference Between .com, .net, .org and Why We're About to See Many More Top－Level Domains*, How－To Geek (2012 年 10 月 15 日)，http：//www.howtogeek.com/126670/the－difference－between－.com－.net－.org－and－why－were－about－to－see－many－more－top－level－domains。

级域名.int。❶

1995 年，IANA 总部起草了一份互联网草案，设立一个建立新通用顶级域名的专门委员会。❷ 1997 年，一个名为国际特别委员会的新组织推荐了 7 个新通用顶级域名：.arts、.firm、.info、.nom、.rec、.store 和.web。❸ 但是，这些域名在 ICANN 成立时被放弃了。❹ 2000 年，ICANN 收到了新通用顶级域名的提案，而在 2001 年到 2004 年，7 个通用顶级域名被激活：.biz（减轻.com 压力的一般性顶级域名）、.info（开放性顶级域名）、.museum（合法认证的博物馆）、.name（个人或虚拟人物）、.coop（合作组织）、.pro（获得许可或认证的专业人员）和.aero（航空运输相关实体）。❺

2004 年，ICANN 开放了更多的顶级域名申请，并最终通过了以下域名：.asia（设立在亚洲、大洋洲或太平洋地区的实体）、.cat（与加泰罗尼亚相关的站点）、.jobs（发布招聘公告的公司）、.mobi（移动通信设备）、.post（邮政部门）、.tel（DNS 联系信息）和.travel（旅游相关实体）。❻ 2011 年，.xxx（色情网站）最终得以批准，尽管 ICANN 最初表示反对。❼ 2003 年之后创立的

---

❶ 参见 Rodney A. Myer, *Domains Without Borders*: *Reconciling Domain Name Dispute Resolution Policies and Trademark Rights Between the United States and the Nations of the European Union*, 20 Penn St. Int'l L. Rev. 415, 417 (2002)。

❷ J. Postel, Internet Eng'g Task Force, New Registries and the Delegation of International Top – level Domains (1996 年 6 月), http：//tools.ietf.org/html/draft – postel – iana – itld – admin – 01. 互联网草案是指一份关于互联网工程任务组的工作文件。同上注。

❸ 参见 Ira S. Nathenson, *Showdown at the Domain Name Corral*: *Property Rights and Personal Jurisdiction over Squatters, Poachers and Other Parasites*, 58 U. Pitt. L. Rev. 911, 983 (1997)。

❹ 参见 Barbara A. Solomon, *Domain Name Disputes*: *New Developments and Open Issues*, 91 Trademark Rep. 833, 834 (2001)。

❺ 同上注。

❻ *ICANN – Accredited Registrars*, Internet Corp. for Assigned Names & Numbers, http：//www.icann.org/registrar – reports/accredited – list.html（最后访问日期：2013 年 1 月 26 日）。

❼ 参见 Nafees Uddin, *Stymieing Controversy over Generic Top – Level Domains (gTLDs) and Other Internet Governance Decisions with Content Neutrality*, 11 Seattle J. Soc. Just. 813, 836 – 837（最后访问日期：2013 年 1 月 26 日）。更多有关.xxx 顶级域名历史的信息，参见 Lily Blue, Note, *Internet and Domain Name Governance*: *Antitrust Litigation and ICANN*, 19 Berkeley Tech. L. J. 3979 (2004)。例如，在 2000 年和 2004 年，ICM 注册机构向 ICANN 申请批准.xxx 域名，ICANN 驳回了这一提案，原因是 ICANN 认为没有使用新 gTLDs 的必要。参见 Coal. for ICANN Transparency v. VeriSign, Inc., 611 F. 3d 495, 500 (9th Cir. 2010)。ICM 注册机构运营.xxx 的 gTLDs 用于成人娱乐社区。参见 Rosemary S. Tarlton & Julia D. Kripke, *Important Notice for Trademark Owners*: *Protecting Rights In Light of New Adult – Entertainment Domains*, Morrison Foerster (2011 年 8 月 22 日), http：//www.mofo.com/files/uploads/images/110822 – adult – entertainment – domains.pdf。在经过一些独立审查之后，ICANN 最终批准了新的 gTLDs 并与 ICAM 签署了无期限的长期注册协议。参见 Manwin Licensing Int'l S. A. R. L. v. ICM Registry, LLC, No. CV 11 – 9514 PSG, 2012 WL 3962566, at 3 (C. D. Cal. Aug. 14, 2012)。另参见 *Coal. for ICANN Transparency*, 611 F. 3d, at 500。

每个顶级域名都分别由特定的团体赞助，且每一个域名的注册人也必须是该团体的注册成员。❶

2008年6月26日，ICANN 宣布将会启动一项空前规模的通用顶级域名命名程序，以引入更多的域名进而投入使用。❷ 2011年6月，ICANN 启动了一个新项目，该项目旨在"促进竞争、增加消费者选择、通过引入新通用顶级域名实现创新效益，包括新 ASCII 和国际化域名（IDN）的顶级域名"。❸ 2012年1月12日域名申请窗口开放时，ICANN 已经收到了将近2000份新通用顶级域名申请。❹ ICANN 对这些申请以随机顺序进行处理和评估。❺ ICANN 员工处理申请，然后由专家以及独立第三方评估机构对这些申请进行评估。❻ 2013年3月，ICANN 公布了初期评估结果。❼ 那些通过初期筛选且无反对意见的申请才有资格继续进入缔约阶段。❽ 经过这一过程，ICANN 就将授权这些新通用顶级域名。❾

ICANN 解释说，创立一个新通用顶级域名，将使得域名运营商能够通过对申请者设立规则和价格来提升其控制力，并且随着消费者更新其域名而持续盈利。❿ ICANN 也认识到创立一个新通用顶级域名会带来许多风险。⓫ 申请者必须支付185 000美元的评估费用、投入持续的注册运营成本，并且证明"即使在其商业计划未能达成的情况下，仍然拥有足够的财力支持该项域名的注册在至少三年内处于可以完全开展运营的状态"。⓬ ICANN 还认识到如果一个域

---

❶ 参见 Karl M. Manheim & Lawrence B. Solum, *An Economic Analysis of Domain Name Policy*, 25 Hastings Comm. & Ent. L. J. 359, 455 (2003)。

❷ *Biggest Expansion in gTLDs Approved for Implementation*, Internet Corp. for Assigned Names & Numbers (2008年6月26日), http://www.icann.org/en/news/announcements/announcement-4-26jun08-en.htm。

❸ *About the Program*, ICANN: New Generic Top-Level Domains, http://newgtlds.icann.org/en/about/program（最后访问日期：2014年1月26日）。

❹ 同上注。

❺ 同上注。

❻ 同上注。

❼ 同上注。

❽ 同上注。

❾ 参见 *Frequently Asked Questions*, ICANN: New Generic Top-Level Domains, http://newgtlds.icann.org/en/applicants/customer-service/faqs/faqs-en（最后访问日期：2014年1月26日）。gTLDs 预计可以在与 ICANN 签订注册合同之后一年内被授权使用。同上注。

❿ *Benefits and Risks of Operating a New GTLD*, ICANN: New Generic Top-Level Domains, http://newgtlds.icann.org/en/about/benefits-risks（最后访问日期：2014年1月26日）（以下简称 *Benefits and Risks*）。

⓫ 同上注。

⓬ 同上注。

无事生非：ICANN 的新通用顶级域名

名的字符串与某个竞争对手的字符串❶相似而没有通过评估，那么将导致投资失败。❷

（三）争议解决机制

大量新通用顶级域名的创立增加了争议发生的可能性，其中不乏商标所有权人声称某个通用顶级域名名称侵犯了他们的知识产权。为了解决这些担忧，ICANN 提供了四种可能的方式供商标所有权人来保护其标志免受潜在冲突的通用顶级域名的侵害，分别为："法律权利异议、字符串混淆异议、团体异议和有限公共利益异议。"❸

首先，如果一个公司已经注册过商标从而对某个名称拥有知识产权，它可以据此对一个域名提出法律权利异议。❹ 提出法律权利异议的公司必须向世界知识产权组织（WIPO）仲裁与调解中心提出。❺ WIPO 将收取一笔 2000 美元的管理费和另一笔 8000 美元用于成立一个单独的专家小组的费用，并根据非排他性八因素检验法来决定支持还是否定异议。❻

其次，如果一个公司已经拥有一个近似的可能具有混淆性的顶级域名，或在同一申请阶段申请过相同的或者近似的通用顶级域名，它可以向争议解决国际中心（ICDR）提出字符串混淆异议。❼ ICDR 向异议的每一方收取 2750 美元的申请费，如果双方未能在争议解决时限内达成一致解决意见，ICDR 将会再

---

❶ 字符串是构成被申请的 gTLDs 的字符序列。参见 Glossary, Internet Corp. for Assigned Names & Numbers, http：//www.icann.org/en/about/learning/glossary（最后访问日期：2014 年 1 月 26 日）。

❷ *Benefits and Risks*, ICANN：New Generic Top - Level Domains, http：//newgtlds.icann.org/en/about/benefits-risks（最后访问日期：2014 年 1 月 26 日）。

❸ 参见 Brandon Marsh, *ICANN'T Help Myself：Beneficial Adjustments to the New Generic Top - Level Domain Name Expansion Process*, 95 J. Pat. & Trademark Off. Soc'y 195, 206 (2013)。

❹ 参见 WIPO Arbitration & Mediation Ctr., End Report on Legal Rights Objection Procedure 2013, 第 7 页 (2013 年 12 月), http：//www.wipo.int/export/sites/www/amc/en/docs/lroreport.pdf。

❺ 同上注。

❻ 参见 Coach, Inc. v. Koko Island, LLC, No. LRO2013-0002（WIPO 仲裁与调解中心，2013 年 8 月 14 日），http：//www.wipo.int/export/sites/www/amc/en/domains/lro/docs/lro2013-0002.pdf。这八项因素是：（1）标识相似性；（2）商标所有人的使用是善意的；（3）标识为公众所知；（4）申请人申请顶级域名通用的意图；（5）申请人善意使用标识；（6）申请人对标识的知识产权；（7）申请人因该标识而广为人知；（8）产生混淆的可能性。参见 ICANN, gTLD Applicant Guidebook 3.19 (2012 年 6 月 4 日), http：//newgtlds.icann.org/en/applicants/agb（以下简称 Guidebook）。例如，DirecTV Group 反对 Dish DBS 注册.direct 域名并得到了支持；相反，Coach 公司反对 Donuts 公司注册.coach 域名，但遭到了拒绝。*Legal Rights Objections Under ICANN's New gTLD Program*, WIPO, http：//www.wipo.int/amc/en/domains/lro（最后访问日期：2014 年 2 月 7 日）。

❼ *Objection and Dispute Resolution*, ICANN：New Generic Top - Level Domains, http：//newgtlds.icann.org/en/program-status/odr（最后访问日期：2014 年 1 月 26 日）。

收取1250美元的服务费。❶

最后，如果一个域名与一个已经成立的团体名称相同，那么该团体可以向国际商会（ICC）专家国际中心提出团体异议。❷ 如果一个通用顶级域名侵犯了被公众普遍接受的道德准则和公共秩序，公众团体可以提出有限公共利益异议。与前者相同，这种异议也应当向 ICC 提出。❸ 公共利益异议和团体异议都需要支付最高5000美元的申请费，并且这一费用不予退还。❹

在所有这些争议解决方式中，均由提出异议的一方承担举证责任。❺ 若异议主张成立，那么此异议所指向的新通用顶级域名申请将不能再得到进一步审查，因而也不会得到授权。❻ 对于该新通用顶级域名的申请方来说，因为在评估过程中没有申诉机制，所以未被审核通过的决定将是终局性的。但是，申请新通用顶级域名的公司可以在之后的各轮申请周期中再次提出申请。❼

二、反垄断分析

在新通用顶级域名出现之前，一些学者就主张 ICANN 通过限制通用顶级域名数量的方式抑制了域名领域的竞争。❽ 首先，现有行使注册通用顶级域名职能的公司之间并不存在竞争。❾ 这一缺乏竞争的现状使得有限数量的公司

---

❶ Int'l Ctr. for Dispute Resolution, Fees and Costs for String Confusion Objections（2012年5月），http：//newgtlds. icann. org/en/program – status/odr。

❷ Guidebook，http：//newgtlds. icann. org/en/applicants/agb，第3.7～3.8段。

❸ *Introduction to ICANN New gTLD Dispute Resolution*，Int'l Chamber of Commerce，http：//www. iccwbo. org/products – and – services/arbitration – and – adr/expertise/introduction – to – icann – new – gtld – dispute – resolution（最后访问日期：2014年1月26日）。

❹ Guidebook，http：//newgtlds. icann. org/en/applicants/agb，第1.45段。

❺ 同上注，第3.18段。

❻ 同上注，第3.9段。

❼ 同上注，第3.25段。

❽ 参见 Froomkin & Lemley，*ICANN and Antitrust*，2003 U. Ill. L. Rev. 52（2003）；另参见 Lily Blue，Note，*Internet and Domain Name Governance：Antitrust Litigation and ICANN*，19 Berkeley Tech. L. J. 387，393（2004）（"批评者们已经注意到 ICANN 的一些政策似乎损害了竞争，特别是在域名市场中提供新的注册商和新的 gTLDs 的政策。"）；Brandon Marsh，*ICANN'T Help Myself：Beneficial Adjustments to the New Generic Top – Level Domain Name Expansion Process*，95 J. Pat. & Trademark Off. Soc'y 219（2013）（"ICANN 已经决定实施新的通用顶级域名扩张计划来促进 DNS 的创新，并减少目前在. com 中发生的域名稀缺性"）；Lepp，*ICANN'S Escape from Antitrust Liability*，89 Wash. U. L. Rev. 947（2012）（"新的通用顶级域名计划预示着增加域名市场竞争的关键一步"）。

❾ Jay P. Kesan & Rajiv C. Shah，*Fool Us Once Shame on You—Fool Us Twice Shame on Us：What We Can Learn from the Privatizations of the Internet Backbone Network and the Domain Name System*，79 Wash. U. L. Q. 89，198（2001）。

（ICANN选择的公司）可以控制DNS，并导致了一些诉讼。❶ 其次，消费者对于域名的选择有限。因此，数量有限的通用顶级域名被人为产生了稀缺性。❷ 可能是由于以上这些观点，激励人们创造新的通用顶级域名以对抗垄断。❸

第二部分第（一）节讨论了批评者指控ICANN破坏竞争所依据的联邦反垄断条款。第（二）节考察了在《谢尔曼法案》第2条下ICANN的法律责任，因为该条款与注册商和通用顶级域名市场相关。第（三）节分析了在《谢尔曼法案》第1条下ICANN的法律责任，因为该条款与ICANN和注册商（特别是VeriSign）签订的合同相关。

（一）反垄断法

1. 谢尔曼法案

《谢尔曼法案》❹ 旨在保护消费者，使其免受导致不公平限制竞争安排的影响。❺ 根据该法案第1条，"任何限制贸易或商业活动的合同、联合……或者共谋……均属非法"。❻ 法院认为以下几种情况违法：横向协议（位于供应链同层次的竞争者合意固定价格或者在它们之间分配区域）、纵向协议（制造商和分销商合意固定价格或划分市场）、拒绝交易（公司抵制与竞争者合作）、搭售协议（产品销售商将购买者许诺购买无关产品作为出售的条件），和独家经销协议（供应商合意将其所有或者很大一部分产出出售给一个特定的购买者，反之亦然）。❼ 在这些协议中，一些协议，如横向固定价格或者横向区域分配，属于本身违法（per se illegal），且不能以缺乏市场支配力或者对竞争未造成损失进行反驳。❽ 然而，合理性原则分析法则默认适用于大多数其他类型的协议，该原则要求考察被质疑的做法是促进或是抑制了市场竞争。法院确定某种违法行为是否不合理地限制了交易，必须考虑与相关市场有关的特定事实

---

❶ 参见 Name. space, Inc. v. Internet Corp. for Assigned Names & Numbers, No. CV 12 – 8676 PA, 2013 WL 2151478 (C. D. Cal. Mar. 4, 2013); Verisign, Inc. v. Internet Corp., No. CV 04 – 1292 (CTX), 2004 WL 1945561 (C. D. Cal. May 18, 2004)。

❷ 进一步的解释，参见 Froomkin & Lemley, *ICANN and Antitrust*, 2003 U. III. Rev. I, 52 – 56 (2003)。

❸ 参见 *Frequently Asked Questions*, ICANN: New Generic Top – Level Domains, http://newgtlds.icann.org/en/applicants/customer – service/faqs/faqs – en（最后访问日期：2014年1月26日）。

❹ 1890年谢尔曼法案, ch. 647, 26 Stat. 209（现行有效的版本见于15 U. S. C. § 1 – 7 (2012)）。

❺ 参见 Spectrum Sports, Inc. v. McQuillan, 506 U. S. 447 (1993)。

❻ 15 U. S. C. § 1。

❼ 参见 Mark A. Lemley & Christopher R. Leslie, *Categorical Analysis in Antitrust Jurisprudence*, 93 Iowa L. Rev. 1207, 1219 (2008)。

❽ 参见 United States v. Socony – Vacuum Oil Co., 310 U. S. 150, 223 (1940)。

以及所诉违法行为的历史。❶

《谢尔曼法案》第 1 条规制了多方协议，第 2 条禁止一个特定市场内单方主体的反竞争行为："任何垄断或者试图垄断……任何交易或者商业活动的人……应当被视为犯有重罪。"❷ 主张成立违反第 2 条的行为，原告需要证明两个要件："（1）在相关市场中具有垄断力量；（2）并非依靠出色的产品，商业智慧，或历史机遇下的成长或发展，而故意获取或维持垄断力量。"❸

在相关市场中拥有市场力量就代表其具有市场垄断力，是第 2 条分析的第一项内容。❹ 相关市场的界定标准包括产品和地理维度。❺ 在确定相关产品市场时，法院曾考察了被告的产品在使用上与"替代产品"可替换的范围以及被告产品和可能替代产品之间的需求交叉弹性❻程度。❼ 如果可以容易地获得被告产品的市场替代产品，那么被告就缺乏垄断力量，进而没有违反第 2 条。❽

2. ICANN 就反垄断问题提出的抗辩

在 ICANN 设立之前，一些原告曾因 ICANN 的前身 NSI 拒绝向根区域文件中增加新的通用顶级域名而提起反垄断诉讼。❾ 地区法院根据"联邦机构原则"驳回了这些诉请，认为与美国政府签订合约协议的当事人被授予了反垄断的豁免。❿ 该观点在上诉时没有得到支持，第二巡回上诉法院和哥伦比亚特区巡回法院认为：仅仅存在一份政府合同并不足以说明联邦政府机构（本案中指商务部）授予了联邦订约人完全的豁免。⓫ 但是，巡回上诉法院仍以衡平法为由驳回了这些诉请，认为 NSI 依照了政府合同中有关如何正当管理 DNS

---

❶ 参见 Continental T. V., Inc. v. GTE Sylvania Inc., 433 U. S. 36, 49 (1977)。
❷ 参见 15 U. S. C. § 2。
❸ United States v. Grinnell Corp., 384 U. S. 563, 570 – 571 (1966)。
❹ 参见 T. Harris Young & Assocs., Inc. v. Marquette Elecs., Inc., 931 F. 2d 816 (11th Cir. 1991)。
❺ 同上注。
❻ 需求交叉弹性指另一个商品的价格发生变化时目标商品的需求变化量。参见 Cross Elasticity of Demand, Investopedia, http：//www.investopedia.com/terms/c/cross – elasticity – demand.asp（最后访问日期：2014 年 2 月 7 日）。例如，如果人造黄油的价格上涨，黄油的需求也会增加；这两种商品互为替代品。
❼ Eastman Kodak Co. v. Image Technical Services, Inc., 504 U. S. 451, 481 – 482 (1992)。
❽ United States v. E. I. du Pont de Nemours & Co., 351 U. S. 377, 391 (1956)。
❾ 参见 Name. Space v. Network Solutions, Inc., 202 F. 3d 573, 577 (2d Cir. 2002)；Thomas v. Network Solutions, Inc., 176 F. 3d 500 (D. C. Cir. 1999)。另参见 Froomkin & Lemley, ICANN and Antitrust, 2003 U. Ill. L. Rev. 33 (2003)。
❿ 参见 Froomkin & Lemley, ICANN and Antitrust, 2003 U. Ill. L. Rev. 33 (2003)。
⓫ 同上注。

的明示条款行事。❶ 巡回上诉法院认为 NSI 不应当因为执行这些条款而受罚。❷

与 NSI 相似，在面临反垄断指控时，ICANN 也可以抗辩称自己属于按照政府合同行事的私人当事方。ICANN 是为回应一份政府白皮书而创立，之后由商务部控制。❸ 尽管 2009 年商务部与 ICANN 之间的义务确认书将 ICANN 的控制权授予更大的股东团体，从而削弱了商务部对于 ICANN 所享有的权限，但是商务部在更改根区域文件上仍拥有最终的权限。❹

然而，尽管商务部介入 ICANN，法院也很可能不会认定 ICANN 是依明示的政府合同行事的私人当事方。ICANN 通常主张其为独立的、受全世界需求约束的非政府实体。❺ 再者，国际上已经认定 2009 年义务确认书终止了 ICANN 与商务部的正式合同。❻ 最近，在阿根廷举行的 ICANN 第 48 届大会上，ICANN 保证将努力适应这个全球扩张的时代，并突破美国的"势力范围"。❼ 由此，法院很可能不会认为 ICANN 是一个依持续性政府合同行事的私人当事方，因此 ICANN 将无法享受反垄断责任豁免。

最后，ICANN 可能辩称其没有从事谢尔曼法案所要求的贸易或商业活动，从而免于承担反垄断责任。❽ 但是，ICANN 非营利性组织的身份并不能豁免其反垄断责任。相反，法院一定会考察涉案的特定交易，并在案件环境中分析这些交易。❾ 如果这些交易是营利性的，那么非营利性组织从事的就是贸易活动，因而受到谢尔曼法案的规制。❿ 所以，ICANN 不太可能依照这一理论豁免其反垄断责任。

---

❶ 参见 Froomkin & Lemley, *ICANN and Antitrust*, 2003 U. Ill. L. Rev. 33 (2003)。

❷ 同上注。

❸ ICANN 的权力是"美国政府自身权威的衍生品"。参见 Bruner, *States, Markets, and Gatekeepers: Public–Private Regulatory Regimes in an Era of Economic Globalization*, 30 Mich. J. Int'l L. 156 (2008)。

❹ 参见 A. Michael Froomkin, *Almost Free: An Analysis of ICANN's 'Affirmation of Commitments,'* 9 J. Telecomm. & High Tech. L. 187, 203 (2011)。

❺ 参见 Froomkin & Lemley, *ICANN and Antitrust*, 2003 U. Ill. L. Rev. 38 (2003)。

❻ Froomkin, *Almost Free: An Analysis of ICANN's 'Affirmation of Commitments,'* 9 J. Telecomm. & High Tech. L. 200 (2011)。

❼ 参见 Kiran Malancharuvil, *ICANN 48 in Buenos Aires: What Happened and What's Next?*, CircleID (2013 年 12 月 11 日，12：06 PM)，http：//www.circleid.com/posts/20131211_icann_48_in_buenos_aires_what_happened_and_whats_next。

❽ 事实上，ICANN 已经提出了这一理由，参见 Manwin Licensing Int'l S. A. R. L. v. ICM Registry, LLC, No. CV 11-9514, 2012 WL 3962566, 第 5 页 (C. D. Cal. Aug. 14, 2012)。

❾ 同上注，第 5 页。

❿ 同上注，第 5~6 页。

（二）ICANN 违反《谢尔曼法案》第 2 条的垄断违法行为

本节将讨论 ICANN 就其控制通用顶级域名市场所负的独立责任，因此仅在规制单方行为的《谢尔曼法案》第 2 条下分析 ICANN 的行为。❶ 如第一部分所述，ICANN 控制通用顶级域名的数量，并挑选维持那些通用顶级域名的注册运营商。这一控制行为给了 ICANN 在通用顶级域名领域的垄断力量。❷ 即使在公司向 ICANN 申请批准新通用顶级域名时，ICANN 有权驳回申请（而且 ICANN 的驳回率非常高）。❸ ICANN 也与每一个通用顶级域名注册运营商签订合同，合同内容几乎都是保证期限届满时可以不经投标自动续展其注册经营权。仅在注册运营商违反了特定条款这类罕见的情况出现时，ICANN 才会启动有竞争性的续展程序。❹ 考虑到通用顶级域名有限的数量以及 ICANN 对于新通用顶级域名与其注册运营商的控制，ICANN 已经在相关市场上具有了（法律）所要求的垄断力量。❺

在新通用顶级域名出现之前，探讨 ICANN 依据第 2 条是否应承担责任的问题，主要在于第二个证明要件："并非依靠出色的产品，商业智慧，或历史机遇下的成长或发展，而故意获取或维持市场垄断力。"❻ICANN 可以主张自

---

❶ 15 U.S.C. § 2 (2012).

❷ 参见 Blue, Note, *Internet and Domain Name Governance: Antitrust Litigation and ICANN*, 19 Berkeley Tech. L. J. 397 (2004).

❸ 同上注。例如，在 2000 年和 2004 年，ICM 注册机构向 ICANN 申请批准 .xxx 域名，ICANN 驳回了这一提案，原因是 ICANN 认为没有使用新 gTLDs 的必要。参见 Coal. for ICANN Transparency v. VeriSign, Inc., 611 F.3d 495, 500 (9th Cir. 2010). ICM 注册机构运营 .xxx 的 gTLDs 用于成人娱乐社区。Rosemary S. Tarlton & Julia D. Kripke, *Important Notice for Trademark Owners: Protecting Rights In Light of New Adult - Entertainment Domains*, Morrison Foerster (2011 年 8 月 22 日), http://www.mofo.com/files/uploads/images/110822 - adult - entertainment - domains.pdf. 在经过一些独立审查之后，ICANN 最终批准了新的 gTLDs 并与 ICM 签署了无期限的长期注册协议。参见 Manwin Licensing Int'l S. A. R. L. v. ICM Registry, LLC, No. CV 11 - 9514 PSG, 2012 WL 3962566, at 3 (C. D. Cal. Aug. 14, 2012).

❹ 参见 Coal. for ICANN Transparency, 611 F.3d, at 500.

❺ 法院也曾审查替代市场来确定其市场权力，但是通用顶级域名仅有的其他市场是替代的根信息市场，而且有很多发表的文章解释为什么替代的根信息市场作为替代市场并不充分。例如，参见 Blue, Note, *Internet and Domain Name Governance: Antitrust Litigation and ICANN*, 19 Berkeley Tech. L. J. 387, 393 (2004); Froomkin & Lemley, *ICANN and Antitrust*, 2003 U. Ill. L. Rev. 1, 52 - 66 (2003); Froomkin, *Wrong Turn in Cyberspace: Using ICANN to Route Around the APA and the Constitution*, 50 Duke L. J. 17, 22 (2000); Marsh, *ICANN'T Help Myself: Beneficial Adjustments to the New Generic Top - Level Domain Name Expansion Process*, 95 J. Pat. & Trademark Off. Soc'y 195, 206 (2013); Uddin, *Stymieing Controversy over Generic Top - Level Domains (gTLDs) and Other Internet Governance Decisions with Content Neutrality*, 11 Seattle J. Soc. Just. 813, 836 - 837 (最后访问日期：2013 年 1 月 26 日).

❻ United States v. Grinnell Corp., 384 U.S. 563, 570 - 571 (1966).

己最初获得对通用顶级域名的垄断力量来源于美国政府授予其权限这一所谓的"历史机遇"。❶ ICANN 进一步提出，从维护互联网的稳定性和保护商标持有人的角度来说，它保持垄断以维持较小数量的通用顶级域名是必要的。❷ 然而，批评者则主张，尽管缺乏对新通用顶级域名的效果进行研究，从启动新通用顶级域名和注册运营商的程序很缓慢这一点，即可表明 ICANN 故意维持其垄断力量。❸

然而，新通用顶级域名计划反驳了这些批评者的主张。新计划表明 ICANN 相信 DNS 有能力维护足够多的新通用顶级域名。❹ 2014 年之后，域名系统将会增加数以千记的新通用顶级域名。❺ 公司有机会创立并维持无限数量的顶级域名注册。❻ ICANN 不会再在通用顶级域名市场中保持垄断。不同于使用不透明的注册运营商选择程序，ICANN 允许公司私下协商以确定选择哪一家公司维持注册；ICANN 只是将公开拍卖通用顶级域名字符串作为最后手段。❼ 公司有权基于多项标准反对申请注册的字符串，注册者可以回应反对意见。❽ 据此，看起来 ICANN 正在回应第 2 条第二项审查的要求，而试图放松对通用顶级域名领域的控制。ICANN 的批评者们仍然可以认为，要求寻找充足融资并制定周密运营计划的冗长程序，依然妨碍了注册运营商之间的竞争。但是，第九巡回上诉法院之前曾判决"仅因定价过高，并不足以认定其构成垄断行为"。❾ 考虑到其新通用顶级域名方案，ICANN 很有可能逃脱了《谢尔曼法案》第 2 条的反垄断责任。

（三）ICANN 违反《谢尔曼法案》第 1 条的垄断违法行为

基于目前仅有少量的通用顶级域名，批评者们声称 ICANN 不仅在注册运营商范围内，也在消费者范围内妨碍竞争。❿ 由于 ICANN 与注册运营商签订了

---

❶ United States v. Grinnell Corp. , 384 U. S. 563, 570 – 571 (1966).

❷ 参见 Edward Bruent, *Defending Commerce's Contract Delegation of Power to ICANN*, 6 J. SMALL & EMERGING BUS. K. 1, 6 (2002).

❸ 参见 Froomkin & Lemley, *ICANN and Antitrust*, 2003 U. Ill. L. Rev. 23 – 24 (2003).

❹ *Frequently Asked Questions*, ICANN：New Generic Top – Level Domains, http：//newgtlds. icann. org/en/applicants/customer – service/faqs/faqs – en （最后访问日期：2014 年 1 月 26 日）.

❺ 同上注。

❻ 同上注。

❼ GUIDEBOOK, http：//newgtlds. icann. org/en/applicants/agb, 第 1. 28 节。

❽ 同上注，第 4. 2 ~ 4. 5 节。

❾ 参见 Coal. for ICANN Transparency v. VeriSign, Inc. , 611 F. 3d 495, 500 (9th Cir. 2010).

❿ Froomkin 和 Lemley 认为：ICANNDNS 的顶级域名注册系统本身就违反了谢尔曼法案第 1 条，其原因在于顶级域名注册机构数量有限，而且其在市场中有支配性的控制力。Froomkin & Lemley, *ICANN and Antitrust*, 2003 U. Ill. L. Rev. 52 – 53 (2003).

无限期的合同，批评者们认为 ICANN 帮助注册运营商通过合同限制交易，而这种行为根据《谢尔曼法案》第 1 条属于非法行为。❶ 尤其是许多注册运营商并不向公众开放，消费者仅能在现有的注册运营商中进行有限的选择。因此，消费者就只能使用诸如 VeriSign 的此类知名且向公众开放的注册运营商。

截至 2013 年 9 月，53% 的注册网站使用由 VeriSign 所有的通用顶级域名.com。接下来网站使用最多的是顶级域名.net（5.7%），同样由 VeriSign 所有。❷ 2006 年，第九巡回上诉法院认定 ICANN 未经招投标就授予 VeriSign 有关.com 的合同。❸ 据此，一个私人公司通过与 ICANN 共谋，实质上控制了近 60% 的市场份额。❹

没有迹象表明，最受喜爱的通用顶级域名.com 存在着任何替代产品或者可能的替代品。❺ 另外，不同于商品相对有弹性且反映于价格变化的标准市场，在这一系统中，销售者几乎没有任何动机在需求非弹性的市场上发出低价要约。❻ ICANN 没有动机去阻止或者避免诸如 VeriSign 这样的个人注册运营商提出高昂的要价，因为消费者没有其他选择。在最近的几年内，对.com 的需求随着其使用百分比的增长而提高，但价格一直保持稳定。❼

---

❶ 参见 15 U. S. C. § 1（2012）；Froomkin & Lemley, ICANN and Antitrust, 2003 U. III. L. Rev. 52 - 53（2003）。

❷ Use of Top - level Domains for Websites? W3Techs, http：//w3techs.com/technologies/overview/top_level_domain/all（最后访问日期：2014 年 1 月 26 日）。

❸ Coal. for ICANN Transparency, 611 F. 3d, 第 500 页。

❹ 何种程度的市场权力足以构成垄断并没有一个精确的定义。在 United States v. Aluminum Co. of America, 148 F. 2d 416, 424（2d Cir. 1945）中，Hand 法官说占有市场份额的 90%"足以构成垄断，60% 或 64% 是否充分则有疑，而 33% 肯定不够充分"。同上注。最高法院认可这一观点。参见 American Tobacco Co. v. United States, 221 U. S. 106（1911）。第五巡回上诉法院近来认为"当被告在相关市场中占有的份额低于 70% 时，很难认定为垄断", Exxon Corp. v. Berwick Bay Real Estate Partners, 748 F. 2d 937, 940（5th Cir. 1984）。第十巡回上诉法院认为"下级法院一般要求最低市场份额达到 70% 到 80% 才构成垄断力量", Colo. Interstate Gas Co. v. Natural Gas Pipeline Co. of Am., 885 F. 2d 683, 694 n. 18（10th Cir. 1989）（内部引注略）。第三巡回上诉法院认为，"构成表面证明的市场权力要求显著多于 55% 的份额"并认为"75% 到 80% 的市场销售份额足以构成（垄断）权力的表面证明", United States v. Dentsply Int'l, Inc., 399 F. 3d 181, 188（3d Cir. 2005）。

❺ 参见下文第三部分第（二）节和第（三）节。

❻ 弹性产品指其数量需求随着价格的变化而变化的产品。相对地，非弹性产品指其数量需求不随价格的变化而变化的产品。一个非弹性产品的例子是石油，因为石油的需求不随石油的价格而变化。对于弹性产品的进一步解释，参见 Economic Basics：Elasticity, Investopedia, http：//www. investopedia. com/university/economics/economics4. asp（最后访问日期：2014 年 2 月 24 日）。

❼ .com 的使用已经从 2011 年的 44% 增长到了 2012 年的 48% 以及 2013 年的 53%。参见 2011 Annual Domain Market Study, Sedo, 3, 10（2011）, http：//www. sedo. com/fileadmin/documents/pressdownload/Q4_2011_DomainMarketStudy_US. pdf；另参见 2012 Annual Domain Market Study, Sedo, 3, 10（2012）, http：//www. sedo. com/fileadmin/documents/pressdownload/Q2_2012_DomainMarketStudy_US. pdf。

然而尽管表面上限制了竞争，VeriSign 和 ICANN 之间的合同实际上不能限制相关市场上的商业活动。消费者不选择.com 的原因，不在于 VeriSign 和 ICANN 减少消费者访问其他通用顶级域名的共谋，而在于使用.com 这一域名的外部压力。❶ 因此，即使出现数以千记的新通用顶级域名，也增加不了可观的或者有效的竞争。除了这些争论以外，ICANN 的新计划很可能不会以任何有意义的方式增加竞争。❷

（四）通用顶级域名潜在的其他垄断违法行为

在 2011 年一场众议院听证会中，联邦贸易委员会主席 Jon Leibowitz 作了以下发言："我们担心如果 ICANN 就这样宽泛地运行下去，而不保证精确性，就会使得事情的糟糕程度成指数型增加。这将给企业造成负担，它们不得不进行防御性的注册。我们认为，这样将带来极大的成本，而收益甚微。"❸ 现在，有些人担心那些知名公司将会垄断互联网。Donuts 已经申请了 307 个通用顶级域名❹，Neustar 申请了 234 个，Google 申请了 101 个，Amazon 申请了 78 个。❺ 消费者监察隐私项目主管 John M. Simpson，在给参议院商业、科学与运输委员会主席的信中写道：

> "一旦授权这些申请，大部分互联网都将被私有化。拥有与自己商标相关联的域名是一回事，但控制通用字符串则是另一回事，而这是一个棘手的问题。Google 和 Amazon 已经是互联网上占有统治地位的市场参与者。如果我们允许其通过购买通用域名字符串的方式实施进一步的控制，那么它们将会威胁到消费者所依赖的免费且公开的互联网。"❻

---

❶ 参见下文第三部分第（二）节和第（三）节。

❷ 参见下文第四部分。

❸ *Oversight of the Antitrust Enforcement*: Hearing Before the Subcomm. on Intellectual Prop., Competition, & the Internet of the H. Comm. on the Judiciary, 112th Cong.（2011）（联邦贸易委员会主席 Jon Leibowitz 的声明）。Leibowitz 担心 ICANN 会批准过多的通用顶级域名，这将要求企业防御性地注册其产品。同上注。

❹ Donuts Inc. 设立的目的就是申请并运营新的 gTLDs。参见 Julianne Pepitone, 'Donuts' Startup Lands $100 Million for Dot-Brand Domains, CNN Money（2012 年 6 月 5 日，下午 12:58），http://money.cnn.com/2012/06/05/technology/donuts-domains-funding/index.htm? source=cnn_bin; Donuts Inc., http://www.donuts.co（最后访问日期：2014 年 2 月 27 日）。

❺ *New gTLD Application Status*, Internet Corp. for Assigned Names & Numbers, https://gtldresult.icann.org/application-result/applicationstatus/viewstatus（最后访问日期：2014 年 3 月 11 日）。

❻ 参见 Jenna Jones, *Watchdog Attacks Google and Amazon over gTLD Applications*, IPPro the Internet（2012 年 9 月 21 日），http://www.ipprotheinternet.com/ipprotheinternetnews/domainnamesarticle.php? article_id=2551#.UugDdxDTnIU。

通过注册类似.blog 的域名，Google 可以在理论上实施以下策略，即要求所有.blog 域名必须使用它提供的博客服务（排除其他竞争者如 Tumblr 或者 Wordpress）。假设 Google 拥有所有二级.blog 域名，那么消费者如果想要注册博客，他们将不得不使用 Google 博客。通常情况下，公司没有义务与潜在对手交易，相反，可以无理由地拒绝这种交易。❶ 但是，最高法院判决认为反垄断责任可以扩展至一个公司对某种资源有绝对控制权并拒绝向竞争者提供获取方式的情形。❷ 在 Verizon Communications 诉 Law Offices of Curtis V. Trinko 案中，❸ 最高法院限缩了上述认定范围，认为：只有在下列情形中，公司才应根据《谢尔曼法案》第 2 条承担责任：如果其出于反竞争的原因而放弃之前与其竞争对手进行的可盈利的交易，或者因其本身也是产品下游市场中的竞争者，因而有垄断动机而拒绝与其他下游竞争者进行交易。❹ 后一因素可能成为有些公司，如 Tumblr，确信 Google 有义务，甚至在非公开的域名系统中提供域名的依据。但是，考虑到 ICANN 已经冻结了通用顶级域名的申请，而且那些向非公开的通用注册运营商申请注册的公司已经修改了其申请，Simpson 的预测似乎不太可能成为现实。❺

三、新通用顶级域名不能解决潜在的垄断问题

Froomkin 教授、Lemley 教授以及其他批评者认为，由 Verisign 以外的其他注册商拥有更多的通用顶级域名可以排除未来潜在的垄断行为。❻ 然而，这一论点的前提是，Verisign 的市场支配地位将会在新通用顶级域名出现后发生改变，并且.com 的受欢迎程度将会降低。现在并没有证据证明上述假设的情形会出现。只有在公司都认识到通用顶级域名的稀缺性，并因此希望购买新通用顶级域名的情况下，VeriSign 的市场支配地位才会发生变化。

---

❶ 参见 Aspen Skiing Co. v. Aspen Highlands Skiing Corp, 472 U. S. 585，(1985)。
❷ 同上注。
❸ Verizon Commc'ns v. Law Offices of Curtis V. Trinko, 540 U. S. 398，409 (2004)。
❹ 同上注，第 409 页。
❺ 参见 Michael Berkens, *Google Backs Off on Closed Generic Strings Including. Search So Does L'Oréal*, The Domains (2013 年 10 月 10 日), http://www.thedomains.com/2013/10/10/google-backs-off-on-closed-generic-strings-including-search-so-does-loreal/comment-page-1。
❻ Froomkin & Lemley, *ICANN and Antitrust*, 2003 U. III. L. Rev. 52 (2003)。

然而，顶级域名并不具有结构性稀缺——只在.com领域存在人为的稀缺性。❶

（一）结构稀缺性理论

产品的结构稀缺性是指对产品的需求量超过了可满足消费者需求的资源量。❷ 比如，旧金山的土地就被认为是一种相对稀缺的资源，其原因在于有很多人需要房产，而当地的土地资源是有限的，无法制造出更多土地。反过来说，如果有办法制造充分数量的产品，却故意维持较低的产量——通常是为了提高价格，这就是人为的稀缺性。❸ 比如，旧金山如果有办法建造几乎无限量的房屋而没有去建造，那么旧金山的房产就属于人为的稀缺性。❹ 类似地，美国虽然有办法印刷无限量的美元，但是一旦这么做会引起通货膨胀。

如上所述，一些批评者认为DNS限制了域名的数量。❺ 此外，一家公司（Verisign）事实上控制了.com这一有限资源，并因此具有了垄断力量。❻ 一

---

❶ 虽然本文及提及的其他文章都使用了"人为的稀缺性"这一概念，但这一概念并不十分恰当。人为的稀缺性要求所有物品都可相互替代。比如，比特币就被认为具有人为的稀缺性，因为每一枚比特币都是相同的，虽然它们都有一个特殊的字符串标示符。参见 Joe Weisenthal, *Here's What Bitcoin Gets Right*, *Bus. Insider*（2013年11月24日，上午9:33），http://www.businessinsider.com/heres-what-bitcoin-gets-right-2013-11. 更好地描述该种稀缺性的词汇是"经济稀缺性"。参见 Karl M. Manheim & Lawrence B. Solum, *An Economic Analysis of Domain Name Policy*, 25 Hastings Comm. & Ent L. J. 359, 388（2003）。然而，大多数法律评论论文将这两个概念混用（较大部分使用"人为的稀缺性"这一概念），本文为保持一致性，使用人为的稀缺性这一概念。

❷ *Scarcity*, Investopedia, http://www.investopedia.com/terms/s/scarcity.asp（最后访问日期：2014年2月7日）。

❸ Ronald Coase的理论被用来解释人为的稀缺性的问题，他在一篇文章中写道："因为我们总是关注具体的问题，所以我们想到的不是总的供应量，而是针对某一特定用途的可用供应量。"R. H. Coase, *The Federal Communications Commission*, 2 J. L. & Econ. 1, 20（1959）。

❹ 技术上来说，"经济稀缺性"是更好的术语，是因为房屋之间并非完全相同。每一资产会因为许多外部因素而具有不同的价值。*Scarcity*, Investopedia, http://www.investopedia.com/terms/s/scarcity.asp（最后访问日期：2014年2月7日）。

❺ 参见 A. Michael Froomkin & Mark A. Lemley, *ICANN and Antitrust*, 2003 U. Ill. L. Rev. 1, 52–66（2003）；另参见 Justin T. Lepp, *ICANN's Escape from Antitrust Liability*, 89 Wash. U. L. Rev. 931, 938–948（2012）。总体上参见 Paul J. Cambria, Jr., *ICANN, The ".xxx" Debate, and Antitrust: The Adult Internet Industry's Next Challenge*, 23 Stan. L. & Pol'y Rev. 101, 102（2012）（认为ICANN对于通用顶级域名支配性的控制以及其与ICM注册商的勾结，"限制受保护的市场活动中特定的一部分"而构成了违反《谢尔曼法案》的行为）。参见 Natasha Singer, *When You Can't Tell the Suffixes Without a Scorecard*? N. Y. Times, 2013年8月13日，第BU3页。

❻ *What Does. Com Mean*?, Verisign, https://www.verisigninc.com/en_US/domain-names/com-domain-names/what-does-com-mean/index.xhtml（最后访问日期：2014年2月24日）。

— 177 —

些批评者指出，ICANN 与 Verisign 通过他们持续的政策与实践违反了反垄断法。❶

然而，现在的域名领域并不具有结构性稀缺，而是具有人为的稀缺性。❷ 就技术层面而言，域名的供应量几乎是无限的；问题在于域名是不可替代的。❸ 有些域名的需求量远大于其他域名，这样就造成了人为的稀缺性。❹ 不过，创造出再多的通用顶级域名，也不会影响对域名的需求，其原因在于人们对新通用顶级域名下创造出的域名需求量非常小。此外，ICANN 与 VeriSign 的垄断力量几乎不会改变，因为 Verisign 的通用顶级域名仍将代表绝大多数域名。

（二）域名的供应量充足

1999 年，*Wired* 杂志报道，韦氏词典里几乎所有的单词都已被用作 .com

---

❶ 参见 Blue, Note, *Internet and Domain Name Governance：Antitrust Litigation and ICANN*, 19 Berkeley Tech. L. J. 387, 393（2004）；Froomkin & Lemley, *ICANN and Antitrust*, 2003 U. Ill. L. Rev. 1, 52 – 66（2003）；Froomkin, *Wrong Turn in Cyberspace：Using ICANN to Route Around the APA and the Constitution*, 50 Duke L. J. 17, 22（2000）；Marsh, *ICANN'T Help Myself：Beneficial Adjustments to the New Generic Top – Level Domain Name Expansion Process*, 95 J. Pat. & Trademark Off. Soc'y 195, 206（2013）；Uddin, *Stymieing Controversy over Generic Top – Level Domains（gTLDs）and Other Internet Governance Decisions with Content Neutrality*, 11 Seattle J. Soc. Just. 813, 836 – 837（最后访问日期：2013 年 1 月 26 日）。另参见上文第二部分第（二）节和第（三）节。

❷ 参见 Jenny Ng, The Domain Name Registration System：Liberalisation, Consumer Protection and Growth 122 – 123（2012）。*Scarcity*, Investopedia, http：//www. investopedia. com/terms/s/scarcity. asp（最后访问日期：2014 年 2 月 7 日）。A. Michael Froomkin & Mark A. Lemley, *ICANN and Antitrust*, 2003 U. Ill. L. Rev. 1, 52 – 66（2003）。Justin T. Lepp, *ICANN's Escape from Antitrust Liability*, 89 Wash. U. L. Rev. 931, 938 – 948（2012）。Paul J. Cambria, Jr. , *ICANN, The ". xxx" Debate, and Antitrust：The Adult Internet Industry's Next Challenge*, 23 Stan. L. & Pol'y Rev. 101, 102（2012）（认为 ICANN 对于通用顶级域名支配性的控制以及其与 ICM 注册商的勾结，"限制受保护的市场活动中特定的一部分"而构成了违反《谢尔曼法案》的行为）。Natasha Singer, *When You Can't Tell the Suffixes Without a Scorecard*？N. Y. Times, 2013 年 8 月 13 日，第 BU3 页。

❸ 参见 *Fungibility*, Investopedia, http：//www. investopedia. com/terms/f/fungibility. asp（最后访问日期：2014 年 3 月 13 日）。*Scarcity*, Investopedia, http：//www. investopedia. com/terms/s/scarcity. asp（最后访问日期：2014 年 2 月 7 日）。A. Michael Froomkin & Mark A. Lemley, *ICANN and Antitrust*, 2003 U. Ill. L. Rev. 1, 52 – 66（2003）。Justin T. Lepp, *ICANN's Escape from Antitrust Liability*, 89 Wash. U. L. Rev. 931, 938 – 948（2012）。Paul J. Cambria, Jr. , *ICANN, The ". xxx" Debate, and Antitrust：The Adult Internet Industry's Next Challenge*, 23 Stan. L. & Pol'y Rev. 101, 102（2012）（认为 ICANN 对于通用顶级域名支配性的控制以及其与 ICM 注册商的勾结，"限制受保护的市场活动中特定的一部分"而构成了违反《谢尔曼法案》的行为）。Natasha Singer, *When You Can't Tell the Suffixes Without a Scorecard*？N. Y. Times, 2013 年 8 月 13 日，第 BU3 页。

❹ 这里仅具有人为稀缺性是因为存在创造大量域名的技术。参见 LDH（Letter, Digit, Hyphen）, Internet Corp. for Assigned Names & Numbers, http：//www. icann. org/en/node/1145376（最后访问日期：2014 年 1 月 26 日）（以下简称 LDH）。

域名；25 500 个标准词中仅有 1760 个尚未被使用。❶ 该杂志指出，当时每月"仅有大约 100 个词典里的单词"被注册为新的域名。❷ 然而，根据 *Wired* 杂志的估计，即便词典中的单词被用作域名的速度放缓，并且词典中持续加入新的单词，.com 域名的注册也将会在两年内穷尽。❸ 显然，这样的事并没有发生。

目前有超过 1.11 亿个 .com 域名，并且这一数字还在逐月递增。❹ 2009 年，.com 域名的数量超过 Project Gutenberg 在线词典❺上可用作域名的词汇量的 800 倍。❻ 这是因为域名并不限于单个词汇构成，还可以包括数字、下划线或自造词。可以想象，域名最多可以包含 63 个字符。❼ 此外，使用错拼的单词作域名的做法越来越常见，比如将单词中的元音去除（如 Flickr、Socializr、Tumblr 等）或随意加上几个元音（如 Zooomr、Oooooc 等）。❽ 有人已经开发了能随机生成短小、可发音域名的软件出售。❾

因为域名可以包括字母、数字以及连字符，可短至 3 个字符，长达 63 个字符，❿ 域名的可能组合数量惊人。⓫ 即使排除不那么常用的连字符与数字，只使用中等长度的 11 个字符，仍有超过 3×10^{15} 种可能的组合。⓬ 这一数字甚至还没有将其他可用的公共通用顶级域名考虑在内，比如 .net、.org、.info、.biz 等，而目前这些通用顶级域名的注册量还不到 3500 万个。⓭ 综上所述，我们不可能得出域名、甚至是 .com 域名具有真正的结构稀缺性的结论。在域名

---

❶ Declan McCullagh, *Domain Name List Is Dwindling*, Wired（1999 年 4 月 14 日），http://www.wired.com/science/discoveries/news/1999/04/19117.

❷ 同上注。

❸ 同上注。

❹ *Domain Counts & Internet Statistics*, Whois Source, http://www.whois.sc/internet-statistics（最后访问日期：2014 年 1 月 26 日）（以下简称 Domain Counts & Internet Statistics）。

❺ Project Gutenberg 是世界上最古老的在线词典，收录了公共域名书籍的全文。

❻ Max Chafkin, Good Domain Names Grow Scarce, Inc.（2009 年 7 月 1 日），http://www.inc.com/magazine/20090701/good-domain-names-grow-scarce.html.

❼ 世界上最长的域名正好包括 63 个字符：http://www.thelongestdomainnameintheworldandthensomeandthensomemoreandmore.com/record.htm。

❽ Chafkin, Good Domain Names Grow Scarce, Inc.（2009 年 7 月 1 日），http://www.inc.com/magazine/20090701/good-domain-names-grow-scarce.html.

❾ 同上注。

❿ LDH, Internet Corp. for Assigned Names & Numbers, http://www.icann.org/en/node/1145376（最后访问日期：2014 年 1 月 26 日）。

⓫ 实际数字为 99 位长的数字，通过这一公式计算得出：$\sum_{i=3}^{63} 37$。

⓬ 仅有 0.8% 的域名超过 25 个字符。参见 *Average Length of Domain Names*, ZookNIC, http://www.zooknic.com/Domains/dn_length.html（最后访问日期：2014 年 2 月 7 日）。

⓭ *Domain Counts & Internet Statistics*, Whois Source, http://www.whois.sc/internet-statistics（最后访问日期：2014 年 1 月 26 日）。

注册准入方面也没有非常大的壁垒，❶ 使用者如果对域名不挑剔的话，一个注册域名一年只需花费 10 美元。

批评者们经常提出域名具有人为的稀缺性或缺乏短小顺口的域名。❷ 如果申请者想要获得可推测、有意义、好记忆、可拼写或可输入的域名，人为的稀缺性就会产生。例如，虽然两者的字符数相同，www.bookstores.com 会比 www.kdispjebdg.com 更有价值。对消费者来说，一些非常好辨认又受欢迎的域名的准入壁垒相当大，它们的价格可以超过一百万美元。❸ 总之，虽然域名不具有结构稀缺性，但"好的"域名供应量并不大，因此产生了人为的稀缺性。❹

（三）新通用顶级域名的需求量很小

尽管.com 这一通用顶级域名具有人为的稀缺性，但创造大量的新通用顶级域名也并不能缓解问题，因为对新通用顶级域名的需求不会超过.com 这一现在最流行的通用顶级域名的需求。❺。

1. 新通用顶级域名并不受欢迎

2010 年，Michael Katz、Gregory L. Rosston 与 Theresa Sullivan 基于经济方面的考量，向 ICANN 递交了一份关于拓展新通用顶级域名的报告❻。在这份报告中，他们分析了一些新出现的通用顶级域名，以及不同的开放式顶级域名的重要性。❼

关于.mobi（一个在 2007 年为移动设备兼容网站设计的顶级域名）的研究

---

❶ 准入壁垒是指使得进入某一市场变得困难的各种障碍。*Barriers to Entry*, Investopedia, http://www.investopedia.com/terms/b/barrierstoentry.asp（最后访问日期：2014 年 2 月 7 日）。例如，在石油市场上，进入市场的要求是大量的资金及可以获取石油的能力。

❷ 参见 Froomkin & Lemley, *ICANN and Antitrust*, 2003 U. Ill. L. Rev. 152 (2003)。

❸ 参见例子，Alyson Shontell, *The 25 Most Expensive Domain Names of All Time*, Bus. Insider（2012 年 12 月 23 日，上午 8:03），http://www.businessinsider.com/the-20-most-expensive-domain-names-2012-12? op=1。

❹ 参见 NG, The Domain Name Registration System: Liberalisation, Consumer Protection and Growth 122–123 (2012)。

❺ 参见 Michael L. Katz, Gregory L. Rosston & Theresa Sullivan, Economic Considerations in the Expansion of Generic Top-Level Domain Names—Phase II Report: Case Studies 12（2010 年 12 月），http://archive.icann.org/en/topics/new-gtlds/phase-two-economic-considerations-03dec10-en.pdf（"新的通用顶级域名不太可能是缓解域名稀缺性这一社会福利问题的主要途径"）。

❻ 同上注。

❼ 同上注。

表明，. mobi 域名注册的情况不如预期。❶ dotMobi（运行通用顶级域名 . mobi 的公司）的首席执行官原本预计在第一年将会有 100 万注册量，然而实际数据比这少了 20%。❷ 同时，仅有不到 37% 的 . mobi 域名在两年后续展。❸ 此外，尽管 . mobi 的设计目的是为了便于移动设备浏览网站，但根据《洛杉矶时报》2010 年的文章，. mobi 域名现在"几乎没有一点价值"，因为现在的移动技术足以让用户轻松地浏览几乎所有的网站。❹

在 2001 年，. museum，一个专门面向实体博物馆的域名注册商开始接受注册。❺ 该注册商的拥有者 MuseDoma 表示，"即使不知道博物馆的具体名字，用户也可以通过通用顶级域名定位博物馆网址"。❻ 比如一位用户希望找到卢浮宫的网址，他只需要键入 www. Louvre. museum 而不需要知道正确的域名，使用搜索引擎可以很快找到相关网页而不需要浏览许多无关内容。此外，缺少公关预算又不常见于网络的博物馆可在 . museum 导航中做免费广告。❼ 在 MuseDoma 向 ICANN 申请创立这一新通用顶级域名时，估计约有 40 000 个机构符合 . museum 的注册要求。❽ 然而在 2010 年，ICANN 公布的报告显示，仅有 556 家实体机构注册，比例仅为 1.4%。❾ 现在，. museum 导航中有 562 家实体机构，而世界上估计有 55 000 个博物馆，并且使用该域名的实体数量每年以

---

❶ 参见 Michael L. Katz, Gregory L. Rosston & Theresa Sullivan, Economic Considerations in the Expansion of Generic Top – Level Domain Names—Phase II Report: Case Studies 12（2010 年 12 月），http://archive. icann. org/en/topics/new – gtlds/phase – two – economic – considerations – 03dec10 – en. pdf（"新的通用顶级域名不太可能是缓解域名稀缺性这一社会福利问题的主要途径"），第 20 页。

❷ 同上注。

❸ 同上注，例如，2007 年，有人花 150 000 美元买下域名 poker. mobi，而这一网站现在已经不存在了。参见 Bridget Carey, ". Mobi" Mobile Domain Names Snapped Up by Speculators Are Now All But Worthless, Los Angeles Times（2010 年 6 月 9 日），http://articles. latimes. com/2010/jun/09/business/la – fi – domains – 20100609.

❹ 参见 Carey, ". Mobi" Mobile Domain Names Snapped Up by Speculators Are Now All But Worthless, Los Angeles Times（2010 年 6 月 9 日），http://articles. latimes. com/2010/jun/09/business/la – fi – domains – 20100609.

❺ Carl Karp & Kenneth Hamma, A Top – level Museum Domain, ArchiMuse（2001 年 3 月 15 日），http://www. archimuse. com/mw2001/papers/hamma/hamma. html.

❻ What Will a. Museum Give You, . Museum, http://about. museum/benefits. html（最后访问日期：2014 年 1 月 26 日）。

❼ 这一索引列出了所有注册在 . museum 通用顶级域下的博物馆名称。

❽ Executive Summary of ICANN Application, . Museum, http://www. nic. museum/exec _ summary. html（最后访问日期：2014 年 2 月 7 日）。

❾ 参见 Katz, Rosston & Sullivan, Economic Considerations in the Expansion of Generic Top – Level Domain Names—Phase II Report: Case Studies 12（2010 年 12 月），http://archive. icann. org/en/topics/new – gtlds/phase – two – economic – considerations –03dec10 – en. pdf，第 27 页。

1%的速度流失❶。

ICANN报告对.museum导航中10%的域名进行取样分析发现，55%的网站要么没有内容，要么出现返回错误，32%的网站重定向至其他网站，仅有13%的网站包含了在其他域名下没有的博物馆相关内容。❷ 总之，大部分的域名不包含特有内容，超过一半的域名根本没有提供任何内容。该报告还分析了各种不同的通用顶级域名，发现比起使用.com作为顶级域名，使用其他的顶级域名时，二级域名不包含确定内容的概率要高出50%，这些域名更容易重定向至其他通用顶级域名网站，也更容易出现无法显示的网站。❸ 以.net和.org域名为例，超过31%的网站重定向至另一个通用顶级域名，超过34%的网站无法访问，仅有不到17%的网站内含有定期更新内容的页面。❹ 与之相对，不到6%的.com域名网站重定向至其他通用顶级域名，不到3%的网站无法访问，超过92%的网站停留在原本的页面。❺

同一份ICANN报告指出，大多数品牌都注册了.com域名，其他一些总部不在美国的品牌注册了他们自己国家的顶级域名。❻ 注册.com域名的品牌数量是注册其他通用顶级域名（例如.net、.org、.biz、.info）的2.7倍，同时一个品牌的价值越高，注册其他通用顶级域名的可能性就越大。❼ 价值较低的品牌所注册的域名比价值较高的品牌少，但即使是最顶尖的品牌也不一定都会注册非.com的通用顶级域名。只有75%的顶级品牌注册其他通用顶级域名，而这些非.com的域名中的一些域名并不支持与该公司品牌相关的商业内容。❽ 该报告推断，这一现象的原因在于"如果新通用顶级域名不能提供更好的商标保护或获得更多的访问流量，这些品牌的拥有者不会感觉有必要注册新通用顶级域名"。❾

综上，该研究表明：创造更多的通用顶级域名并不会使市场变得更大。大多数顶级品牌在常用通用顶级域名（.com）以外的其他域名注册仅仅是出于

---

❶ . Museum Names Containing the Label ".", . Museum, http://index.museum/fullindex.php（最后访问日期：2014年1月26日）。

❷ Katz, Rosston & Sullivan, Economic Considerations in the Expansion of Generic Top-Level Domain Names—Phase II Report: Case Studies 12（2010年12月），http://archive.icann.org/en/topics/new-gtlds/phase-two-economic-considerations-03dec10-en.pdf, 第42页。

❸ 同上注，第72页。

❹ 同上注，第73页。

❺ 同上注。

❻ 同上注，第64~65页，ccTLDs是国家代码顶级域名，例如.uk、.fr、和.ru。

❼ 同上注，第66页。

❽ 同上注，第65~66页。

❾ 同上注，第66页。

防御目的，且通常将这些域名重定向至它们的主要网址。相对受欢迎度不高的品牌为防御目的而注册的概率较低，这使得"高昂的成本将由最有价值的品牌拥有者们承担"。❶ 此外，创造新的通用顶级域名并不会带来太多新的内容，因为现在许多公司用这些域名引导流量，而名气不大的公司可能根本就不用通用顶级域名。❷ 这就预示着像 Apple、IBM 这样的大品牌将会把 .apple 和 .ibm 等通用顶级域名链接到其主要的 .com 网址，而一般非商标名称域名如 .maps 或 .book 所起到的作用会跟 .mueseum 差不多。换句话说，除非消费者的喜好发生变化，大多数现有网址的品牌会将链接重定向至他们的常用网站，例如 www.books.google.com 以及 www.maps.google.com，而小型商户将会继续使用原有的通用顶级域名，而不会去在新通用顶级域名下面购买域名。

2. 域名的重要性正在丧失

Blogger 与 Twitter 的联合创始人 Evan Williams 认为域名的重要性正在逐年递减。❸ 首先，最重要的一点原因可能是自然搜索网页方式的普及。一名成年网络用户每天使用搜索引擎的频率从 2004 年的不到 30% 升至 2012 年的 59%。❹ 此外，搜索引擎（Google、Yahoo!、Bing、Ask 等）每年都在稳步改善：55% 的搜索引擎用户根据他们的个人体验认为搜索结果的质量越来越高，91% 的用户认为使用搜索引擎总是或通常都能帮他们找到需要的信息。❺ 一份 2013 年的调查结果显示，在对 30 个不同领域网站的访问中，有将近 50% 来源于自然搜索。❻ 电子消费、网上零售以及教育领域 53% ~ 56% 的访问量来源于自然搜索。❼ 用户（尤其是新用户）更倾向于通过搜索引擎来寻找某一特定商品或服

---

❶ Katz, Rosston & Sullivan, Economic Considerations in the Expansion of Generic Top‐Level Domain Names—Phase II Report: Case Studies 12 (2010 年 12 月)，http：//archive.icann.org/en/topics/new‐gtlds/phase‐two‐economic‐considerations‐03dec10‐en.pdf，第 74 页。

❷ 同上注。

❸ 参见 Giles Turnbull, *Do Domain Names Even Matter Any More?*, Time (2011 年 6 月 24 日)，http：//techland.time.com/2011/06/24/do‐domain‐names‐even‐matter‐any‐more。

❹ 参见 Kristen Purcell, Joanna Brenner & Lee Rainie, *Search Engine Use* 2012？Pew Internet (2012 年 3 月 9 日)，http：//www.pewinternet.org/Reports/2012/Search‐Engine‐Use‐2012/Summary‐of‐findings.aspx。

❺ 同上注。

❻ Nathan Safran, 310 *Million Visits*: *Nearly Half of All Web Site Traffic Comes from Natural Search*, Conductor Blog (2013 年 6 月 25 日)，http：//www.conductor.com/blog/2013/06/data‐310‐million‐visits‐nearly‐half‐of‐all‐web‐site‐traffic‐comes‐from‐natural‐search。

❼ 同上注。

务，而不是先登录不同的网站，再到各网站上分别搜索。❶ 相比之下，银行与金融业很大部分的访问量来源于直接访问，因为用户会直接登录网上银行或交易网站，大概是因为他们已经不是新用户了。❷

此外，许多网站的访问量来自转介，转介来源可能是社交媒体、Yelp 之类的网站或者是电子邮件。除非使用者所讨论的是网站的总体内容，一般来说将超链接提供给朋友是较为方便的做法，特别是因为"整个 URL 地址又长又复杂，因此大部分用户选择复制粘贴链接以便于接收者能直接点击"。❸ 这一点在使用者正在使用能够上网的手机时表现得尤为明显。比起告诉朋友："我在 karmaloop. com 买到这双靴子，你搜索 Jeffrey Campbell Lita，这双靴子就在第二页"，通过邮件给他们发送链接显得更为容易。更糟糕的方式是，"我在 http：//www. karmaloop. com/product/The – Lita – Shoe – in – Black/114750 买到这双靴子"，因为通常使用者记不住一长串字符。此外，用户经常会在有字数限制的社交媒体如 Twitter 上发布视频或报刊文章。在这种情况下，使用者通常会使用链接缩略器将 URL 地址转化成较短的版本，这使得实际的 URL 地址变得几乎无关紧要了。❹

有些经常使用移动设备上网的用户甚至从未看到域名。最近一项调查研究显示，21% 拥有手机的成年人使用手机而非台式或笔记本电脑上网。❺ 在台式电脑上，每一个页面的上方都可以看到域名，从而吸引用户的注意。而由于显示空间限制，手机屏幕上方的地址栏往往是隐藏的。如果用户停留在一个链接上面，页面的下方状态栏也不会显示其域名。❻ 此外，大多数网站有自己的应用程序（apps），通过这些应用可以在不使用域名或通用顶级域名的情况下浏

---

❶ Nathan Safran，310 *Million Visits*：*Nearly Half of All Web Site Traffic Comes from Natural Search*，Conductor Blog（2013 年 6 月 25 日），http：//www. conductor. com/blog/2013/06/data – 310 – million – visits – nearly – half – of – all – web – site – traffic – comes – from – natural – search。

❷ 同上注。

❸ 参见 Uddin，*Stymieing Controversy over Generic Top – Level Domains（gTLDs）and Other Internet Governance Decisions with Content Neutrality*，11 Seattle J. Soc. Just. 828 – 831（最后访问日期：2013 年 1 月 26 日）。

❹ 参见 Jenna Wortham，*Goo. gl Challenges Bit. ly as King of the Short*，N. Y. Times：Bits（2009 年 12 月 14 日，10：00 PM），http：//bits. blogs. nytimes. com/2009/12/14/googl – challenges – bitly – as – king – of – the – short。

❺ 参见 Maeve Duggan & Aaron Smith，*Cell Internet Use* 2013？Pew Internet（2013 年 9 月 16 日），http：//www. pewinternet. org/Reports/2013/Cell – Internet. aspx；另见 Brian Conlin，50 *Astonishing Mobile Search Stats and Why You Should Care*，Vocus（2013 年 6 月 4 日），http：//www. vocus. com/blog/50 – mobile – search – stats – and – why – you – should – care。

❻ 参见 Evan Williams，*Five Reasons Domains Are Getting Less Important*，evhead，http：//evhead. com/2011/06/five – reasons – domains – are – less – important. html（最后访问日期：2014 年 2 月 28 日）。

览内容。❶ 最后,"可视的 URL 地址",如 QR 码(可用移动设备扫描的二维码)使得用户不用键入 URL 地址就能访问网站。❷ 这一可视浏览技术的发展,让人们可以在没有看到或键入具体 URL 地址的情况下浏览网站。

Evan Williams 认为:虽然有些人将 URL 地址看作电话号码,但很少有人会记住那些数字。❸ 通常人们将这些数字储存在手机里然后就不再去记忆了。❹ 与之类似,许多用户将经常访问的网站存为书签、加入收藏或做标记,而不是记住这些网站的 URL 地址。大多数浏览器的地址栏里也会通过自动填充或"推荐"功能记录用户多次访问的网站。❺ 总体看来,29% 的访问量属于直接访问。❻ 但直接访问并不限于手动输入网址,还包括了通过书签或自动填充功能访问网址的情形。❼ 然而,如果不直接访问 Google 的网站分析,就无法判断各种直接访问的比例。

如果人们不直接在浏览器中键入域名,再多的通用顶级域名都不会改变市场。域名仅在一个消费者第一次手动登录某网站的情况下有意义,但这种情况在现代技术环境下已经很少发生了。

四、对商业领域的建议与预测

对于公司来说,由于成为新通用顶级域名注册商的申请时限已经结束,那么知晓在创造新域名方面应向何处发展就非常重要。首先,在新通用顶级域名

---

❶ 参见 Zoe Fox, *Mobile - App Use Increased* 115% *in* 2013, Mashable(2014 年 1 月 14 日),http://mashable.com/2014/01/14/mobile-app-use-2013。

❷ 参见 Kim - Main Cutler, *People Actually Use QR Codes*(*in China*),TechCruch(2013 年 5 月 29 日),http://techcrunch.com/2013/05/29/people-actually-use-qr-codes-in-china。然而,有些人认为二维码是"死的"。参见 Ilya Pozin, *QR Codes: Are They Dead Yet?*, LinkedIn(2013 年 5 月 13 日),http://www.linkedin.com/today/post/article/20130513152348-5799319-qr-codes-are-they-dead-yet;Alexander Taub, *QR Codes Are Dead*!*Long Live QR Codes*!*A Conversation with Scan's Founder*, *Garrett Gee*, Forbes(2012 年 12 月 6 日,上午 10:41),http://www.forbes.com/sites/alextaub/2012/12/06/qr-codes-are-dead-long-live-qr-codes-a-conversation-with-scans-founder-garrett-gee。

❸ Williams, *Five Reasons Domains Are Getting Less Important*, evhead, http://evhead.com/2011/06/five-reasons-domains-are-less-important.html(最后访问日期:2014 年 2 月 28 日)。

❹ 参见 Sarah Maslin Nir, *Dumbed - Down Dialing*, N. Y. Times, 2010 年 8 月 29 日,第 ST7 页。

❺ 参见 *How Do I Enable Autofill in My Broswer?*, Computer Hope, http://www.computerhope.com/issues/ch001377.htm(最后访问日期:2014 年 2 月 7 日)。

❻ 参见 Brandon Gaille, 23 *Terrific Statistics on Referral and Direct Website Traffic*, BrandonGaille.com(2013 年 10 月 16 日),http://brandongaille.com/23-terrific-statistics-on-referral-and-direct-website-traffic。

❼ 参见 Safran, 310 *Million Visits: Nearly Half of All Web Site Traffic Comes from Natural Search*, Conductor Blog(2013 年 6 月 25 日),http://www.conductor.com/blog/2013/06/data-310-million-visits-nearly-half-of-all-web-site-traffic-comes-from-natural-search。

时代来临之际,❶ 商标所有权人应当确保其商标在全球商标信息交换库（TMCH）进行了注册。到目前为止,在 TMCH 处注册的商标仅有 2 万个,而奇怪的是,每年在美国进行注册的商标就有 1.8 万个。❷ 在 TMCH 进行注册后,如果有另一个申请人申请将已注册商标作为域名时,注册机构所有人有义务发出通知。❸ 商标持有人享有优先否决权以获得符合其商标的域名。❹

此外,公司应当在其他公司行动前,在通用域名扩展中尝试防御性地注册其商标。尽管本文假设通用顶级域名不会改变以 .com 为中心的域名服务系统,但是其他公司有可能使用新的通用顶级域名注册含有近似商标的域名。对公司来说,最好在其他公司使用近似商标进行注册前,先行注册二级域名。

考虑到域名正在失去其重要性的事实,本文预测新通用顶级域名的出现不会使现有域名空间发生重大改变。公司对其域名已经非常习惯,并且他们已经为现有的域名构建了良好的声誉以使其在搜索引擎中拥有较高的排名。❺ 但是,通过营销手段在对应的新通用顶级域名中构建新域名仍存在可能性。理论上讲,注册数以千计的新通用顶级域名这一想法是有意义的。这将使网站可以更容易地被识别和树立品牌——如果一个消费者在寻找某种特定的鞋类商标,仅需输入 www. adidas. shoes 这一域名即可。尽管如此,整个搜索过程很可能不会以这样的方式进行。如果一个消费者已经知道了某一商标,直接输入 .com 网址十分容易；相反的是,如果消费者在搜索一个特定商标,他们很可能不会输入域名,而是通过搜索引擎或者链接查找。❻ 没有较大公司的支持,小品牌很可能不得不使用其现有的顶级域名,而非使用新通用顶级域名。在公司有拓展意图,即公司有产品创新的时候,使用通用顶级域名的想法最有意义。例如,Canon 可以为每一个消费者的个人相机提供一个二级域名,基于这个域名,消费

---

❶ 参见 *Trademark Clearinghouse FAQs*, ICANN NEW GENERIC TOP‐LEVEL DOMAINS, http：//newgtlds. icann. org/en/about/trademark‐clearinghouse/faqs（最后访问日期：2014 年 4 月 13 日）。

❷ 参见 *Crunching the New gTLD Numbers*, World Intell. Prop. Rev.（2013 年 12 月 19 日）, http：//www. worldipreview. com/article/crunching‐the‐new‐gtld‐numbers。

❸ 参见 *Questions for the GAC—Protection of Rights*, Internet Corp. for Assigned Names & Numbers, http：//archive. icann. org/en/topics/new‐gtlds/questions‐on‐scorecard‐protection‐of‐rights‐28feb11‐en. pdf（最后访问日期：2014 年 1 月 26 日）。

❹ 同上注。

❺ 搜索引擎排名指一个网站在搜索引擎非付费搜索结果中出现的位置。一般来说,高排名的网站与该网站的搜索引擎用户的访问量相关。网站排名的高低取决于每一个搜索引擎开发的算法。这些算法会考虑包括网站已使用的时间、网站的访问量、其他网站指向该网站的链接数量等因素。参见 David Harry, *How Search Engines Rank Web Pages? Search Engine Watch*（2013 年 9 月 23 日）, http：//searchenginewatch. com/article/2064539/How‐Search‐Engines‐Rank‐Web‐Pages。

❻ 参见上文第三部分第（二）节第 2 小节。

者可以登录一个存储该相机拍摄的照片的网站（如 www.27462828.canon）。但是，大多数此类想法可以通过现有模式达到相同效果（如 www.canon.com/users/27462828）。简言之，尽管新通用顶级域名的到来很可能不会给竞争带来重大变化，但是现有的公司会找到使用这些通用顶级域名的方法。

五、结论

尽管 ICANN 现有模式的批评者们认为，新通用顶级域名是解决 DNS 中限制竞争的氛围的方法，但是很可能也不会有多大的不同。尽管增加更多通用顶级域名会给新的注册商带来竞争，并因此缓解对 ICANN 垄断的担忧，但是对于身处以.com 域名为中心的互联网模式的消费者来说，新通用顶级域名能增加多少竞争尚未可知。通用顶级域名扩展计划将会提高诸多实体使用互联网的成本，并产生对新通用顶级域名进行垄断的可能，其主要效果是成为 ICANN 的一个赚钱机器。❶

---

❶ 参见上文第一部分第（二）节和第（三）节。

美国分子病理学协会诉 Myriad 基因公司案
——对自然产物理论的修正

塔普·英格拉姆（Tup Ingram）[*] 著
郭耀森 杨德森 王兴强 译
万勇 谭洋 校

这项令众人期待的判决，推翻了 USPTO（美国专利商标局）20 年的惯例，[1] 对一个世纪以来下级法院的先例判决[2]提出质疑，同时还可能导致覆盖超过人类 20% 基因组的 40 000 个专利的权利要求归于无效[3]；这项判决就是美国最高法院审理的美国分子病理学协会诉 Myriad 基因公司案，在该案中，最高法院审查了"人类基因是否可申请专利"[4] 这一需要明确的问题。最高法院

---

[*] 作者为美国加州大学伯克利分校法学院法律博士。

[1] 美国第一个 DNA 专利早于 1984 年审核通过，该专利为一个包含绒毛膜生长激素基因在内的重组 DNA 传输载体质粒。《美国专利法》4，447，538（1982 年 2 月 5 日通过）（1984 年 5 月 8 日发布）；同时参见《实用审查指南》，66 Fed. Reg. 1092, 1093（2001 年 1 月 5 日）。（"当［对于一个 DNA 专利］的申请对其主张的经分离和纯化的基因披露了详细的、实质的和可靠的实用性时，该经分离和纯化的基因合成物可能被授予专利。"）

[2] 经分离和纯化的包括生物活性分子的天然物质长期以来都是可授予专利的。参见后文第一部分第二节和第三节。

[3] 参见 Eric J. Rogers, *Can You Patent Genes? Yes and No*, 93 J. Pat. & Trademark OFF. Soc'Y 19, 19 (2011)（引自 Nat'L Acad. Of Scis., Reaping The Benefits Of Genomic And Proteomic Research: intellectual Property Rights, Innovation, And Public Health (2006); Kyle Jensen & Fiona Murray, *Intellectual Property Landscape of the Human Genome*, SCI., Oct. 2005, at 239。

[4] Order Granting Petition for Writ of Certiorari, Ass'n for Molecular Pathology v. Myriad Genetics, Inc., 133 S. Ct. 694, 694-95 (2012)(mem)；以及参见 Petition for Writ of Certiorari, Ass'n for Molecular Pathology v. Myriad Genetics, Inc., 133 S. Ct. 2107 (2013) (No. 12-398), 2012 WL 4502947, at *i。

对此问题的答案是：有时可以。❶ 在 Myriad 案中，最高法院一致认为："基因和编码的信息不能仅仅因为从周围的遗传物质中分离出来，就能依据《美国法典》第 35 编第 101 条具有可专利性。❷ 最高法院认为 Myriad 公司对分离的人类基因组 DNA（gDNA）享有的专利是无效的，原因在于"自然产生的 DNA 片段属于自然产物"，❸ 但是，最高法院支持该公司针对互补 DNA（cDNA）分子的权利要求，认为合成这些分子"毫无疑问创造了某种新的东西"。❹

在判决作出的一个小时内，代表 20 个当事人提起确认之诉的美国公民自由联盟（ACLU）宣布："胜利了！最高法院判决：我们的基因属于我们，而非公司。"❺ 在这天结束的时候，三家与 Myriad 存在竞争关系、提供基因测试服务的公司宣布：它们将提供 BRCA1 与 BRCA2 基因突变的检测，合成的结构相似物之前属于 Myriad 公司被无效掉的权利要求的涵盖范围。❻ Myriad 公司曾经在一个月内，起诉了两家公司故意侵犯 BRCA 测试中 10 个专利的 35 项权利要求。❼ 在撰写本文时，Myriad 公司正进行着源于 5 个诉讼而引发的多区诉讼

---

❶ Ass'n for Molecular Pathology v. Myriad Genetics, Inc.（*Myriad IV*），133 S. Ct. 2107（2013）。法院审查了两种不同类型的 DNA 专利，经分离的基因组 DNA（gDNA）和经分离的互补 DNA（cDNA）。gDNA 由一个模板合成，该模板由染色体 DNA 的提取部分组成，cDNA 由一个 RNA 模板合成。对这两种 DNA 类型的更详细的论述，参见下文第三部分第三节。法院认为经分离的 gDNA 不具有可专利性，但是一些经分离的 cDNA 具有可专利性。*Myriad IV*, 133 S. Ct. at 2111。

❷ *Myriad IV*, 133 S. Ct. at 2120。

❸ 同上注，第 2111 页。

❹ 同上注，第 2119 页。正如在下文第三部分第三节以及第四部分第三节和第五部分所讨论的那样，法院似乎对 gDNA 和 cDNA 之间的界限并非那么清晰。

❺ Sandra S. Park, *VICTORY! Supreme Court Decides: Our Genes Belong to Us, Not Companies*, ACLU Blog Of Rights（2013 年 7 月 13 日上午 11:35），https://www.aclu.org/blog/womens-rights-free-speech-technology-and-liberty/victory-supreme-court-decides-our-genes-belong。

❻ 这三家公司是 Ambry Genetics，Gene-By-Gene 公司以及 Gene Dx 公司。参见 Press Release, Ambry Genetics, Ambry Genetics Launches BRCA 1 & 2: Single Genes and NGS Panel Offering（2013 年 7 月 13 日），http://www.ambrygen.com/press-releases/ambry-genetics-launches-brca-1-2-single-genes-and-ngs-panel-offerings；Press Release, Bio-Reference Labs, Gene Dx to Launch Comprehensive Breast Cancer Genetic Test（2013 年 7 月 13 日），http://www.prnewswire.com/news-releases/genedx-to-launch-comprehensive-breast-cancer-genetic-test-211407911.html；Press Release, Gene By Gene, Supreme Court Ruling Today Allows DNA Traits to Offer Low Cost BRCA Breast and Ovarian Cancer Gene Testing in U. S.,（June 13, 2013），http://www.prnewswire.com/news-releases/supreme-court-ruling-today-allows-dnatraits-to-offer-low-cost-brca-breast-and-ovarian-cancer-gene-testing-in-us-211426171.html。

❼ Univ. of Utah Research Found. v. Ambry Genetics Corp., No. 2: 13-cv-00640-RJS（犹他州地区法院 2013 年 7 月 9 日发布）；Univ. of Utah Research Found. v. Gene by Gene Ltd., No. 2: 13-cv-00643-EJF（犹他州地区法院 2013 年 7 月 10 日发布）。

（MDL），该诉讼可能将决定其 DNA 专利中 14 项权利要求的有效性。❶ 到目前为止，法院关于 DNA 是否可申请专利这一期待已久的判决相对于已经解决的案件似乎已产生出更多的不确定性和诉讼。❷

最高法院对于专利法第 101 条法理的最新解释显然具有很大的不确定性，这并不令人感到惊讶，因为即使是联邦巡回上诉法院在涉及专利法第 101 条对专利有效性的认定所具有的作用，判决也不一致。联邦巡回上诉法院对该案的"判决多次讨论其以往的判决以及最高法院以往的判决，但［其法官］在什么是可专利客体这一问题上仍然继续有着较大分歧"。❸ 最高法院一直试图为解决分歧提供指导意见。横跨 1972~1981 年的 Benson 案、Flook 案和 Diehr 案——关于可专利性的三部曲案件，对于计算机软件的可专利性问题提供了广泛的指导意见。❹ 最高法院最近对 Bilski 案和 Prometheus 案的判决，也重申了抽象观点和自然法则不能申请专利的观点。❺ 然而，专利法第 101 条仍然被认为是"模糊且有争议的"，该条款给法院判决提供的材料太少。❻ 这样，法官就像一个品酒师，尝试去描述一种新葡萄酒。他们有丰富的形容词——泥土味、水果味、芳草味、坚果味、酸味、树木味，这里只提及少数几个——但是挑出和选择哪些适用则更多地取决于发出声音的舌头所感知到的味道，而非词汇所假定的内容。❼ 联邦巡回上诉法院近来对 CLS Bank 案的全庭判决，再次表明：在可专利性的问题上缺乏一致性，因为在简短的判决书中有五种独立的意见。这一结果让 Rader 首席法官指出："虽然本院大多数法官同意方法权利要求所要保护的主题不具有可专利性，但这些法官中的大多数不同意作出该结

---

❶ 参见下文第四部分第一节。

❷ 参见 Bill Malone, *Effects of Gene Patent Ruling Uncertain*, Clinical Laboratory News, 2013 年 7 月第 14 版, http://www.aacc.org/publications/cln/2013/july/Pages/Gene-Patent.aspx; Emma Barraclough, *What Myriad Means for Biotech*, World Intell. Prop. Org. Mag., 2013 年 8 月第 21 版, http://www.wipo.int/wipo_magazine/en/2013/04/article_0007.html; Am. Soc'y for Cell Biology, *The Supreme Court's Myriad Decision: Little or No Impact on Basic Research?*, ASCB POST (June 19, 2013, 12:09), http://www.ascb.org/ascbpost/index.php/ascbpost-home/item/77-the-supreme-court-s-myriad-decision-little-or-no-impact-on-basic-research。

❸ My Space, Inc. v. Graph On Corp., 672 F. 3d 1250, 1259（联邦巡回上诉法院 2012 年）（列举了联邦巡回法院作出的前后不连贯判决的先例的冗长而枯燥的陈述）。

❹ 参见 Gottschalk v. Benson, 409 U. S. 63 (1972); Parker v. Flook, 437 U. S. 584 (1978) Diamond v. Diehr, 450 U. S. 175 (1981)。

❺ 参见 Bilski v. Kappos, 130 S. Ct. 3218 (2010); Mayo Collaborative Servs. v. Prometheus Labs., Inc., 132 S. Ct. 1289 (2012)。

❻ Dennis Crouch & Robert P. Merges, *Operating Efficiently Post-Bilski by Ordering Patent Doctrine Decision-Making*, 25 Berkeley Techl. J. 1673, 1683, 1691 (2010)。

❼ *My Space*, 672 F. 3d at 1259。

论的理论依据。"❶

本文分为五个部分。第一部分将论述法院对专利法第 101 条与自然产生的分子的可专利性之间的关系是如何解释的。第二部分将以第一部分论述的司法分歧为基础,论述染色体和分离 DNA 的化学性质。第三部分将介绍案件的诉讼历史。第四部分将根据正在进行的诉讼以及 USPTO 对法院判决的回应,论述 Myriad 案判决作出一年后,Myriad 公司的现状。第五部分将简要审视在第 101 条法律体系下,Myriad 案可能存在的一些遗留问题。

一、生物活性分子的可专利性

1952 年《专利法》第 101 条对获得专利保护的资格进行了界定:"任何新的及有用的方法、机器、制造品或合成物,或上述各项新而有用的改进。"❷ 该条所蕴含的包容的本质体现了 Thomas Jefferson 的哲学观点,即人类智慧应该受到慷慨的鼓励。❸ 无论第 101 条的措辞多么广泛或包含多大的意图,最高法院都不认为:"第 101 条没有限制或者包含任何发现。❹""自然规律、自然现象以及抽象思想"❺ 被法院认为构成可专利性客体的例外。❻ 当这些例外中的一个适用于合成物时,合成物将构成不可专利性客体,因为它属于"自然产物"。❼ 将该原则适用用于 Myriad 公司对分离 DNA 拥有的专利上,审判 Myriad 案的法院认为 Myriad 公司对 gDNA 的合成物权利要求无效,判决:"自然存在的 DNA 片段是自然产物,不能仅仅因为其被分离了就具有可专利性。"❽

---

❶ CLS Bank Int'l v. Alice Corp. Pty., 717 F. 3d 1269, 1292 n. 1 (Fed. Cir. 2013) (Rader, C. J., 部分同意和部分不同意, *cert. granted*, 134 S. Ct. 734 (2013)。

❷ 35 U. S. C. § 101 (2012). 需注意的是,这条法令的用语更接近美国 1793 年最初的专利法案,该法案"定义可专利客体是任何新的、有用的艺术品、机器、制造品、合成物,或上述各项新而有用的改进。Diamond v. Chakrabarty, 447 U. S. 303, 308 (1980) (quoting the Patent Act of Feb. 21, 1793, § 1, 1 Stat. 319);同时参见 Peter S. Menell, *Forty Years of Wondering in the Wilderness and No Closer to the Promised Land: Bilski's Superficial Textualism and the Missed Opportunity to Return Patent Law to Its Technology Mooring*, 63 STAN. L. REV. 1289, 1294–1297 (2011) (其中讨论到 1793 年专利法与 1952 年专利法对可专利客体的范围本质是相同的)。1952 年专利法"也有意维持已有的且已达成共识的关于可专利客体的法律轮廓。"同上注,第 1302 页。

❸ *Chakrabarty*, 447 U. S. 第 308 页。

❹ 同上注,第 309 页;同时参见 *MySpace*, 672 F. 3d, 第 1260~1261 页(参见第 101 条,它就像粗糙的过滤器一样,将一堆冗赘的辞藻变成一堆晦涩难懂的词汇。)

❺ Diamond v. Diehr, 450 U. S. 175, 185 (1981)。

❻ 同上注。

❼ 参见下文第一部分第一节。

❽ Ass'n for Molecular Pathology v. Myriad Genetics, Inc. (*Myriad IV*), 133 S. Ct. 2107, 2111 (2013)。

（一）可专利性的例外——自然产物

一般认为，自然产物理论是指：自然存在物不具有可专利性。然而，"根本的难题是如何准确地定义什么构成自然产物"。区分自然产物和人类智慧发明的界限是极其困难的。❶ 法院通常在两种互相矛盾的感觉之中纠结。因为"自然现象……心理过程和抽象知识概念……是开展科学和技术工作的基本工具，所以可专利性的范围是应当受到限制的"。❷ 然而，"如果对该排除原则作出过于宽泛的解释，将重创专利法。因为所有的发明在一定程度上都会体现、使用、反映、依赖或者运用自然法则、自然现象或者抽象思想"。❸

自然产物理论第一次出现在 Latimer 案❹中。Latimer 申请了一个"由大王松的蜂窝组织组成的纤维"的专利。❺ 法院在 Myriad 案中也使用了相似的语言，专利局局长认为 Latimer 改进了使他从自然自由状态中取得纤维的方法。❻ 专利局局长发现 Latimer 的纤维与其他纤维的长度、力度以及纯度等方面的特征都是不同的。❼ 然而，专利局局长认为："这些差异并不完全取决于 Latimer

---

❶ Richard Seth Gipstein. *The Isolation and Purification Exception to the General Unpatentability of Products of Nature*, Columbia SciC. & Tech Law Review（2003 年 1 月 5 日），http：//www.stlr.org/html/volume4/gipstein.pdf, 第 8 页。

❷ Gottschalk v. Benson, 409 U.S. 63, 67 (1972).

❸ Mayo Collaborative Servs. v. Prometheus Labs., Inc., 132 S. Ct. 1289, 1293 (2012). 这种紧张感让一些人意识到自然产物理论被法院以一种不一致和模糊的方式运用，该理论在判决的附属意见中被拼凑到一起。参见 Samantak Ghosh, Note, *Gene Patents：Balancing the Myriad Issues Concerning the Patenting of Natural Products*, 27 Berkeley Tech. L. J. 241, 246（"司法原则的运用是不一致和不清晰的"）；Dan Burk, *The "Runcible" Product of Nature Doctrine*, SCOTUSBLOG（2013 年 2 月 4 日下午 3：50），http：//www.scotusblog.com/2013/02/the–runcible–product–of–nature–doctrine. （在专利法方面拥有大量经验的三位法官发现自然产物理论没有明显的出处，该理论独立于第 35 篇的其他可专利标准不足为奇。考虑到早在现行专利法 1952 年被编纂之前，该理论在已判决案件的附属意见中可以拼凑出来。）同时参见 Can Cui, *Patent Eligibility of Molecules："Product of Nature" Doctrine After Myriad*, 2 N.Y.U. J. Intell. Prop. & Ent. L. Ledger 73 (2011)（自然产物理论被用于在分子和化学元素中）。

❹ *Ex parte* Latimer, 1889 Dec. Comm'r Pat. 123. 对自然产物理论的起源，以及为什么是 Latimer 案，而非 *American Wood–Paper Co.* 诉 *Fibre Disintegrating Co.* 案（90 U.S. 566 (1874)）或 *Cochrane v. Badische Anilin & Soda Fabrik* 案（111 U.S. 293 (1884)）是该领域的第一个案例的详细论述，参见：Christopher Beauchamp, *Patenting Nature：A Problem of History*, 16 STANFORD TECH. L. REV. 257, 271–74 (2013); John M. Conley & Roberte Makowski, *Back to the Future：Rethinking the Product of Nature Doctrine as a Barrier to Biotechnology Patents (Part I)*, 85 J. PAT. & TRADEMARK OFF. SOC'Y 301, 319–330 (2003).

❺ Latimer, 1889 Dec. Comm'r Pat. at 123.

❻ 同上注，第 126 页。

❼ Latimer, 1889 Dec. Comm'r Pat. at 125.

从植物中取得纤维的方法，而是发展它们和使他们成长的自然过程。"❶ 最后，Latimer 的纤维被认为是不能被授予专利的，因为"经纯化的纤维与通过自然形成，成长为叶、茎或木材的天然母体中找到的纤维基本上是一样的，而且具有相同的结构"。❷

专利局局长认为：虽然 Latimer 宣称的发明毫无疑问是非常有价值的❸，但它是自然产物，与小麦被农民收割一样，它只是从其周围环境中被剥离出来，并且仍旧保持着天然的状态，因此不能成为专利客体。❹ 在看到了 Latimer 发现的价值之后，专利局局长指出了发明人为了获得专利可以采取的进一步措施："如果申请人的方法还有一个最终步骤，使纤维发生改变……［它可能具有可专利性］……因为自然纤维……将……变成某种新的东西，而且与其在自然状态下是不同的。"❺ 虽然审理 Latimer 案的法院认为"系争发明"不具有可专利性，但部分判决内容暗示：对自然产物仅仅作出少许改变，就可能使其具有可专利性。❻ 正如第一部分第（二）节所述，对自然产物进行分离和纯化，就是改变的实例，法院通常认为这种改变足以使本来不具有可专利性的自然产物变得具有可专利性。

（二）自然产物理论的例外——"经纯化和分离"

一个世纪以来，"如果分离行为致使［该物质］相对于其自然状态呈现出更大的实用性"，那么经纯化和分离的自然物质就被认为具有可专利性。❼ 1910 年，在 Kuehmsted 诉 Farbenfabriken of Elberfeld 公司案中，❽ 第七巡回上诉法院支持对经过"实质性纯化"的阿司匹林中的乙酰水杨酸授予专利。将获得专利的物质与其他先前已经公开，但不纯的物质进行对比，法院认为：即使

---

❶ *Latimer*, 1889 Dec. Comm'r Pat. at 125.
❷ 同上注。
❸ 同上注，第 127 页。
❹ 同上注。
❺ 同上注。
❻ 同上注。
❼ Beauchamp, *Patenting Nature*: *A Problem of History*, 16 STANFORD TECH. L. REV. 276 (2013). 最早的案例关心什么情形符合第 102 条有关新颖性的要求。同上注，第 277～280 页（在之前的案例中讨论过新颖性的主要内容）。
❽ Kuehmsted v. Farbenfabriken of Elberfeld Co., 179 F. 701, 702, 704 (7th Cir. 1910). 阿司匹林是水杨酸的衍生物，其为希波克拉底人所熟知，在柳树皮中天然存在。参见 *What is Aspirin*？*100 Years of Aspirin*, Aspirin Found., http://www.aspirin-foundation.com/what/100.html（最后访问日期：2014 年 4 月 9 日）。

"假定化学成分不同——在两种物质分析都相同的情形下",❶ 实质性纯化的阿司匹林是可授予专利的,因为有相同化学式的两种物质,也可能极大地不同,例如,从定性分析的角度看两者之间的杂质就不同。❷ 经纯化和分离的阿司匹林具有可专利性,因为它与未纯化的形式在治疗性上是不同的。❸

这种推理思路让我们想起了勒恩德·汉德法官在 Mulford 案中非常有影响力的观点。在该案中,❹ 汉德法官支持经纯化的肾上腺素具有可专利性,因为它与自然存在的肾上腺素相比,在商业性和治疗性上都是一个新的事物。❺ 经纯化的物质拥有新的特性,该特性相比于自然状态下的肾上腺素构成了"类型上而非程度上的区别"。❻ 汉德法官接着强调,"即使肾上腺素仅仅是一个没有任何改变的提纯的产品,也没有法律规定此类产品不具有可专利性。"❼ 海关和专利上诉法院在 Re Merz 案中赞同这一推论:"[自然产物不具有可专利性]这一一般规则是已经确定的规则,但是与所有其他规则一样,它也存在例外。例外就是:如果某种方法生产出一种其纯度不仅在程度并且在类型上均不同的产品,则具有可专利性"。❽

在 Funk Brothers 种子公司诉 Kalo Inoculant 公司案中,❾ 最高法院解决了合成物的可专利性问题,其认为:自然状态下存在的细菌性的菌株的混合物不具有可专利性,因为这种混合物仅仅体现了一种自然法则。通过特定的比率混合三种相互抑制的细菌,专利权人创造了当时无人知晓的对农业商业化有巨大实用性的混合物。然而,法院坚持认为专利权所有人没有"在细菌上创造抑制或者不抑制的特性。它们的特性是大自然的杰作……[因此]当然不具有可专利性。"❿ 虽然法院承认其具有商业利益,但也坚持认为"物种的聚合,不构成专利法意义上的发明",因为"这些细菌的特性,就像太阳的热量……是自然规律的体现,属于全人类而不属于任何一个人"。⓫

Funk Brothers 的接种菌被认为不具有可专利性,原因在于它是自然法则的

---

❶ Kuehmsted, 179 F. at 794.
❷ 同上注,第 703~704 页。
❸ 同上注,第 704 页。
❹ Parke - Davis & Co. v. H. K. Mulford Co., 189 F. 95 (S. D. N. Y. 1911), aff'd in part, rev'd in part 196 F. 496 (2d Cir. 1912)(在所有主要的基本问题上,我们完全附和 Hand 法官的理由和结论)。
❺ 同上注,第 103、115 页。
❻ 同上注,第 103 页。
❼ 同上注。
❽ In re Merz, 97 F. 2d 599, 600 - 601 (C. C. P. A. 1938).
❾ 333 U. S. 127 (1948).
❿ 同上注,第 130 页。
⓫ 同上注,第 127、130 页。

体现，并非因为它是自然产物。因此最高法院只解决了天然细菌混合物的可专利性问题，仍没有解决经纯化的自然产物的可专利问题。因此，在1952年专利法案实施后，在第一次涉及专利法第101条的案件中，第四巡回上诉法院没有严格遵循Funk案的判决，认为经纯化的维他命B-12具有可专利性。❶ 在Merck公司诉Olin Mathieson化学公司案中，法院认为"专利法中没有任何地方规定要依据自然产物原则，对于新的和有用的组合物拒绝授予专利"。❷ 法院认为，"在化学结构和功能上"与自然产物完全相同的经纯化产品，并不是"旧的组合物，而是一个新的和有用的组合物……有资格获得专利保护。"❸

海关和专利上诉法院在Bergstrom案❹中也采用了上述观点推翻了专利局拒绝对前列腺素E2（"PGE_2"）及E3（"PGE_3"）❺授予专利权的决定。专利局认为："因为所请求的组合物是自然存在的……它们因此不满足专利法关于新颖性的要求。"❻ 但法院否定了专利局的做法，并澄清"上诉人的主张——经纯化的PGE_2和PGE_3——并非'自然存在的'"。❼

在20世纪后期发生生物科技革命之前，就自然产物的不可专利性问题，已经存在大量的不一致的例外。然而，在Myriad案之前，上诉法院还从未依据自然产物理论宣告包含分子（包括DNA分子）的权利要求无效。❽

（三）自然产物理论被适用于生物技术

生物技术产业使用活细胞合成有用的分子。它通过操纵自然存在的细胞内的生化过程，来创造新的分子或者对自然存在的分子进行修改。❾ 因此，这些方法及其产物极有可能涉及自然产物理论，特别是在生物技术公司对它们的发明或发现寻求专利保护的时候。生物技术产业属于世界上科研密集型产业之一；生物技术公司将收入的50%用作研发。生物技术公司对知识产权保护非

---

❶ Merck & Co. v. Olin Mathieson Chem. Corp., 253 F. 2d 156 (4th Cir. 1958).

❷ 同上注，第161页。

❸ *Merck*, 253 F. 2d at 160, 161.

❹ 427 F. 2d 1394, 1397 (C. C. P. A. 1970).

❺ 前列腺素E2和E3是自然产生的激素，产生于人的体内并用来调节人体的许多生理反应。临床上，PGE2激励运动，PEG3抑制肿瘤细胞的扩散。参见，例如 W. F. O'Brien, *The Role of Prostaglandins in Labor and Delivery*, 22 Clinics In Perinatology 973, 973 (1995)。

❻ Application of Bergstrom, 427 F. 2d 1384, 1397 (C. C. P. A. July 16, 1970) (引用 *Ex parte* Snell, 86 U. S. P. Q. 496 (1950))。

❼ 同上注，第1401页。

❽ 参见 Cui, *Patent Eligibility of Molecules*: "*Product of Nature*" *Doctrine After Myriad*, 2 N. Y. U. J. Intell. Prop. & Ent. L. Ledger 73 (2011)。

❾ *Biotechnology*, 6 The Columbia Encyc. (2000).

常依赖，因为研发成本非常高昂，而假冒成本非常低廉。❶ 自 1980 年最高法院对 Diamond 诉 Chakrabarty 案❷作出判决以后，生物技术产业通常能获得美国专利商标局和法院的专利保护。

在 Chakrabarty 案中，最高法院第一次依据 1952 年专利法第 101 条认为"合成物"是可以被授予专利的。❸ 专利权人通过在细菌细胞质中增加合成 DNA 的方法对细菌进行了基因改造。❹ 最高法院认为该细菌是一种发明，因此具有可专利性："Chakrabarty 的微生物显然有资格作为专利权的客体。其主张不是一个迄今未知的自然现象，而是一个非自然存在的制造物或合成物——人类智慧的产物，'具有独特的名字、特点和用途'。"❺ 判决意见后面还指出："该案与 Funk Brothers 案不同，专利权人制造出了新的细菌，该细菌与自然界中的细菌相比，有着显著的不同特征……他的发现不是大自然的杰作，而是他自己的；因此，该细菌是第 101 条下的可专利性客体。"❻ 最高法院在 Chakrabarty 案所面临的问题是，活的生物体是否具有可专利性，而不是 Chakrabarty 的细菌在发明人注射质粒之后与自然界中的细菌有多大程度的不同。❼ 在审理 Chakrabarty 案时，最高法院没有根据"显著不同"的特征而认为所声称的发明具有可专利性，也没有阐明如何区分"显著"不同与一点不同。❽

Chakrabarty 案是最高法院在生物科技时代审理的涉及专利法第 101 条解释的第一个案例。该案被认为是对 DNA 专利广泛的支持。❾ 自 20 世纪 80 年代以来，

---

❶ Esteban Burrone, *Patents at the Core：The Biotech Business*, Word Intell. Prop. Org., http：//www.wipo.int/sme/en/documents/patents_biotech_fulltext.html（最后访问日期：2014 年 4 月 3 日）。在化工行业，研究费用约占总收入的 5%，而在制药行业，研究费用约占总收入的 13%，同上注。

❷ Diamond v. Chakrabarty, 447 U.S. 303 (1980).

❸ 最高法院在审理 Chakrabarty 案时，认为：只有活的生物体是合成物质，因而构成可专利性客体。同上注，第 309~310 页。

❹ 插入 DNA 质粒编码的酶能够降解原油。转换细菌对于加快水体消化石油泄漏这一自然过程是有用的。同上注，第 305 页。

❺ 447 U.S. at 309-310（引用 Hartranft v. Wiegmann, 121 U.S. 609, 615 (1887)），一个发生于 19 世纪的税法案件使用了引用的措辞，阐明抛光的贝壳是否被认为是当时税法意义下的"制造品"）。

❻ 同上注，第 308~310 页。

❼ 同上注，第 307 页。在该案中，摆在我们面前的问题是要求我们对专利法第 101 条采用狭义的成文法解释……尤其是，我们必须确定被告的微生物是否构成成文法意义下的"制造物"或"合成物"。

❽ 类似地，最高法院在审理 Myriad 案时，尽管要与自然存在物存在显著不同，但没有对如何作出此种判断提供指导意见。参见下文第三部分第三节。相比较而言，USPTO 的确为审查员提供了识别此种混合物之间存在"显著差异"的标准。参见下文第四部分第三节。

❾ Chakrabarty 案表明……生物体以及基因都可以获得专利……Chakrabarty 案开启了基因时代。KAREN F. GREIF & JON F. MERZ, CURRENT CONTROVERSIES IN THE BIOLOGIC SCIENCES：CASE STUDIES OF POLICY CHALLENGES FROM NEW TECHNOLOGIES 53 (2007).

基于"分离和纯化"原则，USPTO 在授予基因专利的政策方面是相当自由的。❶ 从那时起，USPTO 批准了"40 000 个与 DNA 相关的专利，占人类基因组 20%的基因"。❷ 此外，它还批准了经分离和纯化的蛋白质和细胞系专利。❸

关于 USPTO 就可专利性审查实践的上诉裁决是很少的。❹ 一般来说，在过去的二十年间，联邦巡回上诉法院一直支持 USPTO 对 DNA 分子采取宽泛的可专利性政策。在 Amgen 公司诉 Chugai Pharmaceutical 公司案中，❺ 联邦巡回上诉法院支持针对"基本上由编码人体红细胞生成素的一个 DNA 序列组成的经纯化和分离的 DNA 序列"的申请。❻ 地区法院对具有可专利性的"经纯化与分离的 DNA 序列"与"自然存在的编码人体红细胞生成素（EPO）DNA 序列"进行了区分，法院认为："不具有可专利性的自然现象可以为所有人自由获得，而并非专属于任何个人。"❼ 联邦巡回上诉法院重申了该解释："该权利要求客体是新颖的经纯化和分离的编码 EPO 序列。"❽ 在 Schering 公司诉 Amgen 公司案中，❾ 联邦巡回上诉法院支持地区法院对重组 DNA 分子专利权的解

---

❶ Leslie A. Demers, Product of Nature Doctrine: Myriad's Effect Beyond Nucleic Acids 3-4, http://ssrn.com/abstract=2279754. 在美国，申请生物科技专利的数量在 Chakrabarty 案之后快速增长。例如，1996 年，有 18 695 项申请；2002 年，有 47 473 项申请。参见：Gene Patents and Global Competition Issues: Protection of Biotechnology Under Patent Law, GENETIC ENG'G & BIOTECH. NEWS（2006 年 1 月 1 日），http://www.genengnews.com/keywordsandtools/print/1/11595; 也参见《专利审查指南》, 66 Fed. Reg. 1092, 1093（2001 年 1 月 5 日）。USPTO 规则规定："一个经分离和纯化的 DNA 分子……可以申请专利。"因为（1）一个分离的基因作为一种合成物或者制造物是可以申请专利的，因为在自然界，DNA 分子不可能以那种分离的形式存在，或者（2）合成的 DNA 可以申请专利，因为它们的纯化状态与自然存在的化合物是不同的。

❷ Rogers, Can You Patent Genes? Yes and No, 93 J. Pat. & Trademark OFF. Soc'Y 19, 19 (2011).

❸ 参见 Vincent J. Filliben III, Patent Law and Regenerative Medicine: A Consideration of the Current Law and Public Policy Concerns Regarding Upstream Patents, 9 Wake Forest Interll. Prop. L. J. 239 (2009).

❹ 联邦巡回上诉法院在此后审理的两个案件，都没有直接处理专利法第 101 条的可专利性问题。在 Myriad 案之前，联邦巡回上诉法院没有被要求回答 DNA 是否符合第 101 条的可专利性问题，因为其审理的相关案件都是以其他理由作出的判决。

❺ 927 F. 2d 1200 (Fed. Cir. 1991). 判决书由 Lourie 法官撰写，其曾两次投票支持 Myriad 公司的 gDNA 和 cDNA 都具有可专利性。

❻ 同上注，第 1202、1204 和 1206 页。需要注意的是，第 101 条的适格性问题并非 Chugai 上诉案的议题。

❼ Amgen, Inc. v. Chugai Pharm. Co., Ltd., No. 87-2617-Y, 1989 WL 169006 (D. Mass. Dec. 11, 1989) aff'd in part, vacated in part, 927 F. 2d 1200 (Fed. Cir. 1991) (引用 Diamond v. Chakrabarty, 447 U. S. 303 (1980)).

❽ Chugai, 927 F. 2d at 1206. 需要注意的是，法院在审理 Chugai 案时，讨论的主要问题是有关新颖性的问题，而不是第 101 条下的可专利性问题。

❾ 222 F. 3d 1347, 1348 (Fed. Cir. 2000). 需要注意的是，与 Chugai 案一样，Schering 没有向联邦巡回法院提出有关第 101 条的可专利性问题。

释,"该重组 DNA 分子即一个伽马(γ)干扰素类型的多肽的代码表达"。❶ 初审法院认为"权利要求所使用的措辞……是指一个自然或非自然存在的 DNA 序列"。❷

在过去二十年里,USPTO 对与自然状态下存在的 DNA 分子序列一致、并且为特定的自然存在的蛋白质编码的经纯化和分离的 DNA 分子授予了专利。正如下文所述,USPTO 的政策以及联邦巡回上诉法院的司法解释是一致的,人类生物基因信息储存库中的自然存在的染色体 DNA 和生物化学家用于基因测试的人工合成的经分离的 NDA(例如 Myriad 公司一些存在争议的专利)之间是有显著化学差异的。

二、DNA 分子的化学性质

经纯化和分离的分子的可专利性,取决于其与自然存在的分子在分子结构和用途上的比较。审理 Myriad 案的法院似乎认为,要依据第 101 条具有可专利性,经分离和纯化的分子必须与它在自然状态下存在的那个同一体存在"显著不同"。❸ 本部分将探讨染色体 DNA 分子和分离的 DNA 分子之间的一些根本差异,这将揭示 DNA 在自然状态下是如何存在的,以及在实验室被操作之后,这些相同的 DNA 又发生了什么。❹

(一) 染色体 DNA

染色体 DNA 含有所有的有机体基因信息。❺ 人类基因由被称为染色体的大型 DNA 分子构成。每一个人类细胞有 46 个染色体,这些染色体部分地由

---

❶ U. S. Patent No. 4,530,901 (filed Feb. 4, 1980).

❷ Schering Corp. V. Amgen Inc., 18F. Supp. 2d 372,400 (D. Del. 1998)

❸ Ass'n for Molecular Pathology v. Myriad Genetics, Inc. (Myriad IV), 133 S. Ct. 2107, 2117 (2013)(引自 Diamond v. Chakrabarty, 447 U. S. 303, 310 (1980)).

❹ 参见 Chromosomal DNA and Its Packaging in the Chromatin Fiber, 载 B. ALBERTS ET AL., MOLECULAR BIOLOGY OF THE CELL (4th ed. 2002)。真核细胞的细胞核中的 DNA 主要以染色体的形式存在,这些染色体是主要由 DNA、RNA 和蛋白质构成的复杂结构。染色体 DNA 是这些复杂结构中的一种 DNA。虽然也有其他类型的自然产生的具有生物活性的 DNA,本部分只比较染色体 DNA 与经分离和纯化的 DNA,因为在 Myriad 案中,最高法院确认的问题仅限于"人类基因",因为系争专利是分离的 DNA。

❺ 审理 Myriad 案的每一个法院都对 DNA 结构以及 DNA 转录成 RNA 分子的基本过程,提供了非常精彩的概述。参见 Ass'n for Molecular Pathology v. U. S. Patent & Trademark Office (Myriad I), 702 F. Supp. 2d 181, 192-199 (S. D. N. Y. 2010); Ass'n for Molecular Pathology v. U. S. Patent & Trademark Office (Myriad III), 689 F. 3d 1303, 1310-1313 (Fed. Cir. 2012); Myriad IV, 133 S. Ct. at 2111-2112.

DNA 构成，但也包含大量蛋白质和核糖核酸。❶ 染色体 DNA 包含基因，在基因不连续的区域里可以解码 RNA 分子。基因典型地依次由许多编码序列（外显子）、非编码序列（内显子）和控制基因表达的调节序列组成。尽管大多数这种非编码 DNA 影响染色体 DNA 的结构和调节基因表达，大部分染色体 DNA 不会为任何特定已知的蛋白质进行编码。❷

染色体 DNA 的功能性结构不仅仅包括熟知的鸟嘌呤、腺嘌呤、胸腺嘧啶和胞嘧啶碱基对（经常分别被缩写为"G""A""T"和"C"）的线性序列，这种序列被称为 DNA 的基本结构。它还包括更高层级的结构，例如，从相邻串获得的碱基配对（染色体 DNA 的二级结构），DNA 著名的双螺旋结构（它的三级结构），染色体 DNA 和细胞的蛋白质和 RNA 的结合，以及对甲基、乙酰基和磷酸基的修改（它的四级结构）。❸

此种四级结构导致了染色体 DNA 以特定的和具有重要功能的方式被折叠和缠扭在一起。染色体 DNA 片段环绕在八个组蛋白的核心处，形成了一个称为核小体的功能性 DNA 染色体单元。❹ 此种结构是有意义的，因为展开的 DNA 分子太大了以至于不能放进细胞核中。这种组蛋白，通过和 DNA 及更小的化学基（如以上所列的甲基、乙酰基和磷酸基）的相互作用，可以增加或者减少基因表达的速率，在细胞分裂所需的染色体 DNA 的复制上给予帮助，并在修复受损的或有缺陷的 DNA 方面发挥作用。❺

（二）分离的 DNA

分离 DNA 包含一系列复杂的化学过程。生物化学家首先从血液或组织样本中提取染色体 DNA，用酶催化剂将大分子切割成许多短片段。然后，采用化学方法修改这些片段，使其重组为 DNA 载体。❻ 这些载体被纳入细菌或者

---

❶ 事实上，人类的染色体按照重量计算约占 DNA 比重的20%。参见 Norman P. Salzman, Dorothy E. Moore & John Mendelsohn, Isolation and Characterization of Human Metaphase Chromosomes, 56 PROC. NAT'L. ACAD. SCI. USA 1449, 1453 (1966). RNA 和蛋白质分别占人类染色体的15%和66%。同上注。

❷ 参见 Frederick Roth et al., Finding DNA Regulatory Motifs Within Unaligned Noncoding Sequences Clustered by Whole - Genome mRNA Quantitation, 16 NATURE BIOTECHNOLOGY 939, 939 (1998).

❸ 参见 Leslie Pray, Discovery of DNA Structure and Function: Watson and Crick, 1 NATURE EDUC. 100 (2008), http://www.nature.com/scitable/topicpage/discovery-of-dna-structure-and-function-watson-397; Leonide Sipski & Thomas Wagner, Probing DNA Quaternary Ordering with Circular Dichroism Spectroscopy: Studies of Equine Sperm Chromosomal Fiber, 16 BIOPOLMYERS 573, 581 - 582 (1977).

❹ 参见 Srinivas Chakravartry et al., Structure and Dynamic Properties of Nucleosome Core Particles, 579 FED'N OF EUR. BIOCHEMICAL SOCIETIES LETTERS 895, 895 - 897 (2005).

❺ 同上注。

❻ HARVEY LODISH ET AL., MOLECULAR CELL BIOLOGY 176 (6th ed. 2008).

酵母的细胞内,将这些细胞放置于它们能进行无性繁殖的培养环境下。这些培养的细胞的增加使得被纳入的 DNA 载体在宿主细胞内复制。❶ DNA 载体的数代繁殖产生了许多细胞,每一个细胞都包含重组 DNA 的片段,这些片段与最初从目标细胞的染色体 DNA 中提取的 DNA 序列相一致。❷ 这些细菌或酵母的集合被称为"DNA 信息库",因为它包含了许多合成 DNA 分子,这些合成 DNA 分子序列与目标细胞的染色体 DNA 的部分序列相一致。❸

在创建一个 DNA 信息库后,生物化学家可以通过确认一种特别的包含所需要的 DNA 片段的细胞,来合成大量特别的 DNA 序列,然后使此种细胞得以复制。❹ 这一过程导致相同细胞的培育,且这些细胞含有大量相同的重组 DNA 片段。❺ 这些分离的片段一般都要比它们最初从染色体里提取出来的时候要短的多。它们也包含只是一小部分的 DNA 和染色体所包含的基因信息,它们和相同的 RNA、蛋白质和作为染色体 DNA 的化学替代物没有联系。❻

(三) 染色体的 DNA 和分离的 DNA 分子的功能区别

由于分离的 DNA 片段和 DNA 染色体的这些结构区别,分离的 DNA 没有上述论述染色体 DNA 的很多性质。❼ 一旦从细胞环境中提取出来,并从细胞内使其具有这些性质的组织中移出,分离的 DNA 比未提取时的染色体要小的多。❽ 它不会自我复制,并且它不具有染色体的更高级别的结构。❾ 它没有和组蛋白质或者调节将其翻译为 RNA 的其他化学取代基发生作用。❿ 大多数分离的 DNA 分子没有为 RNA 翻译的初始化提供便利的"启动子"区域。即使它们被重新注入人体细胞核内,大多数被分离的 DNA 既不会被表达为蛋白质,

---

❶ HARVEY LODISH ET AL., MOLECULAR CELL BIOLOGY 178 (6th ed. 2008).

❷ 同上注,第 179 页。

❸ 同上注。对创建 gDNA 和 cDNA 信息库过程的更为详细的描述,参见:Steven R. Head et al., Library Construction for Next – Generation Sequencing: Overviews and Challenges, 56 BIOTECHNIQUES 61, 62 – 65 (2014); Michael O'Connor, Mark Peifer & Welcome Bender, Construction of Large DNA Segments in Escherichia Coli, 244 SCI. 1307, 1307 – 1312 (1989).

❹ LODISH ET AL., MOLECULAR CELL BIOLOGY 181 (6th ed. 2008).

❺ 同上注,第 182 页。

❻ 同上注。

❼ 参见上文第二部分第一节。

❽ 参见 Chromosomal DNA and Its Packaging in the Chromatin Fiber, in BRUCE ALBERTS ET AL., MOLECULAR BIOLOGY OF THE CELL (4th ed. 2002), http://www.ncbi.nlm.nih.gov/books/NBK26834/.

❾ 通常参见 Stephen Cederbaum et al., Recombinant DNA in Medicine, 141 W. J. MED. 210, 210 – 222 (1984).

❿ 参见 S. A. Miller, D. D. Dykes & H. F. Polesky, A Simple Salting Out Procedure for Extracting DNA from Human Nucleated Cells, 16 NUCLEIC ACIDS RES., 1215, 1215 (1988).

美国分子病理学协会诉Myriad 基因公司案

也不会被传送到宿主细胞的后代中。❶ 在分子细胞核中，这些分子将缺少他们被分离的染色体DNA中几乎所有有重要生物意义的性质。

然而，分离DNA的生化学家并不是为了复制这些有重要生物意义的性质而分离DNA的。他们如此做的原因恰恰是因为分离染色体DNA产生了新的分子，这些分子被缩短了，它们被从组蛋白和其他染色体结构要素中被剥离出来，这些分子还拥有在实验室中有用的新的性质。❷ 或许最重要的是，分离的DNA，不同于染色体DNA，可以被用于分离DNA相同分子的细胞外合成模版。❸ 正如分离的DNA不能在细胞原子核内被表达或者被复制，染色体DNA不能在实验室中被复制。

生物化学家用分离的DNA而非染色体DNA来完成生物科技产业中的所有诊断过程和合成过程。分离的DNA可以用来合成DNA杂交探针，反过来可用于查明样本中具体明确的DNA序，它也是基因测试和法医DNA鉴定的必要步骤。❹ 它可以直接用于合成DNA载体，为了使宿主细胞能够表达外源DNA，它能被注入到细菌或酵母当中。❺ 它能被作为一个直接的模板来创造重组DNA，这是实验室合成许多有用的和在商业上重要的生化物质的先决条件。❻ 因为染色体DNA和分离DNA有许多结构性差异，因此染色体DNA不能直接被用于任何上述目的。

最高法院在审理Myriad案时，讨论了两种类型的合成的分离DNA：gDNA和cDNA的可专利性问题。这两类分子编码区在化学组成上难以区分，但是它们来源于不同的自然产生的模板。❼ gDNA来源于由染色体DNA片段所组成的

---

❶ 参见 Geoffrey Cooper, Recombinant DNA, in THE CELL: A MOLECULAR APPROACH (2d ed. 2000), http://www.ncbi.nlm.nih.gov/books/NBK9950/。

❷ Michael O'Conner, Mark Peifer, and W. Bender, Construction of Large DNA Segments in Escherichia coli, 244 SCIENCE 1307, 1307 (1989).

❸ 参见 Coco Ballantyne, Longest Piece of Synthetic DNA Yet, SCI. AM. (2008年1月24日), http://www.scientificamerican.com/article/longest-piece-of-dna-yet/?print=true (描述了582 000 个细菌基因碱基对的合成，将其与人类最短的染色体：21号染色体——包含4800万个核苷酸——进行比较)。

❹ 参见 Marilena Aquino de Moro, Probe Design, Production, and Applications, in MEDICAL BIOMETHODS HANDBOOK 13-23 (John Walker & Ralph Rapley eds., 2005).

❺ Diamond v. Chakrabarty, 447 U.S. 303, 305 (1980).

❻ 此类生物物质包括重组人的生长激素、重组凝血因子和重组抗病毒疫苗。每一类分子都有被授予专利权的例子。参见，例如，U.S. Patent No. 4,658,021 (1984年9月25日申请) (对人的生长激素授予专利权)；U.S. Patent No. 4,632,981 (1985年2月1日申请) (对人抗凝血酶III授予专利权)；U.S. Patent No. 8,506,968 (2009年12月28日申请) (对SARS疫苗授予专利权)。

❼ 参见 Ass'n for Molecular Pathology v. Myriad Genetics, Inc. (Myriad IV), 133 S. Ct. 2107, 2119 (2013).

DNA 库，最终被最高法院认为不具有可专利性。❶

cDNA 是由不同的起始物质进行合成而得，最终被最高法院认为具有可专利性。cDNA 合成是由信使 RNA（mRNA）分子开始的，而不是使用被消化的 DNA 作为聚合酶链式反应的起始模板。❷ cDNA 合成的第一步是从体内提取 mRNA。接下来，生物化学家从 mRNA 合成出一条互补的 DNA 链（这也是"互补 DNA"中"互补"一词的由来），之后的步骤便与前文所描述的 gDNA 合成的步骤是一样的。

三、Myriad 案：分离的 DNA 具有可专利性吗

Myriad 案是一个非典型的专利侵权案件。这是美国公民自由联盟在其 90 年历史中提起的第一起专利案件。❸ 这也是美国法院裁决的第一起基因诊断专利侵权案件。❹ 这并不是由专利权人提起的制止侵权的案件，而是由公共利益团体代表"各类医药机构、研究者、基因顾问、病人"提起的确认之诉。❺ 对于涉及 BRCA1/2 基因和基因检测方法的 Myriad 公司的 27 项专利和超过 500 项权利要求，❻ 原告质疑其 7 项专利权中的 15 项权利要求。❼ 原告将此类专利归类为：自然人类基因，自然人类基因的变体，用以寻找自然人类基因突变的方法、思想或抽象观念。❽ 原告声称系争对象包括"自然产物"，因此根据专利

---

❶ 参见 Ass'n for Molecular Pathology v. Myriad Genetics, Inc.（Myriad IV），133 S. Ct. 2112 (2013)。

❷ 同上注。mRNA 通过人体内自然的生物化学过程形成，使用染色体作为其模板。Messenger RNA, GENETICS HOME REFERENCE, http：//ghr.nlm.gov/glossary = messengerrna（最后访问日期：2014 年 6 月 3 日）。mRNA 分子留下细胞核，在细胞核里它们反过来被当做蛋白质合成的模板。

❸ 参见 Brendan L. Smith, Wrangling Genes, ABA J.（2009 年 7 月 1 日，下午 10：10），http：//www.abajournal.com/magazine/article/wrangling_genes。

❹ 参见 Robert Cook - Deegan & Christopher Heaney, Patents in Genomics and Human Genetics, 11 ANN. REV. GENOMICS & HUMAN GENETICS 383, 397 (2010)。

❺ Ass'n for Molecular Pathology v. U. S. Patent & Trademark Office（*Myriad II*），653 F. 3d 1329, 1333 (Fed. Cir. 2011)。

❻ 参见 Press Release, Myriad Genetics, Supreme Court Upholds Myriad's cDNA Patent Claims（2013 年 6 月 13 日），http：//files.shareholder.com/downloads/MYGN/2967288803x0x670662/dd23be22 - ca26 - 4919 - b7e1 - 64630b9e47c9/MYGN_News_2013_6_13_General.pdf。

❼ 原告质疑以下权利要求：U. S. Patent No. 5, 747, 282（1995 年 6 月申请）；U. S. Patent No. 5, 693, 473（1995 年 6 月 7 日申请）；U. S. Patent No. 5, 709, 999（1995 年 6 月 7 日通过）；U. S. Patent No. 5, 710, 001（1995 年 6 月 7 日申请）；U. S. Patent No. 5, 753, 441（1996 年 1 月 5 日申请）；U. S. Patent No. 5, 837, 492（1996 年 4 月 26 日申请）；and U. S. Patent No. 6, 033, 857（1998 年 3 月 20 日申请）。

❽ Complaints at 20 - 24, Ass'n for Molecular Pathology v. U. S. Patent & Trademark Office, 702 F. Supp. 2d 181 (S. D. N. Y. 2009)（No. 09 Civ. 4515）。

条款和《美国法典》第 35 编第 101 条是无效的。[1] 他们还主张这些专利违反了《美国宪法》第一修正案和第十四修正案，因此无效。[2]

最高法院最终判决：根据第 101 条，分离的 gDNA 不具有可专利性，因为"将基因从其周围的基因物质中分离出来，并非一项发明"[3] 相反，最高法院认为分离的 cDNA 确实构成可专利性客体，因为"cDNA 并非'自然产物'"。[4] 下文将对审理该案的三个法院所作出的四个判决的意见和标准予以简要概述，其中重点关注它们对自然产物理论和经纯化和分离这一例外的解释。

（一）地区法院对 Myriad 案的看法：DNA 作为一种信息

自 Chakrabarty 案判决之后，无论是最高法院还是联邦巡回上诉法院都没有将 DNA 与其他化学物质予以区别对待。在判断除 DNA 以外的分子是否具有可专利性时，联邦巡回上诉法院一直关注系争分子的分子结构和性质。[5] 自 1990 年以来，USPTO 一直常规性地授予 DNA 序列以专利，理由是：

> 与其他化学复合物一样，如果 DNA 是从自然状态中分离出来或提纯或在化学实验室里从化学原料中合成，其具有可专利性。基因专利包括分离和提纯的基因，但不包括自然存在的基因。[6]

然而，在 146 页的判决书中，纽约南区法院 Sweet 法官认为，Myriad 公司在分离的人类 DNA 上的专利是无效的，因为它们是自然产物；此外，其诊断和分析技术包括抽象观念，因此也不是可专利客体。[7]

Sweet 法官认为 DNA 的结构是一种信息，将此作为"法律钩"[8] 来区分一代联邦巡回上诉法院的先例。通过援引"DNA 作为一种信息的物质体现的独特性质"，地区法院不赞同 USPTO 对分离的 DNA 的可专利性问题上所采取的

---

[1] Complaints at 20 - 24, Ass'n for Molecular Pathology v. U. S. Patent & Trademark Office, 702 F. Supp. 2d 181 (S. D. N. Y. 2009) (No. 09 Civ. 4515)，第 1、3、29 页。

[2] 同上注，第 29 页。（"在美国宪法第一修正案以及第十四修正案下，所有代表专利权的受到挑战的权利要求是抽象观念或者基本的人类知识，或诸如此类，是违反宪法的。"）

[3] Ass'n for Molecular Pathology v. Myriad Genetics, Inc. (Myriad IV), 133 S. Ct. 2107, 2117 (2013).

[4] 同上注，第 2119 页。

[5] 联邦巡回上诉法院在分析 Myriad 案的混合物权利要求时，同样强调分子的结构和性质。参见下文第四部分第二节第二点。

[6] Utility Examination Guidelines, 66 Fed. Reg. 1092, 1093 (2001 年 1 月 5 日)。

[7] Ass'n for Molecular Pathology v. U. S. Patent & Trademark Office (Myriad I), 702 F. Supp. 2d 181, 184 – 185 (S. D. N. Y. 2010).

[8] 参见 Conley & Makowski, *Back to the Future: Rethinking the Product of Nature Doctrine as a Barrier to Biotechnology Patents (Part I)*, 85 J. PAT. & TRADEMARK OFF. SOC'Y 307 – 308 (2003).

立场,并宣告 Myriad 公司对 gDNA 和 cDNA 享有的专利权无效。❶ 法院认为,"基因和人类基因序列所显示的信息是普遍存在于每一个个体的自然产物"。❷ 地区法院引用了上文提及的 Chakrabarty 案的判决意见,❸ 指出:无论是 Myriad 公司分离的 gDNA 还是 cDNA,都没有与自然产物"显著不同"。❹ 因此,该法院认为没有一项复合物权利要求在第 101 条下是有效的。❺

地区法院还宣告 Myriad 公司用 BRCA1 和 BRCA2 基因检测基因变异的方法专利无效。❻ 法院认为 Myriad 公司所主张的 DNA 序列的比较只是一个"抽象的思维过程",因此认为"也不构成第 101 条下的可专利性客体"。❼ 法院还宣告了 Myriad 公司所声称的通过利用重组 DNA 技术培植细胞以决定潜在的癌症治疗疗效的方法专利无效,法院认为最后一个方法是在寻求"对一项基本科学原则请求授予专利权",因而不应得到专利保护。❽ Myriad 公司将此案上诉到联邦巡回上诉法院。

(二) 联邦上诉巡回法院对 Myriad 案的看法:DNA 和其他分子一样

由于最高法院撤销了联邦巡回上诉法院所作的第一次判决,并且要求其参照 Prometheus 案进行重审,因此,联邦巡回上诉法院对 Myriad 公司的专利进行了两次审判。❾ 这两次审判是由相同的三名联邦巡回上诉法院法官组成的审判庭以同样的方式作出裁决,部分推翻,也部分维持了地区法院的判决。❿ 联邦巡回上诉法院支持了两种类型的经分离的 DNA(gDNA 和 cDNA)的专利请求,也支持了 Myriad 公司对检测潜在癌症治疗法的方法专利请求。⓫ 法院维持了下级法院宣告 Myriad 公司对于"比较"和"分析"BRCA 基因序列作为抽

---

❶ Myriad I, 702 F. Supp. 2d at 229, 181.
❷ 同上注,第 229 页。
❸ 同上注。
❹ Myriad I, 702 F. Supp. 2d at 194.
❺ 同上注,第 229~230、232 页。
❻ 同上注,第 185 页。
❼ 同上注。
❽ 同上注,第 238 页。
❾ 132 S. Ct. 1289 (2012). 在 Prometheus 案,最高法院宣告生物技术专利权利要求无效,因为其"只是对人所熟知、日常的和传统的活动提出申请"。同上注,第 1294 页。
❿ 两次审判中,每个法官对以下四个宽泛的问题都以相同的方式作了判决:(1) 分离的 gDNA;(2) cDNA;(3) Myriad 公司的 BRCA 基因的比较和分析方法;(4) Myriad 公司化学治疗功效分析方法,这四种情形的可专利性问题。参见 Ass'n for Molecular Pathology v. U. S. Patent & Trademark Office, 653 F. 3d 1328 (Fed. Cir. 2011) (下文中的 Myriad II); Ass'n for Molecular Pathology v. U. S. Patent & Trademark Office, 689 F. 3d 1303, 1328, 1330, 1341, 1350, 1355 (Fed. Cir. 2012 (下文中的 Myriad III)。
⓫ Myriad III, 689 F. 3d at 1332, 1337; Myriad II, 653 F. 3d at 1350, 1357.

象思维过程享有的方法专利无效的判决,但支持了 Myriad 公司对癌症治疗法的教授方法的权利要求。❶

联邦巡回上诉法院将 Chakrabarty 案❷和 Funk Brothers❸ 案作为分析分离的 DNA 分子是否适用自然产物原则而不构成第 101 条项下的可专利性客体的框架。联邦巡回上诉法院认为,"因此,自然产物和为第 101 条的目的而作出的人造发明之间的区别,在权利要求的与其自然存在的状态相比较的混合物的同一性层面上,发生了变化"。❹ 在为法庭写的判决中,Lourie 法官,作为一个有机化学博士,指出:从自然存在的 DNA 分子切割分离 gDNA 的行为,创造了一个"独立的分子种类",因为"共价键是一个分子与另一个分子之间的最为典型的边界"。❺ 因此,分离的 gDNA 与自然存在的 DNA 的化学性质不同。它不是自然产物,因此具有可专利性。对于地区法院所采用的以及原告所提出的分析框架:DNA 是信息,联邦巡回上诉法院对此明确表示反对,但是它也认为这种分析框架对于涉及挑战 gDNA 专利的有效性或者基于其他理由,包括非显而易见性,挑战与基因组有关的方法专利的有效性提供了便利条件。❻ Myriad 公司所主张的发明被法院认为具有可专利性,原因是"Myriad 公司所主张的分离的 DNA 是以一种与人体中的 DNA 不同的化学形式——不同的化学分子——存在的"。❼

(三) 联邦最高法院对 Myriad 案的看法:一分为二看待问题

最高法院对于以下议题授予了调卷令:"人类基因是否具有可专利性?"❽ 因此,最高法院只对分离的 DNA 的可专利性问题进行了重新审查。与两个下级法院不同,最高法院对两种类型的分离 DNA——gDNA 和 cDNA 进行了区分。最高法院全体一致认为:(1) 分离的 gDNA "是自然产物,不能仅仅因为它已经"从"周围的基因物质"中"分离出来就具有可专利性";❾ (2) cD-

---

❶ Myriad III, 689 F. 3d at 1335;以及参见 Myriad II, 653 F. 3d at 1357。
❷ Diamond v. Chakrabarty, 447 U. S. 303 (1980).
❸ Funk Bros. Seed Co. v. Kalo Inoculant Co. , 333 U. S. 127 (1948).
❹ Myriad II, 653 F. 3d at 1351.
❺ 同上注,第 1352 页。
❻ 同上注,第 1353 页。
❼ 同上注,第 1351 页。
❽ Order Granting Petition for Writ of Certiorari, Ass'n for Molecular Pathology v. Myriad Genetics, Inc. , 133 S. Ct. 694, 695 (2012) (mem).
❾ Ass'n for Molecular Pathology v. Myriad Genetics, Inc. (Myriad IV), 133 S. Ct. 2107, 2111, 2120 (2013).

NA 是一个"新而有用的……合成物",因而依据第 101 条具有可专利性。❶ 在拒绝对分离的 gDNA 分子授予专利权上,最高法院支持地区法院将 DNA 作为信息的观点,"Myriad 公司的权利要求不是以化学合成物的术语进行表述的……相反,[它们]集中在……基因序列的基因信息解码上,而不是针对特定分子的特殊化学成分"。❷

最高法院援引 Prometheus 案有关"自然法则、自然现象和抽象思想"不具有可专利性的观点,判决:Myriad 公司主张的分离的 gDNA 分子是不具有可专利性的"自然"产物,而不是具有可专利性的"发明"产物。❸ 最高法院认为,"Myriad 公司没有创造或改变……BRCA1 和 BRCA2 基因……相反,Myriad 公司的主要贡献是发现了[基因的]准确位置和基因序列"。❹ 最高法院认为:Myriad 公司的专利没有界定出一个"与自然界中发现的任何事物有着显著不同的特征"❺"新的和有用的……合成物"。❻ 最高法院还认为:Myriad 公司的专利申请说明书主要详述了发现的迭代过程,通过这一过程,Myriad 公司缩小了寻找基因序列可能位置的范围。"❼

最高法院没有采用联邦巡回上诉法院对 gDNA 可专利性的分析方法,后者重点关注共价键断裂的步骤,在这个步骤中,一个新的化学部分出现从而一个"新的……合成物"被创造出来。❽ 相反,最高法院认为,"Myriad 公司的主张不能因为以下事实而受到保护,即从人类基因组分离的 DNA 切断了化学键"。❾ 最高法院认为:gDNA 与自然存在的染色体 DNA 太过相似,因而不具备可专利性,因为它们包括相同的核苷酸序列,携带了相同的遗传信息。❿ 最高法院将 Myriad 公司分离的 gDNA 分子——在 Myriad 公司发现之前,它们就已经存在于自然界⓫与 Chakrabarty 案中"和自然界中存在的任何事物有显著不同特征的"⓬可专利性细菌进行了区分。最高法院将 Myriad 公司可能具有"突

---

❶ Ass'n for Molecular Pathology v. Myriad Genetics, Inc. (Myriad Ⅳ), 133 S. Ct. 2116, 2119 (2013).

❷ 同上注,第 2118 页。

❸ 同上注,第 2116~2117 页。

❹ 同上注,第 2116 页。

❺ 同上注。

❻ 同上注,第 2117 页(引用 Diamond v. Chakrabarty, 447 U. S. 303, 310 (1980))。

❼ 同上注,第 2117~2118 页。

❽ 35 U. S. C. § 101 (2012).

❾ Myriad Ⅳ, 133 S. Ct. at 2118.

❿ 同上注,第 2116~2118 页。

⓫ 同上注,第 2116 页。

⓬ 同上注,第 2117 页(引用 Diamond v. Chakrabarty, 447 U. S. 303, 310 (1980))。

破性、创新性,甚至是伟大的发现"❶ 比作 Funk Brothers 案所述的不具有可专利性的发现,在后一案件中,"因为专利持有者并没有以任何方式改变细菌,因此那一发现不具有可专利性"。❷

最高法院对于 cDNA 的分析非常简明,并且与联邦巡回上诉法院的判决一致:cDNA "与其据以来源的 DNA 不同。因此,cDNA 不是'自然产物',依据第 101 条具有可专利性"。❸ 使用染色体 DNA 模块合成 mRNA 的自然过程,通常包括去除原始 DNA 同源部分的 mRNA 的一些部分。"从 mRNA 中创造一个 cDNA 序列"的实验室方法,产生了自然中不存在的仅有外显子的分子。❹ 最高法院认为 cDNA 与染色体 DNA 在核苷酸序列上不同,因而在信息内容上也不同。最高法院认为:这些不同具有充分的创造性,因此具有可专利性:"cDNA 不是'自然产物',因此依据第 101 条具有可专利性。"❺

尽管最高法院的判决表面上很清晰,但仔细研究,还是会发现一些含混不清的地方。在这些含混的地方中,首先便是最高法院对 gDNA 的描述存在不一致的地方。最高法院的判决首先是认为"自然产生的 DNA 片段是自然产物,不能仅因为它被分离出来就具有可专利性"。❻ 但是,在将 Chakrabarty 的可专利细菌的创造性与 Myriad 公司的所声称的发明的创造性进行区分之后,❼ 最高法院认为:"Myriad 公司的主张不能因为以下事实而受到保护,即从人类基因组分离的 DNA 切断了化学键,从而创造了一个自然中不存在的分子。"❽

法院在解释这个明显的矛盾时,参考了 DNA 作为信息的观点,该观点是 Sweet 法官在解释第 101 条时首次引入的:"Myriad 公司的权利要求不是从化学合成物的角度来表达的……相反,其权利要求可理解为关注的是在 BRCA1 和 BRCA2 基因上的解码基因信息。"❾ 这个观点看起来似乎忽视了一个事实,即 Myriad 公司的专利权利要求是针对超过一万亿的特定的和独一无二的分子,而不是 BRCA 基因的信息内容。❿

---

❶ Myriad IV, 133 S. Ct. at 2117。
❷ 同上注(引用 Funk Bros. Seed Co. v. Kalo Inoculant Co., 333 U. S. 127, 132 (1948))。
❸ 同上注,第 2119 页。
❹ Myriad IV, 133 S. Ct. at 2119.
❺ 同上注。
❻ 同上注,第 2111 页。
❼ 同上注,第 2117 页。("在本案中,相比之下,Myriad 公司……发现了一个重要且有用的基因,但是从它的周围基因物质中分离出那个基因并不是一种发明行为。")
❽ 同上注,第 2118 页。
❾ 同上注。
❿ Brief of Eric S. Lander as Amicus Curiae in Support of Neither Party at 9, Myriad IV, 133 S. Ct. 2107 (2013)(No. 12-398).

如果专利依赖于创造一个独一无二的分子，那么潜在的侵权者至少能够回避 Myriad 公司对于整个基因的专利主张……通过分离一个包括 BRCA1 和 BRCA2 基因以及额外附加的核苷酸对的 DNA 基因序列……但是 Myriad 公司会抵制这样一个结果，因为他们的权利要求主要涉及基因序列所包含的信息。❶

Myriad 公司将 BRCA 基因定位、排序和克隆，从而能够销售测试服务去告知人们患上特定的癌症种类的风险。❷ 可是 Myriad 公司的 DNA 专利被描述为用于信息传递的特殊分子，而不是 As、Ts、Gs 和 Cs 的序列，科学家可以通过以上四种碱基对来交流信息。❸

然而，最高法院在审理 Myriad 案时，其科学分析似乎是不一致的，对可专利性的法律分析似乎是肤浅的，没有引用判决结果是依据自然产物理论进行司法解释的那些判例。最高法院的判决实质上只提及了三个先前的专利案件：Prometheus 案、Chakrabarty 案和 Funk Brothers 案。❹ 最高法院在前言中引用了 Prometheus 案，对第 101 条有关可专利性客体的规定，确立了"重要的默示例外"❺，该例外致使"自然法则、自然现象以及抽象思想……不具有可专利性"。❻ 在简要地讨论这个例外规定之后，最高法院强调了专利制度的基本目的是"促进科学和实用艺术的进步"。❼ 最高法院指出，"我们必须适用这一已经确立的标准来判断 Myriad 公司的专利是否为任何'新的和有用的……合成物'，还是自然存在的现象"。❽最高法院提及 Prometheus 案，似乎是为可专利客体的政策考量提供一个基础，而不是为了引用可能影响其对 Myriad 案判决的特殊先例。❾

---

❶ Myriad IV，133 S. Ct. at 2118.

❷ BRACAnalysis: The Value of Hereditary Cancer Testing, MYRIAD GENETICS, https: //myriad.com/products/bracanalysis/（最后访问日期：2014 年 5 月 14 日）。

❸ 282 号专利包含 20 个权利要求。前 7 个是有关特殊的分离 DNA 分子；剩下的 13 个涉及的是描述各种分子、转化细胞、方法和测试工具。20 个权利要求中没有一个使用"信息"一词。

❹ 参见 Myriad IV，133 S. Ct. at 2116 – 2119.（判决书的第二部分，几乎完全依据以下案例作出：Mayo Collaborative Servs. v. Prometheus Labs.，132 S. Ct. 1289（2012），Diamond v. Chakrabarty，447 U. S. 303（1980），and Funk Bros. v. Kalo Inoculant Co.，333 U. S. 127（1948）。)

❺ Myriad IV，133 S. Ct. at 2116（引用 Prometheus，132 S. Ct. at 1293）。

❻ 同上注。对于自然产物理论更为完整的讨论，请参见上文第一部分。

❼ 美国宪法第 1 条第 8 款。最高法院在审理 Myriad 案时指出："正如我们之前所承认的那样，专利保护在'为创造、发明和发现'创造激励'与'阻碍那些可能允许甚至刺激创新的信息的流动'之间建立精妙的平衡。"Myriad IV，133 S. Ct. at 2116（引用 Prometheus，132 S. Ct.. at 1305）。

❽ Myriad IV，133 S. Ct. at 2116.（省去内部引用）（引用《美国法典》（2012 年）第 35 编第 101 条）。

❾ 同上注，第 61 页。

美国分子病理学协会诉Myriad 基因公司案

最高法院根据 Funk Brothers 案和 Chakrabarty 案来界定其对可专利性产品的创造性的要求。❶ 最高法院将 Myriad 案中的 DNA 分子与 Chakrabarty 案中的基因工程细菌予以区分；审理 Chakrabarty 案的法院将该细菌描述为："与任何自然界中的事物有着显著不同特征的新事物。"❷ 最高法院认为 Myriad 公司的角色更像是 Funk Brothers 案中的发明人，后者的权利请求"没有披露专利法意义下的发明或者发现"。❸ 类似地，Myriad 公司对于"BRCA 基因的发现"，就其本身而言，也没有导致 BRCA 基因成为具有可专利性的"新的……合成物"。❹ 克隆 DNA 所需的创造性程度，很明显处于混合三个菌株与创造一个新物种之间。❺ 然而，最高法院不一致的科学分析和简要的法律分析并未阐明，与可专利性有关的创造性的频谱上，克隆 DNA 分子的复杂过程究竟位于何处。

判决的最后一段引用了"还有哪些没有被这个判决牵涉其中"这一句话。最高法院注意到了，在 Myriad 案中，没有涉及方法专利。❻ 因此，"操作基因的创新方法"，有关分离的 gDNA 链"知识的新应用"，以及"自然产生的核苷酸序列已经被改变"的合成 DNA 链，都将提供"不同的考察内容"。❼ 最高法院通过强调其依据 DNA 的信息内容作出结论，似乎在 DNA 分子之外限制 Myriad 案的适用性："我们不能仅因为它们已经从周围的基因物质中被分离出来，而认为基因和它们解码的信息在第 101 条下具有可专利性。"❽ 最高法院在 Myriad 案中，在两个非常相似的分子之间划了一条界限：一方面，gDNA 不具有可专利性，因为它与自然存在的染色体 DNA 一样，具有相同的核苷酸序列，携带了相同的基因信息。另一方面，cDNA 具有可专利性，因为它并没有与染色体 DNA 共享化学和信息的同一性。❾

四、后续发展

在 Myriad 案宣布审理的十个月后，Ostrer 博士作为仅剩的原告，没有提供

---

❶ *Myriad IV*, 133 S. Ct. at 2116.（省去内部引用）（引用《美国法典》（2012 年）第 35 编第 101 条，第 2116 页。）
❷ *Myriad* IV, 133 S. Ct. at 2117.
❸ *Funk Bros.*, 333 U. S. at 132.
❹ Myriad IV, 133 S. Ct. at 2117.
❺ Funk Brothers, 333 U. S. at 130.
❻ *Myriad IV*, 133 S. Ct. at 2119.
❼ 同上注，第 2119~2120 页。
❽ 同上注。
❾ 尽管它依赖于 gDNA 和自然存在的染色体 DNA 的信息等值的重要性，但最高法院在审理 Myriad 案时，并没有强调 cDNA 和自然存在的 mRNA 的信息等值。

一个与 Myriad 公司的基因检测法具有竞争关系、旨在判断 BRCA1 和 BRCA2 基因是否变异（所谓的 BRAC 分析检测法）的检测方法。❶ Myriad 公司与其他五个竞争者就它们之间具有竞争关系的测试法是否侵犯了 Myriad 公司的专利权问题，卷入了多区域诉讼中；USPTO 已经发布了新的专利审查指南，该指南似乎增加了有关自然产物的内容。❷ 这些事实使得解释该判决对诉讼各方当事人的影响变得非常困难，更别说对于整个专利制度的影响了。

（一）与 Myriad 公司专利有关的正在进行的诉讼

不出所料，考虑到财政上的风险以及 Myriad 公司的处境：最高法院只是"宣告 [550 个中的] 5 个包含分离出来的自然产生的 DNA 的专利权利要求无效……因此，将其专利资产减少到 24 个专利和 515 项专利权利要求"，Myriad 公司和它的潜在竞争者对于该判决的效力范围存在分歧。❸ Myriad 公司已经起诉了每一个大公司，这些大公司已经宣布进入 BRCA 测试的营利场。❹ 这些案件的第一个案件已庭外和解，基于禁止被控侵权人在北美地区提供单独 BRCA 检测的条款。❺ 然而，Myriad 公司被法院拒绝了其请求禁止 Ambry 基因公司销售或许诺销售包括一个 BRCA1 板和 BRCA2 板的基因检测的临时禁令。❻ 审理正在进行中的跨区诉讼的 Shelby 法官拒绝了部分诉讼请求，因为 Myriad 公司"不能成功地建立其权利要求中的价值"。❼

---

❶ 对阿尔伯特爱因斯坦医学院教授 Harry Ostrer 博士进行了电话采访。

❷ 参见下文第四部分第一节和第三节。

❸ 参见 Complaint, Univ. of Utah Research Found. v. Ambry Genetics Corp., Case No. 2：13 – cv – 00640 – RJS (D. Utah July 9, 2013)。

❹ 在最高法院作出判决还不到一个月的时间里，Myriad 公司已经开始起诉进入 BRCA 检测市场的竞争者，这激起了来自被控侵权人或者潜在侵权人的一轮新的反诉和确认判决诉讼。参见 Myriad Legal Consequences Stem from Supreme Court Gene Case, NEWLEGALREVIEW（2014 年 1 月 16 日），http：//new-legalreview. cpaglobal. com/myriad – legal – consequences – stem – supreme – court – gene – case. 在 2014 年 2 月，跨区诉讼的审判组将涉及 Myriad 公司的 14 个专利的 5 个诉讼合并在一起，使其在犹他州地区法院进行跨区诉讼管理。In re BRCA1 – and BRCA2 – Based Hereditary Cancer Test Patent Litig., No. 2：14 – MD – 2510, 2014 WL 690559 (J. P. M. L. 2014 年 2 月 19 日)。在本文写作时，诉讼仍在进行。

❺ 参见 Press Release, Gene by Gene, Ltd. & Myriad Genetics, Inc., BRCA Patent Owners and Gene by Gene, Ltd. Resolve Patent Suit（2014 年 2 月 7 日），http：//online. wsj. com/article/PR – CO – 20140207 – 907847. html。

❻ In re BRCA1 – and BRCA2 – Based Hereditary Cancer Test Patent Litig., MDL No. 2：14 – MD – 2510, 2014 WL 931037, at *4 (D. Utah July 9, 2013)。

❼ 参见 Andrew Pollack, Patentholder on Breast Cancer Tests Denied Injunction in Lawsuit, N. Y. Times, Mar. 10, 2014, http：//www. nytimes. com/ 2014/03/11/business/patentholder – on – breast – cancer – tests – denied – injunction – in – lawsuit. html（最后访问日期：2014 年 3 月 14 日）。

(二) 引用 Myriad 案的早期案例

两个地区法庭的案件已经援引 Myriad 案作为评判与 DNA 相关专利的客体的可专利性。在 Ariosa v. Sequenom 案中，加州北部地区的 Illston 法官扩展了 Myriad 案中的对于方法专利的论证。❶ 她承认了对一个被控专利侵权人的简明扼要的判决，被控侵权专利是对游离 DNA 的检测方法专利，该游离 DNA 是 DNA 众多类型中的一种，其在 Myriad 案的复审程序中没有得到明确的说明。❷ 在一个频繁援引 Myriad 案的决定中，Illston 法官认为"即使 Myriad 案涉及的是合成物的权利要求而不是方法的权利要求"，它也支持这样的结论，即原告的权利要求是不可专利的客体。❸

Genetic v. Agilent 案件涉及一个方法专利，它涉及审理 Myriad 案的法庭没有充分分析的 DNA 的另一种类型，即与"没有遗传编码"的内含子区域相一致的染色体 DNA。❹ 在拒绝不予考虑被控侵权人的请求时，同样是加州北部地区的 Seeborg 法官，再一次提到 Myriad 案：

> "Agilent 公司反驳说，不像 cDNA，扩充的 DNA 在 Myriad 案下是不可专利的。尽管如此，[基因技术] 并没有企图让扩充的 DNA 本身得到专利保护，而是企图使利用扩充的 DNA 的方法得到专利保护。审理 Myriad 案的法院很谨慎地指出，它的决定没有涉及任何方法权利要求或者自然法则的应用。"❺

地区法院和更重要的联邦巡回上诉法院未来选择清晰地扩大 Myriad 案的逻辑的程度仍有待观察。

(三) USPTO 针对判定可专利客体的指南

USPTO 似乎对 Myriad 案的分支有着更为清晰的观点，即关于分离 DNA 分子的可专利性和写入"自然产物"的专利权利要求书的评价。可争辩的是，比起由裁定的语言证明其正当性，它需要一个更为宽广的观点。在 Myriad 案判决公布的那天，USPTO 的副局长解释 Myriad 案时，指出"分离 DNA 的权利要求在《美国法典》第 35 编第 101 条下是不可专利的"，并指导专利审查员

---

❶ No. C 11-06391 SI, 2013 WL 5863022 (N. D. Cal. Oct. 30, 2013).
❷ 同上注，第 1~2 页。
❸ 同上注，第 10 页。
❹ No. CV 12-01616 RS, 2014 WL 941354 (N. D. Cal. Mar. 7, 2014).
❺ 同上注，第 7 页，注释 17。

去"拒绝只是自然产生的核酸或者它的片段的产品权利请求,无论是否被分离出来,都视为《美国法典》第 35 编第 101 条下的不可专利的客体"。❶

九个月之后,USPTO 发布一个更全面的指南给它的专利审查员,覆盖了审查"所有详述或者涉及自然法则/自然原则、自然现象,和/或者自然产品的权利要求(如机器、合成物、制造品、程序权利要求)"。❷ 这个指南取代了六月备忘录,以及"强调 Myriad 案……对最高法院的长期存在的'自然之物不可专利原则'的影响"。❸ 它确立了一个三步骤法则,专利审查员将用它来决定一个权利请求是否是可专利客体。这个审查程序要求审查员去询问"作为一个整体的权利要求是否详述了显著不同于司法例外的事项",接着确立了12 个因素,审查员将权衡这些因素以此来决定"作为一个整体的权利要求是否详述了显著不同于该自然产品本身的事项"。❹

六月备忘录和最近发布的指南可能打算来澄清 USPTO 对 Myriad 案判决的解释以及提高专利审查程序的一致性。但是,尚不清楚的是在这两份文件中是否有一份准确地反映了 Myriad 案判决的内容。❺

五、结论

Myriad 案对于 DNA 分子的两种类型的可专利性建立了一条明确的规则:gDNA 不可专利,部分 cDNA 可专利。❻

最高院作出此种区分,是依据于对化学的不完全和看起来似乎是矛盾的科

---

❶ Memorandum from Andrew H. Hirschfeld, Deputy Comm'r for Patent Examination Policy, USPTO, to Patent Examining Corps, Supreme Court Decision in Association for Molecular Pathology v. Myriad Genetics, Inc., United States Patent and Trademark Office (June 13, 2013) (以下简称 June Memorandum), http://www.uspto.gov/patents/law/exam/myriad_20130613.pdf.

❷ Memorandum from Andrew H. Hirschfeld, Deputy Comm'r for Patent Examination Policy, USPTO, to Patent Examining Corps, Guidance for Determining Subject Matter Eligibility of Claims Reciting or Involving Laws of Nature, Natural Phenomena, & Natural Products, United Patent and Trademark Office (Mar. 4, 2014) (以下简称 Guidance), http://www.uspto.gov/patents/law/exam/myriad – mayo_ guidance.pdf.

❸ 同上注。

❹ 同上注。

❺ 参见,例如,Courtenay C. Brinkerhoff, United States: Do Pharmaceutical Compositions Have Patent Subject Matter Eligibility Under the New USPTO Guidelines?, MONDAQ, http://www.mondaq.com/united-states/x/299892/Life + Sciences + Biotechnology/Do + Pharmaceutical + Compositions + Have + Patent + Subject + Matter + Eligibility + Under + the + New + USPTO + Guidelines; Paul Cole, USPTO Patent Eligibility Guidelines: A Topsy Turvy Approach for Natural Products, IPWATCHDOG, http://www.ipwatchdog.com/2014/03/10/uspto – patent – eligibility – guidelines – natural – products/id = 48701.

❻ 与染色体 DNA 相一致的 cDNA 分子,若其未越过内含子—外显子的边界,则其不具有可专利性。参见 Myriad IV, 133 S. Ct. at 2119。

美国分子病理学协会诉Myriad 基因公司案

学理解，以及受限制的和含糊的能够使其相互连贯的法律推理。考虑所有这些，除了它特定的观点即分离 gDNA 和一些其他类似的 DNA 形式是不可专利的以外，最高院对 Myriad 案的判决的这些缺点似乎可能限制了 Myriad 案判决的适用性。地区法院可能以很多不同方式来解释 Myriad 案，每个解释可能和法院的推理相一致。它们可能认为 Myriad 案对第 101 条的可专利客体加了一个"显著不同"的要件。它们可能看到认同自然产物理论的、审理 Myriad 案的法院似乎在说，依据基本科学，gDNA 是不符合"分离的和纯化的"例外。它们可能猜测，Myriad 案对第 101 条加入了新的、法院造法的"信息内容"例外：在信息上与自然存在物同一的混合物是不可专利的。最终，它们可能分析出 Myriad 案已经创造出了自然产物理论的"分离的和纯化的"例外的例外，其仅适用于核酸。虽然 USPTO 看起来已经接受了"显著不同"的概念，联邦巡回上诉法院作为实际上的 Myriad 案件影响力的最终裁决者，似乎更倾向于将 Myriad 案判决结果视为独特的、只适用于核酸的例外。

关于 Myriad 案中"显著不同"的解释，法院是从 Chakrabarty 案中关于自然产生的物质不可专利的语言中引用得来的，但法院没有对 gDNA 和 cDNA 进行彻底的分析，来解释前者怎么不同，但没有"显著不同"于和自然存在的混合物，然而后者是"显著不同"的。更确切地说，在法院对于 cDNA 的分析中，它仅仅坚称 cDNA 是"毫无疑问……新的东西"。[1] 因此，关于何种在结构、功能和实用性上使得一个权利要求中的分子"显著不同"于一个类似的自然产生的分子，进而是可专利的，最高法院没有给出任何有意义的指引。法院也没有清楚地阐明这个标准，而且不去区分先前的巡回上诉法院关于自然产物可专利性的例外以及"分离的或者提纯的"例外的法院审判理论。指引的缺乏使得下面的情况成为可能：下级法院关于这些物质的分析，除了明确地注意 DNA 分子的可专利性之外，将会继续依靠先前联邦巡回上诉法院的判例。

法院接受 Sweet 法官的"DNA 视为信息"范例的程度也是稍微不够明确的。尽管法院确实强调它的关于 Myriad 公司的"权利要求主要是有关包含……信息"的理解，[2] 但它没有准确地阐明遗传信息意味着什么，当检查一个合成物专利时，为了确定分子结构或者在其给定的权利要求中占主导地位的信息内容时，什么样的标准能被采用，或者除了 DNA 外哪些化学品对于决定其可专利性的一个信息内容分析是能够经得起检验的。因此，对于一个下级法院来说，基于这个新范例去分析一个专利权利要求时，企图从 Myriad 案中得

---

[1] *Myriad IV*, 133 *S. Ct.* 2107, 2119 (2013).

[2] 同上注，第2118页。

到的任何有意义的指导，都将是困难的。

因此，看起来 Myriad 案对于分离 DNA 专利的现有持有者有着重要意义，但是其范围被限制在明确的地方：gDNA 不可专利，但某些 cDNA 可专利。最高法院不愿意解释它的科学分析和法律推理，这使得联邦法院很少有动力去扩展 Myriad 案中不限于 DNA 分子的先例效力。更为重要的是，法院不愿意去和联邦巡回上诉法院的先例做斗争，来评论其他经纯化、分离的已经被授予专利权的生物化学品。这些事实，加上法院对 DNA 作为一种携带信息的分子这一独一无二的性质的信赖，很可能将 Myriad 案的遗产降低到仅仅是创造了一个新的开拓事业：排除某些合成 DNA 分子的可专利性。

违反 RAND 与达至合理：微软诉摩托罗拉与标准必要专利诉讼

卡桑德拉·马尔多纳多（Kassandra Maldonado）* 著
周晨黠 曾哲 李先腾 译
万勇 校

技术创新即使有，也很少不以先前创新成果为基础。正如卡尔·夏皮罗所言："[美国]科学的本质是累积的创新"，而累积的创新"是科学方法的核心话题"❶。不过，累积的创新会因为知识产权的大量排列组合变得复杂。❷ 在涉及标准制定的问题时，这些知识产权问题尤其突出。❸ 在标准制定过程中，任何一项专利，只要对被选为标准的专利的实施而言是必要的，就会被贴上标准必要专利（"SEPs"）的标签。❹ 因为新的技术创造含有先前发现，因此，新技术产生所基于的先前发现的专利持有人，被赋予了决定专利授权费率的重要市场力量。❺

因此，标准制定组织（"SSOs"）通常要求其成员在专利被纳入标准之前，承诺将依据合理、非歧视的条款（"RAND"）许可他人使用标准必要专利❻。

---

* 作者系美国加州大学伯克利分校法学院法律博士。

❶ Carl Shapiro, *Navigating the Patent Thicket: Cross Licenses, Patent Pools, and Standard Setting*, in Innovation Policy and the Economy 119, 119 (Adam B. Jaffe, Josh Lerner & Scott Stern eds., 2000).

❷ 同上注，第 120 页。（其中指出，鉴于创新的积累，更强的专利权可以通过创建新专利必须经过的专利权迷宫的方式扼杀创新。）

❸ 同上注，第 136 页。

❹ 同上注。

❺ 同上注。

❻ 欧洲标准制定组织通常要求其成员依据公平、合理和非歧视性的条款（"FRAND"）许可。FRAND 和 RAND 在本文中将交替使用。

虽然 RAND 承诺是为了激励标准的实施，而要求标准必要专利持有人以合理的条款授权专利许可，但是专利权人依旧享有相当大的自由来设定许可费率。❶设定许可费率的权力，因为对"合理"许可的含义缺乏指导而增强。❷ 对"合理"含义指导的缺失，导致了如洪水般的诉讼的出现，这些诉讼是为了界定合理专利授权费率，建立 RAND 承诺的执行机制以及违反承诺后的补救措施。❸

所谓的"智能手机大战"只不过是助长了此类诉讼。❹ 作为专利诉讼升级的结果，智能手机制造商已在设法提高他们的移动技术专利组合，而这些专利组合往往包含标准必要专利。❺ 尽管有人认为智能手机的诉讼大战可以通过附有 RAND 承诺❻的交叉许可得以缓解，事实上持续的诉讼已经表明，交叉许可不能缓解现有的诉讼浪潮❼。紧随诉讼而来的是，利用合同法来确定 RAND 承诺下应当采用何种执行机制与补救措施以及何为"合理"的 RAND 许可费率的司法判决。❽

这些近期的司法裁决正是本文关注的主题；本文将主要讨论微软和摩托罗拉之间在地区法院的诉讼（以下简称"微软案"），并讨论微软选择的违约之诉是否能证明合同法作为 RAND 承诺的执行机制的有效性。另外，本文也将介绍罗巴特（Robart）法官对 RAND 许可费的计算，并讨论该计算方法是否能为合理的 RAND 许可费率计算提供一种路径，从而成为谈判基础。本文第一部分将以标准必要专利诉讼的发展为背景介绍微软案。第二部分将考察微软案及随后一系列案件的合同争议焦点与判决，并阐述现有合同法在标准必要专利诉讼中为 RAND 承诺提供了一种有用的执行机制。第三部分将讨论微软案的 RAND 许可费率的司法确定方式，以及随后一系列案件，如 In re

---

❶ 参见 Mark A. Lemley, *Intellectual Property Rights and Standard–Setting Organizations*, 90 Calif. L. Rev. 1889, 1906 (2002). For a more in depth discussion of "reasonableness", 参见下文第三部分。

❷ 同上注, 第 1906 页。

❸ 对于标准必要专利诉讼的案件列表，可以参见 *Litigations Involving SEPs*, Essential Patent Blog (Dec. 20, 2014), http：//essentialpatentblog.com/list–of–litigations–involving–seps。

❹ Mike Lloyd, Doris Spielthenner & George Mokdsi, The Smartphone Patent Wars 4 (2011), http：//www.iam–magazine.com/blog/articles/GriffithHackSmartphonesReportFinal.pdf.

❺ Thomas H. Chia, *Fighting the Smartphone Patent War with RAND–Encumbered Patents*, 27 Berkeley Tech. L. J. 209, 213 (2012).

❻ 同上注。

❼ 参见，例如：*In re* Innovatio IP Ventures, LLC Patent Litig., MDL 2303, 2013 U. S. Dist. LEXIS 144061 (N. D. Ill. Oct. 3, 2013); Microsoft Corp. v. Motorola, Inc., No. C10–1823JLR, 2013 U. S. Dist. LEXIS 60233 (W. D. Wash. Apr. 25, 2013); Apple, Inc. v. Samsung Elec. Co., No. 11–cv–01846–LHK, 2012 WL 2571719 (N. D. Cal. June 30, 2012).

❽ 参见 *Microsoft*, No. C10–1823JLR, 2013 U. S. Dist. LEXIS 60233; *Innovatio*, MDL 2303, 2013 U. S. Dist. LEXIS 144061。

Innovatio 知识产权风险投资公司专利诉讼案❶的 RAND 许可费率的确定方式。第四部分是结论,该部分将论述如何应用最新的案例,以及在需要时如何执行 RAND 承诺。

一、微软诉摩托罗拉案及其历史

2010 年 11 月,微软向摩托罗拉提起违约之诉。❷ 在此诉讼仅一周前,微软刚收到一封报价书,其上标明了摩托罗拉就其与电气与电子工程师协会(以下简称"IEEE")"802.11"无线局域网(以下简称"WLAN")标准(以下简称"'802.11'标准")以及国际电信联盟(以下简称"ITU")H.264 高级视频编码技术标准(以下简称"'H.264'标准")有关的标准必要专利的许可条款❸。在起诉书中,微软宣称,摩托罗拉违反了其对 IEEE 和 ITU 承诺的以 RAND 条款对其标准必要专利进行许可的合同义务。❹ 摩托罗拉要求微软支付的许可费率是:微软每一个实施了摩托罗拉标准的产品,都应支付最终产品价格的 2.25%,共计需向摩托罗拉支付现金 40 亿美元❺。三年之后,一审法院对 RAND 比例第一次作出了最终的判决,而且陪审团认定摩托罗拉违反了其向 ITU 和 IEEE 作出的以 RAND 条款进行许可的合同承诺。❻

微软为 RAND 承诺提供了一个长期以来一直缺失的执行机制和补救办法,也是后续案件可以继续沿用的解决路径。不过,为了更好地了解微软案的历史及性质,有必要首先回顾标准必要专利诉讼与 RAND 承诺的相关背景。

(一) 放松合法垄断以激励创新

专利的核心,是一种专有性权利。❼ 发明人的这种专有权授予了一个临时的、合法的垄断,来"促进科学和实用技术的进步",❽ 以奖励创新。专利法领域创新与竞争之间的紧张关系,给我们法律体系带来了很多有趣并且复杂的

---

❶ 参见:*In re Innovatio*, 2013 U.S. Dist. LEXIS 144061。

❷ Microsoft Corp. v. Motorola, Inc., 696 F.3d 872, 877-878 (9th Cir. 2012).

❸ 同上注。

❹ 同上注,第 378 页。

❺ 同上注。

❻ Microsoft Corp. v. Motorola, Inc., No. C10-1823JLR, 2013 U.S. Dist. LEXIS 60233 (W.D. Wash. Apr. 25, 2013), Verdict Form at 2, Microsoft Corp. v. Motorola, Inc., No. C10-1823JLR, 2013 WL 5398081 (W.D. Wash. Sept. 4, 2013).

❼ eBay, Inc. v. MercExchange, L.L.C., 547 U.S. 388, 391-397 (2006).

❽ U.S. Const. art. I § 8, cl. 8.

挑战。受到技术市场不断增长的互操作性（interoperability）需求的刺激，以及庞大专利组合快速发展和维护的挑战，标准必要专利诉讼成了创新与竞争之间紧张关系的一种重要体现。为缓解所有权与技术互操作性需求之间的紧张关系，标准制定组织要求技术可能被纳入标准的专利持有人作出承诺，以 RAND 条款将专利许可给任何的标准实施者。❶ 在以技术创新为经济驱动力的现代社会，标准和 RAND 政策具有非常重要的作用。

  从广义上来说，标准是"任何一套为产品或流程提供或意图提供一个共同设计的技术规范"。❷ 克林顿政府在 1997 年指出，由于标准化提升了技术互操作性，标准将成为新兴技术产业取得"长期的商业成功"的关键。❸ 简单地说，互操作性是指"两个或两个以上的网络、系统、设备、应用程序或组件之间交换、使用信息，并且即使更换产自另一家制造商的产品，也能与原制造商的产品进行无缝操作的能力"。❹ 这种属性使得技术市场能够在降低消费者成本的情况下进行更广泛的开发。❺

  私人标准制定组织制定的标准，往往会因网络效应或其他市场压力被采纳。❻ 例如，第三代合作伙伴项目创造了 4G LTE 标准❼。LTE 于 2009 年正式在欧洲部分地区推出，并于 2010 年被美国第一大运营商自愿接受，而后被其

---

 ❶ 参见，例如：*Common Patent Policy for ITU – T/ITU – R/ISO/IEC*，ITU，http：//www.itu.int/en/ITU – T/ipr/Pages/policy.aspx（最后访问时间：2014 年 2 月 6 日）［以下简称为：*ITU Common Patent Policy*］。

 ❷ Lemley，*Intellectual Property Rights and Standard – Setting Organizations*，90 Calif. L. Rev. 1896（2002）。

 ❸ William J. Clinton & Albert Gore, Jr.，*A Framework for Global Electronic Commerce at Article III § 9*（July 1，1997），http：//clinton4.nara.gov/WH/New/Commerce/read.html（最后访问时间：2014 年 2 月 6 日）（"To ensure the growth of global electronic commerce over the Internet, standards will be needed to assure reliability, interoperability, ease of use and scalability."）。

 ❹ Tim Frain，*Patents in Standards & Interoperability* 1（2006），http：//www.wipo.int/export/sites/www/meetings/en/2006/patent_colloquia/11/pdf/frain_paper.pdf。

 ❺ 参见 Michael L. Katz & Carl Shapiro，*Systems Competition and Network Effects*，8 J. Econ. Persp. 93，109（1994）。整个行业的标准化可以显著提高消费者利益，比如增加整个行业的会员数能够减少设备的复制需要并增强日益激烈的竞争。同前注，第 105~106 页。标准化的作用在网络市场尤为显著，其中一个产品对一个特定的消费者的价值取决于有多少消费者在使用或兼容的网络功能。参见：Lemley，同前注 7，第 1896 页。

 ❻ Joseph Farrel et al.，*Standard – Setting, Patents, and Hold – Up*，74 Antitrust L. J. 603，637 n. 154（2007）。

 ❼ LTE Encyclopedia，https：//sites.google.com/site/lteencyclopedia/home（最后访问时间：2014 年 2 月 6 日）。

违反RAND 与达至合理：微软诉摩托罗拉与标准必要专利诉讼

他机构迅速接受。❶ 在较短的时间内，CDMA❷ 运营商曾打算使用竞争对手的标准，但随着美国、加拿大和亚洲最主要的运营商都更换为 LTE 标准，CDMA 运营商宣布，他们也将改为 LTE 标准。❸ 基于互操作性及市场压力的考虑，可以保证由私人标准制定组织制定的标准被市场广泛自愿接受。

标准的制定过程已经由政府主导转变为由已经存在几十年的私人行业标准制定组织制定。❹ 1979 年电信标准的发展，尤其是私人行业标准制定组织参与的增加，就是由于先进技术的快速发展以及互操作性需求的增加。❺ 以产业划分的私人行业标准制定组织，在如下领域广泛存在，例如航空、制造业、电力、智能电网、卫生医疗、电子商务、国防、电信和电子产品。❻ 标准制定组织覆盖了包括多媒体、云计算、网格计算、网络、计算机网络、半导体、软件、网络服务等在内的诸多技术行业。❼

标准制定组织的设立凸显科技进步时代的优势，与本文相关的标准制定组织是 IEEE 和 ITU。IEEE 的标准制定实践可追溯至 1890 年，当时其被称为电气工程师美国学院（以下简称"AIEE"）❽。1963 年，AIEE 与无线电工程师学会合并，成立了 IEEE；直到现在，IEEE 仍继续支持标准的发展，其中就包括 802.11 无线局域网标准。❾ ITU 的历史也可以追溯到 1865 年的国际电报联盟。❿ 其目前的名字起源于 1932 年，而其专业领域广泛，包含整个信息和通信

---

❶ LTE Encyclopedia, https://sites.google.com/site/lteencyclopedia/home（最后访问时间：2014 年 2 月 6 日）。

❷ CDMA 代表"code division multiple access"：一项被多种无线电交流技术使用的信道访问方式。Code Division Multiple Access, PC Magazine Encyclopedia, http://www.pcmag.com/encyclopedia/term/39462/cdma (last visited Feb. 6, 2014)。

❸ Steven Hartley & Julien Grivolas, LTE: The Future of Mobile Data, Forbes Custom, http://www.forbescustom.com/TelecomPgs/LTEP1.html（最后访问时间：2014 年 2 月 6 日）。

❹ 有关标准制定历史方面的更多信息，参见 Maureen Breitenberg, Nat'l Bureau of Standards, U.S. Dept. of Commerce, The ABC's of Standards – Related Activities in the United States 2 – 3 (1987)。

❺ 参见 Robert W. Garnet, The Telephone Enterprise: The Evolution of the Bell System's Horizontal Structure, 1876 – 1909 (1985)。

❻ 依据功能划分的标准制定组织综合列表，参见：Mark Lemley, Intellectual Property Rights and Standard – Setting Organizations, 90 Calif. L. Rev. 1908 (2002)。

❼ 同上注。

❽ IEEE History, IEEE, http://www.ieeeghn.org/wiki/index.php/IEEE（最后访问时间：2014 年 2 月 6 日）。

❾ History of Institute of Electrical and Electronic Engineers (IEEE) Standards, IEEE, http://www.ieeeghn.org/wiki/index.php/History_of_Institute_of_Electrical_and_Electronic_Engineers_(IEEE)_Standards（最后访问时间：2014 年 2 月 6 日）。有关 802.11 标准的详细论述，参见本文第三部分。

❿ Overview of ITU's History, ITU, http://www.itu.int/en/history/Pages/ITUsHistory.aspx（最后访问时间：2014 年 2 月 6 日）。

— 219 —

技术行业，其制定的标准涵盖领域从移动通信技术标准到 3D 电视标准，其中包括 H. 264 视频压缩标准❶。

虽然 20 世纪后期快速发展的技术革新已经证明标准制定组织和标准的好处，但它们同时也带来了复杂性问题。❷ 技术标准的制定往往只是基于对标准技术专有性的有限了解❸。尽管标准包含非专利技术，但不可避免地会包含和实施专利技术。专利技术的实施，通常会引发诉讼、损害赔偿或禁令——这将阻碍标准被采纳。RAND 承诺就是为了克服专利实施者采纳标准时所可能面对的风险，并且以合理的许可费率来平衡专利权人专有权的损失而出现的。

（二）标准必要专利和 RAND 承诺

不同的标准制定组织制定标准的过程是不同的。大多数标准制定组织要求其成员在标准被采纳之前，披露任何可能与将被采纳的标准相关的专利或正在申请的专利。❹ 标准制定组织的成员必须声明，如果其拥有的某项专利是预期的标准中必要的，那么必须同意依照 RAND 条款许可此种必要专利。❺ 从定义

---

❶ Overview of ITU's History, ITU, http：//www. itu. int/en/history/Pages/ITUsHistory. aspx（最后访问时间：2014 年 2 月 6 日）。H. 264 标准在本文第三部分详细探讨。参见下文第三部分第（二）节第 3 小节。

❷ 虽然不在本文的主题范围内，这些复杂性包括众多对反垄断标准设置的挑战。一份不完全清单可大致参见 Microsoft Corp. v. Motorola, Inc. , 696 F. 3d 872（9th Cir. 2012）；Rambus Corp v. FTC, 522 F. 3d 456（D. C. Cir. 2008）；Apple, Inc. v. Motorola Mobility, LTC. , No. 11 – cv – 178 – bbc, 2012 WL 5416941（W. D. Wisc. Oct. 29, 2012）；Apple, Inc. v. Samsung Elec. Co. , No. 11 – cv – 01846 – LHK, 2012 WL 2571719（N. D. Cal. June 30, 2012）；In re Motorola Mobility LTC, Docket No. 121 – 0120（F. T. C. Jan, 3, 2013）；Broadcom Corp. v. Qualcomm, Inc. , 501 F. 3d 297（3d Cir. 2007）；In re Negotiated Data Solutions LLC（N – Data）, Docket No. C – 4234（F. T. C. Sept. 22, 2008）。也参见：U. S. DEP'T OF JUSTICE & FED. TRADE COMM'N, ANTITRUST ENFORCEMENT AND INTELLECTUAL PROPERTY RIGHTS: PROMOTING INNOVATION AND COMPETITION 53 – 56（2007）；IEEE STANDARDS ASS'N, PROMOTING COMPETITION AND INNOVATION: WHAT YOU NEED TO KNOW ABOUT THE IEEE STANDARDS ASSOCIATION'S ANTITRUST AND COMPETITION POLICY（2010）, http：//standards. ieee. org/develop/policies/antitrust. pdf。

❸ IEEE Standards Ass'n, Standards Board Bylaws § 6. 2, http：//standards. ieee. org/develop/policies/bylaws/sb_ bylaws. pdf（最后访问时间：2014 年 2 月 6 日）[以下简称 IEEE Bylaws]。

❹ 参见，例如：Letter of Assurance for Essential Patent Claims, IEEE, http：//standards. ieee. org/about/sasb/patcom/loa – 802_ 11 – kpn – 08Jan2013. pdf（最后访问时间：2014 年 2 月 6 日）；General Patent Statement and Licensing Declaration Form For ITU – T or ITU – R Recommendation, ITU, http：//www. itu. int/dms_ pub/itu – t/oth/04/04/T04040000010003PDFE. pdf（最后访问时间：2014 年 2 月 6 日）。

❺ 参见 Thomas F. Cotter, The Comparative Law and Economics of Standard – Essential Patents and FRAND Royalties, 22 Tex. Intellectual Prop. L. J.（forthcoming 2014）（manuscript at 4）, available at http：//papers. ssrn. com/sol3/papers. cfm？abstract_ id = 2318050；也参见：IEEE Bylaws, § 6. 2。

来看，如果一项专利"是实施可选或者强制规定的标准所必需的"，[1]则该专利就是对标准而言所必要的。值得注意的是，标准制定组织本身并不调查宣称为标准必要专利的专利是否真的对标准而言是必要的。[2] 鉴于标准必要组织的资源有限，这一由专利持有人自行声明的政策，尽管毫无疑问具有相当的实用性，但似乎可能导致过度声明。[3]

成员对于是否过度声明的决定，在某种程度上，是一种猜测。典型的买卖谈判在购买过程中包含双方对产品议价的过程。在专利权人对专利享有的二十年专有权期间内，对困难、具体的问题进行有效、有价值的回答，是专利权人每次用其专利组合进行盈利的过程中一笔必须容忍的巨大开支。[4] 此外，由于是由工程师管理标准的制定过程，企业能送到标准制定组织参与标准的制定过程的只能是工程师，而不是参与专利价值论证的律师或专家证人。这是出于对法律服务费用以及专利可能没有实际商业价值的经济效率的考虑。[5] 最后，如果一个专利由于存在商业上可行的替代品而几乎没有经济价值，其专利持有人理所当然会将之纳入到标准中，以便在广泛的被许可人基数上收取合理的许可费。[6] 所有的这些因素都会诱使成员声明其专利是必要的，并且为了许可费率而承诺许可其专利。

许可费率是标准制定组织为了推动标准的采纳以及增强互操作性而在标准中采用的合同性质的激励措施。[7] 作为合理许可费率的交换，必要专利持有人必须在其专利被正式纳入标准之前，以单独书面声明或者保证书（"LOA"）

---

[1] Microsoft Corp. v. Motorola Inc., No. C10 – 1823JLR, 2013 U. S. Dist. LEXIS 60233, ∗26（W. D. Wash. Apr. 25, 2013）.

[2] Cotter, The Comparative Law and Economics of Standard – Essential Patents and FRAND Royalties, 22 Tex. Intellectual Prop. L. J. （forthcoming 2014）（manuscript at 4）, available at http：//papers. ssrn. com/sol3/papers. cfm？ abstract_ id = 2318050.

[3] 参见 Robert A. Myers, Fairfield Res. Int'l, Inc., Review of Patents Declared as Essential to LTE and SAE (4G Wireless Standards) Through June 30, 2009, at 7 (2010), http：//www. frlicense. com/LTE Final Report. pdf.

[4] 参见 Doug Lichtman, Understanding the RAND Commitment, 47 Hous. L. Rev. 1023, 1028 (2010).

[5] 同上注，第1029页。

[6] 应当指出，从实践的角度来看，在宣布之后可能存在一个未知的简单元件。在标准制定之时，标准制定组织的成员可能拥有正在进行审查但尚未授权的专利申请。此外，标准本身仍可能在不断变化，因此，一周内刚被宣布为必要的专利可能在最终实施时并非必要。

[7] IEEE, IEEE Policies § 8.1 (2014) http：//www. ieee. org/documents/ieee_ policies. pdf （最后访问时间：2014年2月6日）（以下简称为：IEEE Policies）.

的形式，承诺以合理的许可费率许可任何专利实施者。❶ 相反，专利实施者由此获得了一个在合理价格内无侵权指控风险（理想环境下）地使用专利技术的合法途径。❷ 这样又引发了一个新的问题：专利持有人作出这样的承诺，是否不只是减弱其专有权，而是完全放弃了该权利？

从逻辑上讲，答案是肯定的。如果标准制定组织的目的是确保标准被广泛采用，那么同意以 RAND 条款进行许可就是一项声明：该专利能够并且将会在合理条件下许可给任何实施者。以简单语言表述的承诺并未留下多少，如果有的话，也是为了留有回旋余地。❸ 保证书可能是知识产权领域最简单的一种合同。

然而，作为合同的简单形式，保证书在解释合同的时候并不能提供很多帮助。与大多数合同法类似，问题归结为一个词：即合理。什么是"合理"？谁决定是否合理？如何认定合理？所有这些问题都无法从合同本身中找到答案，这些答案在本文第三部分进行进一步讨论。❹ 然而，构成"合理"问题讨论基础的政策担忧已经开始显现，尤其是在涉及"智能手机"专利战的背景下更是如此。

（三）智能手机大战以及标准必要专利诉讼的增加

近几年标准必要专利诉讼已经急剧增加。2011 年，所有主流智能手机制造商都被卷入美国国际贸易委员会和联邦法院的诉讼中。❺ 虽然专利侵权诉讼的高风险本应因为 RAND 许可谈判而消除，但是专利组合很少能在标准必要专

---

❶ 如果专利持有人拒绝提供许可保证，这项技术就不会被纳入标准。参见，例如：*ITU Common Patent Policy*, for ITU – T/ITU – R/ISO/IEC，ITU，http：//www.itu.int/en/ITU – T/ipr/Pages/policy.aspx（最后访问时间：2014 年 2 月 6 日）。

❷ RAND 承诺也能减少反垄断风险。参见 Fed. Trade Comm'n, Opening Remarks of FTC Chairman Jon Liebowitz as Prepared for Delivery in In the Matter of Motorola Mobility LLC, a limited liability company, and Google, Inc. a corporation, 3, (2013)。

❸ 例如，IEEE 承诺函要求专利持有人在四个选项中勾选一个。第一个选项指出：SEP 持有人将无偿授予许可。第二个选项是 RAND 承诺。第三个选项是承诺 SEP 持有人将无条件地不对任何实施者行使任何现有或将来的 SEP 权利请求。第四个选项规定，专利持有人不愿在其技术未被纳入到标准的情况下授予许可或不再实施专利。参见：*Letter of Assurance for Essential Patent Claims*, IEEE, http://grouper.ieee.org/groups/1788/Patents/letter – of – assurance – form.pdf (last visited Feb. 6, 2014)。

❹ 参见下文第三部分。

❺ Sam Favate, *Patent Trolls And Smartphone Wars Mean More Litigation—Survey*, Wall St. J. (Dec. 1, 2011, 11：55 AM), http：//blogs.wsj.com/law/2011/12/01/patent – trolls – and – smartphone – wars – mean – more – litigation – survey. 作为智能手机市场商业竞争的一部分，智能手机制造商之间已经相互提起了众多的专利侵权诉讼，从而产生了"智能手机大战"。Lloyd, Spielthenner & Mokdsi, The Smartphone Patent Wars 4 (2011), http：//www.iam – magazine.com/blog/articles/GriffithHackSmartphonesReportFinal.pdf, 第 4 页。

利和非标准必要专利之间得到整齐地划分。RAND 许可谈判往往包含以非标准必要专利的许可,换取标准必要专利持有人的授权许可的交叉许可合意或者需求。❶ 在智能手机市场紧张的竞争关系中,标准必要专利不仅仅是标准专利持有人在交叉许可中获取非标准必要专利技术的工具,更是一个"战略政策武器"❷。

标准必要专利的战略性使用刚开始主要被作为防卫武器。❸ 举例而言,如果苹果因 iPhone 外观设计专利起诉谷歌专利侵权,谷歌可以其 802.11 WiFi 标准必要专利(苹果并未获得这些标准专利的许可)为基础,迫使苹果交叉许可,或者威胁苹果将采取侵权禁令。这类行为已经被聚焦于以下三项与标准必要专利有关的主要政策担忧:专利劫持、许可费堆叠以及禁令救济。❹ 本文对这些问题只做说明性而非全面性的简要介绍。

虽然采用标准专利组织制定的标准在理论上是"自愿"的,实际上市场的压力在相当程度上导致强制性采用标准。一些标准,例如 802.11 无线局域网标准❺的实施,即使只是产品中的一小部分,对产品的商业生存能力也是必不可少的。因为标准的实施对于市场竞争而言是必要的,标准必要专利的持有人往往能够从专利实施者中收取高于实际市场价值的许可费。❻ 这种技术增加价值与最终许可费之间的差距就是"专利劫持"的核心。❼ 在被采纳为标准之后,"作为本身与技术价值增加并不直接相关的,仅为吸纳为标准的决定所带来的一个结果",标准必要专利的持有人获得了相当大的谈判能力和相应的专利价值。❽ 这一专利劫持最初所担心的问题,正是 RAND 承诺所要改善的。❾

当一家公司因为生产一个由多部件组合而成的设备,并因此需要用到多项

---

❶ Dan O'Connor, *Standard Essential Patents in Context*: *Just a Small Piece of the Smartphone War Puzzle*, (Mar. 5, 2013), http://www.patentprogress.org/2013/03/05/standard-essential-patents-in-context-just-a-small-piece-of-the-smartphone-war-puzzle/ (最后访问时间:2014 年 2 月 19 日)(认为:大公司通常不采用现金支付许可费以换取交叉许可)。

❷ 同上注。

❸ 同上注。

❹ 同上注。

❺ 802.11 WLAN 标准是 WiFi 标准,使企业可制造一套规范的无线局域网络产品。

❻ 参见:Mark A. Lemley & Carl Shapiro, *Patent Holdup and Royalty Stacking*, 85 Tex. L. Rev. 1991, 1993 (2007).

❼ 同上注。

❽ James Ratliff & Daniel L. Rubinfeld, *The Use and Threat of Injunctions in the RAND Context*, 9 J. Competition L. & Econ. 1, 3 (2013).

❾ 参见例如:ITU Common Patent Policy, http://www.itu.int/en/ITU-T/ipr/Pages/policy.aspx (最后访问时间:2014 年 2 月 6 日)。

专利而将支付多笔许可费时,专利劫持所带来的恐慌将加剧。❶ 这种情形,被称为"许可费堆叠",许可费堆叠是专利实施者遇到的一个问题的两个层面。第一个层面是简单的算术问题。可以想象,专利实施者可能会被要求支付比他们商业上销售产品所能获得利润更多的专利使用费,这将导致或者从事侵权行为或者撤出市场❷。第二个层面是堆叠的使用费费率并不是简单地将每个专利持有人的专利使用费费率相加的总和。❸ 专利许可费率并不是在真空中进行谈判。付给一个标准必要专利持有人的许可使用费费率也会影响支付给其他标准必要专利持有人的许可使用费费率,这将导致堆叠后的许可使用费费率变成多次膨胀后的总和并且高于实际经济价值。❹

最近因为可能的禁令救济,这些问题得到了更多的关注。禁令带来的威胁导致标准必要专利持有人有更大的谈判能力向专利实施者提出许可使用费费率,更为戏剧性的是,标准必要专利只覆盖了一个多组件、盈利的产品中的一小部分。❺ 如果不是因为美国国际贸易委员会一直提供适用禁令的可能,专利持有人的谈判能力实际上已经在 eBay 诉 MercExchange 案❻中被最高法院大大削弱了。

在 eBay 案中,最高法院对授予禁令救济设置了更高的标准。❼ eBay 案所要求的金钱损害赔偿不足以弥补损害,加上 RAND 承诺许可,理论上可以有效地阻止在标准必要专利诉讼中适用禁令救济。❽ 然而,由于其独特的法律/制度机制的原因,美国国际贸易委员会所采用的适用排除令的标准比地区法院确定禁令救济所采用的标准要宽松得多,这样就给了标准必要专利持有人选择机

---

❶ 这种情况是使用类似电脑、智能手机、平板电脑和游戏系统这类设备的技术世界的常态。

❷ 与非标准必要专利的情况不同,进行规避设计并不是一个选项。由于标准要求制造商使用特定技术,制造商实际上无法围绕标准进行设计,因为缺少互通性,事实上会使产品毫无价值。

❸ Lemley & Shapiro, Patent Holdup and Royalty Stacking, 85 TEX. L. REV. 2011 (2007).

❹ 同上注。

❺ 同上注,第 1995 页。

❻ eBay, Inc. v. MercExchange, L. L. C., 547 U. S. 388 (2006);参见 Benjamin Peterson, *Injunctive Relief in the Post - eBay World*, 23 Berkeley Tech. L. J. 193, 193 (2008)(指出:在 eBay 案,最高法院显著减少了授予禁令的频率)。

❼ 根据 eBay 检验法,要获得禁令救济,原告必须证明:(1)它已经遭受了无法弥补的损害;(2)法律救济,例如金钱赔偿,不足以弥补损害;(3)鉴于难以在原被告之间建立平衡,应采用公平救济措施;以及(4)公共利益不会受到永久禁令的损害。eBay, 547 U. S. at 391-397。

❽ 参见,例如:Farrel, *Standard - Setting, Patents, and Hold - Up*, 74 Antitrust L. J. 638 n. 154 (2007); Lemley, *Intellectual Property Rights and Standard - Setting Organizations*, 90 Calif. L. Rev. 1967 (2002); Lichtman, *Understanding the RAND Commitment*, 47 Hous. L. Rev. 1023 (2010); Joseph Miller, *Standard - Setting, Patents, and Access Lock - in*: *RAND Licensing and the Theory of the Firm*, 40 Ind. L. Rev. 351, 358 (2007)。

会，以获得禁令来制止标准必要专利实施者。❶

二、创造一个执行机制：合同法在微软诉摩托罗拉案中所扮演的角色

由于保证书的约定性质，标准制定组织不可避免地寻求合同法来执行 RAND 承诺。而禁令救济和排除令的持续增加，导致可能需要改变关于标准必要专利的政策。❷ 本部分将审视微软如何凭借后续的规则屹立不倒，并通过考察司法判决如何认定合同成立、合同第三方受益人地位，以及诚实信用、公平交易的默示义务以及禁令救济，以证明合同法是 RAND 承诺所缺乏的执行机制。❸

（一）简介

在收到摩托罗拉发出的 802.11 和 H.264 两个标准❹的许可要约之后，微软于 2010 年提起了违约之诉。微软指称：（1）摩托罗拉的 RAND 承诺构成了其与 IEEE 之间的合同；（2）摩托罗拉的 RAND 承诺构成了其与 ITU 之间的合同；（3）微软是这两个合同的第三方受益人；（4）摩托罗拉公然提出不合理的要约并寻求禁令救济，违反了其根据 RAND 条款进行许可的合同义务。❺

2013 年 9 月 4 日，陪审团认定：（1）摩托罗拉违反了其与 IEEE 之间的合同承诺；（2）摩托罗拉违反了其与 ITU 之间的合同承诺；（3）就摩托罗拉与 IEEE 之间的合同义务而言，其寻求禁令救济的行为，违反了诚实信用和公平交易的默示义务；（4）就摩托罗拉与 ITU 之间的合同义务而言，其寻求禁令救济的行为，违反了诚实信用和公平交易的默示义务。❻ 尽管陪审团最终认为

---

❶ Peterson, *Injunctive Relief in the Post – eBay World*, 23 Berkeley Tech. L. J. 215 (2008)。由于非执业实体（"NPEs"）转向美国国际贸易委员会寻求专利救济，这些更为宽松的标准尤其值得注意。参见 Colleen Chien, *Patent Trolls by the Numbers*, 6 (2013), http://digitalcommons.law.scu.edu/facpubs/609。

❷ 参见创新法案, H. R. 3309, 113 th Cong. (2013)（授予 FTC 规制不公平许可的职权）。该法案也在众议院获得通过，现在正在参议院进行辩论。

❸ 标准制定组织的知识产权规则对其成员有合同约束力的概念，至少自 2002 年起，就在学术文献中被阐述过。参见 Lemley, *Intellectual Property Rights and Standard – Setting Organizations*, 90 Calif. L. Rev. 1909 – 1917 (2002)。

❹ Microsoft Corp. v. Motorola, Inc., 696 F. 3d 872, 877 (2012)。

❺ 同上注，第 878 页。

❻ Verdict Form at 2 – 3, Microsoft Corp. v. Motorola, Inc., No. C10 – 1823JLR, 2013 WL 5398081 (W. D. Wash. Sept. 4, 2013)。

摩托罗拉已实施了违约行为,不过,法院还是对合同展开了分析,其中也包括对门槛问题进行了分析:RAND承诺究竟是不是合同?

(二)门槛问题:RAND 承诺是合同吗[1]

答案是:是的。Robart 法官认为 RAND 承诺构成合同的判决,在法律学术共同体中并没有争议。[2] 该判决之所以重要,是因为微软是第一个对违反 RAND 提起充分诉讼,并导致法院对 RAND 作出判决这一事实。2012 年 2 月 27 日,微软收到了对其有利的关于合同构成问题的简易判决。[3] 法院认为:摩托罗拉通过承诺依据 RAND 条款许可标准必要专利,从而与 IEEE、ITU 形成了具有约束力的合同承诺。[4]

摩托罗拉主张其对 IEEE 与 ITU 所做的承诺只是同意依据 RAND 条款授予许可的单方要约。[5] 摩托罗拉认为,"如果标准必要专利的实施者满足了以某种形式申请许可的条件,并进行了谈判,则其有权获得许可"。[6] 摩托罗拉认为,一旦被许可人申请了许可并与标准必要专利持有人进行了谈判,则保证书就在标准必要专利持有人和被许可人之间建立了合同。[7]

保证书作为一个单方要约的概念,扭曲了 RAND 承诺的最初目的。在 RAND 架构下,标准本身使得实施者无法选择任何一种替代技术。将 RAND 承诺的概念由其为标准必要专利持有人与标准制定组织之间的合同,转变为其为标准必要专利持有人对专利实施者的单边要约,这增加了不平等谈判能力的问题。标准必要专利持有人将获得定价能力,并且不承担与专利实施者谈判的义

---

[1] Microsoft Corp. v. Motorola, Inc., 864 F. Supp. 2d 1023, 1030 (W. D. Wash. 2012).

[2] 关于 RAND 承诺的合同性质,以及将合同法作为一种执行机制的相关学术论文,参见,例如:Jorge L. Contreras, Rethinking RAND: SDO – Based Approahces to Patent Licensing Commitments (Oct. 10, 2012), http://papers.ssrn.com/sol3/papers.cfm?abstract_id=2159749; Thomas F. Cotter, The Comparative Law and Economics of Standard – Essential Patents and FRAND Royalties, 22 Tex. Intellectual Prop. L. J. (forthcoming 2014) (manuscript at 4), available at http://papers.ssrn.com/sol3/papers.cfm?abstract_id=2318050; Mark A. Lemley & Carl Shapiro, A Simple Approach to Setting Reasonable Royalties for Standard – Essential Patents, 28 BERKELEY TECH. L. J. 1135 (2013) [以下简称 Lemley & Shapiro, A Simple Approach]; Mark A. Lemley, Ten Things to Do About Patent Holdup of Standards (And One Not To), 48 B. C. L. REV. 149 (2007) [以下简称 Lemley, Ten Things]; Lichtman, Understanding the RAND Commitment, 47 Hous. L. Rev. 1023, 1028 (2010); Ratliff, The Use and Threat of Injunctions in the RAND Context, 9 J. Competition L. & Econ. 1, 3 (2013)。

[3] Microsoft Corp. v. Motorola Inc. 854 F. Supp. 2d 993, 1002 – 1004 (W. D. Wash. 2012).

[4] 同上注。

[5] 同上注,第 1030 页。

[6] 同上注,第 1031 页。

[7] 同上注。

务。因为此种不平等谈判能力与 RAND 承诺的目的相悖，法院正确地拒绝了摩托罗拉提出的单边要约理论，并重申保证书构成标准必要专利持有人与标准制定组织之间的合同。❶

当然，合同的成立需要要约、承诺与对价。❷ 首先，当得知标准包含了私人拥有的专利后，IEEE 与 ITU 就要求标准必要专利持有人出具一封保证书，声明其不会执行其专利，也不会从标准中退出。❸ 法院认为，要求出具保证书构成了向专利持有人提出的要约，因此标准制定组织可以选择是否将专利技术纳入标准之中。❹ 随后，法院得出结论：摩托罗拉向 IEEE、ITU 出具的保证书"构成订立合同中的承诺……通过考察 IEEE、ITU 两方，显示其愿意根据 RAND 条款授予许可"。❺ 合同成立的最后一个要件——对价——也得到了满足：标准制定组织承诺将包含，或将考虑包含专利技术，以此作为摩托罗拉承诺根据 RAND 条款进行许可的交换。❻ 鉴于要约、承诺及对价有效，法院认为摩托罗拉对 IEEE、ITU 承诺其将根据 RAND 条款许可其标准必要专利，构成具有约束力的合同。❼

（三）第三方受益人地位：必要因素

认为 RAND 承诺构成一个合法的、可执行的承诺，可以为专利实施者提供一个诉因。然而，专利实施者仍然需要具备执行 RAND 合同的能力。在回答此种需要时，法院转向考量微软作为第三方受益人的地位。❽ 第三方受益人尽管并非合同当事人，但如果该合同是为第三方的直接利益而订立，其可以基于合

---

❶ Microsoft Corp. v. Motorola Inc. 854 F. Supp. 2d 993, 1002 – 1004（W. D. Wash. 2012）。该判决并非没有先例。参见，例如：Research in Motion Ltd. v. Motorola, Inc. 644 F. Supp. 2d 788, 797（N. D. Tex, 20078），Ericcsson Inc. v. Samsung Electronics, Co., Civil Action No. 2: 06 – CV – 63, 2007 U. S. Dist. LEXIS 29257, 2007 WL 1202728 at *1（E. D. Tex, Apr. 20, 2007）。

❷ Microsoft Corp. v. Motorola Inc., 864 F. Supp. 2d 1023, 1031（W. D. Wash. 2012）。

❸ 同上注。IEEE 与 ITU 所使用的措辞，参见，例如：Letter of Assurance for Essential Patent Claims, IEEE, http://standards.ieee.org/about/sasb/patcom/loa – 802_ 11 – kpn – 08Jan2013.pdf（最后访问时间：2014 年 2 月 6 日）；General Patent Statement and Licensing Declaration Form For ITU – T or ITU – R Recommendation, ITU, http://www.itu.int/dms_ pub/itu – t/oth/04/04/T04040000010003PDFE.pdf（最后访问时间：2014 年 2 月 6 日）。

❹ 同上注，第 1032 页。法院也指出，从历史上看，IEEE 从未在未收到保证书之前，将某种技术纳入到标准中。

❺ 同上注。

❻ 同上注。

❼ 同上注。

❽ Microsoft Corp. v. Motorola Inc., 864 F. Supp. 2d 1023, 1032（W. D. Wash. 2012）。

同起诉。[1] 这样，问题就变成了：RAND 承诺是否是为了潜在被许可人的利益。[2]

Robart 法官指出，RAND 承诺的利益方是专利实施者，并认为："通过确保标准必要专利能为所有人以合理费率获得，这些承诺显然是为摩托罗拉标准必要专利的潜在被许可人而设计的。"[3] 法院认为，作为 IEEE 与 ITU 的成员，同时又是 802.11 标准和 H.264 标准的潜在使用者，微软"是摩托罗拉向 IEEE、ITU 所作承诺的第三方受益人"，因此，其有权提起违反 RAND 合同之诉。[4] 这一判决为专利实施者提供了一个对 RAND 承诺的执行机制。

摩托罗拉在答辩时提出，微软要享有第三方受益人的权利，需要具备以下条件：(1) 微软申请了许可；(2) 就根据 RAND 许可专利进行过谈判。[5] 摩托罗拉接着指出，由于微软并未满足上述两个条件，因此，对于 RAND 许可，微软不享有任何权利。[6] 不过，法院没有采纳以上抗辩。[7] 在考察了 IEEE 和 ITU 的政策之后，法院认为，要求标准的实施者首先申请并就许可进行谈判，以作为履行摩托罗拉 RAND 义务的先决条件，这不符合摩托罗拉与 IEEE/ITU 的本意。[8]

不过，标准制定组织可以假设性地选择将某些在许多方面都与 RAND 目的相反的先决条件纳入 RAND 承诺中。首先，要求潜在实施首先提出申请并就 RAND 许可进行谈判，以便获得承认为第三方受益人的做法，将延缓创新。就许可进行谈判，将是冗长而复杂的。如果被许可人在 RAND 费率经谈判达成一致之前无法实施该标准，则该标准的采纳将变得缓慢或受挫。[9] 其次，"申请"这一术语存在问题，因为它暗示存在拒绝许可的可能。然而，RAND 许可，从性质上来说，应当可以为任何专利实施者获得。最后，要求实施者在标准必要专利持有人有积极的许可义务之前就申请并就 RAND 许可进行谈判，削弱了合同法提供的执行机制。本案中，如果微软被要求首先申请并就 RAND 许可进行谈判，摩托罗拉可以在微软提出申请之前即"先发制人"地与其签订合同，

---

[1] Microsoft Corp. v. Motorola Inc., 864 F. Supp. 2d 1023, 1032 (W. D. Wash. 2012).
[2] 同上注，第 1033 页。
[3] 同上注。
[4] 同上注，第 1032~1033 页。
[5] 同上注。
[6] 同上注，第 1034 页。
[7] 同上注，第 1033~1034 页。
[8] 同上注，第 1034 页。
[9] 这可能导致对 SEP 持有人的反垄断担忧。

因此使摩托罗拉的 RAND 无效,据此规避其对 IEEE/ITU 作出的承诺。[1]

(四) 诚实信用与公平交易:新标准

将合同法作为 RAND 承诺执行机制的下一个步骤,是建立一个违约标准。在微软案中,陪审团是以诚实信用和公平交易责任作为判定违约与否的标准。[2] 由于市场压力经常迫使专利实施者采纳某种标准并实施专利技术,因此,根据诚实信用原则从事相关行为,就成了 RAND 许可费谈判中最重要的原则。允许标准必要专利的持有人在没有行为准则的情况下启动谈判,可能给专利持有人利用实施者亟须实施此项专利的迫切需求,进而在谈判过程中拥有不适当的谈判能力。

在微软中,摩托罗拉主张:不应将诚实信用和公平交易责任作为认定构成违约的标准,因为不存在"自由浮动的"诚实信用和公平交易责任。[3] 法院认为,诚实信用与公平交易义务是每一个合同中都默示存在的义务,它们来源于履行合同义务。[4] 因此,诚实信用与公平交易的默示义务来源于摩托罗拉的保证书以及其对 IEEE 和 ITU 所作的根据 RAND 条款许可的承诺。[5] 法院指示陪审团:摩托罗拉有义务依据 RAND 条款许可其标准必要专利,以及摩托罗拉有义务根据诚实信用与公平交易责任从事相关行为。[6]

然而,要界定诚实信用义务,以及判断该义务何时被违反是非常具有挑战性的任务。法院指出,对于诚实信用与公平交易等默示义务,没有统一的定义。[7] 如何判断诚实信用与公平交易义务是否被违反,属于陪审团的职责。[8]

诚实信用与公平交易义务的不确定性和不可预见性,提供了重新谈判的可能。如果标准化以 RAND 许可为基础,则谈判进程也应当是许可的必要组成部分。诚实信用与公平交易义务改变了"要么接受、要么放弃"这一立场,后者似乎是过高许可需求的内在体现。因此,一些法院认为:在 RAND 谈判之前,寻求禁令救济构成违约,尽管并没有援引诚实信用与公平交易义务作为判

---

[1] 这可能导致对 SEP 持有人的反垄断担忧,第 1035 页。
[2] Verdict Form at 3, Microsoft Corp. v. Motorola, Inc., No. C10-1823JLR, 2013 WL 5398081 (W. D. Wash. Sept. 4, 2013).
[3] Microsoft Corp. v. Motorola, Inc., 2013 U.S. Dist. LEXIS 138786, 34, 2013 WL 5373179 *8 (W. D. Wash. Sept. 24, 2013).
[4] 同上注。
[5] 同上注。
[6] 同上注。
[7] 同上注,第 5 页。
[8] 同上注。

断标准。❶

（五）RAND 承诺与禁令救济的正当性

本文的大多数讨论都围绕涉及 RAND 的禁令救济的正当性等问题上。对禁令救济的担忧主要在于担忧不适当的谈判力量以及专利劫持，后者实际上也引起了许多学术讨论。❷ 尽管专利实施者不希望适用禁令救济，但寻求禁令救济的标准必要专利持有人的确会造成立即的损害，因此，专利实施者可以用来提起违约之诉，并执行标准必要专利持有人的 RAND 承诺。

1. RAND 背景下的 eBay 因素

根据 eBay 案的判决，为了获得禁令救济，原告必须证明：（1）其遭受了不可弥补的损失；（2）法律提供的救济措施，例如金钱损害，不足以赔偿损失；（3）平衡考虑原被告的利弊得失之后，可以适用衡平法上的救济；（4）公共利益不会因该永久禁令而受损害。❸

根据 eBay 案的逻辑，在 RAND 背景下适用禁令救济是不适当的。首先，标准必要专利的持有人并未遭受不可弥补的损失。标准必要专利持有人已经同意将其特殊技术的市场专有权进行交换，以获取合理许可费率；因此，专利实施者使用专利技术，不构成不可弥补的损失。❹ 其次，在 RAND 背景下的金钱损害赔偿对于任何损害而言是完全充分的。再次，标准必要专利持有人已经承诺用其正当技术用来交换许可费率。金钱损害赔偿是可以适用于标准必要专利情形的一种救济措施。最后，因为公共利益将受永久禁令的损害，因此适用禁令救济也是不适当的。正如前文所述，标准化与实际履行将为消费者带来诸多裨益，包括更激烈的产品竞争、产品的互操作性，以及更低的价格。❺ 如果一旦授予禁令，则采纳标准将受到抑制，并将降低产品的互操作性，最终损害消费者。

2. 微软诉摩托罗拉：一个狭义问题

2011 年 7 月，在华盛顿的诉讼开始之后，摩托罗拉在德国针对微软的某些产品，包括 Xbox，申请禁令救济。❻ 2012 年 5 月，德国法院颁发了禁令。❼

---

❶ Microsoft Corp. v. Motorola, Inc., 2013 U. S. Dist. LEXIS 138786, 34, 2013 WL 5373179 ＊8 (W. D. Wash. Sept. 24, 2013).

❷ 参见，例如：Lemley, Ten Things to Do About Patent Holdup of Standards (and One Not to), 48 B. C. L. REV. 158 (2007).

❸ eBay, Inc. v. MercExchange, L. L. C., 547 U. S. 388, 391 (2006).

❹ 对这些因素的更为充分的讨论，参见上注。

❺ 参见上文第一部分第一节。

❻ Microsoft Corp. v. Motorola, Inc., 696 F. 3d 872, 879 (9th Cir. 2012).

❼ 同上注。

违反 RAND 与达至合理：微软诉摩托罗拉与标准必要专利诉讼

接着，微软在华盛顿西区法院提起诉讼，请求禁止摩托罗拉实施德国的禁令。❶ 尽管 Robart 法官决定禁止摩托罗拉执行德国的禁令，不过，其也指出："对于是否可以适用禁令救济执行标准必要专利的问题，司法争论一直存在。"❷

第九巡回上诉法院支持 Robart 法官的判决，认为：在 RAND 背景下适用禁令救济是不适当的。❸ 法官认为："侵权的禁令救济可能是一种与许可承诺不相符的救济方式"，但这可能只是一句格言。❹ 第九巡回上诉法院还指出，摩托罗拉向 ITU 作出的根据 RAND 条款进行许可的声明是全面的承诺，这暗示："专利持有人保证将不会采取类似寻求禁令的措施以阻止潜在使用者使用专利材料，而是按照所作出的承诺提供许可。"❺ 最终，第九巡回上诉法院提及了 Kennedy 法官在 eBay 案中的赞同意见所表达的对禁令救济的怀疑态度，认为："在专利发明只构成产品的一小部分，公司寻求获得和对待禁令只是为了在谈判中获得不适当的谈判能力的情况下"，适用禁令"可能不符合公共利益"。❻

2013 年 9 月，地区法院陪审团作出裁定，认为：摩托罗拉寻求禁令救济的行为违反了诚实信用与公平交易义务。❼ 尽管第九巡回上诉法院不支持在 RAND 背景下适用禁令，不过，地区法院在向陪审团作出的指示中，采用了谨慎的进路，而且"未指示陪审团，摩托罗拉已经放弃了寻求禁令救济的权利"。❽ 另外，地区法院向陪审团作出的指示中指出：摩托罗拉有根据 RAND 条款许可标准必要专利的合同义务，而且摩托罗拉被要求遵守诚实信用与公平交易义务。❾ 随后，陪审团将确定：如果摩托罗拉寻求禁令救济，则违反诚实

---

❶ Microsoft Corp. v. Motorola, Inc., 696 F. 3d 872, 879 (9th Cir. 2012). 第 875 页。
❷ Microsoft Corp. v. Motorola, Inc., No. C10 – 1823JLR, 2013 U. S. Dist. LEXIS 138786, at *33 (W. D. Wash. Sept. 24, 2013).
❸ Microsoft, 696 F. 3d at 872.
❹ 同上注，第 885 页。
❺ 同上注。
❻ 同上注，第 877 页（引用 eBay Inc. v. MercExchange, L. L. C., 547 U. S. 388, 396 – 397 (2006)（Kennedy 大法官的附和意见）。
❼ Verdict Form at 3, Microsoft Corp. v. Motorola, Inc., No. C10 – 1823JLR, 2013 WL 5398081 (W. D. Wash. Sept. 4, 2013).
❽ Microsoft Corp. v. Motorola, Inc., No. C10 – 1823JLR, 2013 U. S. Dist. LEXIS 138786, at *33 (W. D. Wash. Sept. 24, 2013).
❾ 同上注。

信用与公平交易义务。❶ 对于禁令救济，法院拒绝适用简易判决，而是将之作为陪审团考虑的问题；这样，法院就将自己从政策争论中解放出来，并将问题缩小到摩托罗拉在该特定案件背景中的行为。❷

在微软案之后，法院一直在处理涉及 RAND 的禁令救济的适当性问题。在 Realtek 半导体公司诉 LSI 公司案中，涉及的问题是：标准必要专利持有人在 ITC 提起 337 条款调查——申请排除令——这一行为本身是否违反 RAND 承诺。❸ Realtek 公司寻求禁止 LSI 执行或意图执行 ITC 就有关标准必要专利颁发的排除令或禁令。❹ 法院认为，在提议以 RAND 许可之前即寻求禁令救济的行为，"本质上是不合逻辑的，而且违反了被告作出的根据 RAND 条款许可专利的承诺"。❺ 在援引 eBay 因素时，法院指出，"对 LSI 所遭受的因 Realtek 侵权行为而导致的损害，RAND 许可费是合适的赔偿方式"。❻ 此外，法院指出，Realtek 也是受害方，因为威胁适用排除令给了标准必要专利持有人在进行谈判时不适当的议价能力。❼

在苹果诉摩托罗拉案中，Posner 法官考量了禁令救济在 RAND 背景下的适当性问题，并且认为："除非苹果拒绝支付合乎 RAND 要求的专利许可费，否则法院判决禁止苹果从事侵权行为不具有正当性。"❽ 最后，在 In re Inovation IP Ventures 案中，法院并没有对禁令救济采取任何立场，只是指出不采取禁令救济不会过度地增加标准必要专利持有人的负担，因为是后者自愿作出了

---

❶ Microsoft Corp. v. Motorola, Inc., No. C10 – 1823JLR, 2013 U. S. Dist. LEXIS 138786, at ∗33 (W. D. Wash. Sept. 24, 2013). 然而，地区法院于 2012 年 11 月 30 日撤销了摩托罗拉请求禁令救济的申请，并认为禁令救济不是一项合适的救济措施，因为"摩托罗拉并未证明其遭受了不可修复的损害，或此种法律意义之救济不充分，不足以赔偿其损害"。Microsoft Corp. v. Motorola Inc., No. C10 – 1823JLR, 2012 WL 5993202, at ∗7 (W. D. Wash. Nov. 30, 2012)。

❷ 然而，当禁止摩托罗拉实施针对微软的德国禁令时，Robart 法官认为，地区法院的临时禁令一直有效，直到法院能够结合微软声称的遭受摩托罗拉标准必要专利侵害，决断出对摩托罗拉而言，禁令救济是否是一项合适的救济措施。同上注，第 1100、1104 页。

❸ Realtek SemiConductor Corp. v. LSI Corp. No. C – 12 – 03451 – RMW, 2013 U. S. Dist. LEXIS 71311 at ∗8 (N. D. Cal, May 20, 2013)。

❹ 同上注，第 1001 页。

❺ 同上注，第 1006 页。

❻ 同上注，第 1007 页。

❼ 同上注；也参见：U. S. DEPT. OF JUSTICE & U. S. PATENT & TRADEMARK OFFICE, JOINT POLICY STATEMENT ON REMEDIES FOR STANDARDS – ESSENTIAL PATENTS SUBJECT TO VOLUNTARY F/RAND COMMITMENTS 6 (2013), available at http：//www. uspto. gov/about/offices/ogc/Final_ DOJ – PTO_ Policy_ Statement_ on_ FRAND_ SEPs_ 1 – 8 – 13. pdf。

❽ Apple, Inc. v. Motorola, Inc., 869 F. Supp. 2d 901, 2012 (N. D. Ill. June 22, 2012)。

RAND 承诺。❶ 尽管对于在 RAND 背景下适用禁令救济的适当性问题，司法界仍未达成共识，不过，可以说它越来越不受欢迎。在 Realtek 案，ITC 的排除令本身就引发了对合同的违反，并导致法院判决：在提出 RAND 许可费率之前就向 ITC 寻求排除令，构成了本身违反合同。❷ 有关禁令救济与 RAND 承诺不符的观点，使得寻求禁令救济构成一种损害，实施者可以提起违约之诉以寻求救济。

（六）结论

由于 RAND 承诺缺乏执行机制，这不可避免地使得将合同法进入到了标准必要专利诉讼中。有一些合同法的替代方案，已被作为可能的解决标准必要专利诉讼的解决方案提出；然而，这些替代方案通常都涉及重大的政策转变，或者需要与标准制定组织进行合作。❸ 目前，司法领域充斥着的有关标准必要专利案件的现实状况，呼吁有一个更适时的发展构想。近来的司法判决认为：（1）RAND 承诺构成有效合同；（2）专利实施者是第三方受益人；（3）在 RAND 承诺中引入诚实信用与公平交易义务是合同标准；（4）在 RAND 背景下，适用禁令救济是不合适的；这些内容都使得合同法成为了一个有吸引力的执行机制。然而，合理的许可费实际上是多少，应如何来确定许可费，以及由谁确定，这些问题依然存在。本文第三部分将讨论这些问题的答案。

三、合理之确定：微软方法

正如 Mark Lemley 所言："尽管合理无歧视的授权规则似乎是标准制定组织在涉及专利政策时通常采用的规则，但是只有相当少的标准制定组织对此类条款的含义或如何解决许可争端作出解释。"❹ 事实上，很多重要的标准制定组织明确否认其有义务回答这些问题。❺ 联邦法官目前面临如何解释"合理"

---

❶ In re Innovatio IP Ventures, LLC Patent Litig., MDL 2303, 2013 WL 5593609, *11（N. D. Ill. Oct. 3, 2013）.

❷ Realtek, 946 F. Supp. 2d at 1010.

❸ 这些可供替代的选择将会在第四部分第（一）节中展开详细讨论。

❹ Mark A. Lemley, *Intellectual Property Rights and Standard-Setting Organizations*, 90 Calif. L. Rev. 1889, 1906 (2002).

❺ 参见例如：IEEE Bylaws, § 6.2, http://standards.ieee.org/develop/policies/bylaws/sb_by-laws.pdf（最后访问时间：2014 年 2 月 6 日）（"IEEE 并不负责判断授权协议中规定的条款或条件合理或非歧视"）。

的含义等问题。

尽管多年以来学术界与实务界对于合理条款的构成要件争论不休，但是，还没有一个司法判决就RAND许可费率的问题作出过裁定。❶ Robart法官在微软案中就RAND费率所作的判决，是该领域的第一个判决。❷ 他采用的方法非常精细，而且也为我们所熟悉。该方法利用了在专利损害赔偿计算中的Georgia – Pacific因素，❸ 并进一步修正这些因素以更具体地解决标准必要专利和RAND背景及相关担忧。❹ 本部分将考察对微软的合同分析如何建构RAND许可中的合理性问题。本部分还将考察Robart法官的计算方法，以及后来在In re Innovatio案中的RAND许可费计算问题。最后，本部分指出：尽管司法判决的RAND费率不够理想，但其可用于合同分析也对RAND承诺提供了必要救济。

（一）微软诉摩托罗拉案与重塑合理

微软案诉讼一开始，即涉及以下内容的理解：应按照RAND条款提出许可要约。❺ 微软声称，摩托罗拉的要约违反了其向IEEE和ITU作出的承诺：（1）微软要求的许可费率将导致"明显不合理"的现金支付；（2）适用的是"明显不合理的"基数——运行Windows系统的Xboxes、电脑和智能手机。❻ 不过，摩托罗拉主张，其RAND承诺只是要求自身根据RAND条款发放许可，而非根据RAND条款发出初始要约。❼

法院认为，摩托罗拉向IEEE发出的保证书以及对ITU作出的声明，焦点都是作为结果的RAND许可。❽ 法院认为，IEEE和ITU通过声称"谈判留待相关各方解决"，❾ 其政策是希望各方通过谈判达成一个RAND许可。❿ 由于这一预想的谈判，"从逻辑上说，不能得出必须根据RAND条款提出初始要约的

---

❶ 参见例如：Lichtman, Understanding the RAND Commitment, 47 Hous. L. Rev. 1023, 1028 (2010)。

❷ Microsoft Corp. v. Motorola, Inc., No. C10 – 1823JLR, 2013 U. S. Dist. LEXIS 60233（W. D. Wash. Apr. 25, 2013）。

❸ 参见 Ga. – Pac. Corp. v. U. S. Plywood Corp., 318 F. Supp. 1116 (S. D. N. Y. 1970)。

❹ *Microsoft*, 2013 U. S. Dist. LEXIS 60233, at *54 – 65。

❺ Microsoft Corp. v. Motorola, Inc., 696 F. 3d 872, 879 (9th Cir. 2012)（探讨了德国法院授权摩托罗拉的行政救济措施）。

❻ *Microsoft Corp. v. Motorola Inc.*, 864 F. Supp. 2d 1023, 1036 (W. D. Wash, 2012)。

❼ 同上注，第1037页。

❽ 同上注。

❾ ITU policy at 12。

❿ *Microsoft Corp. v. Motorola Inc.*, 864 F. Supp. 2d 1023, 1037 (W. D. Wash, 2012)。

违反 RAND 与达至合理：微软诉摩托罗拉与标准必要专利诉讼

结论"。[1] 一个关键的问题是，如果法院不知道 RAND 费率在该案中是多少，当事人在要约阶段如何知道什么是合理的。[2]

然而，这样的解释并不意味着微软有权发出明显不合理的要约。法院认为标准必要专利持有人应当遵守"每个合同中隐含的诚实信用与公平交易义务"，[3] 而且在陪审团确定摩托罗拉的许可要约是否违反诚实信用义务之前，法院"有必要确定一个真实的 RAND 许可费率来进行比较"。[4] 为达到这一目的，应进行法官（而非陪审团）审理来决定摩托罗拉在 802.11 标准和 H.264 标准中的标准必要专利的 RAND 幅度以及具体的许可费率。[5]

（二）微软案重塑合理费率

在法官审理之后，Robart 法官提出了用以确定 RAND 许可费率及其幅度的方法。这一方法采用了经修正的 Georgia – Pacific 因素，以重塑标准必要专利持有人与专利实施人之间的虚拟谈判。[6] 微软案的分析中有两项核心因素：在虚拟谈判中，当事方通过评估标准必要专利对于标准的重要性；以及标准以及标准必要专利对于系争产品的重要性，来确定 RAND 许可费率。[7]

标准必要专利对于标准的重要性，该标准以及标准必要专利对于系争产品的重要性，决定了"合理"费率。Robart 法官也勾勒出了"计算 RAND 条款的经济指标"，认为：（1）建立 RAND 费率应考虑并努力减缓专利挟持和许可费堆叠；（2）除了被纳入标准的价值之外，合理的许可费应当限于专利技术的价值；（3）标准必要专利持有人应当就其投资获得合理回报。[8] 以上经济指标通过将 RAND 费率定位为贡献价值而非挟持价值，减少了过高的 RAND 许可需求的问题。

---

[1] *Microsoft Corp. v. Motorola Inc.*，864 F. Supp. 2d 1023，1037（W. D. Wash，2012），第1038 页。

[2] 同上注。另外，如果法院要求报价基于 RAND 条款，这将导致取得标准核心专利的目的和标准的广泛应用无法得以满足。专利持有人将出于因担心被强制给出合理要约而违约被诉的考虑，不再热衷于专利标准的进步工作。

[3] *Microsoft*，864 F. Supp. 2d at 1038.

[4] Microsoft Corp. v. Motorola, Inc.，No. C10 – 1823JLR，2012 WL 5993202 at *4（W. D. Wash，Nov. 30, 2012）.

[5] Microsoft Corp. v. Motorola, Inc.，No. C10 – 1823JLR，2013 U. S. Dist. LEXIS 60233（W. D. Wash. Apr. 25, 2013）.

[6] 参见 *Georgia – Pacific Corp. v. United States Plywood Corp.* 318 F. Supp. 1116（S. D. N. Y. 1970）.

[7] *Microsoft Corp. v. Motorola Inc.*，No. C10 – 1823JLR，2013 U. S. Dist. LEXIS 60233；2013 WL 2111217 at *19（W. D. Wash, April 25, 2013）.

[8] 同上注。

Robart 法官在虚拟双边谈判中纳入了这些经济指标。[1] 法院指出，这一架构更为可取，因为双边谈判对于大多数 RAND 谈判而言都是非常典型的方式，而且这一架构也在 Georgia – Pacific 案中被采纳。[2]

1. Georgia – Pacific 因素的新架构

在微软案之前，还没有法院就 RAND 许可费作出过判决，而且也没有相关的架构来确定 RAND 许可费率。广泛接受的用来计算专利许可费的 Georgia – Pacific 因素，自然就成了讨论的起点。[3] 不过，法院注意到了 Georgia – Pacific 架构与 RAND 架构存在重要的区别。[4] 第一，在 Georgia – Pacific 架构下，专利持有人对其专利享有垄断性的权力，可以选择撤回许可，而标准必要专利持有人则有许可的合同义务。[5] 第二，在进行谈判时，专利实施者知道其需要从多个标准必要专利所有者，而非单一所有者那里获得许可。[6] 考虑到这些差异，Robart 法官根据 RAND 背景，对 Georgia – Pacific 因素作了修正，更加强调对市场价值的贡献。[7]

---

[1] *Microsoft Corp. v. Motorola Inc.*, No. C10 – 1823JLR, 2013 U. S. Dist. LEXIS 60233; 2013 WL 2111217 at *19 (W. D. Wash, April 25, 2013), 第 48 页。法院拒绝了微软的多层次假设谈判方式，该方式建立在专利作为技术的增量经济价值上，而其他方式则是计算了本可以被采纳进标准的价值。同上注，第 44 页。法庭声称，微软的方式缺乏现实的可操作性，并列明了法庭在试图计算多专利标准的增量价值上的困境。同上注，第 44～46 页。法庭还指出，决定专利的价值，要求考虑专利对于标准的重要性，就专利而言，任何一种能够提供相同或类似贡献的其他可行方法，都会对于计算系争专利的实际价值有帮助。在这个程度上来说，增量价值是一个有用的考量因素。同上注，第 46 页。

[2] 同上注，第 50～51 页。参见 *LaserDynamics, Inc. v. Quanta Computer, Inc.*, 694 F. 3d 51, 60 n. 2 (Fed. Cir. 2012) (声称，乔治－太平洋案中形成合理费用的因素，如要适用，则将合理的费率计算方式与系征的虚拟谈判结合在一起)。

[3] 参见：LaserDynamics, Inc. v. Quanta Computer, Inc., 694 F. 3d 51, 60 n. 2 (Fed. Cir. 2012) (声称乔治－太平洋因素的适用"形成了合理的费率凭证……合理的费率和假定的争议事项有合适的联系"); see also Anne Layne – Farrar et al., Pricing Patents for Licensing in Standard Setting Organizations: Making Sense of FRAND Commitments, 74 ANTITRUST L. J., 671, 673 – 81 (2007) (声称，法院试图探寻什么行为与 FRAND 义务相协调，足以扩充乔治－太平洋因素，绝大多数都直接适用 FRAND 评估机制)。

[4] *Microsoft Corp. v. Motorola Inc.*, No. C10 – 1823JLR, 2013 U. S. Dist. LEXIS 60233 *53 (W. D. Wash, April 25, 2013)。

[5] 同上注。

[6] 同上注。

[7] 同上注，第 54～65 页。

违反RAND与达至合理：微软诉摩托罗拉与标准必要专利诉讼

2. 微软修正❶

Georgia – Pacific 因素	微软因素
① 专利权人就许可系争专利收到的许可费，可用于证明或有可能证明已确立的许可费	① 为证明SEP设立起的使用费费率，曾经的使用费需要在RAND项下进行协商，或者加以权衡；诸如权利池的授权协议与此相关
② 被许可人为与本案系征专利可比较的其他专利所支付的费率	② 被许可人为与本案系征专利可比较的其他专利所支付的费率
③ 许可的性质与范围	③ 许可的性质与范围
④ 许可人不许可他人使用专利以维持垄断，或为许可设置特殊条件以维持专利垄断的已有政策和市场计划	④ 不适用，原因是许可人已承诺根据RAND条款进行许可，可能无法维持专利垄断；SEP所有人必须根据RAND条款向该标准的所有实施者授予许可
⑤ 许可人和被许可人之间的商业关系，诸如：他们是否在同一地域就同一业务存在竞争关系，或者他们是否是发明人与推广者的关系	⑤ 不适用，原因是专利权人已承诺根据RAND条款进行许可，专利权人可能无法再歧视其竞争者；专利权人必须以合理条款向所有实施者进行许可
⑥ 专利产品的销售是否会促进对被许可人其他产品的销售；专利产品是否会促进专利权人其他非专利产品的销售；以及这种衍生或附带销售的程度	⑥ 专利之于标准中的技术能力的意义以及那些相关技术能力之于专利实施者和产品的意义
⑦ 专利的有效期和许可期限	⑦ 许可期限就是专利的期限，因此该因素对合理许可费率而言影响不大
⑧ 专利产品的已确立的盈利能力，商业成功情况，以及当时的市场普及率	⑧ 同微软因素⑥
⑨ 相比于旧有模式和设备，该专利的实用性和优势所在	⑨ 在标准被采用和实施之前，除该专利技术之外，其他本可以被吸纳进标准的替代选择❷
⑩ 专利发明的性质；许可人拥有和生产的商业载体的特性，以及为使用发明的人所带来的利益	⑩ 将技术价值从与吸收进标准的价值分离后，专利对标准的技术能力的贡献度，以及那些相关技术能力对实施者的产品的贡献度；专利对所有者和实施者的价值的证据，与标准的能力和标准对于实施者的贡献紧是相关的

---

❶ *Microsoft Corp. v. Motorola Inc.*, No. C10 – 1823JLR, 2013 U. S. Dist. LEXIS 60233；2013 WL 2111217, at ＊54 – 65（W. D. Wash, April 25, 2013）.

❷ 该因素具有增值作用，参见 Microsoft Corp. v. Motorola, Inc., 696 F. 3d 872, 879（9th Cir. 2012）（探讨了德国法院授权摩托罗拉的行政救济措施）。

续表

Georgia – Pacific 因素	微软因素
⑪ 侵权人在多大程度上使用了专利技术，以及使用价值的任何证据	⑪ 同微软因素⑩
⑫ 在特定商业领域或具有可比较性的商业领域，为使用该发明或类似发明，通常的利润部分或售价	⑫ 许可 RAND 承诺专利的惯常商业实践；在商业中，非 RAND 承诺专利的许可费不能作为比较的基础
⑬ 在可实现的利润中，由制造方法、商业风险、侵权人增加的实质性特征或改进之外，可归因于发明的部分	⑬ 除去专利价值之外的专利技术因其被吸收进标准而具有的贡献度
⑭ 适格专家的证言	⑭ 适格专家的证言
⑮ 许可人、被许可人在合理、自愿达成协定的情况下，（在侵权开始时）二者愿意达成的许可费数额	⑮ SEP 所有者根据 RAND 条款许可 SEP 的义务，为了避免专利挟持与累积，必须遵守 RAND 条款，以实现 RAND，达到广泛接受标准的目的

以 RAND 为基础对 Georgia – Pacific 因素的修正（以下简称"微软因素"），主要集中在标准必要专利对标准的贡献，以及标准和标准必要专利对系争产品的重要性上。❶ 微软因素中的第⑥、⑧、⑩、⑪以及⑬项都关注标准必要专利对标准的贡献。❷ 这样，在法院就摩托罗拉与 H. 264 标准以及 802. 11 标准相关的标准必要专利的 RAND 费率及幅度进行判决时，这几项因素都非常重要。

3. 与 H. 264 标准有关的摩托罗拉标准必要专利的价值

H. 264 标准有超过 2500 项必要专利。❸ H. 264 标准可用于视频压缩，通过该方法转换视频数据，需要的存储空间更小。❹ 现代数字视频需要大量的存储空间，因此视频压缩技术非常重要。❺ 视频压缩标准界定了很多编码工具以用于不同用途，每一个工具都对压缩标准有一定的贡献。❻ 摩托罗拉被纳入 H. 264 标准中的 16 项专利中，有 14 项主要与"隔行视频"（interlaced video）有很大关联，这是一种已经被"逐行视频"（progressive video）所超越的压缩

---

❶ *Microsoft*, 2013 U. S. Dist. LEXIS 60233 at *54 – 65.
❷ 同上注。
❸ 同上注，第 80 页。
❹ 同上注，第 66 页。
❺ 同上注。
❻ 同上注。

技术，很少用于现代技术或微软的产品中。❶ 由于摩托罗拉的大部分专利都与微软的系争产品无关，因此，法院对摩托罗拉 H.264 标准必要专利组合中的 RAND 许可费率设定为每件 0.555 美分。❷ 法院还判决，微软 H.264 标准必要专利组合中的 RAND 许可费的浮动范围为：上限为每件 16.389 美分，下限为每件 0.555 美分。❸

以上数字是通过使用 MPEG LA H.264 专利池（微软因素①）计算得出。❹ 创建专利池以便利标准必要专利持有人向第三方被许可人发放许可，从而消除个人与不同的标准必要专利持有人进行谈判的需要。❺ 专利池为第三方实施者将所有必须的标准必要专利聚集在一个许可包中。❻ 专利池基于专利计算系统来对每一个专利分配许可费。❼ 一旦专利池条款设定，潜在的授权人不可再进行谈判，❽ 因此基础性专利或应用范围广泛的专利与重要性较低的专利或应用范围狭窄的专利，被赋予同样的价值。❾ 专利池不是一个完美的模型，因为通过它获得的费率比通过双边谈判获得的费率要低；它也没有采用微软因素⑨中的累加价值计算方法，在制定标准的过程中还可能引发阻碍谈判的政策担忧。❿ 因此，法院认为，MPEG LA H.264 专利池本身并不能决定 RAND 费率，不过，它可以在某种程度上作为属于 RAND 幅度范围的许可费率的指标。⓫

可以通过以下方法计算：如果摩托罗拉及其他 H.264 标准必要专利持有人的标准必要专利全部都以目前的费率被纳入专利池，摩托罗拉可以获得多少许可费，这也就是微软需要支付的数额。⓬ 根据这一方案，微软需支付每件 0.185 美分。⓭ 摩托罗拉在专利池中所获得的许可费率只占其以专利池成员身份（在专利池中，摩托罗拉完全获取其他技术的价值）获得的价值的一部分，而且微软（也是 MPEG LA H.264 专利池的成员之一）为从专利池中获得许可而支付的许可费是其从许可中收到的许可费的 2 倍，法院认为：微软在 MPEG

---

❶ *Microsoft*, 2013 U.S. Dist. LEXIS 60233 at *68~69, 83.
❷ 同上注，第 20 页。
❸ 同上注。
❹ 同上注，第 239~242 页。
❺ 同上注，第 217 页。
❻ 同上注。
❼ 同上注，第 218 页。
❽ 同上注，第 219 页。
❾ 同上注。
❿ 同上注，第 231~238 页。
⓫ 同上注，第 239 页。
⓬ 同上注，第 244 页。
⓭ 同上注，第 245 页。

LA H.264 专利池中的成员价值，是其收到的许可费价值的 2 倍。❶ 法庭的结论是，摩托罗拉 H.264 标准必要专利组合的价值为：❷

$$0.185 \text{ 美分/件} + （2 \times 0.185 \text{ 美分/件}）= 0.555 \text{ 美分/件}$$

法院接着计算了微软 H.264 标准必要专利组合的 RAND 许可费上限。在计算上限时，最主要的微软因素是因素⑮："反叠加原则限制了 RAND，因为参与 RAND 谈判的各方会考虑专利实施者总共可以支付多少许可费，才不致使其实施专利变得成本无法接受，以此作为确定合理许可费的基础。"❸ 法院认为，在形成 MPEG LA H.264 专利池的过程中讨论的最高费率——无上限的 150 美分每件——是涉及 RAND 承诺专利（微软因素⑫）❹ 一般商业实践的许可中高点的最佳证据。根据摩托罗拉标准必要专利组合的比例份额，摩托罗拉标准必要专利的贡献度为每件 5.463 美分，总共价值为每件 150 美分。❺ 正如法院之前认为摩托罗拉在专利池中的成员身份以及从中获得的技术是其收到的许可费的两倍，法院认为：微软标准必要专利组合的 RAND 许可费的上限为：

$$5.463 \text{ 美分/件} + （2 \times 5.463 \text{ 美分/件}）= 16.389 \text{ 美分/件}❻$$

法院认为，基于摩托罗拉在 H.264 标准中的技术，没有理由设定一个高额的价值标准。❼ 之所以得出这一结论，主要基于微软因素中的第⑥、⑧、⑨、⑩和⑪项。❽ 法院认真研究了摩托罗拉 H.264 标准必要专利中每一项专利的重要性，认为："尽管有一些专利对 H.264 标准具有贡献，但其他专利只具有很小的贡献度，因为存在其他可替代技术的。"❾ 另外，微软⑯项专利中的⑭项，涉及的是隔行视频压缩技术，而该技术被法院认为对应用 H.264 标准的微软产品而言完全不具有重要性。❿ 剩下的两项摩托罗拉标准必要专利中，微软产品只实施了其中一项。⓫ 换句话说，摩托罗拉的 H.264 标准必要专利对于标准的贡献度很小，而该标准对微软产品的贡献度也较小。

---

❶ *Microsoft*, 2013 U.S. Dist. LEXIS 60233 at *246~247.
❷ 同上注，第 259 页。这一数字代表了为使用摩托罗拉 H.264 标准必要专利组合，而需支付的 RAND 许可费率的较低水平。
❸ 同上注，第 260 页。
❹ 同上注，第 261 页。
❺ 同上注，第 262 页。
❻ 同上注。
❼ 同上注，第 248 页。
❽ 同上注，第 54~65 页。
❾ 同上注，第 257 页。
❿ 同上注。
⓫ 同上注。

4. 与802.11标准有关的摩托罗拉标准必要专利的价值

802.11标准是一项WiFi标准。该标准可以让公司建立一套无线本地网络的设施。❶ 法院指出,802.11标准事实上也是家庭无线网络的标准。❷ 目前,大约有上千种专利对于802.11标准而言是必要的。❸ 法院认为,摩托罗拉提供的证据,"难以证明其专利对于802.11标准而言是必要的"。❹ 由于缺乏证据,法庭认为降低了其价值,而且只在一种微软产品——Xbox中考虑摩托罗拉802.11标准必要专利的重要性。❺ 最终,法院认为,摩托罗拉802.11标准必要专利组合适用的RAND费率为每件3.471美分。❻ 法院将RAND许可费费的上限设为每件19.5美分,下限为每件0.8美分。❼ 设定的费率和RAND费率的上限适用于微软Xbox的销售。不过,对于所有其他微软产品而言,将适用0.8美分的下限。❽

根据微软要素⑫,法院考虑了RAND费率的三项可能的指标以及摩托罗拉802.11标准必要专利的浮动范围。❾ 第一项指标是Via 802.11专利池。❿ 法院指出,与H.264标准的正RAND许可费率和幅度确定类似,专利池的成员身份为摩托罗拉收到两倍于专利池的许可费提供了价值,因此减轻了对于标准必要专利持有人就其技术和对专利池的参与赔偿不足的担忧。⓫ 法院判决在Via 802.11专利池中,按份额确定摩托罗拉的标准必要专利费率为每件2.038美分。⓬ 将摩托罗拉在专利池中的成员身份增加到价值中,则为:

$$2.038 \text{ 美分/件} + (2 \times 2.038 \text{ 美分/件}) = 6.114 \text{ 美分/件}$$ ⓭

第二项指标是Marvell的WiFi芯片。微软目前对于向Xbox提供802.11功能的Marvell芯片,支付的价格低于3美元/个芯片。⓮ Marvell芯片是市场上销

---

❶ *Microsoft*, 2013 U. S. Dist. LEXIS 60233 at *140.
❷ 同上注。
❸ 同上注,第274页。
❹ 同上注,第152页。
❺ 同上注,第152~153页。
❻ 同上注,第20页。
❼ 同上注。
❽ 同上注。
❾ 同上注,第294页。
❿ 同上注,第268页。
⓫ 同上注,第269页。有关H.264专利池对价值的影响,参见正文第三部分第(二)节第3、4小节内容。
⓬ 同上注,第274页。
⓭ 同上注。
⓮ 同上注,第279页。

售的实施该标准的最小芯片。❶ Marvell 对于进程处理中的软件和程序，支付的许可费率为 1%：

$$0.01 \times 3000 \text{ 美分/件} = 3 \text{ 美分/件}❷$$

法院认为，尽管根据微软要素⑫，1%的比例偏高，不过，Marvell 芯片是摩托罗拉 802.11 标准必要专利组合的许可费的一项指标，因此，大概是 3 美分/芯片。❸

第三项指标是 InteCap 分析。❹ InteCap 主要用于计算为最大化地获得专利许可费而对专利组合进行评估。❺ InteCap 分析占到实施技术的终端产品价格的 0.1%，这样，在每一个售价 200～400 美元的 Xbox 中，其大概占 20～40 美分。❻然而，法院并未注意到 InteCap 分析过高地强调了微软 802.11SEP 的重要性，因此，参与谈判的当事方可能认为其不如 Via 802.11 许可池和 MarvellWi-Fi 芯片重要。❼ 这样，使用 InteCap 分析的 RAND 许可费率就被减少为只有 1/25，结果是许可费率为每件 0.8～1.6 美分。❽

$$1/25 \,(0.001 \times 20000 \text{ 美分/件}) = 0.8 \text{ 美分/件}$$
$$1/25 \,(0.001 \times 40000 \text{ 美分/件}) = 1.6 \text{ 美分/件}$$

上限与 H.264 的上限类似（注意微软因素⑮）。❾ 法院采用了在审判中微软提供的最高幅度的许可费，以 Via 许可池的 6.5 美分/件为基础，并在此基础上增加了专利池成员身份的价值。❿ 因此，上限可以根据以下公式计算：

$$6.5 \text{ 美分/件} + (2 \times 6.5 \text{ 美分/件}) = 19.5 \text{ 美分/件}⓫$$

由于没有相关证据可以用来确定下限，因此，法院随后基于 InteCap 分析，选择了 0.08 美分的下限。⓬

---

❶ *Microsoft*, 2013 U.S. Dist. LEXIS 60233 at ＊278～279。联邦巡回上诉法院认为，"在涉及多部件产品中的小要素被指控侵权的案件中"，通常要求：应以"最小可售专利实施单元"，而非整个产品为基础来计算许可费。参见 LaserDynamics, Inc. v. Quanta Computer, Inc., 694 F.3d 51, 67 (Fed. Cir. 2012)。

❷ 同上注，第 279 页。
❸ 同上注，第 283 页。
❹ 同上注，第 288～292 页。
❺ 同上注，第 284 页。
❻ 同上注，第 287 页。
❼ 同上注，第 292 页。
❽ 同上注，第 293 页。
❾ 同上注，第 298～301 页。
❿ 同上注。
⓫ 同上注。
⓬ 同上注，第 301～302 页。

最终，法庭通过三项指标所得出的三个结果进行平均，从而确定了RAND许可费率。❶ 法院使用了InteCap分析的低值：0.08美分/件，原因是这是基于产品的终端价格，而非标准必要专利对标准的重要性以及标准和标准必要专利对产品的重要性为基础计算得出的结果。❷ 法院也将Marvell芯片的幅度设定为大约3.5美分/件。❸ 对Via专利池最终的计算结果是6.114美分/件。三项数据的平均值是3.471美分/件：❹

1/3（0.8美分/件+3.5美分/件+6.114美分/件）=3.471美分/件

罗巴特（Robart）法官的方法在计算RAND许可费率和幅度上，非常详细。它是第一个该类型的方法，吸收了成熟的损害赔偿计算方法框架，并且考虑了RAND承诺的目的和政策关切。因此，微软架构对于后来第二个RAND费率的司法判决具有重要参考价值。

（三）修正微软架构：霍尔德曼（Holderman）法官的做法

2013年10月3日，伊利诺伊州北区法院在In re Innovatio IP Ventures专利诉讼案中，创造了第二个司法确定RAND费率的判例。❺ Innovatio知识产权公司就其与802.11 WiFi标准有关的标准必要专利，对多个专利实施者提起了侵权诉讼，后来这些诉讼演化为多地区诉讼。❻ 在Innovatio案中，当事方同意适用Robart法官提供的架构，不过，根据案情作了一些修正。❼

首先，霍尔德曼法官指出，就本案而言，确定RAND的目的不是为了给陪审团使用来判断是否存在违约，❽ 而是用来确定侵犯标准必要专利的损害赔偿，因此需要确定单一的RAND费率，而不是一个幅度。❾ 由于法院在Innovatio案中，已经确定了标准必要专利的必要性程度，就无须基于对某一专利的必要性程度的诉前不确定性而对RAND费率进行调整。❿ 最终，法院判决，用以确定适当许可费率的基础是WiFi芯片：实施802.11标准的最小单元。⓫ 法

---

❶ *Microsoft*, 2013 U. S. Dist. LEXIS 60233 at *296 – 297.
❷ 同上注，第296页。
❸ 同上注。
❹ 同上注，第296 – 297页。
❺ In re Innovatio IP Ventures, LLC Patent Litig., MDL 2303, 2013 U. S. Dist. LEXIS 144061（N. D. Ill. Oct. 3, 2013）.
❻ 同上注，第38页。
❼ 同上注，第50 ~ 51页。
❽ 同上注，第56页。
❾ 同上注。
❿ 同上注，第56 ~ 59页。
⓫ 同上注，第60页。

院指出：确定 Innovatio 的标准必要专利对 802.11 标准的重要性，就是有效地确定标准必要专利对 WiFi 芯片的重要性，因为该芯片的唯一目的就是提供 WiFi 功能。❶ 因此，法院将罗巴特法官方案中的两项核心考虑因素进行了合并，只考察 Innovatio 的标准必要专利对 802.11 标准的重要性。❷

在寻找 RAND 费率的指标时，霍尔德曼法官根据微软因素⑨，考虑了专利技术的事前（ex ante）替代方案。❸ 制造商认为，如果两项具有专利且同等有效的替代方案要求支付的许可费率相同，则价格可以通过谈判有效地将降至零。❹ Innovatio 主张，没有专利持有人会接受实际上为零的许可费，因为创新者一定要就其投资获得补偿；霍尔德曼法官赞成以上观点。❺ 因此，法院考虑了替代技术，不过法院认为：标准所考虑的替代技术不会像公有领域的替代技术那样可以极大地降低价格。❻ 最终，法院认为，提出的替代方案中，没有一项可以像 Innovatio 的标准必要专利对 802.11 标准那样完全具备灵活性和功能性。❼

根据微软因素①和②，法院考察了 Innovatio 发出要约的其他许可，最终认为：没有一个是可比较的。❽ 发出要约的许可与微软案中的许可一样，面临很多相同的问题。❾ Innovatio 公司拟定的许可通常是作为当事方之间进行更大的争端谈判的一部分，或者是因为谈判的压力而接受，或者是非 RAND 许可——也就是说，许可不是基于 RAND 承诺的目的而进行谈判的。❿

由于没有可比较的许可，也没有可替代的技术或有用的专利池，⓫ 因此，法院采用了"自上而下"（top down）的方法，来计算最接近当事方在 Innovatio 的专利被纳入标准之前愿意接受的 RAND 费率。⓬ 该方法首先考察 WiFi 芯

---

❶ In re Innovatio IP Ventures, LLC Patent Litig., MDL 2303, 2013 U.S. Dist. LEXIS 144061（N.D. Ill. Oct. 3, 2013），第 60 页。

❷ 同上注。

❸ 同上注，第 100 页。

❹ 同上注，第 101 页。

❺ 同上注，第 100 页。

❻ 同上注，第 101~102 页。

❼ 同上注，第 106 页。

❽ 例如，参见：Microsoft Corp. v. Motorola Inc., No. C10-1823JLR, 2013 U.S. Dist. LEXIS 60233; 2013 WL 2111217 at * 196, 199, 204, 212 (W.D. Wash, April 25, 2013)。

❾ In re Innovatio IP Ventures, LLC Patent Litig., MDL 2303, 2013 U.S. Dist. LEXIS 144061 * 139-160 (N.D. Ill. Oct. 3, 2013)。

❿ 同上注，第 139~160 页。

⓫ 同上注，第 155~159 页。

⓬ 同上注，第 163 页。

违反 RAND 与达至合理：微软诉摩托罗拉与标准必要专利诉讼

片的平均价格。❶ 其次，估算出芯片的利润，以确定芯片制造商可以支付知识产权许可费的可得收入。从销售价格中减去制造成本，即可得出芯片的利润。❷ 然后，用可得利润乘以 Innovatio 公司 802.11 标准必要专利的数量（19），再除以 802.11 标准必要专利的总数。❸ 法院指出：重点在于芯片制造上的利润，而不是被诉产品的利润率，这样可以确保向芯片制造商收取的 RAND 费率也同样地适用于专利实施者。❹ 确保向芯片制造商与专利实施者收取同样的 RAND 费率，反过来将确保 RAND 费率合理且无歧视，从而缓解人们对于议价能力不平等和许可费叠加的担忧。❺

通过采用"自上而下"的方法，法院认为：各方可以接受的芯片平均价格为 14.85 美元。❻ 芯片制造商的 WiFi 芯片的利润率是 12.1%。❼ 这样，每个芯片的平均利润为 180 美分。❽ 802.11 标准中的标准必要专利的总数大概是 3000，当然并非所有的标准必要专利都被法院确认具有必要性。❾ 在确定了基本要素后，法院进而开始计算。鉴于每个芯片的利润为 180 美分，法院将其乘以 84%，得出的价值就是可归因于所有 802.11 标准中标准必要专利的前 10% 的价值，即 151 美分。❿ 以此为基础，再乘以 19/300——Innovatio 的标准必要专利对 802.11 标准的贡献率，得出以下结果：⓫

$$151 \text{ 美分/件} \times (19/300) = 9.56 \text{ 美分/件}$$

得出每件 WiFi 芯片 9.56 美分的结果，正好落在罗巴特法官确定的微软幅度范围之内。⓬

（四）结论：作为救济的 RAND 费率

微软案和 Innovatio 案是目前为止仅有的两个由法院确定 RAND 费率的案例，这两个案件表明确定 RAND 费率本身即是对 RAND 承诺的一种有效救济

---

❶ In re Innovatio IP Ventures, LLC Patent Litig., MDL 2303, 2013 U.S. Dist. LEXIS 144061 *139-160 (N.D. Ill. Oct. 3, 2013)，第 163 页。
❷ 同上注。
❸ 同上注，第 163 页。
❹ 同上注。
❺ 同上注，第 164 页。
❻ 同上注，第 176 页。
❼ 同上注，第 177 页。
❽ 同上注，第 182 页。
❾ 同上注，第 180 页。
❿ 同上注，第 183 页。
⓫ 同上注。
⓬ 同上注，第 185 页。

方式。摩托罗拉在德国法院寻求行政解禁令后，微软可以请求损害赔偿；不过，微软提起诉讼时，首先请求法院根据摩托罗拉不合理的要求来确定 RAND 费率。❶ 微软将 RAND 费率作为一种工具，让陪审团确定是否构成违反诚实信用和公平交易义务，以及 Innovatio 将 RAND 费率作为损害赔偿的计算工作，都说明了司法确定 RAND 费率的有效性。

毫无疑问，对于法院而言，确定 RAND 费率时间冗长、成本高昂、问题繁多。法院不应疲于应付确定 RAND 费率的请求，无论是专利实施者是动真格的，还是仅仅出于谈判策略。❷ 本文下一部分将讨论合同法作为实施机制的作用，合同法可以为减轻这些担忧提供行为指引。

四、为何我们不可以是 FRAND？在现行法律架构下航行

将合同法作为一种执行机制，与默示的诚实信用和公平交易义务一起，似乎使得利用 FRAND 变得更加适当：公平（交易）、合理以及非歧视。从实施者以及标准必要专利持有人的角度来看，本部分将论述如何在现行法律架构下航行。本部分最后也将讨论一些未来可行的对合同法执行机制的替代方案。

（一）在何种程度上，专利实施者可使用合同法的执行机制

确定专利实施者何时能使用合同法作为执行机制，取决于实施者是否对不合理的要约信或请求禁令救济的侵权诉讼（或者在 ITC 提出的 337 节调查）作出回应。

1. 如果收到不合理要约

标准必要专利持有人的要约信如何看起来不合理？❸ 首先，如果要约信事实上不合理，实施者必须作出决定。该决定如何作出？如果要约使用了终端产品价格的百分比，那就进入了"不合理"的区域。正如上文所述，审理微软案与 Innovatio 案的法院都对使用终端产品价格作为计算许可费的基础表示质

---

❶ Microsoft Corp. v. Motorola Inc., No. C10-1823JLR, 2012 U.S. Dist. LEXIS 146517, at *14 (W.D. Wash. Oct. 10, 2012).

❷ 这是因为法院需要运用难以置信的众多资源来加以判断。为进行阐述，罗巴特法官用了 208 页的篇幅来进行计算。参见：Microsoft Corp. v. Motorola, Inc., No. C10-1823JLR, 2013 U.S. Dist. LEXIS 60233 (W.D. Wash. Apr. 25, 2013). Holderman 法官对罗巴特法官的方法予以了简化，只用了 89 页的篇幅进行计算。参见：In re Innovatio IP Ventures, LLC Patent Litig., MDL 2303, 2013 U.S. Dist. LEXIS 144061 (N.D. Ill. Oct. 3, 2013).

❸ 如果实施者收到了合理的要约信，则其要么签订许可协议，或开始谈判以获得更好的费率，要么质疑专利的有效性，提起针对专利有效性的确认之诉。对这些内容的讨论，将超出本文的主题。

疑。❶ 如果要约的确不合理，则违反诚实信用以及公平交易义务是否也不合理呢？如果答案是肯定的，则专利实施者构成违约。❷ 然而，专利实施者必须愿意遵守法院确定的 RAND 费率。❸

如果要约不够合理，以至于违反了诚实信用和公平交易义务，则实施者应当进行谈判。如果标准必要专利持有人没有对谈判请求作出回应，或者不愿意降低其不合理的费率，但是又不提起违约之诉，则实施者可以考虑就预期违约提起诉讼。然而，要适用预期违约，"要求承诺方应以明确的表达或行为清晰地表示其不会或不能实质性履行其合同义务"。❹ 因为难以证明预期违约，因此最好的办法是善意谈判。如果标准必要专利持有人拒绝谈判，可以基于此种拒绝提起违约之诉，原因是依据 RAND 条款进行许可自然就包含进行谈判，因此，可以要求标准必要专利持有人履行合同义务。❺

2. 如果对侵权诉讼作出回应

如果实施者对侵权诉讼作出回应，则主要考虑的内容是是否寻求禁令救济，以及在哪里提起侵权诉讼。如果侵权诉讼是在地区法院提起，则实施者可以提出确认 RAND 的抗辩，以抵销禁令救济，或者就损害赔偿请求确定 RAND 费率。❻ 需要注意的是，在此语境下，RAND 承诺只能作为积极抗辩提出。❼ 如果实施者放弃了该积极抗辩，他们不得在诉讼中再提出 RAND 承诺。❽

如果诉讼是在国外法院或者 ITC 提起，禁令救济已经提出或者被授予，则违反了诚实信用和公平交易义务，实施者可以在地区法院提起违约之诉，要求标准必要专利持有人不得执行禁令或排除令。❾ 另外一种情况是，如果外国法院承认第三方受益人，则专利实施者可以提起 RAND 积极抗辩。专利实施者也可以在 ITC 主张 RAND 积极抗辩，不过，到目前为止，ITC 还没有针对 RAND 合同事项的问题，就如何进行分析作出过任何裁定。另外，由于已经有了 eBay 案，以及微软案和 Innovatio 案，因此，在美国地区法院对 RAND 进行合

---

❶ 参见上文第三部分。
❷ 参见 Apple Inc. v. Motorola Mobility, Inc., 886 F. Supp. 2d 1061 (W. D. Wis. 2012)。
❸ 参见 Apple Inc. v. Motorola Mobility, Inc., 11 - CV - 178 - BBC, 2012 WL 7989412 (W. D. Wis. Nov. 8, 2012)。
❹ Microsoft Corp. v. Motorola, Inc., 864 F. Supp. 2d 1023, 1036 (W. D. Wash. 2012)。
❺ 参见上文第二部分第（二）节。
❻ 参见上文第二部分第（五）节；也参见上文第三部分第（三）节。
❼ 参见 Wi - Lan, Inc. v. HTC, Corp., Case No. 2∶11 - cv - 00068 - JRG, at *8 (E. D. Tex. Oct. 11, 2013)。
❽ 同上注。
❾ 参见 Microsoft Corp. v. Motorola Inc., 696 F. 3d 872 (9th Cir. 2012)。

同分析是最合适的。[1]

专利实施者回应侵权诉讼，可能是在目前与 RAND 承诺有关的现行法律架构下最简单的方案。在诉讼之前，就 RAND 费率寻求禁令救济，会产生直接的损害，而且将引起地区法院进行合同分析。[2] 如果在寻求禁令救济之前进行了 RAND 谈判，但是失败了，应如何进行违约分析，这是一个更具挑战性的问题。

如果标准必要专利持有人因寻求禁令救济而违反了诚实信用以及公平交易义务，或者专利实施者拒绝 RAND 费率而不愿意成为被许可人，可能引发对发出要约的许可费率进行"合理"分析。

（二）标准必要专利持有人如何避免或者模拟违约之诉

本文对于专利实施者如何利用合同法作为 RAND 承诺的执行机制已经作了详细论述，本部分将论述标准必要专利持有人如何能在不违反 RAND 的情况下获得合理的许可费率。主要可以通过以下两种方法实现：仔细地草拟要约信，以及在就 RAND 费率提出要约之前不要寻求禁令救济。

1. 要约信：避免违反 RAND

正如微软案所表明的那样，要约信可能是引发问题的直接根源。事实上，在微软案中，法院认为：合理的要约与合理的许可之间是有区别的（要求后者，而不要求前者）。[3] 然而，要约也不能太不合理，以至于违反诚实信用以及公平交易义务。[4] 如何避免呢？首先，标准必要专利持有人应当避免使用终端产品价格的百分比作为计算基础。[5] 在微软案中，法院对于摩托罗拉基于终端实施专利产品价格的 2.25% 作为合理许可费的计算方法持批评态度。[6]

然而，并不要求标准必要专利实际发出 RAND 要约，只要求要约是基于善

---

[1] 参见 Microsoft Corp. v. Motorola Inc., No. C10–1823JLR, 2012 U. S. Dist. LEXIS 146517, at *25–30 (W. D. Wash. Oct. 10, 2012)（认为 RAND 承诺是可执行的合同义务，微软是第三方受益人）；RealtekSemiConductor Corp. v. LSI Corp., 946 F. Supp. 2d 998, 1010 (N. D. Cal. 2013)（认为被告有合同上的义务，根据 RAND 条款向第三方受益人：瑞星进行许可）（瑞星就是第三方受益人）。

[2] Apple, Inc. v. Motorola, Inc., 869 F. Supp. 2d 901, 2012 U. S. Dist. LEXIS 89960, 2012 WL 2376664, at *12 (N. D. Ill. June 22, 2012)（认为：法院禁止苹果实施侵权行为并不具有正当性，除非苹果拒绝支付符合 FRAND 要求的许可费）；RealtekSemiConductor Corp. v. LSI Corp., 946 F. Supp. 2d 998, 1010 (N. D. Cal. 2013)（认为：在进行 RAND 谈判之前，寻求禁令救济本身就是违约行为）。

[3] 参见上文第三部分第（一）节。

[4] Microsoft Corp. v. Motorola Inc., 864 F. Supp. 2d 1023, 1038 (W. D. Wash. 2012)。

[5] 同上注。

[6] 参见上文第三部分第（一）节。

违反RAND 与达至合理：微软诉摩托罗拉与标准必要专利诉讼

意发出即可。在微软案中，这是指在商业上具有可行性。❶ 标准必要专利持有人可以通过证明在计算发出要约的许可费率时，考虑到了许可费叠加问题，从而证明要约属于商业可行性的范围之中。由于大多数多部件产品在实施标准时，都会涉及成百上千项标准必要专利，因此，以终端产品价格的百分比为基数是不合适的。选择解决专利叠加（微软因素⑮）问题，将要转向实施与标准必要专利有关的标准的最小可售单元为基础进行计算。这与微软因素第①、⑧、⑩、⑪和⑬项是一致的。❷ 并不要求发出要约的费率实际上具有商业可行性，只需要基于善意认为其具有商业可行性，以此作为谈判开始的基础。❸

2. 不要提出禁令救济

微软案和Innovatio案的判决都预示了禁令救济作为标准必要专利侵权诉讼救济手段的终结。❹ 尽管它揭示了有力的谈判和争端解决策略的最终结局，不过，这并不意味着它重大损失。因为正如上文所述，寻求禁令救济可能会导致违反诚实信用和公平交易义务，进而引发违约之诉或RAND 的积极抗辩。❺ 因此，在RAND 背景下，排除禁令救济，也就意味着排除了专利实施者起诉或积极抗辩。❻

标准必要专利持有人仍然具有相当大的谈判能力，因为大多数专利实施者不会希望花费大量的时间和成本在RAND 诉讼上。禁令救济是诉讼的有力助推器，近来已经成为很多判决限制标准必要专利人诉讼的核心因素。❼ 此外，在RAND 背景下使用禁令救济，已经激发了越来越多的对标准必要专利诉讼进行公共和政治审查，也导致了在ITC 决定中，很少行使的总统否决权的使用，以及联邦政府介入标准必要专利许可的可能。❽ 限制使用禁令救济，从长期来

---

❶ *Microsoft*, 2013 U. S. Dist. LEXIS 60233, at *213 – 214.

❷ 同上注，第59 ~ 65 页。

❸ 参见 *ITU Common Patent Policy*, *supra* note 23（stating that negotiations are left to the parties）; *see also* Microsoft Corp. v. Motorola Inc. , 864 F. Supp. 2d 1023, 1031（W. D. Wash. 2012）［没有认可摩托罗拉主张将RAND 承诺视为单边要约（unilateral offer）的观点：单边要约不需要谈判］。

❹ Microsoft Corp. v. Motorola Inc. , 696 F. 3d 872, 885（9th Cir. 2012）（指出：禁令救济不符合 RAND 承诺）; RealtekSemiConductor Corp. v. LSI Corp. , 946 F. Supp. 2d 998（N. D. Cal. 2013）。

❺ 参见上文第二部分第（三）节（对禁令救济作了论述）以及第四部分第（一）节第2 小节（对回应侵权诉讼作了论述）。

❻ 参见上文第二部分第（三）节（对禁令救济作了论述）。

❼ 参见例如：*Microsoft*, 696 F. 3d 872; *Realtek*, 946 F. Supp. 2d 998。

❽ 参见 Letter from Michael Froman, U. S. Trade Representative, to The Honorable Irving A. Williamson, Chairman, Int'l Trade Comm'n（Aug. 3, 2013）, http：//pub. bna. com/ptcj/FromanITCreversal13, Aug. 3. PDF。也参见 The Innovation Act, H. R. 3309, 113th Cong. （2013）（授予FTC 管制不公平许可要求的权力）。该法案已经获得了众议院的通过，目前正在等待参议院审议。

看，可能有利于标准必要专利持有人。

需要注意的是，即使当前遭到反对，但是禁令救济并没有完全被排除作为救济手段。申请禁令救济的时间是法院拒绝的主要因素。Realtek 案判决，在发出 RAND 费率要约之前寻求禁令救济本身即构成违约。❶ 不过，法院将其判决限制为案件的相关事实，❷ 从而为在专利实施者拒绝 RAND 费率时适用禁令救济提供了可能。

3. 模糊领域：如何模拟 RAND 抗辩

拒绝 RAND 费率，会引发不愿意（unwilling）成为被许可人的问题。证明专利实施者不愿意成为被许可人，可能是消除 RAND 积极抗辩的唯一方法。然而，还没有判决对什么构成不愿意成为被许可人作出界定。罗巴特法官的逻辑是，如果拒绝初始要约，被许可人就是不愿意——毕竟，微软拒绝初始要约并不是拒绝其第三方受益人权利。❸ 然而，如果初始要约事实上是合理的，则拒绝可能构成不愿意。这就引发了以下问题：实施者如何知道要约是否合理，这就像标准必要专利持有人如何知道要约不合理一样。或许，二者的答案是相同的：商业可行性。❹

如果专利实施者对谈判请求不予回应、拒绝谈判，这是否构成不情愿还不清楚。一方面，不回应是否构成积极的表达或行动？❺ 不回应似乎是没有行动。另一方面，在双边谈判中不回应，似乎是一个相当明确的不愿意实质性履行合同义务的信号。但是，第三方受益人通常而言并没有合同义务。法院可能被要求将为获得 RAND 许可进行善意谈判的义务，纳入专利实施者作为标准制定组织的成员身份的考虑范围之中。专利实施者何时构成不愿意成为被许可人的答案，就在拒绝初始要约之后，拒绝法院确定的 RAND 费率之前的某一时间点上。在法院对"不愿意成为被许可人"作出界定之前，最好的办法就是假定实施者愿意成为被许可人，并且以善意进行许可费率谈判。

（三）合同诉讼的替代方案

随着对标准必要专利诉讼增加的担忧日渐加重，解决方案是让当事方退出

---

❶ *Realtek*, 946 F. Supp. 2d at 1008.

❷ 同上注（"法院判决违约仅限于本案的情形情形，即被告并未试图提出许可要约"）。

❸ Microsoft Corp. v. Motorola Inc., 864 F. Supp. 2d 1023, 1036 (W. D. Wash. 2012).

❹ Microsoft Corp. v. Motorola Inc., No. C10 - 1823JLR, 2013 U. S. Dist. LEXIS 60233, at *213 - 214 (W. D. Wash. Apr. 25, 2013). 有关确定不合理要约的讨论，参见上文第四部分第（二）节第 1 小节。

❺ 注意此处提及的不回应是从文义角度使用的，而非合同法概念上的沉默。

诉讼，转而进行谈判或仲裁。本节将简要论述这些方案中的两项方案，作为非诉讼解决方案的例子。

1. 棒球式仲裁

Mark Lemely 和 Carl Shapiro 最近在一篇论文中提出了一个有趣的仲裁模式。❶ 根据他们提出的方案，如果标准必要专利持有人与专利实施者无法就许可条款达成一致，标准必要专利持有人有义务与专利实施者进行具有约束力的"棒球式"仲裁，以确定许可费率。❷ 在此种仲裁中，每一方向仲裁员提交最终要约，仲裁员从两个要约中选择一个。❸ 进行仲裁的义务可能取决于专利实施者就其拥有的与同一标准有关的任何标准必要专利作出互惠承诺。❹ 如果专利实施者不愿意进行有约束力的仲裁，则标准必要专利持有人可以到法院请求对不愿意的专利实施者执行其标准必要专利。❺

为了完成这一架构，标准制定组织需要在标准制定过程中，与专利持有人订立合同，就合同义务进行有约束力的仲裁。❻ 标准制定组织是否愿意，还不清楚；如果只有一部分标准制定组织选择事实具有约束力的仲裁条款，效果如何，也不清楚。不过，Lemely 教授和 Shapiro 教授认为，这种仲裁通过消除专利叠加和不适当谈判能力问题，可服务 RAND 承诺的目的，也在 RAND 背景下解决了禁令救济的问题。❼

2. 借用提议的版权许可模式

另一个减少标准必要专利诉讼数量的方式是采用提议的版权许可模式。Peter Menell 和 Ben Depoorter 提议，采用一种可以被纳入 RAND 许可的新颖版权许可机制。❽ 将他们提议的模式纳入 RAND 背景，具体内容如下：❾

专利实施者有权为使用标准必要专利持有人的标准必要专利组合，发出正式的许可费率要约。如果标准必要专利持有人不回应，则实施者可以继续实施该标准（以及相应的标准必要专利），但需向第三方保管账户支付其发出要约

---

❶ Lemley & Shapiro, *A Simple Approach to Setting Reasonable Royalties for Standard – Essential Patens*, 28 BERKELEY TECH. J. 1135 (2013).

❷ 同上注，第1135页。

❸ 同上注，第1138页。

❹ 同上注，第1135页。

❺ 同上注。

❻ 同上注，第1138页。

❼ 同上注。

❽ 参见 Peter S. Menell & Ben Depoorter, *Copyright Fee Shifting: A Proposal to Promote Fair Use and Fair Licensing*, 105 Calif. L. Rev. 53 (2014)。

❾ 版权背景下有关机制的解释，同上注，第71~75页。

的许可费。如果标准必要专利持有人拒绝提议的许可费率,并起诉侵权,则当法院判决实施者发出要约的许可费率是 RAND 费率时,标准必要专利持有人将承担专利实施者的诉讼费用。在版权案件的情形下,向第三方保管账户支付的金额将返还至原始当事方;在 RAND 背景下,该金额仍有可能由标准必要专利持有人获得,因为根据 RAND 承诺的政策目标以及合同义务,他们有权获得合理的许可费。

  以上方案将专利实施者置于一个更为激进的位置上,允许他们启动许可谈判。此外,它激励当事方尽早回到谈判桌前,并在执行 RAND 承诺时,减轻了实施者的经济压力。该方案还有助于减轻标准必要专利持有人在执行其获得合理许可费率的权利时所需要承担的义务。然而,该方案可能引发类似在回应摩托罗拉所主张的实施者必须申请 RAND 费率的合同问题,法院认为这与 RAND 承诺不符。[1] 这一费用转换机制可能为标准制定组织所接受,因为它与仲裁方案一样回应了相同的担忧。[2]

  这样两个提议的选择方案,是令人信服的,因为它们解决了一些有关使用合同法的担忧:诉讼时间和成本,如果地区法院一直被要求计算 RAND 费率,RAND 判决可以利用的资源是有限的;RAND 承诺意味着减少,而不是增加诉讼。两个方案都强调了谈判和激励谈判成功完成的重要性。

  然而,两个方案都要求标准制定政策作出重要的政策改变。[3] 即使只有在技术行业(大多数标准必要专利诉讼发生的领域)创造标准的标准制定组织选择作出改变,也有必要在标准制定组织中就这一额外的合同义务的措辞达成一致,以确保两个公司在一笔交易或一项争端中经历多个程序,因为标准来源于不同的标准制定组织。标准制定组织是否愿意参与谈判以及解决争端协商,也不得而知。[4]

(四)结论

  对于不断增加的标准必要专利诉讼,可能并没有单一的解决方案。标准必

---

[1] Microsoft Corp. v. Motorola Inc. , 864 F. Supp. 2d 1023, 1034 (W. D. Wash. 2012)。

[2] 有关仲裁模式的论述,参见上文第四部分第(三)节第1小节。

[3] 有关标准必要专利组织参加的仲裁,以及公司可能经历的利弊的详细论述,参见 Jorge L. Contreras & David L. Newman, *Developing a Framework for Arbitrating Standards – Essential Patent (SEP) Disputes*, J. of Dispute Resolution (2014)。

[4] 参见例如:IEEE Bylaws, § 6.2, http://standards.ieee.org/develop/policies/bylaws/sb_bylaws.pdf(最后访问时间:2014年2月6日)("IEEE 并不负责判断授权协议中规定的条款或条件合理或非歧视")。

要专利诉讼情形复杂，因为存在各种迅速的变化。不过，微软案以及后续的案件都适用合同法，将 RAND 承诺建构为合同，将专利实施者认定为第三方受益人，将诚实信用和公平义务作为行为准则，认为禁令救济是不适当的救济手段，并且指出 RAND 背景下受到的实际损失——所有这些都提供了 RAND 承诺所缺乏的执行机制。此外，微软案具有开创性的确定 RAND 费率和幅度范围的方法，也为 RAND 费率实际应是多少提供了司法答案，并提供了一种计算方法。另外，法院计算 RAND 费率的能力也为解决 RAND 谈判问题提供了非常必要的救济手段，以及可以寻求救济的场所。❶ 因此，尽管一些新的发展日益改变了标准必要专利诉讼的图景，微软案和后续的案例慢慢地扫清了道路，以指引公司前进。

---

❶ Microsoft Corp. v. Motorola Inc., 854 F. Supp. 2d 993, 1036 (W. D. Wash. Feb. 27, 2012)（认为：当第三方受益人认为标准必要专利人不符合 RAND 义务时，法院可能是解决分歧的唯一场所）。

鲍曼诉孟山都公司案:
鲍曼、生产者与最终用户

塔贝莎·玛丽·佩威(Tabetha Marie Peavey) 著*
金洁 张娜 刘玉涛 译
万勇 校

一、概述

自 20 世纪 80 年代中期以来,农业生物技术公司已经接受了对经过基因改造的("转基因")种子的专利保护。❶ 由于转基因种子自我复制的性质,农业生物技术公司采用了将专利法与合同法相结合的方法,来限制和控制对专利种子的使用。❷ 这种做法很大程度上是为了规避专利法中的权利用尽原则:根据该原则,专利产品首次经授权且不受限制的销售以后,将"用尽"或者终止专利权人就该产品在通常使用期限内的权利。❸

专利权用尽构成就一项专利产品的使用或转售的侵权主张的积极抗辩。❹ 由于自我复制技术的任何使用者将成为潜在的生产者,权利用尽原则对自我复制技术的专利权人产生了极大的商业风险。美国联邦最高法院在鲍曼诉孟山都

---

* 作者系美国加州大学伯克利分校法学院法律博士。

❶ J. E. M. Ag Supply, Inc v. Pioneer Hi – Bred Int'l, Inc. , 534 U. S. 124, 131 (2001)(指出:美国专利商标局专利复审委员会认为,"植物属于'制造'或'物质组成'公认的含义范围,因此属于第 101 条意义下的客体范围"[Ex parte Hibberd, 227 U. S. P. Q. 443 (B. P. A. I. 1985)]。

❷ Eric J. Rogers, The Inexhaustible Right to Exclude Reproduction Doctrine, 14 Colum. Sci. & Tech. L. Rev. 389, 391 (2013)。

❸ Quanta Computer, Inc. v. LG Elecs. , Inc. , 553 U. S. 617, 625 (2008)。

❹ ExcelStor Tech. , Inc. v. Papst Licensing GMBH & Co. , 541 F. 3d 1373, 1376 (Fed. Cir. 2008)(认为:"专利权用尽是对专利侵权的抗辩,而非诉因")。

公司案中，第一次遭遇了专利权用尽原则在自我复制的转基因种子情境下的适用范围问题。❶

种子是受专利保护的自我复制技术❷的最为显著的例子之一，因此，鲍曼案的判决备受期待。❸ 学者们认为该判决将对生物技术和软件产业产生广泛影响。❹ 鲍曼向最高法院提出了涉及权利用尽原则的一个新问题：种子的自我复制性质使专利产品的消费者不可避免地成为该产品的生产者。

最高法院最终在鲍曼案中进行了限制性解释，认为：就种子而言，专利权人对随后几代种子的排他性权利并不会用尽。❺ 换句话说，即使在对产品的使用需要制造新的专利产品的情况下，专利权人的权利也不会用尽。但是，最高法院显然强调了鲍曼（鲍曼案中的农民，也是被告）的积极行为，其被设计用来利用孟山都公司（本案中的专利权人，也是原告）的技术，以及避免因使用该技术而对孟山都公司作出赔偿。❻

本文将主要讨论两个重要问题。第一，因为专利权人的排他性权利对于其他最终用户或消费者而言是可用尽的，可否从鲍曼案推论出：现今存在不被用尽的自我复制技术的使用？❼ 换句话说，如果鲍曼并没有积极地探索孟山都公司的专利技术，而只是大批量种植商业大豆，该案是否会有不同的判决？对于这个问题的回答，重点在于区分制造和使用自我复制技术是否有意义，以及是否存在法院可另行探索的制造/使用区分的替代方法。

第二，如果对自我复制专利产品的某些使用实际上是不能用尽的，那么现行的专利侵权的责任架构是否适用于疏忽生产新产品的自我复制技术？❽ 与该问题相关的是，转基因作物在农业领域的广泛性以及其带来的污染如何给种植有机作物和非转基因作物的农民带来实际的威胁。类似孟山都抗农达

---

❶ 133 S. Ct. 1761, 1764 (2013).

❷ Rogers, The Inexhaustible Right to Exclude Reproduction Doctrine, 14 Colum. Sci. & Tech. L. Rev. 402 (2013).

❸ 例如，本案提交了 29 份法庭之友意见。

❹ Adam Garmezy, Comment, Patent Exhaustion and The Federal Circuit's Deviant Conditional Sale Doctrine: Bowman v. Monsanto, 8 Duke J. Const. L. & Pub. Pol'y Sidebar 197, 216 (2013) ("最高法院的判决可能对整个生物技术行业的创新激励产生重要影响")。See Zachary Loney, Note, Bowman's Beanstalk: Patent Exhaustion in Self-Replicating Technologies, 15 Vand. J. Ent. & Tech. L. 949 (探索生物技术与软件系统偶然复制的相似性); Daniel Winston et al., How Bowman v. Monsanto May Wreak Havoc on Biotechnology, Law 360 (Apr. 15, 2013), http://www.law360.com/articles/432230/print?section=appellate.

❺ See Bowman, 133 S. Ct. at 1769.

❻ 同上注（"鲍曼不是其大豆倍增的被动观察者……"）。

❼ 参见下文第四部分。

❽ 参见下文第五部分。

(Roudup Ready©)这样的转基因种子所引起的污染,不仅导致侵权责任,也危及种植有机物的农民的有机种植证书,❶ 并且可能导致巨大的清理成本以及市场限制。❷ 虽然孟山都承诺不会因为此种侵权起诉农民,❸ 但公众不应仅仅依靠自我复制技术生产者所作的承诺。虽然对于农田被转基因种子污染的"受侵害"的种植有机作物的农民而言,现在是否存在强有力的法律保护依旧不明,❹ 但本文提出了至少可以允许这些农民避免侵权责任的一个分析框架。

  本文第二部分将简要考察专利权用尽原则的发展历史。第三部分将阐述孟山都的种子自我复制技术和鲍曼案。第四部分将分析权利用尽原则如何适用于鲍曼和其他最终用户,并进一步解释制造/使用的区别,这一点对于最高法院审理鲍曼案的意见非常重要,但之前却未引起重视。因为购买自我复制技术的目的都是需要以自我复制的方式使用它们,第四部分认为:即使某些使用是可预期和普通的,但在鲍曼案判决之后,它们是不可用尽的。不管消费者是直接从孟山都公司那里获得许可还是下游的购买者,这些使用都是不可用尽的。第四部分进一步提出建议,无论最高法院是否创设了一种排除复制❺或某些使用的不可用尽的权利,最高法院本可以创设一种排除利用(exploitation)的不可用尽的权利。对利用和制造/使用进行区分,更好地平衡了专利用尽原则与保护孟山都专利权以及最终用户财产权的关切。最后,第五部分讨论了有机种子种植者和行业协会诉孟山都公司案中原告表示的担忧;原告寻求确认之诉,以阻止孟山都在农田污染的情况下起诉他们。第五部分也指出,第四部分所讨论

---

❶ 参见 Complaint at 5, Organic Seed Growers & Trade Ass'n v. Monsanto Co. (Organic I), 851 F. Supp. 2d 544 (S. D. N. Y. 2012) (No. 11 Civ. 2163)。

❷ 至少有26个国家对生产和进口转基因生物有全部或部分的禁令,其中包括德国、希腊、瑞士、奥地利、中国、印度、法国、卢森堡、保加利亚、波兰、匈牙利、意大利和墨西哥。Walden Bellow & Foreign Policy In Focus, Twenty-Six Countries Ban GMOs—Why Won't the US, The Nation, (Oct. 29, 2013 10:59AM), http://www.thenation.com/blog/176863/twenty-six-countries-ban-gmos-why-wont-us. 如果转基因农作物意图在限制转基因食品使用的国家进行加工并用于销售,对于转基因食品没有限制的国家也不太可能会接受转基因农作物。

❸ 参见 Organic Seed Growers & Trade Association v. Monsanto Co. (Organic II), 718 F. 3d 1350 (2013), cert denied, 134 S. Ct. 901 (2014)。

❹ 在普通法中,对于农田污染的侵权救济,认为存在最大的问题在于确定被告。例如,尽管学者建议可以将过失和妨害作为潜在的救济,然而,提起诉讼的农民可能起诉的对象是与之相邻的农民,而非孟山都公司。对于农田污染受害者可以采取的救济措施的讨论,参见:Richard A. Repp, Note, Biotech Pollution: Assessing Liability for Genetically Modified Crop Production and Genetic Drift, 36 Idaho L. Rev. 585, 598-620 (2000). See also Drew L. Kershen, Of Straying Crops and Patent Rights, 43 Washburn L. J. 575, 582, 592 (2004)。

❺ 参见 Rogers, The Inexhaustible Right to Exclude Reproduction Doctrine, 14 Colum. Sci. & Tech. L. Rev. 391 (2013)。

的利用权，可以在不对责任标准进行重构的情况下，更好地帮助解决疏忽侵权人的侵权责任问题（例如，增加意图要件）。

二、专利权用尽原则

专利授予发明人排除他人进行制造、使用、销售、许诺销售以及进口其专利产品的权利。❶ 因此，专利授予专利权人的是一种消极、排他的权利，而非积极权利。❷ 由于专利保护伴随的是垄断的社会成本，❸ 因此，权利用尽原则作为良好的公共政策得以存在。该原则意在限制专利权人对已经售出的产品的权利，阻止没有根据的赔偿。❹

权利用尽原则是指："专利产品的首次授权销售使得该产品上所有专利权利终止。"❺ 专利权用尽原则通过用尽专利权人对特定已售出的产品的垄断，限制了"专利权人控制他人对载有或含有发明的产品的处分"。❻ 当专利权用尽，专利权人不再有权利排除对该产品的正常使用、再销售（促进该专利产品在商业上的自由流通）以及正常修理的权利。❼ 在 Keeler 诉 Standard Folding Bed 公司案中，最高法院认为：对产品的持续垄断，将导致"对公众的不便和困扰……这显而易见，因此无须赘述"；最高法院广泛地阐释了"某人从一个经授权的销售者那里购买了专利产品，其就拥有了对该产品不受时空限制的绝对的财产权"。❽

作为回应对在个人财产权上附加永久限制的怀疑，该原则得以发展；❾ 专

---

❶ 35 U.S.C. § 271 (a) (2012).

❷ 参见 Bio-Tech. Gen. Corp. v. Genentech, Inc., 80 F.3d 1553, 1559 (Fed. Cir. 1996)（引用 VaupelTextilmaschinen KG v. Meccanica S.P.A., 944 F.2d 870, 879 n.4 (Fed. Cir. 1994)）（"专利只授予了持有人排除他人使用的权利，而并没有赋予其持有人制造、使用或销售的权利，这是基本常识"）。

❸ 托马斯·杰弗逊曾写道："我很清楚地知道在对公众有价值的排他性专利与对公众没有价值的排他性专利之间划出一条界线，是非常困难的。"参见 Letter from Thomas Jefferson to Isaac McPherson (Aug. 13, 1813), in 13 The Writings of Thomas Jefferson 326, 335 (Andrew A. Lipscomb ed., 1903); 也参见 Graham v. John Deere Co., 383 U.S. 1, 7–11 (1966)（就托马斯·杰弗逊对早期专利制度进行论述的著作予以了讨论）。

❹ 参见 United States v. Masonite Corp., 316 U.S. 265, 280 (1942)（"因为专利权是一种特权，对自由经济产生了限制，因此，对国会授予其的权利必须作出严格解释，以免超过专利法的必要要求而损害一般法"）。

❺ Quanta Computer, Inc. v. LG Electronics, Inc., 553 U.S. 617, 625 (2008).

❻ Bowman v. Monsanto Co., 133 S. Ct. 1761, 1766 (2013).

❼ Amelia S. Rinehart, Contracting Patents: A Modern Patent Exhaustion Doctrine, 23 Harv. J.L. & Tech. 483, 485 (2010).

❽ 157 U.S. 659, 666 (1895).

❾ 参见 Molly Shaffer Van Houweling, The New Servitudes, 96 Georgetown L.J. 885, 914 (2008)。

利权用尽原则主要基于以下理论："当专利权人通过［授权］销售专利产品而获得报酬时，就任何特定的专利产品而言，专利法的目的就实现了。"❶ 然而，在看似简明的原则背后，如 Keeler 案所言，"暗藏着出于权利用尽目的而区分授权销售的复杂任务"。❷ 一般来说，当专利权人没有在销售上施加任何法律限制的情况下，且销售经过授权，专利就用尽了。❸

早期讨论专利权利用尽问题的一个案件是 1873 年的 Adams 诉 Burke 案。❹ 原告的先前的权利所有人将专利权部分转让给了一家波士顿公司。❺ 这家波士顿公司被许可在波士顿以及波士顿市内❻十英里半径的范围制造和销售专利产品：棺材盖。Burke 从这家波士顿公司购买了棺材盖，在商业中使用，其是在指定的十英里之外的区域开展经营。❼ 然而，由于 Burke 在波士顿购买了该棺材盖，因为该销售行为，导致专利权人使用享有专利的棺材盖的权利已经用尽，Burke 可以在任何地方自由使用，即使超出十英里半径的范围。❽ 法院作了如下解释：

> 就使用而言，专利权人已经获得其对价，因此，其不再享受专利的垄断。如果说该产品只能在十英里范围内使用，其将被认为是在使用权上附加未经法律规定或不符合合同理性的限制。❾

因此，财产权所有人的权利使其不受限制地使用财产。专利权人限制使用含有专利的产品的权利，在产品一经售出后即用尽。Keeler 案的判决是在 Adams 案判决之后，在 Keeler 案中，最高法院指出：合法制造和销售的专利物品

---

❶ Bowman, 133 S. Ct. at 1766［引用了 United States v. Univis Lens Co., 316 U. S. 241, 249 – 250 (1942)］。

❷ Rinehart, Contracting Patents: A Modern Patent Exhaustion Doctrine, 23 Harv. J. L. & Tech. 483, 485 (2010). 权利用尽原则也与其他积极的抗辩相结合，如专利所有人的滥用和在贸易中的限制。参见 United States v. Univis Lens Co., 316 U. S. 241 (1942)。然而，联邦巡回上诉法院将 Univis Lens 案主要视为反垄断案件。参见 Mallinckrodt, Inc. v. Medipart, 976 F. 2d 700, 708 (Fed. Cir. 1992). 但是，参见 John W. Osborne, A Coherent View of Patent Exhaustion: A Standard Based on Patentable Distinctiveness, 20 Santa Clara Computer & High Tech. L. J. 643, 649 (2004)（"虽然经过了尝试且今天依旧在尝试，将 Univis Lens 案视为有关反垄断或默示许可的判决，但是，判决的基本点还是完全以权利用尽原则为基础"）。

❸ Osborne, A Coherent View of Patent Exhaustion: A Standard Based on Patentable Distinctiveness, 20 Santa Clara Computer & High Tech. L. J. 658 (2004).

❹ 参见 84 U. S. 453 (1873)。

❺ 同上注，第 456 页。

❻ 同上注。

❼ 同上注，第 454 页。

❽ 同上注，第 456 页。

❾ 同上注。

的购买者，不仅有权使用该物品，也有权不受限制地销售该物品。❶

进入20世纪，在Motion Picture Patents公司诉Universal Film Manufacturing公司案中，最高法院拒绝执行电影放映机所附标签上注明的搭售❷限制。❸ 电影放映机的专利权人许可生产该机器，并且要求被许可人只能使用机器放映专利权人自己的电影。❹ 此外，专利权人要求被许可人在专利有效期内，在销售价格之外支付许可费，并且禁止他们以低于专利权人的标价出售放映机。❺

法院认为该限制远超出了可允许的专利权范围，法院指出："不可否认，授予发明人范围和期限有限的垄断，并非为其排他的利益或优势而设计；公众或社会的整体利益是授予和保证该垄断的另一个并且无疑是最主要的目的。"❻ 虽然该案件"因系争专门限制的反竞争效果变得复杂化了"，❼ 但法院的判决仍然反映了人们对专利产品的使用进行限制的质疑，以及避免通过一个较强的权利用尽原则使专利权人获得不正当的赔偿。由于Motion Picture Patents案的判决是由最高法院作出，因此它更牢固地确立了售后限制不能被执行的立场。❽

然而，1939年，最高法院在General Talking Pictures公司诉Western Electric公司❾案中，支持对使用领域的限制，从而偏离了其支持强有力的权利用尽原则的倾向。在General Talking Pictures案中，被许可人被授权销售专利物品，该物品只能用于私人音频应用（而不能用于商业），并被要求在其出售的物品上附加该限制通知。❿ General Talking Pictures是一个商业用户，其从被许可人那里购买了附有该通知的专利产品，故意违反了许可限制。法院驳回了General Talking Pictures的抗辩：其是通过获得授权的卖家购买，因此已经补偿

---

❶ 参见Keeler v. Standard Folding Bed Co., 157 U.S. 659, 666 (1895)。

❷ 搭售限制是指要求某个专利产品的消费者从专利持有人那里购买该产品中所需要的但是非受专利保护的部件，以此来有效地将专利的范围扩展到该部件。参见2 William C. Holmes, Intellectual Property and Antitrust Law § 20: 1。

❸ 243 U.S. 502, 518-519 (1917)。

❹ 同上注，第506页。

❺ 同上注。

❻ 同上注，第509页。

❼ Van Houweling, The New Serritudes, 96 Georgetoun L. J. 915 (2008)。

❽ 在Henry v. A.B. Dick Co. 案中，最高法院认为专利权人可以用明示和附条件的许可对于该专利产品施加连续的限制。224 U.S. 1, 12-19 (1912)。最高法院区分了涉及对专利产品无条件销售的Adams案和Keeler案，以及涉于有条件销售的A.B. Dick案。然而，A.B. Dick公司案判决的观点，被Motion Picture Patents案判决明确推翻了，243 U.S. at 517。

❾ 304 U.S. 175, aff'd on reh'g, 305 U.S. 124 (1939)。

❿ 304 U.S. at 180。

了专利权人，专利权也用尽了。❶ 法院认为专利权人有权授予许可，对销售施加的限制只要没有超出专利的范围，就不构成导致专利权人权利用尽的合法授权销售。❷

在 General Talking Pictures 案中，不存在授权的销售，因为当被许可人故意销售专利物品用于未被许可的领域时，他转让的是其自身没有的权利。法院不仅强调了附于扬声器的通知的限制的明确性质（不同于 Motion Picture Patents 案中的限制），也强调了购买者对于限制的实际认知以及违反的故意。❸ 此外，如果被许可人没有违反明示的限制，且物品是"在正常的交易渠道销售"，❹ 法院拒绝认定此种情形下在通知中作出的限制是否可以对购买者执行。

仅仅过了几年，最高法院在 1942 年审理了美国政府诉 Univis Lens 公司案；最高法院认为：对下游被许可人的价格限制不可执行，因为成品上的专利在首次销售未完成品时已经用尽。❺ Univis Lens 公司开发了一个许可系统，通过该系统，它许可镜片制造商制造镜片毛坯，之后又要求批发商、终端零售商、处方零售商从制造商那里获取购买镜片毛坯的许可，并且按客户要求加工完成。❻ 虽然 Univis 案是作为反垄断案件提起诉讼，法院最终是依据权利用尽原则进行判决。❼

在 Univis 案，最高法院要解决的问题是，Univis 公司是否有权以许可的方式对于下游的零售商和成品商从获得许可制造镜片毛坯的被许可人那里购买镜片毛坯后固定转售价格。❽ 这些未完成的镜片毛坯的唯一用途以及购买的唯一原因就是最终制造出 Univis 公司的专利镜片。❾ 最高法院认为权利已经用尽，指出：如果专利持有人销售"具有专利发明基本特征……半成品时，且最终……由购买者依据专利完成，则［专利持有人］已经销售了其发明，因为该物品中含有或可以含有该发明。❿ 由于对于最后的完工者而言，半成品的销售已经用尽了 Univis 公司的专利权，因此 Univis 不能控制后续的销售。⓫

---

❶ 304 U. S. at 180.
❷ 同上注，第 181 页。
❸ 同上注，第 182 页。
❹ Gen. Talking Pictures Corp. v. Western Elec. Co., 305 U. S. 124, 125–127 (1939).
❺ United States v. Univis Lens Co., 316 U. S. 241 (1942).
❻ 同上注，第 243~244 页。
❼ 同上注；Osborne, A Coherent View of Patent Exhaustion: A Standard Based on Patentable Distinctiveness, 20 Santa Clara Computer & High Tech. L. J. 649 (2004).
❽ 同上注。
❾ 同上注，第 249 页。
❿ 同上注，第 251 页。
⓫ 同上注，第 250~253 页。

虽然最高法院关于权利用尽原则的判例看起来缺乏统一性，联邦巡回上诉法院一直以来则更为均衡和保守地普遍适用这一原则。联邦巡回上诉法院一直认为，最高法院审理的案件之所以质疑专利产品的售后限制，是出于反垄断的担忧。在联邦巡回上诉法院看来，如果那些售后限制并非反竞争性的，或者不是因其他原因而违法，最高法院会认为那些案件是不适用权利用尽原则的。从历史来看，联邦巡回上诉法院（与最高法院不同）对专利物品的售后合同限制采取的是更具支持性的观点。

在 Mallinckrodt 公司诉 Medipart 案，联邦巡回上诉法院考虑了以下事项：医疗设备的制造商和专利权人是否有权通过设备上的声明来限制购买者"仅限一次性使用"。❶ Mallinckrodt 公司认为再次使用的限制是"对于具体使用领域的标签许可，该领域是单一（一次性）使用"。❷ 根据 General Talking Pictures 案，❸ 联邦巡回上诉法院支持 Mallinckrodt 的许可是有效的。❹ 审理 Mallinckrodt 案的法院区分了最高法院拒绝执行售后限制的专利权用尽案例（包括 Univis Lens 案），认为这些案件的判决是基于其他法律或政策作出，各方享有就销售的条件进行缔约的自由。❺ 对于一些人而言，该案件对许可的司法执行正确地反映了合同自由的优先地位。❻ 但是，也有其他人认为 Mallinckrodt 案以及其他承认专利权人可以售后限制的方式规避权利用尽的缔约能力的案件，反映了联邦巡回上诉法院对最高法院已经确立的原则的背离。❼

Mallinckrodt 案发生后的第 16 年，最高法院在 Quanta Computer 公司诉 LG Electronics 公司案的判决中，再一次就权利用尽问题发表了观点，❽ 并被有些人认为该判决废止了联邦巡回上诉法院确立的附条件销售原则。❾ 一些学者认为 Quanta 案对专利权人利用合同法来救济违反对专利产品的售后限制产生了

---

❶ 976 F. 2d 700, 703 (Fed. Cir. 1992).

❷ 同上注。

❸ Gen. Talking Pictures Corp. v. Western Elec. Co., 305 U. S. 124 (1939); 参见 304 U. S. 175, aff'd on reh'g, 305 U. S. 124, 180, 181, 182 (1939).

❹ Mallinckrodt, 976 F. 2d at 704 – 705.

❺ 同上注，第 708 页。该观点也被称为"有条件销售原则"。

❻ 参见例如：F. Scott Kieff, Quanta v. LG Electronics: Frustrating Patent Deals By Taking Contracting Options Off the Table?, 2008 Cato Sup. Ct. Rev. 315, 321 – 322 (2008).

❼ 参见例如：Richard H. Stern, Post – Sale Patent Restrictions After Mallinckrodt—An Idea in Search of Definitions, 5 Alb. L. J. Sci. & Tech. 1, 6 – 7 (1994).

❽ 553 U. S. 617 (2008).

❾ 参见例如：Jeremy N. Sheff, Self – Replicating Technologies, 16 Stan. Tech. L. Rev. 229, 239 (2013).

重要影响。❶ 其他学者认为 Quanta 案的波及面过大，且比以前适用权利用尽原则的条件要严格得多。❷

在 Quanta 案中，LG Electronics 公司（以下简称 LGE）与 Intel 公司签订了一个许可协议，允许 Intel "制造和销售使用 LGE 专利的微处理器和芯片组"。❸ Intel 进一步同意向客户发书面通知，告知他们没有被授权以使用 LGE 方法专利的方式，将其购买的 Intel 产品与任何非 Intel 的产品结合起来使用。❹ Quanta 公司实施的恰好是对购买的英特尔产品进行未授权的行为。❺

尽管联邦巡回上诉法院支持了 LGE 的专利侵权主张，认为 Intel 向客户的销售是"附条件的"，因此不会引起专利权利用尽，❻ 但最高法院却不这么认为。最高法院依据 Univis Lens 案，认为权利用尽可以因销售含有"专利发明基本特征"的产品引起，如果专利产品"唯一合理和预期用途"是实施该专利。❼ 最高法院认为权利用尽只会"因获得专利持有人的授权进行的销售……引起"。❽

Quanta 案的判决并没有推翻 Mallinkrodt 案的判决，尽管上述讨论在某种程度上显示出判例法的不一致：有些限制条件引起了权利用尽，而其他限制条件却没有，这样就产生了相对复杂的规则。判例法要求适用权利用尽需要具备以下条件：对含有专利的物品进行获得授权且不附条件的销售，专利权人已经就该专利获得了充分补偿。❾ 此外，如果这些条件"不被允许地扩大了专利许可的'物理或时间范围'，产生了反竞争的效果，则即使当事方在销售时知晓的合同条款也不会得到支持"。❿ 有人推测，如果有法院再审理此类许可案件时，"专利权用尽原则的适用［可能］会更加严格"，Quanta 案尤其将会成为农民

---

❶ 参见 Leaven 案，Jeremy N. Sheff, Self–Replicating Technologies, 16 Stan. Tech. L. Rev. 229, 239 (2013)。

❷ 参见 Kieff 案，F. Scott Kieff, Quanta v. LG Electronics: Frustrating Patent Deals By Taking Contracting Options Off the Table?, 2008 Cato Sup. Ct. Rev. 318 (2008)。

❸ Quanta Computer, Inc., 553 U. S. at 623.

❹ 同上注。

❺ 同上注。

❻ 同上注，第 625 页。

❼ Quanta Computer, Inc., 553 U. S. at 631 [quoting United States v. Univis Lens Co., 316 U. S. 241, 249–251 (1942)].

❽ 同上注，第 636 页。

❾ Rogers, The Inexhaustible Right to Exclude Reproduction Doctrine, 14 Colum. Sci. & Tech. L. Rev. 404 (2013).

❿ Rinehart, Contracting Patents: A Modern Patent Exhaustion Doctrine, 23 Harv. J. L. & Tech. 497 (2010) [引用 B. Braun Med., Inc. v. Abbott Labs., 124 F. 3d 1419, 1426 (Fed. Cir. 1997)]。

反对保留种子案件的有用工具。❶ 正如下文第三部分第（三）节所述，该预测被证明是错误的。

三、鲍曼诉孟山都案

（一）专利技术

除草剂，包括孟山都公司最畅销的产品——农达（Roundup）©，都含有草甘膦这一有效成分。❷ 草甘膦可以通过抑制磷酸合成酶（以下简称"EP-SPS"）❸ 的代谢活动（一种只能在植物和某些细菌里找到的酶❹），不加选择地除去杂草。EPSPS 在将糖转化成生物生长需要的氨基酸的过程中发挥着重要作用。❺ 在自然界，自带抗草甘膦的 EPSPS 的植物几乎是不存在的。❻

孟山都公司发明了一种基因改造方法，使得植物在接触草甘膦后可以存活，并获得了专利。❼ 孟山都公司的基因改造方法是将一种抗草甘膦的酶植入植物的基因组中，从而创造了抗农达©（Roundup Ready©）种子。❽ 不同于其他的基因改造组织，孟山都大豆种子的特性是"真的用来种植"，意味着受专利保护的遗传物质会转移到后续的每一代种子。❾ 因为这一技术非常容易通过简单地种植一代种子而被复制，将孟山都的技术"销售"给所有种植者，无论这些种植者是从孟山都那里直接还是从其许可的生产商那里获得，都需遵守受限

---

❶ Tempe Smith, Note, Going to Seed?: Using Monsanto as a Case Study to Examine the Patent and Antitrust Implications of the Sale and Use of Genetically Modified Seeds, 61 Ala. L. Rev. 629, 637, 639 (2010).

❷ Bowman v. Monsanto Co., 133 S. Ct. 1761, 1764 (2013).

❸ Laura F. Bradshaw, Perspectives on Glyphosate Resistance, 11 WEED TECHNOLOGY 189, 190 (1997).

❹ Gerald D. Mill, Glyphosate – Resistant Crops: History, Status, and Future, 61 Pest Mgmt. Sci. 219, 219 (2005).

❺ Bradshaw 案, Perspectives on Glyphosate Resistance, 11 WEED TECHNOLOGY 190 (1997).

❻ 同上注，第 195 页。然而，随着抗草甘膦植物的引入，人们越来越多地使用草甘膦除草剂，科学家也已经发现了进化形成抗草甘膦的杂草种类。比如 A. Stanley Culpepper et al., Glyphosate – Resistant Palmer Amaranth (Amaranthus plameri) Confirmed in Georgia, 54 Weed Sci. 620 (2006); Lim J. Lee & Jeremy Ngim, A First Report of Glyphosate – Resistant Goosegrass (Eleusine indica (L) Gaertn) in Malaysia, 56 Pest Mgmt. Sci. 336 (2000); Stephen B. Powels, Evolved Glyphosate – Resistant Weeds Around the World: Lessons to be Learnt, 64 Pest Mgmt. Sci. 360 (2008).

❼ Bowman, 133 S. Ct. at 1764.

❽ Monsanto Co. v. Bowman, 657 F.3d 1341, 1344 (Fed. Cir. 2011), aff'd, 133 S. Ct. 1761 (2013).

❾ Loney, Note, Bowman's Beanstalk: Patent Exhaustion in Self – Replicating Technologies, 15 Vand. J. Ent. & Tech. L. 955.

使用许可，也被称为"孟山都技术/管理协议"（以下简称"技术协议"）。❶

孟山都公司在1996年开始经营和销售抗农达大豆种子❷。该公司也将其技术许可给大豆生产商，这些生产商可以将抗草甘膦成分嵌入他们自己种子的胚质里。❸ 一般来说，孟山都公司将制造和销售抗农达种子的权利许可给类似Pioneer和Syngenta这样的生产商，这些公司随后依据技术协议将种子卖给农民。❹ 种植孟山都的抗农达大豆种子的农民可以使用草甘膦除草剂来控制杂草，而又不会伤害他们的农作物。❺

然而，根据技术协议的规定，目前被"许可"的种植者在其他条件之外，还需同意只将抗农达种子用于种植一季经济作物，而且不会将任何农作物作为种子保留下来用于再种植，或者将保留的种子提供给任何其他人用于再种植。❻ 尽管技术协议里明文禁止种植者出售抗农达种子的后代，或"第二代种子"，孟山都允许种植者将第二代种子作为商品出售给当地的谷物仓库，❼ 而且不会受到任何限制。❽

孟山都公司用于研究和设计的投资费用平均下来每天超过260万美元。❾ 鉴于高昂的投资成本，孟山都公司必然会奋不顾身地保护其专利权。❿ 自从开始许可其专利种子，孟山都已经累计提起超过144件专利侵权诉讼，涉及410

---

❶ See Monsanto, 657 F. 3d at 1344.

❷ 同上注。

❸ 同上注。

❹ 参见McIntosh v. Monsanto Co., 462 F. Supp. 2d 1025, 1028 (E.D. Mo. 2006)。

❺ Monsanto, 657 F. 3d at 1344.

❻ 同上注，第1345页；也可参见2011年孟山都技术/管理协议，http://thefarmerslife.files.wordpress.com/2012/02/scan_ doc0004. pdf. 对保留种子的限制是有争议的。农民保留、再种植、再销售具有价值特性的种植曾经是普遍的、无争议的。就像一位评论家所指出的那样，"保留种子是农业中根深蒂固的一部分，而且当今在发展中国家，仍然有超过80%的农民依靠保留种子维持生计"。Haley Stein, Intellectual Property and Genetically Modified Seeds: The United States, Trade, and the Developing World, 3 Nw. J. Tech. & Intell. Prop. 160, 162 (2005)。

❼ "谷物仓库是指用来协助收集、存储谷物，然后分配给直接使用或者生产、出口的设备。"1 U.S. Envtl. Prot Agency, Compilation of Air pollutant Emission Factors § 9.9.1.1 (5th ed. 2009), http://www.epa.gov/ttnchie1/ap42/ch09/final/c9s0909 – 1. pdf。

❽ Monsanto, 657 F. 3d at 1345.

❾ Why Does Monsanto Sue Farmers Who Save Seeds? MONSANTO, http://www.monsanto.com/newsviews/Pages/why – does – monsanto – sue – farmers – who – save – seeds. aspx (last visited Dec. 15, 2013)。

❿ 同上注。

个农民和 56 家小型农场。❶ 在这些诉讼中,大约 70 件以孟山都胜诉告终,获得的损害赔偿总额接近 2367 万美元。❷ 鲍曼诉孟山都案是其中最近的一起案件,目前已经上诉到了最高法院。2007 年 10 月,孟山都公司起诉农民弗农·休·鲍曼(Vernon Hugh Bowman),指称鲍曼"种植从谷物仓库买来的大豆种子","故意侵犯"该公司的两项专利。❸

(二)鲍曼的行为

鲍曼是印第安纳州诺克斯县的农民,他在自己家 300 英亩的土地上种植小麦和大豆。❹ 他一般在一季里会种植两次农作物,第二批作物是晚季收获,这是经济上的风险投资。❺ 第二次种植更有风险,因为"高温、干旱和洪水"更容易在晚夏发生,而且一个好的第二次种植的收成需要农民"种下两倍的种子"。❻

在 1999 年,由于在一季当中种植两次作物存在着高风险,鲍曼决定尝试一种不同的方法。在他的第一次种植中,鲍曼出高价购买了抗农达大豆种子,并签署了孟山都技术协议。他遵守技术协议,将所有买来的种子用于种植,并将收获的种子卖给了谷物仓库。但是,在其进行该季的第二次种植时,他决定不购买价格昂贵的抗农达种子,❼ 而是决定购买和种植更便宜的"商品谷物"(储存在谷物仓库的来自许多农场的几种不同类别的种子不加区分的混合)。❽ 商品谷物一般是用于消费而进行销售。❾

---

❶ Ctr. for Food Safety, Seed Giant vs. U. S. Farmers (2013), http://www.centerforfoodsafety.org/files/seed-giants_final_04424.pdf. 这个数据不包括临时居住点;超过 700 件其他事件庭外解决。参见 Jessica Lynd, Gone With the Wind: Why Even Utility Patents Cannot Fence In Self-Replicating Technologies, 62 Am. U. L. Rev. 663, 666 (2013). Ctr. for Food Safety, Why Does Monsanto Sue Farmers Who Save Seeds? MONSANTO, http://www.monsanto.com/newsviews/Pages/why-does-monsanto-sue-farmers-who-save-seeds.aspx (last visited Dec. 15, 2013)。

❷ Why Does Monsanto Sue Farmers Who Save Seeds? MONSANTO, http://www.monsanto.com/newsviews/Pages/why-does-monsanto-sue-farmers-who-save-seeds.aspx (last visited Dec. 15, 2013).

❸ 参见 Brief for Petitioner at 9, Bowman v. Monsanto Co., 133 S. Ct. 1761 (2012) (No. 11-796)。

❹ Andrew Pollack, Farmer's Supreme Court Challenge Puts Monsanto Patents at Risk, NY Times, Feb. 13, 2013, http://www.nytimes.com/2013/02/16/business/supreme-court-to-hear-monsanto-seed-patent-case.html.

❺ 同上注。

❻ Elliot Marshall, Supreme Court to Review Scope of Monsanto's Seed Patents, 339 Sci. 639, 639 (2013).

❼ Why Does Monsanto Sue Farmers Who Save Seeds? MONSANTO, http://www.monsanto.com/newsviews/Pages/why-does-monsanto-sue-farmers-who-save-seeds.aspx (last visited Dec. 15, 2013),第 6 页.

❽ 同上注,第 5 页。

❾ 同上注。

鲍曼预计大部分的商品谷物会含有孟山都专利的基因特性，因此，在种植商品大豆种子后，他向自己的农田里喷洒了草甘膦除草剂。❶ 结果是农田里存活下来的农作物，显然含有孟山都公司的专利技术（抗草甘膦特性）。❷ 这一做法使得鲍曼可以利用孟山都的专利技术，而又避免为使用抗农达种子支付高昂的费用。鲍曼在接下来的八年里都重复此种方法，为他的晚季种植储存种子。❸ 他"通过定期从谷物仓库购买商品大豆种子，并去除所有缺乏专利生物技术的农作物的方式"，补充留存的种子存量。❹

尽管鲍曼为其晚季农作物成功地规避了孟山都公司的技术协议，但是他忽略了孟山都的专利权。2007年10月，孟山都起诉鲍曼。❺

（三）诉讼历史与最高法院的判决

孟山都起诉鲍曼，以阻止对其专利权的进一步侵犯，并对鲍曼以前的侵权行为主张损害赔偿。❻ 两项系争专利分别是 RE39，247E（以下简称247号专利）以及5，352，605（以下简称605号专利）。❼ 247号专利描述了包含一种酶的基因序列的 DNA 分子，可以使抗农达农作物经受住草甘膦除草剂。❽ 孟山都诉称含有抗草甘膦的磷酸合成酶的 DNA 分子编码的247号专利被侵权了。抗草甘膦的植物细胞包含 DNA 分子、种子、含有 DNA 分子的植物，还有通过种植变异的种子、在种植该种子的田地里喷洒草甘膦来控制杂草的方法。❾ 605号专利描述了运用某种病毒载体❿组合成一个嵌合基因⓫，用于将新的基因材料并入植物材料里。⓬ 孟山都公司诉称605号专利受到侵权，因为这个植物

---

❶ Bowman v. Monsanto Co., 133 S. Ct. 1761, 1765 (2013).

❷ 同上注。

❸ Brief for Respondents at 7, Bowman, 133 S. Ct. 1761 (2013) (No. 11-796).

❹ 同上注。

❺ Monsanto Co. v. Bowman, 657 F. 3d 1341, 1346 (Fed. Cir. 2011) aff'd, 133 S. Ct. 1761 (2013).

❻ 同上注。

❼ 同上注，第1343页。

❽ 被告的抗辩，参见 Brief for Respondents at 7, Bowman, 133 S. Ct. 1761 (2013) (No. 11-796), 第2页，注释1。

❾ Monsanto, 657 F. 3d at 1343-1344.

❿ 对这个过程进行简要的解释可能有助于理解。首先，目标基因被分离出来并且嵌入一个恰当的病毒载体里。病毒载体是将目标基因嵌入寄助物细胞的工具，并且在细胞里复制目标基因。当高等生物形式进行基因工程研究的时候，病毒常常会被用来做载体。参见 David P. Clark, Molecular Biology 627 (2009).

⓫ "一个嵌合体是任意 DNA 分子的杂交，比如一个载体加上一个克隆基因，这些都是从两个不同 DNA 来源所获得的。"

⓬ Monsanto, 657 F. 3d. at 1343.

细胞里含有嵌合基因。❶

起初,鲍曼在其答辩中没有提出专利权用尽或者其他相关的理论。然而,在孟山都要求进行简易判决时,地区法院要求提交关于权利用尽原则以及 Quanta 案对鲍曼案的影响的意见书。❷ 即使根据 Quanta 案,地区法院认为权利用尽原则在此案中不适用,因为对于鲍曼所获得的用于种植晚季农作物的种子,孟山都公司从来都没有授权销售它们。❸ 地区法院作出了如下简易判决,认为:

> "无条件地销售抗农达种子特性发生了,因为农民不会告诉粮食经销商他们不会占有种子本身……向鲍曼销售大豆的谷物仓库没有权利种植大豆,而且也不能将此项权利授予鲍曼。"❹

法院对孟山都公司作出了简易判决,而且最终判决给予孟山都的损害赔偿为 84 456.30 美元,以及诉讼费用和利息。❺ 这一损害赔偿是以种植商品大豆的英亩数的合理许可费为基础计算得出的。❻ 在向联邦巡回上诉法院提起上诉时,鲍曼更新了他的主张:孟山都的专利权在第二代和后来几代的大豆上已经用尽了,而且先前持有相反观点的联邦巡回上诉法院的判决——孟山都诉 McFarling ❼和孟山都诉 Scruggs ❽——在 Quanta 案之后,不再有效。❾

在 McFarling 案,被告保留大量收获的种子用于下一季种植,违反了孟山都公司的技术协议。❿ 联邦巡回上诉法院驳回了权利用尽的抗辩,认为构成侵权,因为"从最初的那一批种子生长出的新种子从来没有出售过,因此不涉及专利权用尽"。⓫ 法院进一步指出:因为孟山都的专利在每一代大豆种子上都存在,许可协议禁止种植第二代种子的限制性规定并没有超出孟山都依据专

---

❶ Monsanto, 657 F. 3d. at 1343.
❷ Bowman v. Monsanto Co., 133 S. Ct. 1761, 1765 (2013),第 8 页。
❸ Monsanto Co. v. Bowman, 686 F. Supp. 2d 834, 837–839 (S. D. Ind. 2009).
❹ 同上注,第 839 页。
❺ Bowman v. Monsanto Co., 133 S. Ct. 1761, 1765 (2013).
❻ Why Does Monsanto Sue Farmers Who Save Seeds? MONSANTO, http://www.monsanto.com/news-views/Pages/why-does-monsanto-sue-farmers-who-save-seeds.aspx (last visited Dec. 15, 2013),第 9 页。
❼ Monsanto Co. v. McFarling (McFarling II), 363 F. 3d 1336 (Fed. Cir. 2004).
❽ Monsanto Co. v. Scruggs, 456 F. 3d 1328 (Fed. Cir. 2006).
❾ Quanta Computer, Inc. v. LG Electronics, Inc., 553 U. S. 617 (2008).
❿ Monsanto Co. v. McFarling (*McFarling I*), 302 F. 3d 1291, 1294 (Fed. Cir. 2002).
⓫ 同上注,第 1299 页。

利法享有的权利。❶

与 McFarling 签署了许可协议不同，Scruggs 并未签署过此类协议。❷ 在鲍曼案之前，Scruggs 案是联邦巡回上诉法院最新审理的关于专利权用尽适用于自我生长技术的判决。Scruggs 案判决认为，对于保留的第二代种子，专利的适用范围如同购买没有发生一样。❸ 联邦巡回上诉法院指出："专利技术可以自我复制的事实，并不会赋予购买者使用技术的复制品的权利。"❹ 不言而喻，后代的种子也属于孟山都公司的专利权保护范围；法院认为："将首次销售原则适用于自我复制技术的后代，将剥夺专利持有人的权利。"❺ 以上论述绝非夸张。如果在首次销售之后，孟山都公司的专利产品市场就轻易地被后代大豆种子排挤掉了，那么法定的专利保护的期间就变得无关紧要了。❻

根据 Scruggs 案和 McFarling 案，联邦巡回上诉法院认为，"即使孟山都公司在商品种子上的专利权用尽了，这个结论也不会受到影响，因为一旦类似鲍曼这样的种植者种植了含有孟山都公司抗农达技术的商品种子，并且第二代种子已经发育，则种植者就已经创造了一个新的侵权物品"。❼ 孟山都公司只允许以种植为目的出售种子，而且许可受到限制：确定大豆种子和它们的后代的允许使用范围。专利权用尽的首次销售原则与此案没有关联，因为从最初那批种子中生长出的新种子从来没有被授权出售。❽ 此外，法院还指出：使用专利物品的权利，即使在授权销售以后，"也不包括根据最初的模板构建实质上新的产品的权利，因为制造权仍属于专利权人"。❾

联邦巡回上诉法院早就对使用可自我复制的专利产品的权利范围进行了界定，认为即使一项普遍和可预期的使用导致了制造行为，也会导致新的侵权产品产生。然而，最高法院还没有就该议题作出明确的判决；历史上，最高法院曾经努力争取实施比联邦巡回上诉法院更强的专利权用尽原则。在 McFarling 提交的调卷令申请中，其认为：最高法院的"先例一直都认为：人们从专利

---

❶ Monsanto Co. v. McFarling (*McFarling I*), 302 F. 3d 1291, 1294 (Fed. Cir. 2002), 第1299页。
❷ 参见 *Scruggs*, 459 F. 3d at 1333。
❸ 同上注，第1336页。
❹ 同上注。
❺ 同上注。
❻ 参见 Jason Savich, Monsanto v. Sruggs: *The Negative Impact of Patent Exhaustion on Self-Replicating Technology*, 22 Berkeley Tech. L. J. 115, 120–121 (2007) [citing Peter Menell & Suzanne Scotchmer, *Intellectual Property*, in Handbook of Law and Economics (A. Mitchell Polinsky & Steven Shavell, eds.) (2007)]。
❼ Monsanto Co. v. Bowman, 657 F. 3d 1341, 1348 (Fed. Cir. 2011)。
❽ 同上注，第1347页 [引用 Monsanto Co. v. McFarling, 302 F. 3d 1291, 1299 (Fed. Cir. 2002)]。
❾ 同上注，第1348页 [引用 Jazz Photo Corp. v. Int'l Trade Comm'n, 264 F. 3d 1094, 1102 (Fed. Cir. 2001)]。

权人或被许可人那里购买商品之后，可以自由地对该商品进行正常或预期的使用"。❶ 他还主张，认为当植物自然产生新种子时，购买种子用来种植的农民侵犯了孟山都公司的专利这种想法"蔑视了常识和权利用尽原则"。❷ 尽管最高法院驳回了 McFarling❸ 和 Scruggs❹ 的调卷令申请，但它却出乎意料地决定审判鲍曼案。

在肯定联邦巡回上诉法院的判决后，最高法院首先将专利权用尽原则界定为是对专利权人控制其他人使用载有或含有发明的产品的一种限制。❺ 不过，最高法院认为：专利权用尽原则对专利权人的权利限制仅限于已销售的"特定产品"。❻ 因此，该原则不会影响专利权人阻止买家制造新的专利产品复制件的能力。最高法院的结论是，因为鲍曼的行为是未经孟山都许可，有效地制造了新的孟山都大豆的复制品，因此，专利权用尽原则不能对他提供保护。❼

进行了以上分析后，最高法院没有采纳鲍曼的第一项主张：权利用尽原则应当予以适用，因为"种子是用于种植的"，而且"允许孟山都干涉使用，对已种植的种子和其他可自我复制的技术而言，将创造一个不能允许的例外"。❽ 最高法院指出："如果简答复制（就像鲍曼在本案中所做的那样）是受保护的使用，则在第一次销售含有发明的第一件产品之后，专利会迅速地失去价值。"❾ 此外，最高法院也没有采纳鲍曼的第二项主张："是种植的大豆，而不是鲍曼自己复制了孟山都公司的专利发明。"❿ 最高法院指出：鲍曼不是大豆复制的消极观察者，因为他积极地采取了多项步骤去制造具有抗草甘膦特性的大豆，用于其连续八年种植的晚季农作物。⓫ 鉴于鲍曼采购、种植、收获和使用专利种子，最高法院认为：鲍曼自己违法复制了孟山都的专利发明，应当对专利侵权承担责任。

尽管最高法院的结果正确，但其却是通过错误的途径获得了这一结果，因

---

❶ Petition for Writ of Certiorari at 23, McFarling v. Monsanto Co. (McFarling III), 552 U.S. 1096 (2007) (No. 07-241), 2007 WL 2406828.

❷ 同上注，第22页。

❸ McFarling III, 552 U.S. 1096 (2008).

❹ Scruggs v. Monsanto Co., 549 U.S. 1342 (2007). In 2008, the Court also denied certiorari for Monsanto Co. v. David, 516 F.3d 1009 (Fed. Cir. 2008), cert. denied, 555 U.S. 888 (2008), another seed saving case.

❺ Bowman v. Monsanto Co., 133 S. Ct. 1761, 1766 (2013).

❻ 同上注。

❼ 同上注，第1767页。

❽ 同上注，第1768页（省略其中的引用）。

❾ 同上注。

❿ 同上注，第1769页（省略其中的引用）。

⓫ 同上注。

为其没有承认制造和使用的区分是不适用于解决自我复制的专利产品问题的。鲍曼并非要求"对已种植的种子和其他自我复制技术适用不能允许的例外",❶ 事实上是孟山都公司似乎接受了该例外。❷ 例如,在 Quanta 案,尽管未被销售,方法专利用尽;但是,在本案,最高法院认为:专利权用尽原则不能适用于未销售的第二代种子。事实上,专利权用尽原则现在可以适用于某些使用种子的行为,而不能适用于种植的普通使用,因为现在该使用被认为构成制造。

正如下文第四部分所述,此种在制造和使用之间进行的模糊的区分,或者不予区分,不仅令人不满意,而且存在问题。对于权利用尽原则及其与自我复制技术的关系而言,与其判决排除特定使用的不可用尽的权利,更好的方案是建构排除利用的模式和不可用尽的权利。区分利用与制造/使用,可以更好地推动专利权用尽原则在保护孟山都公司的专利权与最终用户的财产权之间达成平衡。创造一种着重于利用专利技术,而非制造或使用专利技术的原则,也可以为自我复制技术的偶然侵权人可能承担的责任提供保护。

四、鲍曼案的结果

(一)孟山都的专利权对最终用户用尽

正如任何处于发行链的最终用户本应享有使用其购买的产品的权利一样,鲍曼也应有权使用其从谷物仓库购买来的种子。图 1 代表非常简化的发行链,每一线条都代表从紧靠在线条左边的实体销售给紧靠在线条右边的实体。

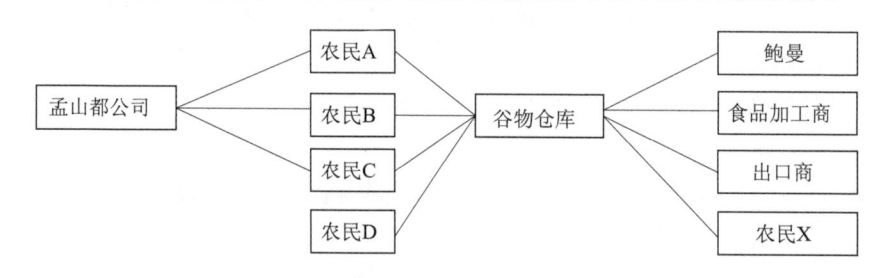

图1 种子的发行链

孟山都公司将其技术许可给不同的农民,即农民 A – C(在图 1 情形下,农民 D 不是从孟山都公司那里购买种子,而是从另一供应商那里购买)。农民

---

❶ Bowman v. Monsanto Co., 133 S. Ct. 1761, 1766 (2013),第1768页(省略其中的引用)。
❷ Garmezy, Comment, Patent Exhaustion and The Federal Circuit's Deviant Conditional Sale Doctrine: Bowman v. Monsanto, 8 Duke J. Const. L. & Pub. Pol'y Sidebar 216 (2013).

A－D 随后将其产品销售给谷物仓库。接着，消费者出于各种目的从谷物仓库那里购买商品谷物。食品加工商会用该谷物去制造谷类或者其他以谷物为基础的食物产品，而出口商将在外国市场上销售或者交易美国谷物。农民 X 购买商品谷物作为牲口的饲料，而鲍曼将该商品用于种植。

如果暂时忽略孟山都公司的技术协议，显然，孟山都所享有的专利权，对每一最终用户都将用尽。消费者对其再次销售所购买产品的能力的自信，强化了二级市场。因此，谷物仓库必须能够向最终用户销售，最终用户必须相信专利权人无权再排除包含对其购买的产品进行普通使用的活动。

即使考虑孟山都公司的技术协议，该公司对其大豆的权利，在到达鲍曼的时候仍将用尽。技术协议允许供应商、农民无条件地向谷物仓库销售，而作为一项公共政策，孟山都公司销售和使用专利产品的权利已经用尽。❶ 在出口商、食物加工商和农民 X 之间的区分，都在于他们宣称已经用尽的专利权。出口商可以主张孟山都销售其专利产品的权利用尽了。饲养牛群的农民 X 以及制造以谷物为基础的食品加工商可以主张，孟山都所享有的通常使用专利产品的权利用尽了。然而，鲍曼案的不同在于：种植购买的种子的通常使用，实际上制造了更多的种子。这一不同对于自我复制技术而言是特殊的，而且鲍曼对种子的通常使用必定会制造新的侵权产品。

专利产品的"二次创造""使得专利所授予的垄断发挥了第二次作用"。❷ 权利用尽原则并没有授权购买者"制造"发明的新复制品。❸ 然而，如果农民 X 将其从谷物仓库买来的豆子不是用来去喂自己的牲畜，而是决定在一块农地种植商品大豆并且自己种植饲料，会有什么结果？与鲍曼不同的是，他并没有筛选出抗农达大豆。作为一个不使用杀虫剂的农民，农民 X 如何能够在不实质性损害其丰收的情况下区分和消除侵权农作物呢？进一步来说，如果农民 X 是一个不使用杀虫剂的农民，那么他是否实际上在使用孟山都公司的技术呢？不加区分地种植，而且不是为了筛选出含有孟山都专利技术的大豆而种植大豆，农民 X 仅仅只是使用那些实际上不可能获得专利的种子的自然属性吗？❹

---

❶ Rinehart, Contracting Patents: A Modern Patent Exhaustion Doctrine, 23 Harv. J. L. & Tech. 494 (2010).

❷ Aro Mfg. Co. v. Convertible Top Replacement Co., 365 U. S. 336, 346 (1961).

❸ 参见 Microsoft Corp. v. AT&T Corp., 550 U. S. 437, 452 – 453 (2007) (软件的复制品必须被视为是与制造它们的主磁盘相独立的部分，即使它们在主盘中的唯一用途就是制造此种复制品)。但是，参见 Aro Mfg. Co., 365 U. S. at 346 (更换敞篷汽车车顶上的布料，属于被允许的修理，而非制造侵权物)。

❹ "品质，是大自然的作品……当然不能被授予专利。" Funk Bros. Seed Co. v. Kalo Inoculant Co., 333 U. S. 127, 130 (1948)。

最高法院重点强调鲍曼积极参与挑选孟山都的技术的行为，为各方留下了模糊的空间：是否应认为农民 X 的使用方式与鲍曼不同，或者农民 X 的使用，无论其是否被动，都可以导致制造从而构成侵权。❶

（二）制造和使用种子：自我复制技术

一直以来，法院都没有承认区分制造与使用，对于解决自我复制技术的专利用尽问题是不适合的。❷ 专利用尽原则通常会涉及销售权和使用权。❸ 不过，因为产品在没有使用或转售的意图下被购买是不太可能的，因此，自我复制技术也会涉及专利权人排除他人制造专利产品的权利。正如 Rinehart 教授所述，对于消费者来说"一个产品与其包含的知识产权所存在的区别，带来了令人不舒服的紧张感"。❹ 如果无论购买者在发行链中所处的位置如何，或者购买如何形成，特定的使用事实上都是无法用尽的，则这种紧张感会进一步加剧。

直至近期，制造一个专利产品才成为专利产品正常和可预计的使用所必需的因素。这一问题首次是在涉及动物的情境下提出来的，那是关于在什么范围内，转基因生物体❺的购买者能够使用其财产权的问题。1989 年，转基因动物专利改革法案再次被提出，目的是将农场转基因动物的再繁殖行为排除出侵权的定义；❻ 不过，还有一个单独的法案也被提出，对于转基因动物专利权许可要启动一个两年的暂禁期。❼ 这些法案的提出，主要是因为以下担心：个人将无法充分利用动物这一财产，如果农民不被允许"利用其动物进行包括繁殖和销售在内的任何农业操作"的话。❽ 种子，例如孟山都公司的抗农达大豆也引起了人们类似的担心，尤其令人感到忧虑的原因不仅仅在于其真正目的是复制，还在于享有专利的生物技术的所有方面也会遗传到后面几代种子之中。

人们开始进行各种尝试，以确定专利权用尽原则在自我复制技术的后代中的适当作用。❾ 然而，仅有现在的制造和使用的二分法，是不足以同时为使用

---

❶ 参见 Bowman v. Monsanto Co., 133 S. Ct. 1761, 1766 – 1767 (2013)。
❷ Sheff, Self – Replicating Technologies, 16 Stan. Tech. L. Rev. 238 (2013) ("在抗草甘膦的案例中，使用/制造的区别，实际上忽视了一个重要内容：对种子或其他自我复制技术的唯一和希望的'使用'必然会'制造'一种新的侵权物品——这是自我复制技术的核心特征")。
❸ 参见 Adams, 84 U. S. at 455 – 456 (1873)。
❹ Rinehart supra note [59], at 484.
❺ 转基因生物体是指从其他生物体引入 DNA 序列来修正其遗传基因的生物体。
❻ 参见 Transgenic Animal Patent Reform Act, H. R. 1556, 101st Cong. (1989)。
❼ 参见 H. R. 3247, 101st Cong. (1989)。
❽ Scott A. Chambers, Exhaustion Doctrine In Biotechnology, 35 IDEA 289, 292 (1995)。
❾ 参见 Nathan A. Busch, Jack and the Beanstalk：Property Rights in Genetically Modified Plants, 3 Minn. Intell. Prop. Rev. 134 – 147 (2002)。

者和专利权人提供解决方案的。进一步而言，并非所有的自我复制技术都是类似的，而且也很难预测这些专利技术未来的发展轨迹。任何解决方案，都应当在激励自我复制技术的创新，与避免专利权的滥用和限制竞争的滥用之间建立平衡。

考虑到这些因素，有些学者建议通过修改普通法原则的方式，将自我复制技术设置为一个特殊的种类。例如，Sheff 教授建议对于自我复制技术而言，专利权用尽"应当取决于分析对第一代自我复制技术载体的需求与对后代载体的需求两者之间的关系，尤其是专利权人在主要市场——在该市场上消费者能够替代二级市场载体——上获得超竞争价格的能力。"❶ Sheff 教授的建议使得专利权用尽原则更加着重于事实，从而将一个可靠和灵活的分析自我复制技术的框架纳入该原则。

将 Sheff 教授的理论框架适用于鲍曼案，可以发现：孟山都公司没有能力在主要市场上获得超竞争价格（因为竞争者的存在，以及农民没有支付能力），而且孟山都公司的第二代种子载体在市场上具有高需求，这将导致专利权用尽原则无法适用。可惜的是，Sheff 教授的分析框架不能解决可以进行独立复制的活生物体的专利的特殊问题，例如：目前终端用户在没有意图或意愿利用生物体享有专利的生物技术的情况下，其不能自由使用该生物体的天然存在的方面。

为了解决上述担心，Douglas Fretty 引用了 Temp Smith 考察孟山都公司技术协议的反垄断影响结果，❷ 表示支持创立许可协议改革，该改革计划承认孟山都公司对于第二代种子的权利用尽，但同时创立一个保护专利权人利用其专利的权利的规则。❸ 该建议受到了孟山都公司在其他国家中采用的许可费机制的启发，在这些国家，该公司向被允许保存种子，并继续利用和使用的农民收取费用。❹

显然，尽管存在多种用途，但是使得复制专利技术成为必要的使用是不可用尽的。❺ Rogers 教授令人信服地指出，鲍曼案实际上是创立了一个新的对特

---

❶ Sheff, Self-Replicating Technologies, 16 Stan. Tech. L. Rev. 232 (2013).

❷ Smith, Note, Going to Seed?: Using Monsanto as a Case Study to Examine the Patent and Antitrust Implications of the Sale and Use of Genetically Modified Seeds, 61 Ala. L. Rev. 629, 637, 639 (2010).

❸ Douglas Fretty, Both a License and a Sale: How to Reconcile Self-Replicating Technology with Patent Exhaustion, 5 J. Bus. Entrepreneurship & L. 1, 11 (2011).

❹ Smith, Note, Going to Seed?: Using Monsanto as a Case Study to Examine the Patent and Antitrust Implications of the Sale and Use of Genetically Modified Seeds, 61 Ala. L. Rev. 641 (2010).

❺ 参见上文第三部分。

定技术的专利权用尽原则，可以被称为"排除复制的不可用尽的权利"。[1] 尽管最高法院为自我复制的生物体的专利持有人创设了新的专利权，但是鲍曼案很可能将来会被更广泛地应用到涉及其他自我复制技术的案件中，来支持以下提议：需要复制的使用本身是不可用尽的。

因此，承认利用权，将使得农民在成为其种子的无负担的财产所有人的同时，又保护了孟山都公司的专利权。根据这一机制，如果孟山都公司保留专利技术的利用权，鲍曼将拥有其商品大豆种子的全部财产权，但是对孟山都公司的专利技术不享有财产权。因为鲍曼已经在使用受专利保护的抗草甘膦的特性中利用了孟山都公司的技术，法院仍可认为鲍曼侵犯了孟山都公司的专利权。重要的是，像此种关注专利技术的利用而不是使用/制造种子的规则，可以将活的生物体中享有专利的生物技术的方面，与该生物体的自然方面，例如发芽的能力，分离开来。[2]

随着自我复制技术变得越来越普遍或者甚至说越来越复杂，不难想象会出现这样的情况，终端用户在完全不知道其购买的产品中包含其并不意图使用的专利技术的情况下，可能会构成侵权。除了不知情的终端用户，最高法院的判决还加重了像有机物种植农民这种偶然侵权者的责任，他们并没有利用孟山都的技术，却不仅构成侵权，还要因为侵权导致财产损失。出于篇幅原因，本文并未讨论救济，以及因土地污染导致财产损失的受害人可以提起哪些诉讼。[3] 本文第五部分的讨论范围将限于如何创设一项利用权规则以避免责任风险，即交叉授粉、在收割时混用受污染的设备、种子迁移或分散以及自由播种等方式导致农田污染的责任风险。

五、意外侵权和有机农业

尽管自我复制技术可以应用于生物体领域和非生物体领域（例如软件），[4]

---

[1] Rogers, The Inexhaustible Right to Exclude Reproduction Doctrine, 14 Colum. Sci. & Tech. L. Rev. 445 (2013).

[2] 参见 Diamond v. Chakrabarty, 447 U. S. 303, 315 (1980)。

[3] 在普通法中，对于农田污染的侵权救济，认为存在最大的问题在于确定被告。例如，尽管学者建议可以将过失和妨害作为潜在的救济，然而，提起诉讼的农民可能起诉的对象是与之相邻的农民，而非孟山都公司。对于农田污染受害者可以采取的救济措施的讨论，参见：Richard A. Repp, Note, Biotech Pollution: Assessing Liability for Genetically Modified Crop Production and Genetic Drift, 36 Idaho L. Rev. 585, 598 – 620 (2000). See also Drew L. Kershen, Of Straying Crops and Patent Rights, 43 Washburn L. J. 575, 582, 592 (2004).

[4] 鲍曼案所呈现的问题与自我复制的计算机程序的知识产权所有人的问题相似。Loney, Note, Bowman's Beanstalk: Patent Exhaustion in Self – Replicating Technologies, 15 Vand. J. Ent. & Tech. L. 955 – 956。

但是，对于种子而言，特殊的担忧是农田污染问题。❶ 近来，出于对法律责任和经济损失的担心，73 位种植有机作物的农民提起了一项确认之诉，即如果他们的农田受到污染，孟山都公司将不会起诉他们。❷ 该案凸显了专利法领域的新兴问题：专利产品的使用人在甚至不知道自己拥有可能享有专利的产品的情况下的侵权责任。

对鲍曼而言，显然，他试图在不补偿孟山都公司的情况下使用其专利技术。然而，现行的法律原则难以保护那些无辜的和无知的侵权者免于侵权责任。建构一个关注利用的专利用尽规则，可以更好地保护偶然侵权者，同时又可以令有目的的或者故意的侵权者（如鲍曼）承担责任。这一备选方案尤其有用，因为一个种植有机作物的农民，在没有将杀虫剂用于农作物上时，是无法区分侵权作物的。❸

20 世纪 90 年代以来，有机农业在美国发展迅速。❹ 从 1992 年到 2008 年，经过认证的有机农业的种植面积就增长了四倍。❺ 这些农民因为农田被污染所遭受的经济损失相当巨大。例如，1998 年，得克萨斯州一家经过认证的有机农场，就遭受了来自周边转基因玉米田的交叉授粉带来的污染。❻ 该污染一直到这些玉米被加工成玉米片运送到欧洲时才被发现。❼ 当这些玉米片的 DNA 被检测出含有转基因玉米的基因时，整条船上价值 50 万美元的 87 000 袋玉米

---

❶ 在其他地方，这种担心被错误地用"基因漂变"这一用语来描述。参见 Anthony Shadid, Genetic Drift Threatens US Organic Farmers, Organic Consumer Association, http：//www. organicconsumers. org/Organic/geneticdrift. cfm（last visited Nov. 20, 2013）（基因漂变等同于转基因污染）。这篇文章拒绝使用基因漂变来形容田地污染或者是交叉授粉。基因漂变是一个复杂的生物学概念，它主要是用来描述因为在配子选择中随机抽样的错误所导致的等位基因频率的统计波动。Christine A. Andrews, Natural Selection, Genetic Drift And Gene Flow Do Not Act In Isolation In Natural Populations, 3 Nature Education Knowledge 5（2010）, available at http：//www. nature. com/scitable/knowledge/library/natural – selection – genetic – drift – and – gene – flow – 15186648。

❷ Organic Seed Growers & Trade Ass'n v. Monsanto Co., 718 F. 3d 1350（2d Cir. 2013）。

❸ 这些问题引人入胜，因为知识产权政策一直试图在创造者获得的奖励或者回报与公众（使用者、消费者和相关竞争者）利益之间建立平衡。Keith Aoki, Neocolonialism, Anti – Commons Property, and Biopiracy in the（Not – so – Brave）New World Order of International Intellectual Property Protection, 6 Ind. J. Global Legal Stud. 11, 27（1998）。

❹ 参见 Hikaru H. Peterson, et. al, The Motivation for Organic Grain Farming in the United State：Profit, Lifestyle or the Environment, 44 J. Agricultural & Applied Econ. 2（2012）, available at http：//ageconsearch. umn. edu/bitstream/123783/2/jaae432. pdf。

❺ 同上注。

❻ Repp, Note, Biotech Pollution：Assessing Liability for Genetically Modified Crop Production and Genetic Drift, 36 Idaho L. Rev. 591（2000）.

❼ 同上注。

片货物都被拒绝接受，并被销毁。❶ 农田的污染不仅导致有机农业的市场受到限制，❷ 而且导致有机农作物的价格下降，并可能失去有机种植证书。❸

美国农业部开展的国家有机计划将以下情形排除在认证保护范围之外：如果使用了"自然条件下是不可能存在的方式……对生物体进行基因改造或影响其生长的方法"。❹ "一旦种植有机作物的农民知道了转基因农作物的疏忽下的存在，他们有义务采取负责任的措施以避免接触。"❺ 但是，农民不可能有能力用肉眼将自己的作物与转基因作物区分开来。为了辨别侵权作物，农民可能不得不采用与孟山都公司的调查官所使用的相同方法：向其作物喷洒"农达"。通过积极地避免专利侵权索赔或者确保自己的农田不存在转基因作物，农民不得不毁损其作物，这样可能随后威胁自身的生活。

如果不是将鲍曼的行为解释为一种不被允许的制造，而是将其解释为一种不被允许的针对专利产品特征的利用，则可以在无须对专利侵权责任标准进行巨大重构的情况下，解决偶然侵权农民的责任问题。❻ 不同于为种子侵权增加一项意图标准，利用专利可能仅仅意味着，对那些不管是故意还是偶然持有转基因生物体的侵权者而言，存在一些利益。❼ 该建议避免了要求法官考察侵权者的主观动机。诚然，该建议只是对比如属于有机种子种植者贸易协会的农民一点很小的改善，因为作为农田污染的受害者，种植有机物的农民仍然将遭受重大财产损失。但是，这一关注利用权的规则至少没有落井下石，因为它将免

---

❶ Repp, Note, Biotech Pollution: Assessing Liability for Genetically Modified Crop Production and Genetic Drift, 36 Idaho L. Rev. 591（2000）. 对有机农民而言，幸运的是，玉米片制造商决定不向他们寻求损害赔偿，而是与绿色和平与食物安全中心共同作为原告起诉了环保局。

❷ 欧洲许多国家已经拒绝进口转基因食物。至少有 26 个国家对生产和进口转基因生物有全部或部分的禁令，其中包括德国、希腊、瑞士、奥地利、中国、印度、法国、卢森堡、保加利亚、波兰、匈牙利、意大利和墨西哥。Walden Bellow & Foreign Policy In Focus, Twenty–Six Countries Ban GMOs—Why Won't the US, The Nation,（Oct. 29, 2013 10：59AM），http：//www.thenation.com/blog/176863/twenty–six–countries–ban–gmos–why–wont–us. 如果转基因农作物意图在限制转基因食品使用的国家进行加工并用于销售，对于转基因食品没有限制的国家也不太可能会接受转基因农作物。

❸ 参见 Langan v. Valicopters, Inc., 567 P.2d 218（Wash. 1977）（对农民而言，重大的经济损失就是，在他们的谷物里发现大量的杀虫剂的痕迹后，就失去了有机认证的可能性）. 对那些想成为有机种子供应商的农民而言，从事生产就是一件高风险的事情。参见 Kershen, of Straging Crops and Patent Raghts, 43 Washbum L. J. 605（2004）.

❹ 7 C.F.R. § 205.2（2013）.

❺ Kershen, of Straging Crops and Patent Raghts, 43 Washbum L. J. 609（2004）（引用第205.2 条的评论）.

❻ See Hilary Preston, Note, Drift of Patented Genetically Engineered Crops: Rethinking Liability Theories, 81 Tex. L. Rev. 1153, 1153（2003）.

❼ 例如，一个不使用农药的农场，被一个试图改造基因使得比天然植物更饱满的转基因植物所污染。这位农民本来应该从更加饱满的转基因作物那里获得收益，但是现在却失去了认证，也失去了市场。

除这些农民的专利侵权责任。

六、结论

鲍曼案的系争专利在 2014 年到期，期满后孟山都公司就无法实施其技术许可。❶ 一旦这些专利期满，农民即可在无须获得孟山都公司许可的情况下，自由种植和保存转基因种子。尽管这可能打消对孟山都公司抗农达大豆偶然侵权者和最终用户对财产权的担心，但是自我复制技术带来的挑战并不会就此结束。最高法院在鲍曼案中明确将其判决限于仅适用于该案事实，这表明其对判决带来的后果持警惕态度，因为该判决不仅会影响孟山都公司大豆专利的价值，也会影响像细胞系、软件、疫苗等技术。自我复制技术，从其本质来说，容易使得制造/使用之间的区别变得不确定。❷ 不过，采用认为其主要属于对专利特征的利用的规则，更容易实现，也为诸如消费者、使用者和竞争对手等公众，提供更为有利的规则。

---

❶ Andrew Pollack, As Patent Ends, a Seed's Use Will Survive, N. Y. TIMES, Dec. 18, 2009, at B3.
❷ Sheff, Self‐Replicating Technologies, 16 Stan. Tech. L. Rev. 238 (2013).

许可费损害赔偿：
合理许可费损害赔偿综述

杨泽林（Zelin Yang）* 著
车心怡 李天虹 张涵 孙玉贝 译
万勇 校

专利诉讼是巨大的商业产业。在高额合理许可费的刺激下，一些以提起专利诉讼并获得专利战胜利为唯一目的的公司纷纷成立。自1991年以来，专利诉讼量以每年7%的年均复合增长率增长。[1] 找出引起该趋势发生的原因并不困难：2012年的平均赔偿额为950万美元，其中包括3个超过十亿美元赔偿额的案件。[2] 但比高额赔偿更让人苦恼的是对非实施实体（NPE）（包括专利聚合公司、大学以及所谓的"专利流氓"）的平均损害赔偿数额已经大大超过了对实施实体的损害赔偿额。[3] 这一问题在计算机硬件、电子、商业与计算机服务以及软件产业领域尤为显著。[4]

一旦法院认为某一有效的专利受到侵权，法院就必须确定救济措施。专利损害赔偿本质上是补偿性的，可以以所失利润或合理许可费为表现形式。[5] 如

---

* 作者系美国加州大学伯克利分校法学院法律博士。

[1] 参见 Chris Barry, Ronan Arad, Landan Ansell & Evan Clark, Pricewaterhousecoopers, 2013 Patent Litigation Study: Big Cases Make Headlines, While Patent Cases Proliferate 6 (2013)（以下简称" Patent Litigation Study"）。

[2] 同上注，第7~8页。

[3] 同上注，第7页；自1995年至2000年，对非实施实体的平均赔偿金额为460万美元，而对实施实体的平均赔偿金额为270万美元。但到了2001年至2012年，非实施实体的平均赔偿金额数字已增至720万美元，且执业实体的平均赔偿金额降至380万美元。

[4] 同上注，第16页。

[5] 参见 Lucent Technologies, Inc. v. Gateway, Inc. 580 F. 3d 1301, 1324 (Fed. Cir. 2009)（判决对专利侵权两种可供选择的的赔偿金类别是所失利润和专利权人将从"独立讨价还价"获得的合理许可费用）。

果专利权人能够证明倘若无被控的侵权，其将获得这些额外利润，那么专利权人可获得所失利润的损害赔偿。❶ 如果专利权人不能满足所失利润损害赔偿的严格要求，其还可以主张合理许可使用费。美国联邦成文法规定："法院认定构成侵权后，应判决足以弥补侵权损失的损害赔偿，其在任何情况下都不能低于合理许可费。"❷

合理许可费是最常用的损害赔偿形式，在过去六年里占损害赔偿的81%。❸ 这反映了非实施实体提起专利诉讼的趋势，因为它们没有资格主张所失利润损害赔偿。❹ 遗憾的是，确定合理许可费的标准仍不明确。尽管联邦巡回上诉法院近年来已尝试通过一系列的判决对合理许可费的判例法作出澄清，❺ 地区法院却对这些判决采取了相反和不同的方式进行解释。❻ 当案件涉及多部件产品——发明专利只构成终端产品的一部分的产品时，情况将更复杂。例如，一部智能手机的中央处理器（CPU）或者平板电脑自身可能涉及上百个专利。当被侵犯的专利权仅仅是来自成百上千项专利的其中之一时，应该如何计算损害赔偿？损害赔偿应该基于整个产品的价值还是只依据被侵权专利的最小可售单位的价值？如果最小部分依旧在多项专利中使用，法院是否应尝试进一步分摊该专利的贡献？

各方为解决上述问题提出了各种方案。本文将介绍合理许可费的背景知识以及该领域的法律现状，并提出以下观点：合理许可费的计算，必须体现视情况而定的分摊规则。本文第一部分简要概述合理许可费的背景知识，并讨论合理使用费领域的两个子议题：全部市场价值规则和分摊规则。第二部分将重点论述联邦巡回上诉法院近来的一系列判决，这些判决试图对这一领域的法律规定，各地区法院作出的不同解释与适用进行澄清。第二部分还将介绍诉讼当事人新近提出的确定合理许可费的两种新方法：纳什议价解决方案和联合分析

---

❶ 参见，例如 King Instrument Corp. v. Perego, 65 F. 3d 941, 952 (Fed. Cir. 1995)。

❷ 35 U. S. C § 284 (重点强调)。

❸ 参见 Patent Litigation Study, 第7、11页；发现如果非实施实体结果被省略，通过合理许可费赔偿损害的比例下降6%。

❹ 同上注，第11页（认定如果非实施实体结果被省略，通过合理许可费判定的损害赔偿比例将降低6%）。

❺ 参见，例如 LaserDynamics, Inc. v. Quanta Computer, Inc., 694 F. 3d 51 (Fed. Cir. 2012); Uniloc USA, Inc. v. Microsoft Corp., 632 F. 3d 1292 (Fed. Cir. 2011); Lucent, 580 F. 3d 1301; 见下文第二部分第一节。

❻ 参见，例如 Dynetix Design Solutions, Inc. v. Synopsys, Inc., No. C 11 – 05973 PSG, 2013 WL 4538210 (N. D. Cal. Aug. 22, 2013); Summit 6 LLC v. Research in Motion Corp., No. 3：11 – cv – 367 – O, (N. D. Tex. June 26, 2013), ECF No. 661; Internet Machs. LLC v. Alienware Corp., No. 6：10 – cv – 23, 2013 WL 4056282 (E. D. Tex. June 19, 2013)。

法。第三部分将分析这些案件和方法将如何影响合理许可费的计算。第四部分则提出了一个区分不同类型案件的总体框架。

一、背景

（一）专利损害赔偿：所失利润和合理许可费的区别

与专利损害赔偿有关的联邦法律规定：专利权人将获得"足以弥补侵权损失的损害赔偿，其在任何情况下都不得低于合理许可费"。❶ 该规定为专利权人有效地提供了两种类型的专利损害赔偿计算方法：所失利润和合理许可费。❷ 所失利润适用于那些能够证明若其专利权未被侵权人侵犯时本可以进行销售的专利权人，而合理许可费则为那些不能达到所失利润要求的专利权人提供了最低水平的补偿。❸ 如果市场已经对专利进行了合理的定价，还存在着第三种损害赔偿计算方法，也就是已确立的许可费。❹ 但是很难证明存在已确立的许可费，而且该计算方法也很少被使用❺。因此本部分只详细讨论所失利润与合理许可费之间的区别，并解释在何种情况下一种计算方法比另一种计算方法更适当。

1. 所失利润

专利能使其所有者将竞争者排除出市场。所失利润的计算方法，给了专利权人以金钱补偿，使其恢复到侵权人未侵权的状态，从而基本上实现了专利的目的。❻ 寻求所失利润损害赔偿的专利权人，必须能成功证明他们符合联邦巡回上诉法院在 Panduit 案确立的标准，从而可以利用专利授予的垄断权力。❼ 在 Panduit 案中，联邦巡回上诉法院提供了四因素检验法，用于判断所失利润损害赔偿是否适当。专利权人必须证明：（1）存在对专利产品的需求；（2）不存在可接受的非侵权替代品；（3）专利权人具有满足需求的制造能力；

---

❶ 35 U.S.C § 284.

❷ 参见 Mark A. Lemley, *Distinguishing Lost Profits From Reasonable Royalties*, 51 Wm. & Mary L. Rev. 655 (2009).

❸ 参见，如 Panduit Corp. v. Stahlin Bros. Fibre Works, Inc., 575 F.2d 1152, 1157 (6th Cir. 1978)（认定专利所有者在不能证明所失利润时，有权获得合理许可费）。

❹ 参见 Michael J. Chapman, *Averting A Collision Over Patent Settlement Licenses*, Law360（Apr. 5, 2012, 1: 31PM）；同时参见 Rude v. Westcott, 130 U.S. 152, 165 (1889)。

❺ 参见 Chapman, *Averting A Collision Over Patent Settlement Licenses*, Law360（Apr. 5, 2012, 1: 31PM）。

❻ Lemley, *Distinguishing Lose Profits From Reasonable Royalties*, 51 Wm & Mary L. Rev. 657 (2009).

❼ 同上注。

(4) 专利权人本应获得的利润数额。❶

然而，适用所失利润计算方法的案件，只占 2007 年至 2012 年授予损害赔偿案件的 33%，且只占 2001 年至 2006 年的 26%。❷ 之所以如此，部分原因是因为非实施实体没有制造能力且并不与侵权者存在直接竞争。此外，许多竞争者也不具有适用所失利润损害赔偿的资格，因为满足 Panduit 四因素检验法存在较大的难度，而且，要证明不存在扣减因素也很困难。❸ 例如，当专利权人不能提出充分证据将利润从成本中分离出来时，法院会拒绝授予所失利润。❹ 法院还可能因考虑到存在非侵权替代品以及利润分割的可能性，而减少所失利润的损害赔偿额。❺

2. 合理许可费

如果专利权人不能获得所失利润损害赔偿，可以适用合理许可费。❻ 与所失利润试图将专利的全部垄断价值授予专利权人不同，❼ 合理许可费意在为专利权人提供一个市场决定的比率。❽ 因为适用合理许可费的专利权人，被认为不能将其专利的排他性进行资本化，如果法院将不存在侵权时其本不能获得的利润授予了他们，他们将会得到过度的赔偿。❾ 在这种情况下，事实上侵权者本来只需向专利权人支付许可费以使用系争专利，同时将部分利润保留给自己。❿ 在不存在侵权时，此种通过许可费来分割利润的方式是专利权人可以合法享有的。

尽管合理许可费的雏形早在 1866 年即被最高法院所接受，⓫ 但对于合理许

---

❶ Panduit, 575 F. 2d at 1156.

❷ Patent Litigation Study, 第 11 页。

❸ Michael A. Greene, *All Your Base Are Belong to Us: Towards an Appropriate Usage and Definition of the "Entire Market Value" Rule in Reasonable Royalties Calculations*, 53 B. C. L. Rev. 233, 238–239 (2012).

❹ Panduit, 575 F. 2d, 第 1157 页。

❺ Greene, *All Your Base Are Belong to Us: Towards an Appropriate Usage and Definition of the "Entire Market Value" Rule in Reasonable Royalties Calculations*, 53 B. C. L. Rev. 238–239 (2012).

❻ Panduit, 575 F. 2d 第 1157 页。

❼ Greene, *All Your Base Are Belong to Us: Towards an Appropriate Usage and Definition of the "Entire Market Value" Rule in Reasonable Royalties Calculations*, 53 B. C. L. Rev. 238 (2012).

❽ Lemley, *Distinguishing Lose Profits From Reasonable Royalties*, 51 Wm & Mary L. Rev. 661 (2009).

❾ 参见 Greene, *All Your Base Are Belong to Us: Towards an Appropriate Usage and Definition of the "Entire Market Value" Rule in Reasonable Royalties Calculations*, 53 B. C. L. Rev. 239–241 (2012).

❿ 参见 Lemley, *Distinguishing Lose Profits From Reasonable Royalties*, 51 Wm & Mary L. Rev. 661 (2009).

⓫ 参见 Suffolk Co v. Hayden, 70 U. S. 315 (1865)（允许专利权人提供系争专利价值的"一般证据"，使得在没有已确立的专利或许可费时，陪审团能够估计许可费）。

可费是否是专利损害赔偿的一种适当形式,仍存在一定的争议。❶ 到了 1915 年,最高法院明确指出:如果没有已确立的许可费,专利权人可以通过确定合理许可费本应是多少的方式,提供专利价值的证据。❷ 在 1922 年,专利法增加了合理许可费这一计算方法,❸ 后来又在 1952 年,合理许可费以现行法律文本的方式纳入专利法中。❹

确定合理许可费最常用的方法,是由 Georgia – Pacific 公司诉美国 Plywood 公司❺一案确定的。在该案中,法院列举了其认为在就侵权者的行为确定合理许可费时需要考虑的 15 项相关因素。❻ 这些因素如今被普遍称为 Georgia – Pacific 因素,而且被认为是计算合理许可费的"黄金法则"。❼ 同样值得注意的是,Georgia – Pacific 提出了使用"虚拟谈判"架构去估算合理许可费。❽ 该架构是假定双方当事人都知道对方当事人知道的所有事情,通过虚拟在侵权发生时专利权人与侵权人之间进行谈判,一方愿意就使用系争专利支付多少金额。❾ 此外,假定该专利有效且被侵权。❿ 在适用虚拟谈判时,暗示了以下事实:被许可方应当能够从专利的使用中获得合理利润。⓫

专利诉讼面临的最紧迫的问题之一,在于计算合理许可费时需要解决许可费叠加问题。⓬ 许可费叠加是指一个多部件产品侵犯了多项专利,因而需要承担多项许可费。⓭ 如果每项许可费都被过度收取,将是非常严重的问题。初看上去,如果适当的许可费本应是 0.10 美元/单位,而专利权人获得的赔偿是

---

❶ 参见 Eric E. Bensen & Danielle M. White, *Using Apportionment to Rein in the Georgia – Pacific Factors*, 9 Colum. Sci. & Tech. L. Rev. 1, 25 – 26 (2008)。

❷ Dowagiac Mfg. Co. v. Minn. Moline Plow Co., 235 U. S. 641, 648 (1915)(判决:"在无法证明所失销售或确立的许可费的情况下,允许通过证明合理许可费的方式来表明其价值。")。

❸ 参见 Bensen & White, *Using Apportionment to Rein in the Georgia – Pacific Factors*, 9 Colum. Sci. & Tech. L. Rev. 1, 26 – 27 (2008)。

❹ 35 U. S. C § 284 (2012)。

❺ 318 F. Supp. 1116 (S. D. N. Y. 1970)。

❻ 同上注,第 1120 页。

❼ 参见 Daralyn J. Durie & Mark A. Lemley, *A Structured Approach to Calculating Reasonable Royalties*, 14 Lewis & Clark L. Rev. 627, 628 (2010)。

❽ 参见 *Georgia – Pacific*, 318 F. Supp. 第 1121 页。

❾ 同上注。

❿ Lemley, *Distinguishing Lose Profits From Reasonable Royalties*, 51 Wm & Mary L. Rev. 669 (2009)。

⓫ 参见 *Georgia – Pacific* 318 F. Supp. 第 1122 页;William Choi & Roy Weinstein, *An Analytical Solution to Reasonable Royalty Rate Calculations*, 41 IDEA 49, 63 (2001)。

⓬ 参见 Mark A. Lemley & Carl Shapiro, *Patent Holdup and Royalty Stacking*, 85 Tex. L. Rev. 1991, 1992 (2007); Brian J. Love, *Patentee Overcompensation and the Entire Market Value Rule*, 60 Stan. L. Rev. 263, 280 – 281 (2007)。

⓭ 参见 Lemley & Shapiro, *Patent Holdup and Royalty Stacking*, 85 Tex. L. Rev. 1993 (2007)。

0.11 美元/件，似乎并没有什么灾难性后果。但是在电子消费和电信行业，一个产品可能涉及数以千计的专利。潜在过度补偿数千个专利的累积效应，可能意味着给生产者带来无法承受的成本，以及扼杀创新。❶ 事实上，许可费的总成本可能超过产品的价值，这可能将侵权者完全排除出市场。❷

（二）证据标准

在对合理许可费的任何讨论中，需要注意的是，所有的分析和模型都受制于证据标准。专家证言是 Georgia - Pacific 因素中的第 14 个因素❸，在侵权案件中，最激烈的诉讼都是围绕是否采纳专家证言来计算损害赔偿而展开。❹ 专家证言必须符合最高法院在 Daubert 诉 Merell Dow Pharmaceuticals 案中所确定的标准，才能被采纳。❺ 类似地，任何的许可费计算方法只有得到案件事实的充分支持，才站得住脚。例如，在 Energy Transportation 集团公司诉 William Demant Holding A/S 案中，联邦巡回上诉法院支持适用 25% 规则——尽管 Uniloc 案❻禁止适用 25% 规则这一经验法则，它只是确定最终赔偿额的一个因素，但其适用得到了证据的支持。❼

在 Daubert 案中，最高法院授予地区法院在评估专家证言的可行度时作为"守门人"的职责。❽ 根据该授权，初审法官的任务是确保专家证言与案件有关，且得到了"可靠基础"的支持。❾ 最高法院提出了其认为与确定专家的方法论是否"科学有效"有关的非决定性因素列表。❿ 这些因素包括：该理论是否可以得到实证检验；⓫ 该理论是否经过了同行评议或已发表；⓬ 已知或潜在

---

❶ 参见 Lemley & Shapiro, *Patent Holdup and Royalty Stacking*, 85 Tex. L. Rev. 1993 (2007), 第 2013 页。

❷ 参见 Golight, Inc. v. Wal - Mart Stores Inc., 355 F. 3d 1327 (Fed. Cir. 2004)。

❸ *Georgia - Pacific*, 318 F. Supp. 第 1120 页。

❹ 参见，例如，Oracle Am., Inc. v. Google, Inc., 798 F. Supp. 2d 1111 (N. D. Cal. 2011); Suffolk Techs. LLC v. AOL Inc., No. 1: 12cv625 (E. D. Va. Apr. 12, 2013), ECF No. 518; Mformation Techs., Inc. v. Research in Motion Ltd., No. 08 - 04990 JW, 2012 WL 1142537 (N. D. Cal. Mar. 29, 2012)。

❺ 参见 Daubert v. Merell Dow Pharms., Inc., 509 U. S. 579 (1993)。

❻ Uniloc USA, Inc. v. Microsoft Corp., 632 F. 3d 1292, 1315 (Fed. Cir. 2011)。

❼ Energy Transp. Grp., Inc. v. William Demant Holding A/S, 697 F. 3d 1342, 1356 (Fed. Cir. 2012)。

❽ Daubert, 509 U. S. 第 589 页。

❾ 同上注，第 579、584 ~ 587 页。

❿ 同上注，第 592 ~ 593 页。

⓫ 同上注，第 593 页。

⓬ 同上注。

的错误率;[1] 是否"存在和拥有控制技术运作的标准";[2] 以及该理论是否获得了"普遍认可"。[3]

在专利损害赔偿的背景下,Daubert 案对专家资格和专家分析的质量提出了质疑。[4] 法院应考察专家的教育和经验,以判断他或她是否具备资格;专家分析的可靠性则是通过确定其是否适当地适用了获得认可的方法进行计算的。[5] 与专家证言的可靠性有关的常见问题,还包括滥用 Georgia – Pacific 因素和采用错误的虚拟谈判日期。[6] 不符合 Daubert 标准的证言因不被承认而被排除在外。

(三)整体市场价值原则和分摊原则

因为合理许可费理论上区分了侵权人和专利权人的利润,因此,以许可费为基础计算的损害赔偿应该要少于所失利润。对于只寻求获得专利许可费的非执业实体和其他实体而言,以上区分是有意义的。不过,鉴于适用所失利润要求的标准太高,可能有些竞争者只能寻求适用合理许可费,这样可能存在补偿不足的情形。这导致了"原则蠕变":法院为了增加合理许可费赔偿额,不适当地将所失利润概念引入合理许可费分析中。[7] 其中,首要的就是整体市场价值原则。

1. 整体市场价值原则

整体市场价值原则允许专利权人基于包含多个特征的产品的市场价值获得损害赔偿,而系争专利只包含其中一个特征,该特征构成消费者需求的基础。[8] 该原则使专利权人恢复其合法地位,因为在没有侵权发生时,专利权人

---

[1] Daubert, 509 U. S. 第 594 页。
[2] 同上注。
[3] 同上注。
[4] 参见 Wiliam C. Rooklidge, Martha K. Gooding, Philip S. Johnson & Mallun S. Yen, *Compensatory Damages Issues in Patent Infringement Case*, 29 – 30 (2011)。
[5] 同上注,第 30 页。
[6] 同上注。
[7] 参见 Lemley, *Distinguishing Lose Profits From Reasonable Royalties*, 51 Wm & Mary L. Rev. 662 – 664 (2009);Patricia Dyck, *Beyond Confusion—Survey Evidence of Consumer Demand and the Entire Market Value Rule*, 4 Hastings Sci. & Tech. L. J. 209, 214 (2012);Greene, *All Your Base Are Belong to Us: Towards an Appropriate Usage and Definition of the "Entire Market Value" Rule in Reasonable Royalties Calculations*, 53 B. C. L. Rev. 245 (2012)。
[8] Rite – Hite Corp. v. Kelley Co., Inc., 56 F. 3d 1538, 1549 (Fed. Cir. 1995)。

本可以生产多部件产品并获得相应的销售额。❶ 以上内容清楚地表明，整体市场价值原则的设计初衷，是为了在所失利润的架构下使用，因为寻求合理许可费的当事人被假定为不能完全利用专利的需求。❷

Rite–Hite公司诉Kelley有限责任公司案提供了整体市场价值原则的当代版本，并将其适用范围扩展至合理许可费案件。❸ 一些学者猜测，此种扩展之所以发生，是因为专利权人要证明所失利润在证据责任方面存在很大困难。❹ 法院由于担心那些因不能证明所失利润而获得赔偿不足的专利权人，有时会通过整体市场价值原则，将"收益"增加到合理许可费赔偿额中。❺ 整体市场价值原则提高了许可费计算基数，从而也提高了合理许可费。从数学上来看，选择较大或较小的基数，不一定会影响结果，因为这个可以通过较小或较大的费率进行抵消。不管是将1%的费率使用于100美元，还是将20%的费率使用于5美元，许可费都是1美元。然而，如果整个产品与专利部件相差太多，就很难得出一个很低的比例。❻ 例如，与LED透镜有关的专利只是LED的一个小部件，而该部件本身又只是构成计算机或智能手机一部分的LED显示屏的一部分。如果以计算机或智能手机的价格作为基数，则很难确定一个合理的许可费率。❼ 适当的费率可能是0.0001%，但是专利权人可能会认为0.1%是合理的，因为它是非常小的一个数字。然而，0.1%的许可费率可能是适当的费率的1000倍。

适用整体市场价值原则，遭到了猛烈的批评。❽ 一些评论家认为，专利从

---

❶ Greene, *All Your Base Are Belong to Us*: *Towards an Appropriate Usage and Definition of the "Entire Market Value" Rule in Reasonable Royalties Calculations*, 53 B. C. L. Rev. 241 (2012).

❷ Lemley, *Distinguishing Lose Profits From Reasonable Royalties*, 51 Wm & Mary L. Rev. 660 (2009).

❸ *Rite–Hite*, 56 F. 3d, 第1549页.

❹ 参见，例如，Lemley, *Distinguishing Lose Profits From Reasonable Royalties*, 51 Wm & Mary L. Rev. 662–663 (2009); Greene, *All Your Base Are Belong to Us*: *Towards an Appropriate Usage and Definition of the "Entire Market Value" Rule in Reasonable Royalties Calculations*, 53 B. C. L. Rev. 245 (2012); Amy L. Landers, *Let the Games Begin*: *Incentives to Innovation in the New Economy of Intellectual Property Law*, 46 Santa Clara L. Rev. 307, 361–362 (2006).

❺ Lemley, *Distinguishing Lose Profits From Reasonable Royalties*, 51 Wm & Mary L. Rev. 662–663 (2009).

❻ 参见 Suznne Michel et al., ftc, *The Evolving IP Marketplace*: *Aligning Patent Notice And Remedies with Competition* 210–211 (2011).

❼ 同上注。

❽ 参见 Michel et al., ftc, *The Evolving IP Marketplace*: *Aligning Patent Notice And Remedies with Competition* 211 (2011) (建议法院排除整体市场价值原则因为它是不相关的); Lemley, *Distinguishing Lose Profits From Reasonable Royalties*, 51 Wm & Mary L. Rev. 663 (2009).

来都不是产品价值背后的唯一驱动因素。❶ 这些评论家指出对专利价值的贡献,可能来自其他专利或者侵权人制造和销售产品所付出的努力。❷ 具体到合理许可费,适用整体市场价值原则是不合适的,因为寻求合理许可费赔偿的专利权人无法进行能够获得产品整体市场价值的销售。❸ 此外,用于计算合理许可费的整体市场价值原则与用于计算损失利润的整体市场价值原则不一样。适用整体市场价值原则,只是扩大了在进行合理许可费分析时整个产品的许可费基数,而整体市场价值原则的真正适用,将把侵权的多部件产品的所有利润都判给专利权人。❹ 这就相当于同时适用了 100% 的使用费基数以及 100% 的费率。然而,在进行合理许可费分析时适用整体市场价值原则,使得许可费基数是所有利润的 100%,而许可费率则被定为一个小于 100% 的比例。❺

2. 分摊原则

如果不讨论与整体市场价值原则相关的一个概念——分摊原则,对整体市场价值原则的论述是不完整的。分摊原则试图将专利权人的损害赔偿限制在专利的贡献价值范围内。❻ 这一原则是很直观的:如果与专利贡献的价值相比,专利权人获得的赔偿过高,则来自部件的许可费总和可能会大于产品价值。在这种情况下,对于任何理性的机构而言,就没有经济上的动力来使用这一专利。分摊原则也可以解决当下广泛关注的许可费叠加的问题。❼ 当损害赔偿被适当地分摊时,总成本将得到限制:每个专利的贡献不得超过产品的价值。

分摊原则起源于 Seymour 诉 McCormick 案,该案是最高法院于 1853 年作出的判决。❽ 在该案中,最高法院否定了下级法院给陪审团的指示:允许改进专利获得与整个设备的专利相同的损害赔偿。❾ 1884 年,最高法院在 Garretson

---

❶ 参见 Lemley, *Distinguishing Lose Profits From Reasonable Royalties*, 51 Wm & Mary L. Rev. 663 (2009)。

❷ 同上注。

❸ 同上注。

❹ 参见 Greene, *All Your Base Are Belong to Us: Towards an Appropriate Usage and Definition of the "Entire Market Value" Rule in Reasonable Royalties Calculations*, 53 B. C. L. Rev. 255 – 256 (2012)。

❺ 同上注,第 256 页(建议这个原则叫做"整体市场基数原则"来与整体市场价值原则进行区分)。

❻ 参见 Bensen & White, *Using Apportionment to Rein in the Georgia – Pacific Factors*, 9 Colum. Sci. & Tech. L. Rev. 3 (2008)。

❼ 参见 Damien Geradin & Anne Layne – Farrar, *Patent Value Apportionment Rules for Complex, Multi – Patent Products*, 27 Santa Clara Computer & High Tech. L. J. 763, 766 (2011)。

❽ Seymour v. McCormick, 57 U. S. 480 (1854)。

❾ 同上注,第 485 ~ 488 页。

诉 Clark 案中，第一次详细论述了分摊原则的基本内容，认为：专利权人必须"在专利特征与非专利特征之间分离或分摊被告人的利润以及专利权人的损失"。❶ 虽然在 19 世纪末和 20 世纪初，最高法院的很多判决都涉及分摊原则，但是却很少有现代案例涉及这一主题。❷ 不过，随着复杂的多部件产品的出现，分摊原则又卷土重来了。❸

二、最新判例法与新技术

由于涉及非执业实体的诉讼以及高额专利损害赔偿的判决越来越多，尤其是在高科技领域，❹ 近来有多个判决涉及整体市场价值原则、分摊原则和合理许可费的问题。从 2009 年开始，联邦巡回上诉法院作出的多项判决都限制适用整体市场价值原则，并重新确立适用分摊原则的要求。❺ 法院还提出了适用新的计算合理许可费的方法，包括纳什议价模型和联合分析法。❻

（一）最新判例法

1. 康奈尔大学诉惠普公司案

尽管康奈尔大学诉惠普公司案不是由联邦巡回上诉法院审理，而是由纽约北区法院审理，但审理该案件的法官却是联邦巡回上诉法院首席法官 Rader，其依据指定而在纽约北区法院审理该案，该案为进一步讨论分摊原则提供了基础。康奈尔大学的专利技术声称能同时，而不是逐次处理多个无序的计算机处理器指令。❼ 这项发明不是与整个计算机系统相关；系争专利是在指令重新排序缓冲器的一个部件上进行处理的，而缓冲器只是 CPU 模块的一个部件，CPU 模块是存储单元（brick）的一部分，而存储单元又只是服务器的一部分。❽ 康

---

❶ Garretson v. Clark, 111 U.S. 120, 121 (1884).

❷ 参见 Bensen & White, *Using Apportionment to Rein in the Georgia – Pacific Factors*, 9 Colum. Sci. & Tech. L. Rev. 9, 21 (2008)。

❸ 参见下文第二部分第一节第（一）分节。

❹ 参见 Patent Litigation Study, 第 7、16 页。

❺ 参见 LaserDynamics, Inc. v. Quanta Computer, Inc., 694 F.3d 51 (Fed. Cir. 2012); Uniloc USA, Inc. v. Microsoft Corp., 632 F.3d 1292 (Fed. Cir. 2011); Lucent Techs., Inc. v. Gateway, Inc., 580 F.3d 1301 (Fed. Cir. 2009)。

❻ 参见，例如：TV Interactive Data Corp. v. Sony Corp., 929 F. Supp. 2d 1006 (N.D. Cal. 2013); Suffolk Techs. LLC v. AOL Inc., No. 1: 12cv525, (E.D. Va. Apr. 12, 2013), ECF No. 518; Mformation Techs., Inc. v. Research in Motion Ltd., No. C 08 – 04990 JW, 2012 WL 1142537 (N.D. Cal. Mar. 29, 2012); Oracle Am., Inc. v. Google, Inc., 798 F. Supp. 2d 1111 (N.D. Cal. 2011)。

❼ Cornell Univ. v. Hewlett – Packard Co., 609 F. Supp. 2d 279, 283 (2009).

❽ 同上注。

奈尔大学一方的损害赔偿专家初步证明：合理许可费的计算应该以惠普全部服务器和工作站的收益为基础。❶ 由于康奈尔大学没有提供证据将消费者对服务器的需求与专利联系在一起，Rader 首席法官没有采纳将惠普服务器的整体市场价值作为许可费计算基数的证据。❷ 康奈尔大学的专家随后将许可费计算基础由服务器改为产品的第二大单元：CPU 存储单元。❸ 陪审团认可专家的看法，裁定 1.84 亿美元的损害赔偿金。❹ 首席法官 Rader 反对采用过于宽泛的许可费基础，认为康奈尔大学已经"继续尝试在超过诉争发明范围的科技的基础上说明有权要求的经济赔偿"。❺ 在审判后的动议中，首席法官 Rader 通过使用"没有争议的"0.8%的许可费率，并将之适用在正确的许可费基数：67 亿美元——惠普处理器的价值，而不是 230 亿美元——CPU 存储单元的收入。❻

除了限制使用整体市场价值原则之外，康奈尔案之所以具有重要意义，还因为它将许可费基础分摊到"与诉争发明有密切联系的最小可售侵权单元"。❼ 通过重申分摊原则在计算合理许可费损害赔偿的重要性，Rader 首席法官为联邦巡回上诉法院后续采用"最小可售侵权单位"原则奠定了基础。

2. Lucent 科技公司诉 Gateway 公司案

大约与康奈尔案同步，在 Lucent 科技公司诉 Gateway 公司案中，微软就侵犯 Day 专利被判决 3.57 亿美元损害赔偿金提起上诉，Day 专利可以令使用者在不使用键盘的情况下在日历中选择日期。❽ 该案最开始是 Lucent 起诉 Gateway，后来微软也加入到诉讼中。❾

在一审时，陪审团认为微软 Money、微软 Mobile 以及微软 Outlook 程序侵犯了 Day 专利，其中，微软 Outlook 对于损害赔偿金的贡献比例最大。❿ 法院认为赔偿金太高了，因为陪审团使用了软件整体市场价值的 8%作为许可费率。⓫ 联邦巡回上诉法院认为 Lucent 错误地使用了整体市场价值原则，因为没有证据证明 Day 专利成为使得消费者对于 Outlook 的需求更坚实的基础。⓬ 实

---

❶ Cornell Univ. v. Hewlett – Packard Co., 609 F. Supp. 2d 279, 283 (2009), 第 284 页。
❷ 同上注。
❸ 同上注。
❹ 同上注。
❺ 同上注, 第 284~285 页。
❻ 同上注, 第 292 页。
❼ 同上注, 第 288 页。
❽ Lucent Techs., Inc. v. Gateway, Inc., 580 F. 3d 1301, 1308 – 1309 (Fed. Cir. 2009)。
❾ 同上注, 第 1308 页。
❿ 同上注, 第 1309、1325 页。
⓫ 同上注, 第 1336 页。
⓬ 同上注, 第 1337 页。

质上，Lucent 的专家承认没有证据证明任何人因为有日期选择器而购买 Outlook。❶

3. Uniloc 美国诉微软公司案

在微软涉及的另一个案件：Uniloc 美国诉微软公司案中，联邦巡回上诉法院适用了整体市场价值原则和 25% 经验法则，后者是一个以前常用的计算使用费率的方法。❷ Uniloc 拥有的专利是用于产品注册软件减少软件盗版的。❸ 陪审团认为微软的 Office 和 Windows 程序使用了一个类似的侵权产品的激活特征，并且裁定 Uniloc 合理许可损害赔偿金 3.88 亿美元。❹ Uniloc 的专家已经证明产品密钥的价值在 10 美元到 1 万美元的区间。❺ 根据 25% 经验法则：专利权人获得产品价值的 25%，如将该原则适用于最低价值（10 美元），则对于每个发放的许可，可获得 2.5 美元的基本许可费。❻ 将基本许可费与售出的微软 Office 和 Windows 的产品数 2.26 亿相乘，专家得出：合理许可费为 5.64 亿美元；专家声称该数值是合理的，因为这只是微软 Office 和 Windows 总收入的 2.9%。❼

法院在本案中作出了三项重要决定。第一，联邦巡回上诉法院拒绝使用 25% 经验法则，认为它在确定许可费率上是一个存在基础性缺陷的工具，因为它是一个缺乏案件事实基础的抽象概念。❽ 第二，法院重申整体市场价值原则只能在被诉产品的整体市场价值是来源于享有专利的部件时才可以使用。❾ 法院认为 Uniloc 的专家不适当地提出了微软产品整体市场价值的证据，因为微软 Office 和 Windows 的整体市场价值并不是来源于 Uniloc 的专利。第三，法院驳回了 Uniloc 的主张：使用 190 亿美元这一数值是很谦抑的。根据 Lucent 案，❿ Uniloc 主张：只要许可费率足够低，就应当允许适用产品整体市场价值原则。然而，上述引用的文字表达的只是数学上的常理，即较大的基数可以以较小的费率进行赔偿来达到相似的许可费计算结果。就像法院在 Uniloc 案中所述，最高法院和联邦巡回上诉法院的先例并不允许当事人适用足够低的许可费率时，

---

❶ Lucent Techs., Inc. v. Gateway, Inc., 580 F. 3d 1301, 1308–1309 (Fed. Cir. 2009), 第 1337 页。
❷ Uniloc USA, Inc. v. Microsoft Corp., 632 F. 3d 1292, 1312–1318 (Fed. Cir. 2011)。
❸ 同上注，第 1296 页。
❹ 同上注，第 1296、1311 页。
❺ 同上注，第 1311 页。
❻ 同上注。
❼ 同上注，第 1311~1312 页。
❽ 同上注，第 1315、1317 页。
❾ 同上注，第 1320 页。
❿ Lucent Techs., Inc. v. Gateway, Inc., 580 F. 3d 1301, 1338–1339 (Fed. Cir. 2009)。

即可简单地援引整体市场价值原则。[1]

Uniloc 案也说明了整体价值原则被误用时，陪审团的偏见是很危险的。联邦巡回上诉法院指出："披露公司从侵权产品上获得 190 亿美元的收入，除了扭曲陪审团考虑的损害赔偿范围之外，没有什么用"，而且"190 亿美元从来没有付之东流了"。[2] 此外，Uniloc 案通过说明产品的整体市场价值与专利之间关系的方式嘲讽微软主张 700 万美元损害赔偿金的总数理论，这样使得微软的 700 万美元与 190 亿美元的收入相比较时看起来很可笑。[3] 法院将之描述为"整体市场价值原则的明显违背"，并且认为"Uniloc 案对微软损害赔偿专家的嘲笑……可能会不适当地影响陪审团拒绝专家的计算结果"。[4]

4. LaserDynamics 公司诉 Quanta 计算机公司案

最近，在 LaserDynamics 公司诉 Quanta 计算机公司案中，联邦巡回上诉法院采用了 Rader 首席法官在 Cornell 案中适用的"最小可售专利实施单元"架构。[5] 在这个案子中，原告 LaserDynamics 获得了一个可以识别插入光盘驱动器（"ODD"）中的光盘类型的方法专利。[6] LaserDynamics 声称：Quanta 通过将侵权光盘驱动器安装在装配或销售的计算机上，实施了引诱侵犯其专利的行为。LaserDynamics 最初使用计算机的价值作为许可费基础。然而，法院认为"一般而言，许可费不应当以整个产品为基础，而应当以'最小可售专利实施单元'为基础"，在本案中，它就是光盘驱动器。[7] 通过拒绝 LaserDynamics 使用整体市场价值原则的机会，联邦巡回上诉法院澄清并且提高了整体市场价值原则的适用标准。专利技术对于产品而言并不一定是"有价值的、重要的，甚至必要的"。[8] 然而，如果要适用整体市场价值原则，则专利技术必须是促使消费者购买产品的动机。[9]

法院也认为专利权人所使用的许可费数字的专家证据过于武断，而且也得不到任何定量经济分析的支持。[10] 法院没有"宣称不同技术或许可之间松散或

---

[1] *Uniloc*, 632 F. 3d, 第 1320 页。
[2] 同上注。
[3] 同上注，第 1320~1321 页。
[4] 同上注，第 1321 页。
[5] LaserDynamics, Inc. v. Quanta Computer, Inc., 694 F. 3d 51, 67 (Fed. Cir. 2012).
[6] 同上注，第 56~57 页。
[7] 同上注，第 67 页。
[8] 同上注，第 68 页。
[9] 同上注。
[10] 同上注，第 69 页。

模糊的可以性",而是在确定合理许可费时,赋予专利技术的实际许可以证据力。❶

5. 地区法院的解释

来源于 LaserDynamics 案的用语"最小可售专利实施单元",在地区法院引起各种矛盾的解释。❷ 一些法院接受了 LaserDynamics 案的观点,允许专利权人基于最小可售专利实施单元的所有收入来计算合理许可费,而没有进一步的分摊。例如,法院在 Summit 6 公司诉 Research in Motion 公司案中,认为:"使用整个设备作为许可费基础是正确的,因为该设备本身就是'最小专利实施单元'。"❸ 类似地,在 Internet Machines 公司诉 Alienware 公司案中,法院认为:附加的分摊是没有根据的,而且当专家使用最小可售单元作为许可费基础时,不应适用整体市场价值原则。❹

然而,其他法院判决:当最小可售专利实施单元是由多部件组成时,整体市场价值原则可以适用。在 Dynetix Design Solutions 公司诉 Synopsis 公司案中,法院正确地指出,LaserDynamics 案支持以下观点:"即使被指控的产品是最小可售单元,或者无论最小可售单元是否仍为一个包含非专利相关特征的多部件产品,仍可要求分摊。"❺ 对 LaserDynamics 案进行此种理解,可能更符合逻辑,因为它遵循了整体市场价值原则背后的原理。如果专利特征并不构成消费者对较小单位的基本需求,专利权人没有理由获得以最小可售专利实施单元的整体市场价值为基础计算的合理许可费而不进行分摊。专利权人不应就其未发明的部件而获得补偿,否则结果就是扩大了超出专利范围的垄断权。如果分摊只要求将许可费基础限制为最小可售专利实施单元,则对于较小单元而言,整体市场价值原则将受到侵犯。因此,审理 Dynetix 案的法院对 LaserDyanmics 案的解释是正确的:即使被指控的产品是最小可销售单元,分摊仍然是需要的。

(二)合理许可费计算的新工具

Georgia – Pacific 因素已经遭到了一些学者批评,因为可塑性太强而无法被

---

❶ LaserDynamics, Inc. v. Quanta Computer, Inc., 694 F. 3d 51, 67 (Fed. Cir. 2012), 第 79 页。

❷ 参见 Martha K. Gooding, *Reasonable Royalty Patent Damages and the "Smallest Salable Patent – Practicing Unit" Dicta*, 86 Pat., Trademark & Copyright J. (BNA) 771 (Aug. 9, 2013)。

❸ Summit 6 LLC v. Research in Motion Corp., No. 3:11 – cv – 367, at *19 – 20 (N. D. Tex. June 26, 2013), ECF No. 661.

❹ Internet Machs. LLC v. Alienware Corp., No. 6:10 – cv – 23, 2013 WL 4056282, at *24 – 25 (E. D. Tex. June 19, 2013).

❺ *Dynetix Design Solutions, Inc. v. Synopsys, Inc.*, No. C 11 – 05973 PSG (N. D. Cal. Aug. 22, 2013).

专家应用。❶ 类似地，法院长期以来一直抱怨计算合理许可费"是一个困难的司法工作，似乎需要魔术师的才能而不是法官的才能"。❷ 近来，各方都试图引进更严密、科学，基于经济学的计算合理许可费的新方法。❸ 其中，最引人注目的两个是纳什议价解决方案和联合分析。

1. 纳什议价解决方案

纳什议价解决方案（以下简称"NBS"）是指在双方进行议价时找到一个最有利于双方的结果，也被称为纳什议价博弈。❹ 在计算合理许可费时，当事人必须能够估算出：（1）每一方的分歧利润（谈判失败时，每一方能得到的利润）；（2）通过许可获得的总利润。❺ 如果双方当事人具有同等的议价能力，那么除非达成许可协议，否则没有一方能获利，这样每一方的分歧利润都是0，议价方案就是均分利润。❻

尽管 NBS 在理论上很有吸引力，但在实践中反应平淡。一些专利权人已经开始使用 NBS，并把它作为25%经验法则的替代品，而其他人则把它作为基准来核对由 Georgia - Pacific 因素确定的合理许可费。❼ 法院是否允许有关 NBS 的专家证据，在很大程度取决于专家是否将 NBS 作为武断的经验规则，还是案件事实实际上支持适用 NBS。例如，Alsup 法官在 Oracle 美国诉 Google 公司案中，通过将 NBS 与 25% 经验法则进行比较，认为："纳什议价解决方案是以科学的数学外衣而遮掩了50%的假设，可能带来不公。"❽具体而言，法院发现，专家并没有提供任何证据证明 NBS 的假设在本案中究竟如何适用。❾

---

❶ 参见 Thomas F. Cotter, *Four Principles for Calculating Reasonable Royalties in Patent Infringement Litigation*, 27 Santa Clara Computer & High Tech L. J. 725, 730 (2011)。

❷ Fromson v. Western Litho Plate & Supply Co., 853 F. 2d 1568 (1988)。

❸ 参见 Choi & Weinstein, *An Analytical Solution to Reasonalble Royalty Rate Calculations*, 41 IDEA 49 (2001)。

❹ 参见 S. Christian Platt & Bob Chen, *Recent Trends and Approaches in Calculating Patent Damages: Nash Bargaining Solution and Conjoint Surveys*, 86 Pat., Trademark & Copyright J. (BNA) 909 (Aug., 30, 2013); Choi & Weinstein, *An Analytical Solution to Reasonalble Royalty Rate Calculations*, 41 IDEA 56 (2001)。

❺ 参见 Platt and Chen, *Recent Trends and Approaches in Calculating Patent Damages: Nash Bargaining Solution and Conjoint Surveys*, 86 Pat., Trademark & Copyright J. (BNA) 909 (Aug. 30, 2013)。

❻ 参见 Choi & Weinstein, *An Analytical Solution to Reasonalble Royalty Rate Calculations*, 41 IDEA 56 (2001)。

❼ 参见，例如，Suffolk Techs. LLC v. AOL Inc., No. 1: 12cv625 (E. D. Va. Apr. 12, 2013), ECF No. 518; Mformation Techs., Inc. v. Research in Motion Ltd., C 08 - 04990 JW, 2012 WL 1142537 (N. D. Cal. Mar., 29, 2012); Oracle America, Inc. v. Google, Inc., 798 F. Supp. 2d 1111 (N. D. Cal. 2011)。

❽ *Oracle*, 798 F. Supp. 2d at 1120。

❾ 同上注。

类似地，在 Suffolk Technologies 公司诉 AOL 公司案中，法院判决，有关 NBS 的专家证据以及相应的均分利润的结论不能被接受，因为它们似乎并非"与本案事实相关联"。❶ 不过，在 Mformation Technologies 诉 Research in Motion 案中，法院接受了有关 NBS 的专家证言，而没有接受侵权人的主张：纳什议价解决方案只是经验法则。❷ 法院指出，其判决的正当性在于：其并未将 NBS 作为一个独立的计算合理许可费的方法；而只是将其用来检验依据 Georgia – Pacific 因素得出的费率的合理性。❸ 根据以上案件以及其他相关案件，似乎可以认为：如果专家将 NBS 与案件事实相关联，而不是将之作为一个经验法则，法院可能会接受有关 NBS 的专家证言。

2. 联合分析法：消费者调查

联合分析法是一种市场调查工具，它是利用消费者调查和统计分析，来确定消费者对同一产品中的特定特征相较其他特征的偏好。❹ 市场营销和商业领域的研究者已经使用联合分析法超过 50 年，该方法到目前为止还是最常用的分析消费者取舍的方法。❺ 类似地，消费者调查证据在商标法领域也被广泛应用以证明混淆。❻ 近来，联合分析法也被应用于专利案件。❼ 尽管法院没有反对联合分析和调查证据这些概念，但这些证据能否被采纳取决于研究是如何进行的。

联合分析调查通常能识别出一个产品的重要特征，也被称为属性，以及这些属性的不同差异，这被称为等级。❽ 例如，牙膏可能具有四个属性（品牌、口味、含氟量以及价格），每个属性可能有三个等级（三个不同的品牌、三种不同的口味、三种不同的含氟量，以及三种不同的价格）。不同等级的属性进行组合，由消费者给每一个组合评分。研究人员随后进行统计分析，以确定每个属性

---

❶ *Suffolk Techs*, No. 1：12cv625, slip op. at 4.

❷ *Mformation Techs.*, 2012 WL 1142537, at 15 – 16.

❸ 同上注。

❹ 参见 Dyck, *Beyond Confusion—Survey Evidence of Consumer Demand and the Entire Market Value Rule*, 4 Hastings Sci. & Tech. L. J. 225（2012）。

❺ 参见 Paul E. Green, Abba M. Krieger & Yoram Wind, *Thirty Years of Conjoint Analysis：Reflections and Prospects*, 31 Interfaces 56, 56 – 57（2001）。

❻ 参见 Dyck, *Beyond Confusion—Survey Evidence of Consumer Demand and the Entire Market Value Rule*, 4 Hastings Sci. & Tech. L. J. 219 – 220（2012）。

❼ 参见 Oracle Am., Inc. v. Google, Inc., No. C 10 – 03561 WHA, 2012 WL 850705（N. D. Cal. Mar. 13, 2012）；TV Interactive Data Corp. v. Sony Corp., 929 F. Supp. 2d 1006（N. D. Cal. 2013）。

❽ 参见 Green, Krieger, & Wind, *Thirty Years of Conjoint Analysis：Reflections and Prospects*, 31 Interfaces 58（2001）。

在哪一等级最有助于产品整体价值,也被称为"成分效用"。❶ 该数据随后可用于确定消费者为属性等级消费的意愿("WTP"),由此分离出产品特征的价值。❷

虽然这一分析方法看上去比较简单而又科学,但是联合分析法的应用是有限制的。由于人为因素的限制,以及避免组合数量过多,联合分析法针对少量特征进行评估是最有用的。❸ 研究表明,当消费者面对超过七个属性时,无法作出有效的决策。❹ 此外,在一些复杂的多部件产品中,如计算机或智能电话,可能有成千上万项专利,因而也会有成千上万个不同的特征。大量的属性,每个属性具有多个等级,便会导致组合性爆炸。组合性爆炸是指增加少量属性和等级的个数,可能会导致属性和等级组合的大幅增加。❺ 有些组合可能被事先排除,以呈现给调查受访者一个可控的选择数量;但是,对备选特征的取舍可能会导致特定特征在消费者调查中更受青睐,原因是其他有吸引力的属性选项没有出现在调查之中。❻

法院是否承认调查证据在很大程度上依赖于所使用的方法。例如,在 Oracle 诉 Google 案中,Alsup 法官拒绝采纳甲骨文公司提供的消费者调查证据,原因是消费者认为有 39 个特征相关,其中只有 7 个被纳入调查,而且也没有解释排除另外 32 个特征的原因。❼ 不过,法院明确表示:问题出在甲骨文公司所使用的方法上,而不在一般消费者调查上,并指出:"消费者调查本身并非不可靠。"❽ 相比之下,在 TV Interactive Data 诉 Sony 案中,法院承认了联合分析证据,因为专利权人选择的部件与系争享有专利的部件相似,而且分析是

---

❶ 参见 Lisa Cameron, Michael Cragg & Daniel McFadden, *The Role of Conjoint Surveys in Reasonable Royalty Cases*, Law360 (Oct. 16, 2013, 6:37 PM), http://www.law360.com/articles/475390/the-role-of-conjoint-surveys-in-reasonable-royalty-cases.

❷ 同上注。

❸ 参见 Dyck, *Beyond Confusion—Survey Evidence of Consumer Demand and the Entire Market Value Rule*, 4 Hastings Sci. & Tech. L. J. 226 (2012)。

❹ 参见 Cameron, Cragg & McFadden, *The Role of Conjoint Surveys in Reasonable Royalty Cases*, Law360 (Oct. 16, 2013, 6:37 PM), http://www.law360.com/articles/475390/the-role-of-conjoint-surveys-in-reasonable-royalty-cases. Green, Krieger & Wind, *Thirty Years of Conjoint Analysis: Reflections and Prospects*, 31 Interfaces 8-9 (2001)。

❺ 参见 Dyck, *Beyond Confusion—Survey Evidence of Consumer Demand and the Entire Market Value Rule*, 4 Hastings Sci. & Tech. L. J. 226 (2012)。

❻ 同上注。

❼ Oracle America, Inc. v. Google, Inc., No. C 10-03561 WHA, 2012 WL 850705, at 15-16 (N. D. Cal. Mar. 13, 2012)。

❽ 同上注。

基于适当的事实。❶

三、分析

从第二部分第（一）节的讨论可以看出，显然，分摊规则和整体市场价值规则一直在变化。联邦巡回上诉法院多次、明确地限制整体市场价值原则适用于涉诉专利推动消费者对产品需求的情形。鉴于这一对整体市场价值原则的适用限制，导致分摊规则分为以下两个阶段：许可费基础的分摊以及许可费率的分摊。

（一）许可费基础

在 Lucent 案中，法院似乎支持以下主张：只要比率的数值适当，专利权人可以任意选择许可费基础。❷ 这一判决在数学上是合理的，但是 Uniloc 案出于证据方面的原因，没有采纳以上观点。❸ 在 LaserDynamics 案判决之后，专利权人必须使用最小可售专利实施单元作为许可费基础。❹ 当专利存在于多部件产品上的一个独立部件时，例如：Cornell 案中的微处理器或者 LaserDynamics 案中的光盘驱动器，上述规则是简单明确的。然而，如果专利存在于不能被分割为产品中的更小单元的特征上时，许可费基础是什么？在这些情况下，许可费基础可以基于专利对产品的贡献价值来确定。❺ 这可以通过多种方法来确定，包括专利产品高于下一个最好非侵权替代品的价值，或是专利回避设计的成本。

从理论上讲，专利的价值正好等于该专利与下一个最好替代品之间的价差，因为没有理性人会愿意支付比这更多的钱来使用该发明。❻ 因为把专利权人的最大补偿限制在了该专利对产品的贡献之内，这种分析方法也包含了分摊。根据该方法，当事各方将试图证明使用系争专利的利润的现有价值与使用

---

❶ TV Interactive Data Corp. v. Sony Corp., 929 F. Supp. 2d 1006, 1019 – 20（N. D. Cal. 2013）.

❷ Lucent Techs., Inc. v. Gateway, Inc., 580 F. 3d 1301, 1338 – 39（Fed. Cir. 2009）.

❸ Uniloc USA, Inc. v. Microsoft, Corp., 632 F. 3d 1292, 1320（Fed. Cir. 2011）.

❹ LaserDynamics, Inc. v. Quanta Computer, Inc., 694 F. 3d 51（Fed. Cir. 2012）.

❺ 参见 Christopher B. Seaman, *Reconsidering the Georgia – Pacific Standard for Reasonable Royalty Patent Damages*, 2010 BYU L. Rev. 1661, 1711 (2010)。

❻ 参见 Cotter, *Four Principles for Calculating Reasonable Royalties in Patent Infringement Litigation*, 27 Santa Clara Computer & High Tech L. J. 743 (2011)［引自 Grain Processing Corp. v. Am. Maize – Products Co. 893 F. Supp 1386, 1392 – 1393（N. D. Ind. 1995）, *rev'd mem. on other grounds* 108 F. 3d 1392（Fed. Cir. 1997）］。

下一个最好替代品的现有价值存在差异，❶ 这基本上是纳什议价解决方案第一步的内容。此外，专利的价值还表现为，与获得其他替代技术的许可或者采用专利回避设计相比，使用该专利所节省的成本。

最近一个尝试使用专利回避设计成本的案件是苹果公司诉摩托罗拉公司案。❷ 在该案件中，摩托罗拉方面的专家作证表示，苹果公司的专利：一项可使工具栏能够通知用户其设备基本信息的技术，其合理的许可费应为 10 万美元。❸ 摩托罗拉的专家得出这一结论是基于以下事实：创造该专利特征只花费了 6.7 万美元，而且摩托罗拉的一个技术专家只需花一个下午即可编写出绕过苹果专利的代码。❹ 法院没有采纳这一证言，因为依据摩托罗拉自己员工的证言来确定专利回避设计成本是不合适的；不过，该案表明了以回避设计相关的成本节省为基础计算合理许可费的可能性。尽管到目前今为止，使用专利回避设计成本的尝试只在所失利润的背景下得到了成功的适用，不过，"这一逻辑在合理许可费的背景下同样适用"，而且联邦巡回上诉法院也指出：其可能将该方法延伸至合理许可费的计算。❺

然而，在现实中很难确定使用系争专利的现有价值与下一个最好非侵权替代品的现有价值之间的差异。获取准确的数据或者预测利润率和成本时，可能存在一些问题。此外，在虚拟谈判的框架下，下一个最好非侵权替代品必须在侵权时进行确定。这存在一定的困难，因为时间的推移可能会改变对未发生事实的判断，可能会令替代品在事后看来微不足道或者显而易见。尽管有这些困难，联邦巡回上诉法院指出，"专利法鼓励竞争者回避现有专利进行设计或发明"，❻ 当事方并没有排除使用专利回避设计的成本作为损害赔偿分析的因素之一。

（二）许可费率

各地区法院对 LaserDynamics 案的解释所存在的争议在于：以最小可售专利实施单元作为许可费基础是否就构成了整个分摊的步骤。换句话说，计算许

---

❶ 参见 Roy J. Epstein & Alan J. Marcus, *Economic Analysis of the Reasonable Royalty：Simplification and Extension of the Georgia - Pacific Factors*, 85 J. Pat. & Trademark Off. Soc'y 555 (2003)。

❷ Apple Inc. v. Motorola, Inc., No. 11 - cv - 08540, 2012 WL 1959560 (N. D. Ill. May 22, 2012)。

❸ 同上注。

❹ 同上注。

❺ 参见 Seaman, *Reconsidering the Georgia - Pacific Standard for Reasonable Royalty Patent Damages*, 2010 BYU L. Rev. 1713 - 1715 (2010)。

❻ WMS Gaming Inc. v. Int'l Game Tech., 184 F. 3d 1339, 1355 (Fed Cir. 1999)。

可费率时是否还要考虑分摊？正如第二部分第（一）节第 5 小节所述，只有当系争专利引起了消费者对较小单元的需求时，专利权人才被允许援用产品的整体市场价值来计算合理许可费。否则，专利权人将会得到并非他们发明的特征的赔偿。即使是对最小可售单元的需求，只要其不是由系争专利所导致，则需要进一步的分摊，否则对于较小单元而言，可能违背整体市场价值原则。❶ 这也导致了如何确定许可费率的现实问题。

对许可费率的选择取决于许可费基数。考虑到第三部分第（一）节所论述的各种不同可能的基数，这一点是显而易见的。如果把专利对利润增长的贡献作为许可费基数，则许可费率可能是 50%，例如应用纳什议价解决方案。然而，在以产品的收入作为许可费基数时，50% 的许可费率将是不可想象的。因此，每种确定许可费率的方法必须与确定许可费基数的方法相匹配。

1. 基准比例

传统上，法院会先根据可比许可或 25% 经验法则来确定一个基准比例，再根据 Georgia – Pacific 因素进行调整。❷ 不过，随着联邦巡回上诉法院禁止适用 25% 经验法，纳什议价解决方案开始成为替代的起始点，条件是案件事实支持适用纳什议价解决方案。❸

（1）可比许可。

可比许可包括专利权人就许可系争专利而获得的许可费，以及被许可人因使用其他可比专利而支付的费率。❹ 虽然以上任一因素都有理由成为决定许可费率的起点，联邦巡回上诉法院在评估许可是否真正构成"可比"时，提高了审查要求。❺

在 Lucent 案，对于原告的专家提供的八个可比许可，被告已同意将之作为其对 Georgia – Pacific 因素②分析的一部分。❻ 然而，根据美国联邦巡回上诉法院的审查，有关许可协议的主题，并没有充分的证据证明原告提供的许可确

---

❶ 参见 Dynetix Design Solutions, Inc. v. Synopsys, Inc., No. C 11 – 05973 PSG, 2013 WL 4538210, at *3 (N. D. Cal. Aug. 22, 2013)。

❷ 参见 Uniloc USA, Inc. v. Microsoft Corp., 632 F. 3d 1291, 1312 – 1314 (Fed. Cir. 2011)。

❸ 参见上文第二部分第（二）节第 1 小节。

❹ 其中包括 Georgia – Pacific 因素①和②。一些评论者还认为，一个行业的平均许可费率应当是计算合理的专利使用费的起点。参见 Atanu Saha & Roy Weinstein, *Beyond Georgia – Pacific：The Use of Industry Norms as a Starting Point for Calculating Reasonable Royalties*, Micronomics, http：//www. micronomics. com/articles/intellectualproperty_ 2. pdf (last visited Feb. 11, 2014)。

❺ 参见 Lucent Techs., Inc. v. Gateway, Inc., 580 F. 3d 1301, 1327 – 1331 (Fed. Cir. 2009); ResQNet. com v. Lansa, Inc., 594 F. 3d 860, 869 – 872 (Fed. Cir. 2010)。

❻ *Lucent*, 580 F. 3d at 1327 – 1328.

实是"可比许可"。❶ Lucent 公司将其中四项协议描述为"与个人电脑相关的专利",即所有与个人电脑相关的专利都是可比的。❷ 另一个所谓的"可比"许可实际上是对 IBM 的整个专利组合的许可,该组合自 1980 年(与 Lucent 公司的 Day 专利——用来选择日期的专利——进行比较)起保护了 IBM 在个人电脑市场上的主导地位。❸

类似地,在 ResQNet 案中,联邦巡回上诉法院撤销了一审法院的损害赔偿判决,并发回重审,该一审判决是基于原告从其他当事方获得的可比许可而得出的损害赔偿;二审法院作出该判决的部分原因是其查明这些许可实际上并非可比。原告的专家根据 ResQNet 公司先前谈判谈成的七个许可来确定其损失。❹ 然而这七个许可中的五个都没有提及系争专利,而且与要求保护的技术也不符。❺ 因此,上述提及的任何一种可比许可在具体案件中是否应作为基础许可费率,都是高度依赖具体事实的问题。

可比许可通常能为合理许可费率提供一个最佳的起点。然而,当事人和法院必须着眼于可比许可和要求保护的技术,以确保许可实际上是充分可比的。

(2) 纳什议价解决方案。

纳什议价解决方案计算了各方通过合作所应获得利润的百分比。假设任何一方在没有达成许可的情况下,都不能对专利技术进行商业化,纳什议价解决方案得出的结论是:应在各方之间均分利润。❻ 在这种情况下,双方有着相同的议价能力,并且不存在分歧利润。然而,此种假设很少为真。例如,专利权所有人可以找到其他被许可人,或者自己制造产品。类似地,未来的被许可人可以用一种类似技术进行替代,或者使用旧技术,自己进行回避设计,或者转向其他非侵权替代品。在这些情况下,分歧利润不会是零,双方的议价能力也不相同。因此,寻求使用纳什议价解决方案以获得基准许可费率的当事方,必须能够提供足以令人信服的证据来支持他们提议的基准费率。

另外,需要重点指出的是,通过纳什议价解决方案所得出的许可费率一定要与纳什议价解决方案基数相关联,该基数可能并不是产品的市场价值。纳什议价方案将许可费基数限制为专利权人与被许可人基于合作所得到的增量利

---

❶ *Lucent*, 580 F. 3d at 1328.
❷ 同上注。
❸ 同上注。
❹ *ResQNet*, 594 F. 3d at 870.
❺ 同上注。
❻ 参见上文第二部分第(二)节第 1 小节。

润。将产品收入均分是十分不合适的，这实际上是创造了一种50%经验法则，来替代25%经验法则；除非产生的增量份额与增量利润是相等的，不过，这在多部件产品的情形下是不可能的。

2. 调整基准费率：Georgia–Pacific 因素及其他

一旦法院确定了基准许可费率，可以使用Georgia–Pacific 因素来调整许可费率的升降。这些因素既不是排他性的，也不是强制性的。❶ 联邦巡回上诉法院一直都将Georgia–Pacific因素简单地视为"形成可靠经济分析的一系列可采纳的因素"，这为允许陪审团在Georgia–Pacific因素之外考虑其他相关信息提供了可能。❷ 此外，陪审团被给予了确定各个因素权重的自由裁量权。❸ 尽管学者们一直都在争论各个因素的相对重要性，不过，在进行分摊分析时，唯一必不可少的因素是因素⑬。❹ 因素⑬是分摊要素，它将"与非专利因素相区别的、可归因于发明的利润部分"也纳入考虑范围。❺ 因此，在确定合理许可费时，法院应当将该因素分离出来，并且给予特别的尊重。❻ 下文将论述除了Georgia–Pacific因素之外的其他可能与调整许可费率相关的因素。

（1）源于系争专利的增量利润。

正如第三部分第（一）节所述，一项专利的价值等于它为下一个最好非侵权替代品的贡献。下一个最好替代品的形式，可以是许可替代技术，想出新的回避设计，或者离开市场。❼ 估算这一因素的挑战在于，在许多涉及复杂多部件产品的案件中，来源于侵权专利的增量利润是难以分离的，因为专利只有

---

❶ 参见 Whitserve, LLC v. Computer Packages, Inc., 694 F. 3d 10, 31 (Fed. Cir. 2012)（专家们不需要使用这里的所有要素）; Micro Chem., Inc. v. Lextron, Inc., 317 F. 3d 1387, 1393 (Fed. Cir. 2003)（不在Georgia–Pacific要素中的部分是不被考虑的）。

❷ Energy Transp. Grp. v. William Demant Holding A/S, 697 F. 3d 1342, 1357 (Fed. Cir. 2012).

❸ 参见 Georgia–Pacific v. U.S. Plywood Corp., 318 F. Supp. 1116, 1120–1121 (S.D.N.Y. 1970).（"并没有公式精确计算这些要素的相对重要性或者他们的经济价值用以直接转化成他们的金钱价值"）。

❹ 参见 Bensen & White, *Using Apportionment to Rein in the Georgia–Pacific Factors*, 9 Colum. Sci. & Tech. L. Rev. 1, 25–26 (2008); Cotter, *Four Principles for Calculating Reasonable Royalties in Patent Infringement Litigation*, 27 Santa Clara Computer & High Tech L. J. 725, 730 (2011); Saha & Weinstein, *Beyond Georgia–Pacific: The Use of Industry Norms as a Starting Point for Calculating Reasonable Royalties*, Micronomics, http://www.micronomics.com/articles/intellectualproperty_2.pdf (last visited Feb. 11, 2014).

❺ *Georgia–Pacific*, 318 F. Supp. at 1120.

❻ 参见 Bensen & White, *Using Apportionment to Rein in the Georgia–Pacific Factors*, 9 Colum. Sci. & Tech. L. Rev. 38 (2008)（讨论了分配要素应当是进行合理费率分析的首要问题）。

❼ 参见 John C. Jarosz & Michael J. Chapman, *The Hypothetical Negotiation and Reasonable Royalty Damages: The Tail Wagging the Dog*, 16 Stan. Tech. L. Rev. 769, 814 (2013).

在与其他部件组合起来的情况下,其价值才能够体现出来。[1] 然而,许可费必须只反映专利的价值,并且排除对非专利部件的赔偿。否则,专利权人就会获得过度赔偿,从而导致垄断与创新之间的内在平衡被破坏。

(2) 消费者评价。

消费者最常用的特征或者消费者最注重的特征是更加有价值的,因为它们可能将消费者与产品绑定起来,因此,应获得更高的许可费率。这一因素与系争专利所提供的增量利润相似,因为这两个要素都考虑了对专利所贡献的价值。然而,这个因素所考虑的"价值"来自消费者的视野,而非侵权者的视野。价值的界定,可以通过消费者调查、专利特征使用率或特征的一般吸引力来确定。

尽管消费者评价还没有被成功地用来排他性地确定合理许可费,但是从直觉上看,消费者所关注的专利特征应当作为确定许可费率的一项因素。在苹果诉摩托罗拉案中,苹果公司尝试使用消费者评价来计算合理许可费。[2] 在该案中,系争专利与通知栏有关。苹果公司通过一项调查,得出了许可费的数额,在这项调查中,15%的被调查者表示"吸引人的特征和功能"属于他们购买一部价值270美元的摩托罗拉的手机的前五大原因之一。[3] 另外4%的被调查者表明,他们每天都会查看这些通知信息。[4] 苹果公司的专家接下来用270乘以15%和4%,然后武断地除以2,得出每部手机的许可费为0.8美元的结论;不过,法院没有采纳这一结论。[5] 尽管苹果公司使用消费者评价数据来确定基准费率的尝试最终没有获得成功,不过,这个案件仍然向我们展示了消费者评价可以用作被确定许可费率的一项潜在因素。少量使用通知栏的被调查者以及模糊地认定通知栏是"吸引人的特征和功能",可能被解释为减少许可费率的因素。

四、建议:计算合理许可费的流程图

图1总结了诉讼当事方应如何面对各种涉及合理许可费的情形。图1详细地介绍了每一种情形,以及在各种情形下,使用哪些工具更为适当。

---

[1] 参见 Geradin & Layne – Farrar, *Patent Value Apportionment Rules for Complex, Multi – Patent Products*, 27 Santa Clara Computer & High Tech. L. J. 768 (2011)。

[2] 参见 Apple Inc. v. Motorola, Inc., No. 11 – cv – 08540, 2012 WL 1959560 (N.D. Ill. May 22, 2012)。

[3] 同上注,第4页。

[4] 同上注。

[5] 同上注,第4、7页。

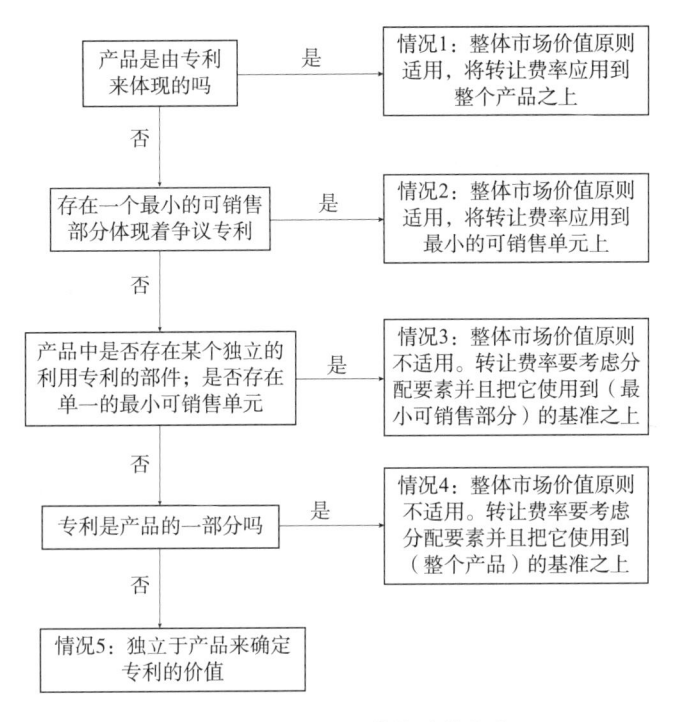

许可费损害赔偿：合理许可费损害赔偿综述

图 1　决定合理许可费的计算方法

（一）情形 1：只存在单一专利的产品

在第一种情形下，想象一种产品只有一种专利。这种情形的一个例子就是基于某种专利合成物质所生产的药品。❶ 这种情形可以直接适用整体市场价值原则：专利权人将被允许使用产品的整体市场价值作为许可费基础。利用联合分析和消费者调查来确定专利特征是否实际构成消费者需求的基础，是十分有用的。

基准许可费可以根据可比许可来确定，后续根据 Georgia‐Pacific 因素来调整。在不存在可比许可的情况下，如果假设确实反映了案件事实，则纳什议价方案可以提供一个起点。纳什议价方案所提供的起始费率类似地也会按照 Georgia‐Pacific 因素来调整。因为在这种情形下，专利驱动了消费者对产品的需求，因此不需要担心其他许可的许可费叠加，而且应当推定在这种情形下，许可费率较高。在这里，不需要考虑分摊因素，因为适用整体市场价值原则，就意味着全部产品都归功于专利。

---

❶ 这不可能发生在高新技术产业领域，因为在高新技术产业，大多数产品都有多项专利。

— 301 —

（二）情形 2：产品存在某一包含单一专利的部件

在这种情形下，产品包含某一部件，该部件既是最小可售专利实施单元，又由单一专利体现。如果法院认定用于微处理器运行的功能驱动了消费者对微处理器的需求，则 Cornell 案的事实可以落入这一分类中。[1] 在该案中，整体市场价值原则不适用于 CPU 或者电脑；专利权人应使用微处理器作为许可费基础。除了许可费基础应限制为相关部件，即产品的最小可售专利实施单元之外，此处的分析与情形 1 相同。

（三）情形 3：产品存在非市场驱动专利

在这种情形下，产品包含某一部件，该部件是产品最小可售单元，专利涵盖该最小可售单元，但是该专利并没有驱动消费者对该最小可售单元的需求。这种情形的一个例子就是 Lucent 案，在该案中，日期专利是微软 Outlook 的组成部分，后者是微软 Office 的最小可售单元，但是日期专利并没有驱动消费者对微软 Outlook 的需求。[2] 尽管微软 Outlook 看上去比最小可售专利实施单元更加"复杂"，但它就是一个独立的项目；微软 Office 不能被分割为更小的部件，因为微软并不单独销售 Outlook 的各个部分或者其他具体功能。

在这种情形下，不能适用整体市场价值原则；因为系争专利并没有驱动消费者对最小可售单元的需求，因此，需要进行进一步的分摊。如果存在可比许可，则可以形成基准许可费率，然后根据 Georgia – Pacific 因素以及上文第三部分第（二）节第 2 小节提及的其他因素来进行调整。否则，合理许可费基础应当由专利所提供的增量利润来决定：侵权人创造回避设计所需要的资金成本或者获得替代技术专利许可所需要的成本。两种评价要素都可以被考虑，其中有着更强证据效果的因素权重更大。在这种情形下，由于整体市场价值原则不能适用，因此，许可费率应当考虑分配因素。

（四）情形 4：由多专利覆盖的产品

在这种情形下，产品有多个专利，但并没有实施单一专利的最小可售单元。换句话说，整个产品就是最小可售单元，而被控侵权专利并不能涵盖整个产品。在这里，专利的价值一定要相对于整个产品来确定。尽管整个产品作为

---

[1] Cornell Univ. v. Hewlett – Packard Co., 609 F. Supp. 2d 279, 283 – 284 (2009).

[2] Lucent Techs., Inc. v. Gateway, Inc., 580 F. 3d 1301, 1308 – 1309 (Fed. Cir. 2009).

基础来使用，这并不违反整体市场价值原则，因为整个产品是最小可售单元。❶ 此外，在进行许可费率分析时，将进行分摊。除了基数更大之外，这种情形的分析类似于情形3。如果使用联合分析法，由于组合太多，将出现一些复杂情况，但是部分因子设计（fractional factorial design）提供了一种可能的解决方法来减少属性的数量。另外，因为这些方法分离了专利对产品的贡献，就不太需要担心较大的基数将导致单独使用 Georgia - Pacific 因素所带来的过度补偿问题。

（五）情形5：与消费者需求相分离的非市场驱动专利

在这种情形下，专利并不是消费者在使用产品时所追求的特征。与情形3相比，本情形下的专利涵盖的是产品核心功能之外的技术。这种情形的一个例子是 Uniloc 案：专利软件注册系统不是微软 Office 软件或者 Windows 操作系统的一部分。❷ 在该案中，消费者花钱购买的软件并不含有 Uniloc 专利，也没有在该专利上运行；专利技术完全与消费者需求分离。在该案中，没有理由支持将合理许可费与产品相关联。因为专利特征不是用户体验的一部分，也没有办法确定专利特征对产品的贡献。联合分析法在这种情形下并不管用，因为专利特征与消费者使用产品并无关联。在 Uniloc 案中，许可费金额被认为与其对产品的贡献相独立。在该先例之后，专利的价值可以通过与下一个最好非侵权替代品或者回避设计的成本来决定，而无须非得将专利与系争产品相绑定。在这种情形下，可以将美元金额乘以销售的单元数量，而无须确定许可费基础。

五、结论

专利诉讼的高风险和高频率，使专利损害赔偿成了人们关注的焦点问题。尤其是给予非实施实体高额赔偿的担忧，刺激了联邦巡回上诉法院反思整体市场价值规则和分摊规则在合理许可费领域的作用。在近期审理的 Lucent 案、Uniloc 案和 LaserDynamics 案中，联邦巡回上诉法院澄清并限制了整体市场规则的适用，并重新将分摊规则作为讨论多部件产品侵权损害赔偿的核心内容。此外，联合分析法和纳什议价解决方案在合理许可费计算领域的应用，也增加了法院用以确定许可费的工具。然而，新方法论的出现，也增加了在不适当的情形下错误适用相关概念的风险。法院应采用更适当的方法，以避免这种风险。

---

❶ 参见 Tomita Techs. USA, LLC. v. Nintendo Co., Ltd., No. 11 Civ. 4256（JSR），2013 WL 4101251（S. D. N. Y. Aug. 14, 2013）。

❷ Uniloc USA, Inc. v. Microsoft Corp., 632 F. 3d 1292, 1296（Fed. Cir. 2011）.